KONSALIK

Straf-Bataillon 999

KONSALIK

Straf-Bataillon 999

Roman

Lizenzausgabe für
Manfred Pawlak Verlagsgesellschaft mbH,
Herrsching

Umschlaggestaltung: Bine Cordes, Weyarn
Printed in Germany
ISBN: 3-88199-479-3

Julia Deutschmann machte sich an jenem Morgen hübsch, weil sie glaubte, daß man einer hübschen Frau eher ein Geheimnis verrät als einer verhärmten. Viel hatte sie nicht zu tun; sie war schön, auch wenn um ihre übernächtigten, müden Augen Schatten lagen und ihre Lippen blaß waren. Augenbrauen nachziehen, eine Spur Rouge auf die Lippen, etwas Puder, hundert Bürstenstriche über das lockige, schwarze Haar, das sie offen, ohne Spangen und ohne Kamm, trug. Das schlichte Kostüm war betont auf ihre Figur geschnitten, die hochhackigen Pumps waren auf die Farbe des Stoffes abgestimmt. Als sie hineinschlüpfte, erinnerte sie sich daran, daß es Ernst war, der sie ausgesucht hatte. Einen Augenblick verharrte sie reglos, die Erinnerung huschte wie ein Lichtschein über ihr Gesicht und verlosch.

Sie richtete sich auf und warf einen letzten prüfenden Blick in den Spiegel.

Dann ging sie.

Der Posten vor dem Oberkommando der Wehrmacht, Berlin, Bendlerstraße, las das kurze Schreiben, das sie ihm hinreichte, lange und aufmerksam, als stünden dort nicht nur drei armselige Zeilen – eine unpersönliche Vorladung, beim General von Frankenstein vorzusprechen.

Im Hauptflur des großen Gebäudekomplexes traf sie einen Adjutanten, einen jungen Leutnant, der bei ihrem Anblick sehr zackig, mit knallenden Absätzen, grüßte und sich bereitwillig erbot, sie ins zweite Stockwerk zu führen. Vor der großen Eichentür am Ende des Flurs verhielten sie den Schritt: ein Tor, das in eine andere Welt zu führen schien.

In die Welt, die über Ernsts Schicksal entschied: fremd, unbekannt, voller Rätsel.

Neben der Tür ein rechteckiges Schild:

BODO v. FRANKENSTEIN

Der junge Leutnant verbeugte sich ein wenig steif. Julia glaubte fast, einen Corpsstudenten vor sich zu haben:

»Herr General wird Sie gleich hereinbitten. Ich melde Sie im Vorzimmer an. Darf ich Ihr Schreiben haben, gnädige Frau?«

Julia gab ihm den Brief. Der Leutnant mit dem eifrigen, milchigen Gesicht und mit schwärmerischen Augen verschwand im Nebenraum. Es dauerte nicht lange, bis er wieder auf den Flur trat – ein wenig steifer, förmlicher, zurückhaltender und, wie es Julia schien, auch nicht mehr so selbstsicher wie vorhin.

»Einen Augenblick noch. Sie werden gerufen.«

Er wandte sich ab und ging. Seine glänzend-polierten Stiefel knarrten. Kein Gruß mehr, kein »Gnädige Frau –«. So ist das also, dachte Julia ein wenig schmerzlich, der Name Deutschmann genügt, um ihn zu einem Eiszapfen erstarren zu lassen.

Sie setzte sich auf eine der klobigen, unbequemen Bänke im Flur und wartete. Erst nach einer halben Stunde öffnete sich die schwere Tür, und der Kopf einer jungen Sekretärin erschien.

»Frau Deutschmann?«

»Ja.« Julia stand auf.

»Herr General läßt bitten.«

General von Frankenstein kam ihr drei Schritte entgegen,

als sie das weite Zimmer betrat. Dann blieb er abrupt stehen, wie eine aufgezogene Puppe, der das Räderwerk abgelaufen ist, und nickte ihr zu.

»Frau Dr. Deutschmann?«

»Ja, Herr General.«

»Sie haben wegen Ihres Mannes ein Gnadengesuch eingereicht?«

»Ja.«

»Warum?«

Einen flüchtigen Augenblick lang überfiel Julia der verrückte Vergleich, daß die Stimme des Generals genauso knarrte wie die Stiefel des Leutnants, der sie hierhergebracht hatte. »Er –«, sagte sie stockend, »– er wurde eines Irrtums wegen verhaftet, verurteilt zu einem Strafbataillon – ich weiß nicht, wo er jetzt ist . . .«

»Es war kein Irrtum«, knurrte der General.

»Aber . . .«

»Gestatten Sie bitte, daß ich Sie unterbreche«, sagte der General und verbeugte sich leicht: ein altgedienter preußischer Offizier, ein Kavalier alter Schule, dem man in seiner Kadettenzeit beigebracht hatte, daß er sich Damen gegenüber in jeder Situation höflich und korrekt benehmen soll: das war die Tradition. Und Julia war offenbar eine Dame – auch wenn Dr. Ernst Deutschmann ihr Mann war. So etwas sah man. Wenn man jung ist, hält man fast jede Frau für eine Dame, besonders wenn sie hübsch ist. Aber nicht mehr als hoher Sechziger, auch dann nicht, wenn man noch so voll Spannkraft war und immer noch so viel Mark in den Knochen hatte, potztausend, daß man es mit jedem dieser jungen Milchbärte von Leutnants aufnehmen konnte. Um des Generals verkniffenen Mund spielte die Andeutung eines Lächelns, denn: Ein General lächelt, er lacht nicht.

»Sie sind doch Ärztin, gnädige Frau«, fuhr er fort, »und Sie müssen davon etwas verstehen. Es war kein Irrtum. Ich stütze mich hier nicht auf meine eigenen Beobachtungen, sondern auf korrekte wissenschaftliche Analysen bekannter Sachverständiger. Ich selbst bin in diesen Fragen ein Laie. Wir sind nie leichtfertig, gnädige Frau, das entspricht nicht der Art der deutschen Wehrmacht. Wir haben den Fall Ihres Mannes gewissenhaft geprüft, und das Ergebnis heißt eindeutig – Selbstverstümmelung durch Injizierung von Sta–sta–nnn . . .«

»Staphylokokken –«, sagte Julia.

»Genau!« Jetzt klang seine Stimme schneidend und abgehackt. Er wandte sich ab und ging zu seinem mächtigen Schreibtisch zurück. Die dunkelroten Streifen an seiner Hose leuchteten auf, als er durch einen Sonnenstrahl schritt, der schräg durch die Gardine ins Zimmer fiel. Hinter dem Schreibtisch blieb er leicht vornübergebeugt stehen und stützte sich mit beiden Fäusten auf die Tischplatte. Julias Blick tastete sich von seinen blaugeäderten, braunbesprenkelten Greisenhänden empor, über den hellgrauen, seidig glänzenden Rock – das EK I. Klasse des Ersten Weltkrieges – rote Spiegel mit goldenem, stilisiertem Eichenlaub – ein finnisches Halskreuz – ein faltiger Hals – ein knöchernes, unbewegliches Gesicht – bis zu den blaßblauen, rotgeäderten Augen unter der zerfurchten Stirn und weißen, einer stachligen Bürste ähnlichen Haaren.

Sie sah in seine Augen und sagte:

»Gerade weil ich Ärztin bin und ihm bei seiner Arbeit

geholfen habe, weiß ich, daß Sie unrecht haben. Was er getan hat, würde so bald kein zweiter tun. Er wollte anderen helfen, deshalb hat er einen Selbstversuch gemacht. Das ist die Wahrheit. Aber dann – dann wurde er wie ein Verbrecher eingesperrt und verurteilt. Deshalb habe ich ein Gnadengesuch eingereicht.«

»Es hätte schlimmer sein können«, sagte der General ungeduldig. »Hören Sie zu, Frau Dr. Deutschmann: Ihr Mann war ein hinreichend bekannter Wissenschaftler. Deshalb haben wir ihn vom Wehrdienst zurückgestellt, solange es ging. Dann ging es nicht mehr, und er hätte einrücken müssen. Er tat es nicht, sondern infizierte sich mit dieser – eh – Krankheit. Das ist eindeutig Selbstverstümmelung. Und was seine Verurteilung zum Dienst in einem Strafbataillon angeht – es ist eine Einheit der deutschen Wehrmacht. Er muß sich bei dieser Spezialtruppe bewähren, dann wird er in eine andere Einheit kommen. Die Sache ist also für ihn sehr, ich muß schon sagen: sehr glimpflich abgelaufen.«

»Ich habe gehört«, begann Julia wieder, obwohl sie wußte, daß ihre Worte und alles, was sie sagen konnte, an diesem Mann abprallen würden wie ein Ball an der Wand, »ich habe gehört, daß dieses Bataillon 999 . . .«

»Was haben Sie gehört?« unterbrach sie der General.

»Daß die Leute dort sehr schlecht – wie Verbrecher –«

Der General hob gebieterisch die Hand. »Er ist Soldat«, sagte er kalt. »Sie sollen diesen Gerüchten nicht aufsitzen. Bei der Wehrmacht wird nicht gekegelt. Wir haben zu kämpfen. Nicht nur Ihr Mann wird es tun – Millionen andere tun es schon seit Jahren. Das ist alles, was ich dazu zu sagen habe.«

»Ja –«, sagte Julia schwach.

»Sehen Sie. Ihr Gesuch ist gegenstandslos. Bataillon 999 ist eine Truppe. Ob in der oder einer anderen . . .«

»Ja«, sagte Julia.

»Na also«, schloß der General, klappte einen Aktendeckel zu, sah auf und lächelte wieder.

Julia ging. Es war umsonst. Sie stand draußen vor der großen Eichentür und stützte sich auf das Fensterbrett. Ob im Bataillon 999 oder in einer anderen Einheit –, dachte sie, er ist Soldat, Millionen andere auch, Strafbataillon, er muß sich bewähren, wenn er sich bewährt, dann –, Ernsti, dachte sie, Ernsti . . .! Und all die unendlich langen Wochen ihrer Verzweiflung und unnützen Hoffnung und des nutzlosen Kampfes um ihn, die endlosen bangen Nächte, der Prozeß, die Verurteilung, der Versuch zu einer Revision, das vergebliche Ankämpfen gegen Menschen, die ihn verurteilt hatten und gegen die genausowenig anzukommen war wie gegen den General – einer nachgiebigen, undurchdringlichen Gummiwand ähnlich, Angst, Furcht, versteckte Andeutungen oder brutale, harte Worte, und jetzt die endgültig vernichtete, letzte Hoffnung: all dies stürzte über sie zusammen, begrub sie unter sich wie eine Lawine dunklen Schnees. Sie sah mit großen, verstörten Augen um sich, ohne etwas zu sehen, sie verstand nichts mehr – was war es nur, was war es, was hatte der General gesagt?

Als der junge Leutnant mit dem eifrigen Milchgesicht stiefelknarrend und leise vor sich hinpfeifend über die Treppe gelaufen kam, blieb er plötzlich wie angenagelt stehen. Sein Pfeifen erstarb, aber seine Lippen blieben noch eine ganze Weile zugespitzt. Mit erschrockenen, weit offenen Augen starrte er auf das Bündel Mensch, das vor der Tür des Generalzimmers lag. Dann begann er zu laufen: zögernd zuerst und dann immer schneller.

Julia lag ohnmächtig auf dem steinernen Boden. Zwischen ihren halboffenen Lippen hingen Fetzen eines zerbissenen Taschentuches.

Am Stadtrand Posens, nach Kostrzyn hin, lag das Lager »Friedrichslust«: der einstweilige Stammsitz des Strafbataillons 999. Wer dieser Ansammlung von massiven, langweilig-nüchternen Steinbaracken im schwermütig-kahlen Land den poetischen, nach licht-heiteren Wäldern, Waldhörnern, kläffenden Hundemeuten und barocken Jagdgesellschaften klingenden Namen gab, wußte niemand mehr. Aber so stand es geschrieben an einem schon etwas verwitterten Schild neben der Wachbaracke und dem Schlagbaum, der nach alter Sitte den Eingang des Lagers von der Außenwelt abtrennte.

Herbst. Aus einem grauverhangenen, schweren Himmel nieselte es langsam und stetig.

Zur gleichen Zeit, als sich in Berlin, viele, viele Kilometer von hier entfernt, der junge Leutnant über die ohnmächtige Julia beugte, empfing der Spieß und somit die Mutter der II. Kompanie des Strafbataillons 999, Oberfeldwebel Krüll, von allen »Krüllschnitt« genannt, am Schlagbaum die Neuankömmlinge. Oder er tat das, was er gemeinhin »einen würdigen Empfang« nannte, und was fast immer gleich aussah.

Zuerst verabschiedete er sich mit einem lässigen Gruß von den Feldgendarmen, die die Neuankömmlinge hierhergebracht hatten, als wollte er ihnen zu verstehen geben: Habt keine Bange, ich pass' schon auf, ich bin da, und wo ich bin, da geht's diesen Burschen genauso, wie sie's verdienen.

Vor dem Wachgebäude ließ er dann die vier Männer der Größe nach in einer Reihe antreten und betrachtete sie mit zusammengekniffenen Augen unter der leicht schief aufgesetzten Schildmütze, lange und eingehend: von links nach rechts, vom größten bis zum kleinsten, von oben bis unten und wieder nach oben. Was er sah, schien ihn zu betrüben: sein breites, fleischiges Gesicht bekam Kummerfalten wie ein Baby, kurz bevor es losheult, die dicke Unterlippe schob er vor, und mehrmals nickte er, als hätte er sich seine Erwartungen genau bestätigt.

»Sie heißen?« fragte er den längsten links in der Reihe.

»Gottfried von Bartlitz«, sagte der grauhaarige Mann mit den müden, tief in den Höhlen liegenden Augen und den tiefen Falten von den Nasenflügeln bis zu den Winkeln der schmalen, blutleeren Lippen. Seine viel zu weite, abgetragene Uniformjacke war durchnäßt, Regenwasser lief ihm über das Gesicht.

»Aha«, sagte Krüll. »Ein von. General, was?«

»Schütze«, sagte der große Mann.

»Und ich bin auch ein Schütze, was?« fragte der Oberfeldwebel sanft.

»Nein. Sie sind Oberfeldwebel.«

»Jawohl. Ich bin ein Oberfeldwebel und noch dazu Ihre Mutter. Gerade geworden. Und was sind Sie? Wie heißen

Sie?« Das letzte brüllte er mit weit offenem Mund, vorgebeugt, mit Händen in die Hüften gestemmt, der Schall seiner Stimme zerriß die graue, schwere Luft und brach sich an den langen Barackenwänden jenseits des großen, weiten und naß glänzenden Hofes.

»Schütze Gottfried von Bartlitz, Herr Oberfeldwebel«, sagte der große Mann mit unbewegtem Gesicht.

»Hinlegen!« sagte Krüll, jetzt wieder leise; vielmehr, er sagte es nicht, er stieß das Wort hervor, als spucke er es aus, als schoß es gleichsam in den anderen, und als sich der große Mann hingelegt hatte, ging er schweigend um ihn herum und drückte mit den Füßen seine Absätze herunter in eine Pfütze, betrachtete eine Weile den Liegenden, ging rund um die drei übrigen und baute sich dann mit einer scharfen Kehrtwendung wieder vor ihnen auf.

»Und Sie?« fragte er den zweiten.

»Schütze Ernst Deutschmann, Herr Oberfeldwebel.«

»Beruf?«

Deutschmann zögerte. »Arzt, Herr Oberfeldwebel.«

»Doktor, was?«

»Jawohl, Herr Oberfeldwebel!«

Oberfeldwebel Krüll starrte den hageren Mann mit der hohen Stirn, gelblich-fahlem Gesicht und unruhigen, gehetzten Augen an, zog hoch, spuckte seitwärts aus und sagte schließlich: »Heiliger Bimbam, was muß ich auf meine alten Tage hören! Von Beruf Doktor!« Er schüttelte mit dem Kopf. Und dann brüllte er; er brüllte immer, bevor er »Hinlegen« befahl: »Entweder Doktor oder Schütze, aber jetzt sind Sie Schütze. Von Beruf und Berufung! Hinlegen!«

Schütze Ernst Deutschmann, Doktor der Medizin, Biochemiker, Privatdozent an der Berliner Universität, anerkannter Privatgelehrter und Verfasser einiger beachteter Artikel in den medizinischen Fachzeitschriften, legte sich hin und drückte dabei die Fersen nach innen zu Boden. »Schütze Doktor –!« hörte er die Stimme des Oberfeldwebels noch einmal sagen. Und dann hörte er den dritten in der Reihe:

»Schütze Erich Wiedeck, Herr Oberfeldwebel!«

Dann sagte der Oberfeldwebel etwas, brüllte wieder, aber Deutschmann verstand nicht, was er brüllte; er lag mit dem Gesicht auf den Armen, es war ihm übel, der Regen stach ihm kalt in den Nacken, trommelte sanft auf seinen Rücken, er fröstelte, aber zugleich war es ihm auch heiß, vor seinen Augen lag ein rundes, nasses Steinchen, und eine kleine, nasse, verlorene Ameise kletterte darüber, verharrte, drehte sich herum, lief zurück, und er dachte: Es wird noch eine Weile dauern, bis ich gesund bin.

Und dann hörte er, wie sich der dritte Mann neben ihm hinlegte.

Oberfeldwebel Krüll stand jetzt vor dem vierten. Dieser war mittelgroß und genauso breit wie der Oberfeldwebel. Doch was bei Krüll Fett war, waren bei ihm dicke, schwellende Muskeln, die bei jeder seiner Bewegungen wie von eigenem Leben erfüllt unter dem knappen, geflickten, naß anklebenden Uniformrock spielten. Der mächtige Brustkorb spannte sich weit über den eingefallenen Bauch und stämmigen, dicken O-Beinen. Der Mann schien wie aus einem Felsblock grob herausgehauen zu sein, und sein Gesicht war wie ein plumper Lehmklumpen: eine niedrige Stirn unter dem kurzgeschorenen, schwarzen Haar, eine plattgeschlagene Nase und das Kinn eines Totschlägers. Er grinste. Doch nur sein Mund grinste; die etwas schrägstehenden dunklen Augen waren leblos und stumpf wie zwei Glaskugeln.

»Meine Fresse – hast du eine Visage!« sagte Krüll.

»Hab' auch schon 'ne Schönheitskonkurrenz gewonnen – gleich nach Ihnen«, sagte der andere, »im übrigen heiße ich Karl Schwanecke, habe Schweißfüße, und Sie sind der Spieß, und jetzt leg' ich mich auch gleich hin.« Er machte Anstalten sich neben die anderen hinzulegen, doch der verblüffte, ratlose Krüll schrie ihn an, er solle stehen bleiben. So blieb Karl Schwanecke stehen und grinste den Oberfeldwebel an, der lange nichts sagte.

Weiß Gott, was Krüll in diesen Sekunden dachte. Wahrscheinlich gar nichts; sein Gehirn war wie gelähmt. Etwas Ähnliches hatte er noch nie erlebt. Wohl gab es manchen widerspenstigen Kerl in diesem verfluchten Bataillon, 'ne Menge Intelligenzler und Brillenträger, und auch manchen Kriminellen, der hierher abgeschoben wurde. Aber keiner wagte, ihm, Oberfeldwebel Krüll, so etwas – so etwas –, Schweißfüße, dachte er, und wußte nicht, was er tun sollte. So fing er brüllend zu fluchen an. Das war der beste Ausweg, und wenn man es lange genug tat, fiel einem fast immer etwas Vernünftiges ein.

Es gibt 'ne Menge Flüche, die ein altgedienter, aktiver Oberfeldwebel lernen konnte, und Krüll hatte immer ein offenes Ohr und ein gutes Gedächtnis gehabt. Außerdem besaß er in dieser Hinsicht so etwas wie eine schöpferische Ader und eine mächtige Stimme, die seinen Neuschöpfungen den nötigen Nachdruck verlieh. Dies, in Verbindung mit seinem Eifer und seiner unnachgiebigen, zielstrebigen Schärfe, war weithin berühmt und ließ ihn schließlich im Strafbataillon landen: wenn überhaupt jemand, so wird *dieser* Mann mit den Volksschädlingen und solchen Elementen dort fertig werden. Tatsächlich, er hatte es im kleinen Finger.

Aber nun ließ ihn sein kleiner Finger im Stich, und das Gehirn hatte er kaum zu gebrauchen gelernt. Menschen wie Schwanecke hatte man bis zu diesen Tagen des totalen Krieges kaum in eine Uniform gesteckt. Man sperrte sie in ein Zuchthaus ein, oder man brachte sie um, je nachdem. Er, der Erfahrene, war jetzt hilflos, und weil er hilflos war, brüllte er und fluchte: mit einem puterroten Gesicht, weit offenem Mund und hervorquellenden, halbgeschlossenen Augen. Seine brüllende Stimme füllte jeden Winkel des weiten Platzes aus und duckte das schläfrige, dumpfe Leben in der Kaserne bis zum völligen Stillstand. Nur Karl Schwanecke lebte weiter in seinem breiten, unverschämten Grinsen, und als Krüll eine Atempause einlegte, breitete sich mit einem Schlag lähmende, fast hörbare Stille aus, hörbar durch das Gluckern des Wassers und durch das hierhergewehte Lied marschierender Soldaten, das von irgendwoher aus der regenverhangenen Landschaft kam.

Dieses hierhergewehte Lied war Krülls Ausweg.

Mit der verblüffenden Fähigkeit altgedienter Soldaten, ab- oder umzuschalten, brach er die Schimpfkanonade ab, sah auf seine Armbanduhr, verglich sie mit der Uhr auf der Wachbaracke, nickte, befahl dem immer noch grinsenden Schwanecke das übliche Hinlegen und stakste dann zum Schlagbaum.

Die vier Neuankömmlinge ließ er liegen: in einer kurzen, schiefen, durchnäßten Reihe, von dem Längsten bis zu dem Kleinsten, vom Schützen Gottfried von Bartlitz bis zum Schützen Karl Schwanecke.

Das war Dr. Ernst Deutschmanns Ankunft im Strafbataillon 999: Er lag auf dem Gesicht, oder auf der Schnauze in der üblichen Umgangssprache, verfolgte mit dem Blick die umherirrende, nasse Ameise, über seinen Körper liefen lange Frostschauer, er kämpfte gegen die Übelkeit an, und er horchte auf den Marschgesang, der langsam und stetig näherkam und immer lauter wurde.

Sie marschierten durch den Regen und sangen.

Unteroffizier Peter Hefe, genannt »der Gärende«, stampfte vor ihnen her, verbissen, naß, dreckig, wütend, durch den gleichen Dreck stampfen zu müssen wie die Männer hinter ihm.

Die Straße zog sich lang hin. Sie führte durch die Niederungen der Warthe, durch abgeerntete Kornfelder, vorbei an traurigen Birken und melancholischen Buchen. Der graubraune Fluß rann träge zwischen den sandigen Ufern.

Sie waren müde, und es war keine Zeit zum Singen. Aber sie taten es, weil es »der Gärende« befohlen hatte: marschierende und singende graue Schemen in einer grauen Landschaft unter einem grauen Himmel, mit nassen Gesichtern und aufgerissenen schwarzen Mündern, aus denen sich müde die Lieder vom Heideröslein, dem Edelweiß, den rollenden Panzern und morschen Knochen lösten und sich wie der Regen, der vom Himmel nieselte, auf die traurige, nasse Landschaft senkten.

153 Mann.

»Kompanie – halt!« brüllte Peter Hefe. Er scherte nach links aus und blickte auf die müden, knochigen, verdreckten Männer, die ihn teilnahmslos anstierten und froh waren, nicht mehr singen zu müssen. Ein trauriger Verein, meine Fresse!

»Hört mal zu, ihr Oberpfeifen!«, sagte er mit kratzender, heiserer Stimme, »hört mal zu, ihr singt wie verliebte Waschweiber beim Mondschein. Wenn ich noch mal höre, daß einige aus dem Takt kommen, wenn sie nicht zufällig pennen, machen wir den ganzen Weg im Laufschritt wieder zurück, verstanden?« Er sagte es, aber er meinte es nicht ernst. Keine zehn Pferde würden ihn den langweiligen Weg zurückbringen. Im übrigen war es auch schon ziemlich spät, und deshalb überhörte er auch das müde »Jawohl« aus etwa zwanzig von 153 Kehlen.

»Na also«, sagte er. »In einer Viertelstunde marschieren wir ins Lager ein – daß mir das zackig geht! Der Kommandeur ist da, macht mir also keinen Kummer! Verstanden?«

»Jawohl!«

»Also denn – ein Lied! Es ist so schön, Soldat zu sein! Singt es mit Wonne, meine Lieben! Mit Wonne und Gefühl!«

Sie marschierten wieder, sie sangen, die Warthe rann träge durch den Sand, links und rechts standen triefende Birken und Buchen.

So marschierten sie ins Lager ein, wo sie von Oberfeldwebel Krüll bereits erwartet wurden.

An diesem späten Nachmittag erfand Krüll seine neue Masche, die er später »Die Kunst des Überrollens« nannte.

Er war wütend, das heißt, sein permanenter Wutzustand hatte wegen Karl Schwanecke und wegen der Verspätung der anmarschierenden Kolonne einen neuen Gipfel erreicht. Sieben Minuten über die Zeit! Und der Kommandeur stand womöglich am Fenster, schaute auf die Uhr und grinste auf seine hinterhältige Art.

Ich werde euch –! dachte Krüll, ich werde euch . . .! Weiter dachte er nicht, nur sein kleiner Finger, wo er das alles hatte, was ein ausgekochter Spieß wissen mußte, arbeitete unablässig.

Der Schlagbaum ging hoch, die Kompanie schwenkte links ein, Unteroffizier Peter Hefe kommandierte mit heller, im Anblick des Kasernenhofes und des breitbeinig, mit in die Hüften gestemmten Fäusten dastehenden Oberfeldwebels wie erneuerter Stimme. Doch genau auf dem Wege der Marschkolonne lagen die vier Neuankömmlinge auf dem Bauch und blickten mit seitwärts gekehrten Gesichtern den Marschierenden entgegen.

Peter Hefe sah es, obwohl etwas spät, und kommandierte Rechtsschwenken, um den Liegenden auszuweichen. In der Kolonne entstand eine leichte Verwirrung.

In diesem Augenblick fiel beim Oberfeldwebel Krüll die Klappe.

»Geradeaus –!« brüllte er. Dadurch wurde die Verwirrung nur noch größer. Aber schließlich schaltete auch Peter Hefe. Er übersah die Situation, er wußte, was Krüll bezweckte, und seine Aufgabe war es nicht, etwas anderes zu bezwecken. Seine laute Kommandostimme schallte über den Hof, und die Dreierkolonne, 153 Mann, aufgeteilt in vier Züge, marschierte über die Liegenden und sang dazu ein Lied.

Krüll wußte, daß er damit nichts riskierte. Die Abstände zwischen den Liegenden waren zwar knapp, aber nicht zu knapp. Wenn man vorsichtig auftrat, konnte man den Fuß zwischen sie setzen – auch wenn er in einem übergroßen Knobelbecher steckte. Außerdem wußte er, daß die Marschierenden genausowenig auf die Liegenden treten werden wie ein Pferd, wenn es über einen Menschen galoppiert, der auf dem Boden liegt ... Aber – es war eine hübsche, eine neue Sache, ein Vorgeschmack für Neuankömmlinge, eine Warnung und eine Strafe im Vorschuß zugleich. Infolge hatte er diese Methode weiter vervollkommnet und manchmal die restliche Kompanie über einen liegenden Zug marschieren lassen, streng darauf achtend, daß die Marschierenden nicht aus dem Gleichschritt kamen; da dies fast unmöglich war und die Kolonnen regelmäßig ins Stolpern kamen, hatte er eine gute Handhabe zu immer neuen Übungen.

Die Einrückenden waren müde und teilnahmslos. Viele verstanden nicht, um was es ging. Viele waren zu müde, um die Füße höher als zehn Zentimeter über den Boden zu heben, und meistens sahen sie die Liegenden erst ziemlich spät.

So kam es, daß bei dieser Begrüßungsszene durch Oberfeldwebel Krüll alle vier einige schmerzhafte, blaue Flecke davontrugen, und der erste, Schütze Gottfried von Bartlitz, einen zerquetschten Finger, weil er die Hand zu spät wegzog.

Der Bataillonskommandeur, Hauptmann Barth, stand am Fenster der Schreibstubenbaracke und blickte auf dieses Schauspiel. Als die letzten über die Liegenden schritten und die flach dahingestreckten, von oben bis unten verdreckten Gestalten wieder sichtbar wurden, wandte er sich um.

»Ihre Kompanie, Obermeier?« fragte er den Oberleutnant, der hinter ihm stand.

Der Oberleutnant nickte. »Sie kommt vom Arbeitseinsatz zurück. Sandgruben. Kein Vergnügen, bei diesem Sauwetter!«

»Ein scharfer Hund, der Krüll«, sagte der Hauptmann und sah wieder hinaus. Und als der Oberleutnant hinter ihm nichts antwortete, fuhr er fort: »Genau der Richtige für uns.«

»Na, ich weiß nicht, Herr Hauptmann«, sagte der Oberleutnant.

Die Kompanie stand jetzt mitten auf dem Hof vor Oberfeldwebel Krüll. Peter Hefe machte seine Meldung, aber Krüll überhörte sie, gemütlich den 153 Männern zunickend. Dann schob er den Daumen zwischen den dritten und vierten Knopf seiner Uniformbluse und begann eine seiner alltäglichen Begrüßungsreden, wo er von Picknick in freier Natur sprach, von Steinchen, die sie wahrscheinlich über die Warthe haben hüpfen lassen, da sie zu spät kamen, von diesem und jenem – und im Grunde unterschied sich seine Ansprache kaum von Tausenden anderer Ansprachen, die um diese Zeit auf den Kasernenhöfen fast ganz Europas gehalten wurden, von anderen Spießen an andere Soldaten, Rekruten und Altgediente. Der einzige Unterschied war der, daß es hier Männer eines Strafbataillons waren, die zuhörten – das heißt: die meisten hörten gar nicht zu.

Oberflächlich gesehen, war dieser Unterschied nicht so gewaltig. Ein Strafbataillon war zwar eine Einheit, die aus lauter Todeskandidaten bestand, genauer – aus etwa 95 bis 98 Prozent Todeskandidaten. Aber Todeskandidaten waren in dieser Zeit ja fast alle Uniformierten, auch wenn die Verlustquoten bei anderen Einheiten nicht so groß waren, obschon sie manchmal die der Strafbataillone fast erreichten. Der Unterschied bestand in den Uniformen, in der Verpflegung, vor allem aber in dem, was *vor* dem Tode kam: dem Unmaß von Erniedrigung, geistiger und körperlicher Vergewaltigung, Hoffnungslosigkeit und Verzweiflung.

Als Krüll mit seiner Ansprache fertig war, jagte er die ausgepumpten Männer zweimal bis an die hintere Mauer, ließ sie einmal hinlegen und befahl ihnen schließlich abzutreten. Die vier Neuen ließ er immer noch liegen.

»Jetzt prügeln sie sich um die Wasserhähne«, sagte der Oberleutnant.

»Wieso?« fragte Hauptmann Barth. »Draußen regnet's ja.«

»Ich habe einmal zugesehen. Zehn Stunden lang ohne Trinkwasser schuften und dann noch singen, na, ich danke!«

»Aber Obermeier!« sagte der Hauptmann spöttisch, steckte sich eine Zigarette an und legte das Etui offen auf den Tisch, damit sich der andere bedienen konnte. »Ich dachte, ich treffe hier einen fröhlichen Kasino-Kameraden, wie Sie es früher einmal waren – und dabei stehen Sie herum wie ein nasser Regenschirm. In Witebsk waren Sie anders.«

»Das ist es ja, Herr Hauptmann. Dort, an der Front, war

ich am Platze – aber das hier? Ich bin ein Offizier und kein Gefängniswärter.« Er nahm sich eine Zigarette aus dem Etui und steckte sie sich mit leicht zitternden Fingern an. Der Hauptmann sah ihm dabei neugierig zu.

»Tun Ihnen die Kerle leid?«

»Ihnen nicht, Herr Hauptmann?«

»Wieso?« Der Hauptmann legte den Kopf auf die Seite. »Es ist keiner unter ihnen, der nicht rechtskräftig verurteilt wurde.«

Fritz Obermeier zerdrückte die kaum angerauchte Zigarette in dem großen Aschenbecher. »Sie haben meine Kompanie gesehen, Herr Hauptmann«, sagte er. »Hundertdreiundfünfzig hin- und hergejagte Leichen, die vom Oberfeldwebel Krüll schnell noch einmal fertiggemacht werden, weil sie sieben Minuten zu spät gekommen sind. Rechtskräftig verurteilt! Der kleine Schmächtige, in der ersten Reihe zum Beispiel, Oberstleutnant Remberg, Ritterkreuzträger, stand als einer der ersten vor Moskau. Bei einer Lagebesprechung sagte er etwas, daß wir uns in den russischen Weiten totlaufen und ausbluten werden. Er sagte, daß wir aufhören müßten, solange es noch geht, weil es sonst eine Katastrophe gibt. Jetzt ist er hier. ›Ich kann da nicht mehr mitmachen, ich bin kein Schlächter‹ hatte er gesagt, und das Hauptquartier reagierte sauer. Jetzt schippt er Sand.«

»Er wollte ja – kein Schlächter sein, jetzt ist er – Sandschipper«, sagte der Hauptmann. »Besser Sandschipper als tot, oder?«

Doch der Oberleutnant beachtete seinen Vorgesetzten nicht. »Oder der Ausgemergelte mit der großen Glatze und Brille. Dort geht er über den Hof – sehen Sie?«

»Was ist mit dem?« fragte der Hauptmann.

»Professor Dr. Ewald Puttkamer. Major der Reserve. Er hatte gesagt, daß das braune Hemd die neue Kluft und Berufskleidung der Totengräber sei.«

»Nicht schlecht«, grinste der Hauptmann.

»Es gibt noch eine Menge solcher Menschen hier. Aber das wissen Sie ja selbst.«

»Aber auch Kriminelle, nicht?«

»Auch die.«

»Und was soll das alles?« fragte der Hauptmann.

»Ich glaube kaum, daß es die Aufgabe eines deutschen Offiziers ist, die Aufgaben eines Gefängnisaufsehers zu übernehmen.«

Hauptmann Barth lächelte. Er setzte sich in den einzigen Sessel und blies den Rauch seiner Zigarette gegen die niedrige Barackendecke. Vom Appellplatz her, durch das geschlossene Fenster hindurch, hörte man Krülls Geschrei; der Oberfeldwebel war auf dem Wege zur Essenausgabe.

»Scheußlich«, sagte Obermeier.

»Ach was!« sprach der Hauptmann gemütlich. »Der Krieg ist scheußlich. Und der Frieden ist noch scheußlicher, weil wir Soldaten dann überflüssig sind. Sie müssen gleichgültiger sein, mein Lieber, viel gleichgültiger. Dann haben Sie vielleicht eine Chance zum Überleben. Dann kümmert Sie nicht mehr, ob ein Oberstleutnant und Ritterkreuzträger oder ein siebenkluger Professor und andere solche Helden von Krüllschnitt gegen die Mauer gejagt werden und – wie haben Sie das gesagt? – aussehen wie herumgetriebene Leichen. So war's doch?«

Der Oberleutnant nickte.

Hauptmann Barth erhob sich schwerfällig, gähnte, reckte seine breite, große Gestalt und drückte den verschobenen Ledergürtel gerade. Dann blickte er auf die kleine goldene Uhr an seinem Handgelenk und gähnte noch einmal, ohne die Hand vor den Mund zu nehmen. Ein weißes Leinenarmband hielt die Uhr fest, und man erzählte, daß Barth dieses Armband jeden Tag gegen ein neues, reinweißes und steif gestärktes auswechselte. Vielleicht stimmte es auch, obwohl dies irgendwie zu diesem großen, starken Mann nicht passen wollte – eher zu dem Kompanieführer der ersten Kompanie und Frauenliebling, Oberleutnant Wernher.

Als er wieder aufblickte, sah er Obermeier in strammer, dienstlicher Haltung vor sich stehen.

»Ich bitte Herrn Hauptmann, meine Versetzung zur Fronttruppe zu beantragen!«

»Ach nee –!« sagte der Hauptmann mokant. »Sieh mal an, ein Held! Hätten Sie noch eine Minute gewartet, dann hätten Sie sich dieses altgermanische Heldenepos ersparen können.« Er griff umständlich in die Tasche, zog einen schriftlichen Befehl heraus und legte ihn zu den Akten, die einen Teil des Schreibtisches bedeckten.

»Ihre Kompanie, die zweite vom Bataillon 999, rückt in den nächsten Tagen nach Rußland ab.«

»Rußland?«

»So ist es. In Abständen von zwei Tagen folgen die restlichen Kompanien. Ich komme mit der letzten, das ist mit der ersten des Bataillons, nach. Zufrieden?«

»Nein, Herr Hauptmann!«

»Noch immer nicht? Zum Donnerwetter, was wollen Sie noch?«

»Eine ordentliche Truppe. Was soll ich mit diesen Halbtoten in Rußland anfangen? Sollen wir mit Wracks Krieg führen und gewinnen?«

»Gewinnen? Obermeier, Sie dummer Junge!« Barth lächelte überdrüssig. »Na, so oder so: wir bekommen eine wunderhübsche Aufgabe. Sie werden Ihren ganzen Heldenmut beweisen können. Eine Aufgabe mit Termin, bis da und da fertig sein – sonst Kriegsgericht. Nicht nur das langweilige, blödsinnige Schanzen, Minenaufräumen, Bombenentschärfen, Gräbenentwässern, Munitionsschleppen, Straßenbauen, Kadaverwegräumen . . .«

»Und – was soll diese wunderhübsche Aufgabe sein?«

»Sie werden es rechtzeitig erfahren.« Barth trat ans Fenster und sah hinaus. Auf dem Appellplatz jagte Krüll einen Landser hin und her wie einen Hasen, der das Hakenschlagen üben soll.

»Und wer ist dieser da? Sie kennen doch die Lebensgeschichten Ihrer Leute.«

»Oberleutnant Stubnitz«, sagte Obermeier.

»*Schütze* Stubnitz«, verbesserte ihn der Hauptmann. »Was hat er angestellt?«

»In Dortmund ein Schnapsglas gegen das Führerbild geworfen und ›Prost August!‹ gerufen.«

»Idiot!« sagte der Hauptmann.

»Er war betrunken«, sagte der Oberleutnant.

»Also ein betrunkener Idiot. Warum greifen Sie nicht ein? Warum jagen Sie Krüllschnitt nicht zum Teufel? Sie könnten gegen ihn einen Tatbericht wegen Mißhandlung der Truppe machen.«

»Und was würde dabei herauskommen? Eine kurze Verhandlung. Frage: Welche Truppe? Antwort: Strafbataillon 999. Was haben Sie gemacht, Oberfeldwebel? Ich habe einen aufsässigen Soldaten im erlaubten Rahmen auf seine unrichtige Handlung aufmerksam gemacht. Gut so, Oberfeldwebel, machen Sie weiter! Der Blamierte wäre ich.«

»Stimmt, Sie Schwärmer«, sagte der Hauptmann. »Sie sind gar nicht so dumm. Na, jetzt wird's ja besser, wenn wir nach Rußland kommen. Bald werden Sie von all Ihren Sorgen und tiefsinnigen Gedanken befreit sein.«

»Wieso?«

»Weil Sie –«, sprach der Hauptmann langsam und betonte jedes Wort, als müßte er es an die Wand nageln, »– weil Sie dort nach einigen Wochen keine Kompanie mehr haben werden.«

Schweigen. Und dann, als wollte der Hauptmann den Eindruck seiner Worte besänftigen und die Schatten einer blutigen, gespenstischen Zukunft verjagen, die sich im Zimmer auszubreiten begannen: »Die vier Leute, die dort im Dreck liegen, gehören Ihnen. Das ist Ihr Ersatz. Interessante Leutchen – genau das Richtige für Ihre Sammlung. Der erste heißt« – Barth ging zum Schreibtisch und klappte einen Aktendeckel auf, den er mitgebracht hatte – »Gottfried von Bartlitz, ehemals Oberst und Eichenlaubträger, Divisionskommandeur, nun Schütze. Nach Stalingrad hatte er den Mund zu voll genommen, aber das Rückgrat hat ihm die Sache mit dem Rückzugsbefehl gebrochen – auch er wollte angeblich kein Schlächter sein. Der zweite heißt Erich Wiedeck. Ehemals Obergefreiter, ein Bauer aus Pommern, hat seinen Urlaub verlängert, weil er die Ernte einbringen wollte. Behauptet er. Dritter Karl Schwanecke, ehemals

Werftarbeiter, aber nur ab und zu. Sonst hauptberuflich Gewohnheitsverbrecher und sozusagen ein Untermensch. Und der vierte, Dr. Ernst Deutschmann – ein bezeichnender Name, was? – Selbstverstümmelung. Sehr raffiniert ausgeklügelt, ging aber trotzdem schief. Das wär's. Was haben Sie, Obermeier?«

»Wie – wie heißt der erste?« fragte der Oberleutnant stockend.

»Wieso – kennen Sie ihn?«

»Wie heißt er?«

»Gottfried von Bartlitz. Kennen Sie ihn?«

Der Oberleutnant nickte. »Er war früher einmal mein Bataillonskommandeur«, sagte er schwer.

»Ach – nee! Ist ja interessant.« Der Hauptmann ging wieder zum Fenster und sah hinaus, als hätte er noch nicht genug von dem Anblick des umherstolzierenden und brüllenden Krüll. »Sehen Sie, so ist das«, sprach er halblaut, ohne den Oberleutnant anzusehen, »gestern hoch oben, heute unten und morgen ganz tief unten. Ich meine – unter der Erde. Bleiben Sie oben, Obermeier, das ist wichtig. Das ist das wichtigste: immer oben bleiben, versuchen Sie, höher zu klettern, aber nicht zu hoch. Und vergessen Sie, was diese Leute früher einmal waren. Vergessen Sie es, sonst kann Ihnen einmal das gleiche passieren. Diese Menschen haben keine Vergangenheit mehr. Sie sind Schützen in einem Strafbataillon. Schützen ohne Gewehre. Die Ehre, Waffen zu tragen, haben sie sich verscherzt. Es bleibt ihnen nur noch die Ehre, sterben zu dürfen. Schützen im Strafbataillon 999«, sagte er langsam, als müßte er jeden Buchstaben einzeln auskosten. Mit einer schnellen, abrupten Bewegung steckte er die Hände in die Hosentaschen und zog die Schultern hoch. »Überleben«, sagte er, »oben bleiben, kein Idiot sein. Haben Sie etwas zu trinken?«

»Hennessy?« fragte der Oberleutnant.

»Her damit!« sagte der Hauptmann.

Die Hoffnung ist ein Stehaufmännchen. Auch in der dunkelsten Verzweiflung finden wir plötzlich ein Körnchen Hoffnung, verborgen zuerst, doch dann wachsend und größer werdend, einem sich ausbreitenden, immer helleren Sonnenstrahl ähnlich. Es stimmt wohl: Oft ist es eine falsche Hoffnung, trügerisch und unwirklich, an die wir uns klammern; sie ist erwachsen aus unseren brennenden Wünschen und Vorstellungen, die nichts mit der Wirklichkeit zu tun haben. Aber darauf kommt es nicht an: Wir werden stärker durch sie, sie hilft uns, uns selber und unsere Resignation zu überwinden, und läßt uns schließlich, zerstört und unerfüllt, einen Ausweg erkennen oder erahnen – das Körnchen einer neuen Hoffnung.

So erging es auch Julia Deutschmann.

Der Hoffnungsstrahl, den sie nach der demütigenden, vergeblichen Unterredung mit General von Frankenstein zu sehen glaubte, hieß Dr. Albert Kukill.

Seltsam genug: Dr. Kukill war der Sachverständige im Prozeß gegen Ernst. Der Mann mit einem eiskalten Intellekt, dessen Urteile messerscharf und endgültig waren und in allen Prozessen als unfehlbar galten. Wäre Dr. Kukill nicht gewesen, wäre Ernst kaum verurteilt worden. Der General hatte gesagt: »Ich selbst bin in diesen Sachen ein Laie und stütze mich auf korrekte, wissenschaftliche Analysen bekannter Sachverständiger.« Also gab es keinen anderen Weg, als diese Sachverständigen zu überzeugen, daß sie unrecht hatten, dachte Julia. Genaugenommen – einen Sachverständigen: Dr. Kukill.

Wenn Dr. Kukill zugab, daß er sich geirrt hatte, dann gab es doch noch eine Revision des Urteils, dann gab es kein Strafbataillon 999 mehr für Ernst.

Sie wußte, daß ihre Aufgabe nicht leicht war. Sie war selbst Ärztin und kannte viele Kollegen – aber verschwindend wenige waren darunter, die bereit gewesen wären, einen Fehler zuzugeben. Dr. Kukill schien nicht einer von ihnen zu sein. Aber vielleicht, wenn sie es richtig machte, wenn sie die richtigen Worte wählte, wenn sie klug vorging – ja, es war die einzige Möglichkeit, die übrigblieb, wollte sie Ernst helfen.

So kam es, daß sie gegen Abend des gleichen Tages, als sie mit General von Frankenstein gesprochen hatte, vor Dr. Kukills Villa in Berlin-Dahlem stand und ihren ganzen Mut zusammennahm, bevor sie auf die Klingel drückte. Vorher anmelden wollte sie sich nicht, das Dienstmädchen oder die Sekretärin würden mit Sicherheit gesagt haben, Dr. Kukill sei verreist oder sonst was, wenn sie ihren Namen gehört hätten. Sie mußte unverhofft kommen, plötzlich vor ihm stehen, das Gespräch mit ihm erzwingen, ihm keine Frist geben, seinem schlechten Gewissen zu entfliehen.

Nun stand sie vor ihm.

Er trug einen eleganten Zweireiher, sein graues Haar war

glatt zurückgekämmt, sein schmales Gesicht zeigte eine entfernte Ähnlichkeit mit einem spähenden Raubvogel. Und seine Augen paßten dazu: Sie waren grau, hart, überlegen.

Er ließ sich seine Überraschung nicht anmerken, als er Julia sah; und wenn er sich ihr gegenüber – oder besser: Ernst, ihrem Mann, gegenüber schuldig fühlte, dann verstand er es zu verbergen. Aber selbst dann: Sah ein Mann so ruhig und überlegen aus, der sich schuldig fühlte?

Julia wurde unsicher.

Er reichte ihr die Hand wie einer guten alten Bekannten. Dabei lächelte er, sein Gesicht verlor mit einem Schlag die Härte und die unnahbare Strenge, und als er sprach, brach aus ihm seine charmante Wiener Art hervor, der betörende Tonfall einer Stimme, die er zu gebrauchen verstand wie ein Instrument: Sie konnte brüllen, eisig dozieren und bezaubernd plaudern.

»Sie wissen, warum ich gekommen bin?« fragte Julia, dankbar für das Dämmerlicht im Vorraum, das ihre zitternden Hände und ihr heißes Gesicht verbergen half. Sie zwang sich zur Ruhe, doch ihre Stimme bebte.

»Ich kann es mir denken, gnädige Frau, oder besser: Kollegin. Wir sind doch Kollegen? Aber kommen Sie, warum stehen wir hier herum? Was es auch ist, was Sie mit mir zu besprechen haben, wir können es uns bequemer machen.« Er öffnete eine dunkle Eichentür und führte sie in den mit zierlichen Möbeln ausgestatteten Salon, der zum Garten hin lag.

Ein großes Glasfenster, beinahe eine Glaswand, ließ den Blick frei in den großen, baumbestandenen, parkähnlichen Garten, der jetzt in die erste Abenddämmerung eingehüllt war. Zwischen Rhododendron und Fliederbüschen lag halb versteckt ein Schwimmbecken.

Dr. Kukill drehte das Licht an und zog die schweren Vorhänge zu. Dann deutete er lächelnd auf einen großen, zitronengelben Sessel: »Bitte, nehmen Sie doch Platz.«

Julia setzte sich. Wie brachte es der Mann nur fertig, unausgesetzt zu lächeln und so ruhig zu erscheinen – obwohl er doch wissen mußte, was sie von ihm wollte?

»Ich möchte mit Ihnen über alles noch einmal sprechen«, begann Julia. Jetzt brauchte sie sich nicht mehr zur Ruhe zu zwingen, sie war ruhig. Der Mann, der aus der Wand einen Bartisch herausklappte, war ihr Gegner. Ein Gegner, den man nur mit kühl rechnendem Verstand besiegen oder in die Enge treiben konnte.

»Ich kann mir nicht vorstellen, welchen Sinn es hätte«, sagte er und drehte sich hin zu ihr. »Aber sagen Sie zuerst – was wollen Sie trinken, einen Kognak? Armagnac 1913? Ich habe ihn für die liebsten Gäste.« Er brachte es tatsächlich fertig, dies ohne eine Spur von Ironie in der Stimme zu sagen.

»Bitte«, sagte Julia.

Dr. Kukill zündete eine Kerze an, wärmte zwei Schwenkgläser über der kleinen flackernden Flamme an und schenkte dann die goldbraune Flüssigkeit ein – etwa fingerbreit voll in jedes Glas. »Es gibt Menschen«, plauderte er währenddessen, »die mir dies alles übelnehmen, das Haus hier oder den Kognak aus dem Jahre 1913, wenn Sie wollen. Es sei keine Zeit dafür, meinen sie. Welche Zeit soll dann dafür sein? Laut Versicherungstabellen beträgt die Lebenserwartung des heutigen Europäers etwa 66 Jahre. Durch den Krieg wird sie einen beachtlichen Fall nach unten machen. Morgen kann es soweit sein – aus für immer. Soll man da das Leben nicht zu würzen versuchen, was meinen Sie?«

»Daran habe ich noch nicht gedacht«, sagte Julia.

»Aber nicht doch! Nicht so bitter!« lächelte er, setzte sich, hob das Glas, betrachtete es prüfend gegen das Licht und sah dann Julia an: »Kommen Sie, trinken wir – auf Ihr Wohl!«

»Ich weiß nicht, was Sie für ein Mensch sind«, begann Julia dann, »vielleicht sehen Sie wirklich nur das hier« – mit der Hand machte sie eine kleine Gebärde, die Kukills Salon, sein Haus, den Garten, den Kognak auf dem Tischchen und seine Worte umfaßte – »vielleicht kümmern Sie sich wirklich nicht darum, was um Sie vorgeht.«

»Kaum«, lächelte Dr. Kukill.

»Aber das andere gibt es auch«, sprach sie weiter, ohne ihn zu beachten. »Gestern gab es einen Luftangriff und viele Tote, und heute wird es wahrscheinlich wieder einen Angriff geben und vielleicht noch mehr Tote, und es gibt Rußland und Italien und immer wieder den Tod, aber auch kleine, scheinbar kleine Sachen, die anderen Menschen das Leben bedeuten – oder das, wofür sie leben.«

»Ihren Mann, das meinen Sie doch?« sagte Dr. Kukill trocken.

»Ja«, antwortete Julia und sah ihn voll an. »Das ist meine Welt. Verstehen Sie mich doch – ich – ich weiß nicht, wohin ich sonst gehen sollte als zu Ihnen. Es war alles eine Verkettung tragischer Umstände.«

»So würde es ein Jurist nennen. Wir wollen einfacher sprechen: Es war ein Irrtum, das wollten Sie doch sagen?«

»Und Sie? Was sagen Sie?«

Dr. Kukill schob die Unterlippe vor und betrachtete sinnend seine schmalen, weißen Hände: »Und wenn es wirklich ein Irrtum gewesen wäre . . .?«

Julia sprang auf: »Und das – das sagen Sie? Ihr Gutachten hat Ernst den Hals gebrochen, Ihretwegen wurde er verurteilt! Und nun – nun sitzen Sie seelenruhig hier und sagen: Und wenn es wirklich ein Irrtum gewesen wäre?«

»Bitte, beruhigen Sie sich doch! Setzen Sie sich! Mein Gutachten war rein wissenschaftlicher Art. Es war fundiert, es war gerecht, es war nach dem Stand der heutigen Wissenschaft gehalten. Als Sachverständiger vor Gericht können Sie nicht mit Möglichkeiten operieren, mit Annahmen, mit Hypothesen.«

»Wir haben doch gute Ergebnisse erzielt . . .«

Dr. Kukill hob die Hand leicht an. »Wieviel Versuchsreihen haben Sie durchgeführt?«

»Etwa dreißig.«

»Und dabei wollen Sie von guten Ergebnissen sprechen? Sie als Ärztin? Aber lassen wir das. Wie sieht – oder wie sah die Sache aus?« Er legte die Finger gegeneinander und betrachtete Julia sinnend. Er war nur halb bei diesem Gespräch, das sinnlos war, nutzlos, ermüdend: Ernst Deutschmann war nicht zu helfen. Und einen Augenblick lang dachte er überdrüssig daran, daß er nur seine Zeit vergeude. Aber – sie war hübsch, elegant, gepflegt und mutig. Nein, mehr: Sie war schön. Von ihr ging ein eigentümlicher Zauber aus, wie man ihn bei einer schönen Frau nur selten findet, eine Mischung aus Klugheit, Zielstrebigkeit, reinem Willen und Hilflosigkeit. Was wünscht sich ein Mann mehr?

dachte er, ein wenig neidisch auf Ernst Deutschmann. Was wird aus ihr, wenn er im Strafbataillon umkommt? Und während er nach Worten suchte, um sie von der Aussichtslosigkeit ihrer Bemühungen zu überzeugen, dachte er, daß sie eine hübsche, schöne Witwe werden würde – aber bestimmt keine lustige. Das heißt: Sie war schon so gut wie eine Witwe.

»Sehen Sie«, begann er, »betrachten Sie die Sache von unserem Standpunkt. An dem Tage, nachdem Ihr Mann den Einberufungsbescheid bekommen hatte, erkrankte er. Einige Zeit später stellt sich heraus, daß er sich den Eiter eines schwer infizierten Menschen besorgt hat, der todkrank war, und sich damit heimlich infizierte – um angeblich im Selbstversuch die Wirkung eines von ihm gefundenen Gegengiftes genau zu erproben. Eine Infektion mit Staphylokokkus aureus dieser Art zieht eine jahrelange Rekonvaleszenz nach sich, jahrelange Untauglichkeit für den Wehrdienst.« Die letzten Worte sprach er langsam und betont aus. Als Julia nicht antwortete, fuhr er fort:

»Das hat er gewußt. Aber das wissen auch wir: Wegen solcher Infektionen, die meist tödlich verlaufen, haben wir in diesem Krieg Zehntausende verloren. Nun will ich ihm allerdings keine Selbstmordgedanken unterschieben. Es ist durchaus möglich, daß er *glaubte,* ein – sagen wir Serum gefunden zu haben. Und daß er sich, wie alle ihm ähnlichen – soll ich sagen wissenschaftlichen Fanatiker oder Helden? – infizierte, um seine Entdeckung zu erproben. Das ist es, warum ich meinte, seine Verurteilung *könnte* ein Irrtum sein: Ein Irrtum, also nicht eine Selbstverstümmelung, um dem Wehrdienst zu entgehen, sondern eben ein bedauerlicher Mißgriff. Allerdings kann ein Militärgericht diese Möglichkeit nicht in Erwägung ziehen. Die Tatsache bleibt, daß er sich selbst verstümmelte. Das allein ist entscheidend.«

»Aber – ich bin überzeugt, ich war die ganze Zeit dabei, ich weiß, daß er auf dem richtigen Wege war. Wir hatten nur so wenig Zeit, es mußte so schnell gehen ...«

»*Ich* schließe auch diese Möglichkeit ein. Aber ein Richter kann es nicht tun. Ich habe Ihnen bereits gesagt: Es gibt kein wirklich wirksames Mittel gegen Infektionen dieser Art. Und ich bezweifle, daß Ihr Mann bei all seinem Talent so genial ist, daß er allein und ohne Hilfe das gefunden hätte, was eine ganze Welt von Forschern seit Jahren umsonst sucht. Das war es, was ich vor dem Gericht ausgesagt habe. Es war und ist meine ureigenste Überzeugung. Welches Interesse sollte ich denn daran haben, Ihren Mann – übrigens, haben Sie es schon mit einer Revision versucht?«

»Ja«, sagte Julia.

»Und?«

»Man sagte mir – es war ein SS-Mann – man sagte mir ...«, sprach sie stockend, als fürchtete sie sich vor dem, was sie sagen mußte, oder vor der Erinnerung an den Mann, der es ihr gesagt hatte, »– sollte der Fall Deutschmann in eine Revision gehen, dann stünde am Ende eines neuen Prozesses das Fallbeil.«

Schweigen.

Dr. Kukill zündete sich eine Zigarette an. »Wieso ein SS-Mann?« fragte er dann.

Julia zuckte mit den Schultern.

»Und – was wollen Sie jetzt tun?«

Sie sah ihn an. Ihre Augen waren groß, schwarz, fiebrig.

»Kann man nichts tun?« fragte sie leise, mit zitternder Stimme. Sie stand auf, ging um den Tisch, klammerte sich an seinem Oberarm fest, während er hilflos sitzen blieb, erschrocken und wider seinen Willen von ihrem Leid und ihrer Verzweiflung mitgerissen. »Sie können etwas tun – Sie können es sicher – bitte – es hängt nur von Ihnen ab, ich weiß es – zu wem soll ich sonst gehen? – Sie können sagen, daß es ein Irrtum war, er wird dann zurückkommen – bitte, bitte, tun Sie etwas –«

Er versuchte, sie zu beruhigen, aber er sah, daß sie ihn nicht hören wollte, daß sie nicht glauben wollte, Ernst sei verloren, daß man nichts mehr für ihn tun konnte – nicht, nachdem sich die Schranke des Strafbataillons hinter ihm geschlossen hatte. Sie standen sich gegenüber, und als er ihr gesagt hatte, daß er für ihren Mann nichts tun konnte, sah er sie schweigend an und dachte wieder, daß sie von jener fraulichen Schönheit war, die man nicht genießt, sondern verehrt und anbetet, einer Schönheit, der Leid und Verzweiflung nichts anhaben, sondern sie nur vertiefen konnten – und ein kleiner, scharfer Gedanke schoß ihm durch den Kopf: Er wird nicht wieder zurückkommen. Dann . . .

»Doch«, sagte sie nach einer Weile und sah ihn weiter an, sah durch ihn hindurch, nicht mehr hier in diesem Zimmer mit dem Mann, der sich gespannt und plötzlich seltsam erregt vorbeugte und sie anstarrte. »Doch«, wiederholte sie, »es gibt eine Möglichkeit. Ich war bei all seinen Versuchen dabei. Ich habe alle seine Aufzeichnungen. Ich werde weitermachen. Ich werde seine Versuche wiederholen. Und wenn es sein muß, auch den Selbstversuch. Ich werde . . .«

»Um Gottes willen!« rief Dr. Kukill aus.

». . . ich werde beweisen, daß er recht gehabt hatte. Und dann wird man ihn herausholen und ihn weiterarbeiten lassen. Dann . . .«

»Das wäre – um Gottes willen, es könnte Ihr Tod sein!« Dr. Kukill sah die Frau vor ihm erschrocken an.

»Bitte, lassen Sie mich jetzt gehen«, sagte Julia.

An diesem Abend, als Julia Deutschmann wie gejagt in ihre Wohnung zurückhastete, den Mantel achtlos über einen Sessel warf, in das rückwärts gelegene Laboratorium ihres Mannes lief, einen weißen Kittel überwarf und die durcheinandergeworfenen Aufzeichnungen zu ordnen begann, geschah im Lager »Friedrichslust« bei Posen, dem Stammsitz des Strafbataillons 999, folgendes:

Oberleutnant Wernher, Kompaniechef der 1. Kompanie, ritt über den Kasernenhof: eine einsame, stumme, dunkle Reitergestalt mit lose umgeworfenem Regenumhang. Die Pferdehufe knirschten auf dem Kies. Er war auf dem Weg zu einer deutsch-polnischen Gutsbesitzerin, die trotz ihrer Jugend bereits Witwe war; ihr Mann war im Polenfeldzug gefallen.

Hauptmann Barth, Bataillonskommandeur, saß in seinem Zimmer unter einer Stehlampe und las »Tom Sawyers Abenteuer«. Seine Füße in Socken baumelten über die Sessellehne, manchmal lächelte er. Dann wurde sein Gesicht fast jungenhaft, frei und gelöst.

Oberfeldwebel Krüll stapfte mit dem Stahlhelm auf dem

Kopf über den Kasernenhof. Manchmal übersprang er eine Pfütze, einmal blieb er stehen und sah gegen den Himmel. Wahrscheinlich war er auf dem Wege in die Mannschaftsunterkünfte, um seinen allabendlichen Budenzauber zu veranstalten.

Oberleutnant Obermeier folgte ihm eine Weile mit dem Blick. Dann drehte er sich um, zog das Verdunkelungsrollo vor das Fenster, tastete sich durchs Zimmer, knipste Licht an und schloß einen Augenblick geblendet die Augen. Er goß sich ein halbes Glas voll Hennessy ein und trank den scharfen Kognak in einem Zug herunter. Er hatte beschlossen, sich heute abend zu betrinken.

In den Unterkünften erwartete man die Ankunft des UvD, sich besorgt fragend, welche Stube heute an der Reihe war, Krülls Bedürfnis nach Abwechslung zu befriedigen.

Dies war, wie kaum anders zu erwarten, die Unterkunft, in die die vier Neuankömmlinge eingeteilt waren.

Krüll fand zuerst auf dem Boden unter dem letzten Bett einen Kieselstein, vielmehr ein etwas größeres Sandkorn. Er hob es auf, zwischen dem Daumen und Zeigefinger haltend, mit weitgespreizten restlichen Fingern, und ließ es wieder wortlos auf den Boden fallen.

Er sagte nichts.

Dann stellte er schweigend einen Schemel vor einen Spind und fuhr mit dem Zeigefinger oben hin und her, doch er fand keinen Staub. Aber er fand ihn auf einem Deckenbalken und auf einem Fensterrahmen und schmierte ihn dem strammstehenden Stubendienst – dies war der frühere Oberleutnant Stubnitz, den er heute schon einmal über den Hof gejagt hatte – über die Wangen, über die Stirn, über die Nase, kreuz und quer, in schönen, gleichmäßigen Karos.

Dabei sagte er immer noch nichts.

In der Stube herrschte lähmendes, schweres Schweigen, nur Krülls Schritte über den knarrenden Boden und hin und wieder sein verächtliches Schnauben durch die Nase waren zu hören. Niemand rührte sich: Zweiundzwanzig Männer lagen lang ausgestreckt auf dem Rücken, mit den feuchtriechenden Decken bis zum Kinn zugedeckt, die Arme an den Körper gedrückt, Knie und Füße zusammengepreßt – gewissermaßen »stillgestanden« im Liegen – und warteten auf das Unausweichliche. Aus der Ecke kam das schwere, rasselnde Atmen des Schützen Reiner, gewesenen Dr. Friedrich Reiner, Rechtsanwalt in München, seit 1939 Insasse des Konzentrationslagers Dachau, seit Frühjahr 1943 zum Strafbataillon 999 begnadigt: Er litt an Asthma.

Als Krüll meinte, Schütze Stubnitz sähe kariert genug aus, begann er mit der Spindkontrolle. Aus dem ersten warf er nur das Waschzeug auf den Boden, den zweiten leerte er ganz aus, den dritten und vierten ließ er stehen, aus dem fünften warf er die Wäsche, den sechsten räumte er ganz aus.

Dabei sagte er immer noch nichts.

Der siebente Spind gehörte Karl Schwanecke.

Als Krüll ihn öffnete, prallte er zurück: Der Spind war tatsächlich eine Katastrophe. Das einzige, was ordnungsgemäß, das heißt, in militärischer Ordnung angebracht war, waren Bilder nackter Mädchen auf der Innenseite der Tür.

Krüll unterdrückte seine Neugierde, beschloß gleichzeitig, sich die Bilder einmal in Ruhe anzusehen, und jagte die Männer aus den Betten. An sich hatte er vorgehabt, vor der Gymnastik auf dem nachtdunklen Kasernenhof noch die Füße der Liegenden anzusehen. Er verzichtete darauf und ließ dafür alle zweiundzwanzig an Schwaneckes Spind im Paradeschritt vorbeimarschieren und »die Augen links« machen.

Dann jagte er sie auf den Hof.

Es dauerte etwa eine halbe Stunde: Komisch anzusehende, in ihrer unfreiwilligen Komik tragische Männergestalten in kurzen Nachthemden, mit klappernden Holzpantinen an den Füßen, jagten aufgescheuchten, weißen Nachtvögeln gleich über den Kasernenhof, übten Entengang, Hasensprünge, Froschhüpfen.

Als es zu Ende war, waren drei Männer dem Herzzusammenbruch nahe: der asthmatische ehemalige Rechtsanwalt, Deutschmann und von Bartlitz; andere waren nur noch halb ohnmächtige, wankende, leichenblasse, schwitzende, mit Dreck bespritzte Gespenster. Alle, außer Schwanecke: Schwanecke machte es anscheinend nichts aus. Er grinste und verfluchte grinsend den Oberfeldwebel und mußte deshalb einige Extrarunden drehen. Aber das Grinsen verging ihm nicht. Es verging ihm nie, auch später nicht.

Dann kam noch eine gute Stunde Waschen und Stubenreinigen, und so war es elf vorbei, als sie endlich in den Betten lagen, mit einiger Aussicht, die Nacht ungestört durchzuschlafen.

Ernst Deutschmann lag lang ausgestreckt auf dem Rükken und zwang sich, ruhig, tief und gleichmäßig zu atmen. Sein Herz raste. Langsam wurde es besser, das Schwindelgefühl verflog, zurück blieb nur eine schwere, lähmende Schwäche, die seinen Körper zu einem reglosen Bleiklumpen machte.

Im Bett daneben lag der Bauer Wiedeck, der Mann, den er im Militärgefängnis in Frankfurt an der Oder kennengelernt hatte. Er war sein Zellengenosse gewesen, schweigsam, mürrisch, verschlossen. Sie hatten kaum ein Wort gewechselt, obwohl sie stets zusammen waren: in der Zelle, auf dem täglichen Spaziergang im Gefängnishof und in der Werkstatt, wo sie die Sohlen der Militärstiefel mit Nägeln beschlugen. Freunde waren sie erst geworden, als ein Feldwebel, dem Deutschmanns Gesicht nicht paßte, in der Mittagspause einige Kisten voller Nägel umwarf und Deutschmann befahl, sie wieder einzusammeln. Wiedeck hatte ihm dabei geholfen, wortlos, verbissen, finster.

»Wie geht's?« hörte er jetzt Wiedeck flüstern.

»Besser«, flüsterte er zurück.

Schweigen.

»Verfluchte Schweine!« flüsterte Wiedeck nach einer Weile.

»Mach dir nichts draus«, sagte Deutschmann.

Und wieder Stille. Und dann:

»Woran denkst du?«

»An Julia«, sagte Deutschmann.

»Ich auch. An Erna. Hast du Kinder?«

»Nein.«

»Ich habe zwei. Nein, jetzt sind's drei.«

»Maul halten!« kam von irgendwoher eine Stimme.

Und dann begann Erich Wiedeck zu erzählen. Leise, flüsternd, mit langen, schweigenden Pausen, ungelenk, nach

Worten suchend. Und trotzdem wuchs vor den Augen des still liegenden, lauschenden Deutschmann eine Welt empor, die ihm bisher fremd geblieben war. Er hörte das schwere Atmen des Asthmatikers und das Schnarchen Schwaneckes nicht mehr. Die dumpfriechende, von undurchdringlicher, säuerlicher Finsternis erfüllte Stube versank und wurde weit, weit wie die Felder von Pommern.

So kam der ehemalige Obergefreite Erich Wiedeck, dekoriert mit dem EK I., Silberner Nahkampfspange, Silbernem Verwundetenabzeichen, zwei Panzer-Abschußstreifen, kurz vor seiner Beförderung zum Unteroffizier, in das Strafbataillon 999:

Der Wind stand leicht über den Feldern von Melchow.

Es war gegen Mittag. Über die Feldwege ratterten einige Trecker. Kahlgeschorene Männer in alten, zerrissenen Lumpen saßen auf den hüpfenden Sitzen, einige Frauen und Mädchen in bunten Kopftüchern folgten den Spuren der großen Räder. Russische Landarbeiter, Bauern aus der Ukraine, aus dem Kaukasus, aus Weißrußland, aus den Feldern um Minsk und den Sonnenblumenäckern der Steppe von Saporoshje, eingefangen wie Wild, nachts aus den Betten geholt, in Viehwagen gepfercht und nach Deutschland gebracht, um die Ernte zu retten, die den Sieg bedeuten sollte.

Wiedeck ließ die Ähren seines Roggens durch die Finger gleiten. Sie waren dick, prall gefüllt mit Körnern, schnittreif wie noch nie ein Korn in den letzten Jahren. Die Felder standen voll davon: achtzig Morgen unter dem Pflug. Roggen, Weizen, Hafer, Kartoffeln, Gerste, Zuckerrüben.

Er sah hinüber zu den Treckern und den Russen, die lachend ins Dorf zogen. Sonnabend. Feierabend. Das Wetter war gut. Die Sonne stand und würde in den nächsten Tagen nicht weggehen.

Sie schaffen es nicht, dachte er. Sie können es nicht schaffen. Die paar Russen, die Frauen, ein paar Trecker – die Ernte verkommt auf den Feldern, wenn sie nicht gleich geschnitten wird. Und dann dachte er daran, daß Erna, seine Frau, schwanger war, daß in knapp drei Wochen das Kind kommen mußte, daß sie einen schweren Leib hatte, sich kaum bücken konnte und unter der Sonne und der schweren Arbeit litt.

Er sah über seine Felder, über das Meer der wogenden Ähren, und er rechnete im Geist die Stunden und Tage aus, die man brauchte, um es zu schneiden und vor Beginn des Regens einzufahren.

Als er am frühen Nachmittag wieder nach Hause kam, stand Erna in der Tür und sah ihm entgegen.

»Wo bleibst du nur?« fragte sie besorgt. »Dein Zug fährt in zwei Stunden.«

»Ich habe mich umgesehen«, sagte er knapp. Er sah sie an: Ihr Leib war schwer.

»Das Korn steht gut«, sagte sie, während sie die Schürze abband. »Komm, iß noch etwas. Einen Kuchen habe ich auch gebacken, zum Mitnehmen.«

»Wer wird es schneiden?«

»Was?«

»Das Korn.«

»Ich –.«

»Du?«

»Natürlich. Und drei Russen. Wenn sie bei Pilchows fertig sind, kommen sie zu uns. Sie bringen den großen Binder mit.«

»Es wird zu spät sein.« Er sah gegen den Himmel. Die Sonne schien noch acht Tage! Wenn es regnen würde, verfaulte das Korn auf dem Feld.

»Komm –!« Erna zog ihren Mann ins Haus. »Es geht eben nicht anders. Was wir einfahren können, tun wir. Das andere . . .«, sie schüttelte den Kopf. »Einmal ist dieser Krieg auch vorbei, und dann wirst du wieder besser sorgen können.«

»Es ist eine Schande, daß es verfault«, sagte er starrköpfig. Er setzte sich in der Wohnküche an das Fenster und sah hinaus. Dann drehte er sich herum zu Erna, die am Herd stand und Kaffee aufgoß. Bohnenkaffee, abgespart von den seltenen Sonderrationen der Lebensmittelkarten für den Tag, an dem Erich auf Urlaub kam. Die ganze Küche duftete danach. Und auf dem Tisch stand ein dicker Rosinenkuchen. Sogar eine weiße Manschette hatte sie herumgebunden, so, als sei heute sein Geburtstag oder sonst ein Feiertag. Ein Feldblumenstrauß stand daneben – Blumen von seinen Wiesen.

Er wandte sich ab und starrte wieder hinaus auf das Land.

»Ich bleibe«, sagte er knurrend.

»Was?« Erna sah ihn verständnislos an. Sie stellte die Kaffeekanne auf den Tisch und setzte sich. »Was hast du gesagt?«

»Ich fahre nicht.«

»So blieb ich«, erzählte Erich Wiedeck dem Freund, der Dunkelheit und sich selber, und vielleicht erzählte er es nur, weil es finster war und niemand seine feuchten Augen sehen konnte. »Ich habe ihr gesagt, daß mein Antrag auf Verlängerung des Urlaubs durchgekommen ist und daß ich so lange bleiben darf, bis ich die Ernte einbringe. Aber –«, sagte er, »– ich bin nicht nur deswegen geblieben, verstehst du? Der Arzt hatte gesagt, sie muß sich vor der Geburt schonen, aber wie sollte sie sich schonen, wenn ich weg war und wenn sie alles allein machen mußte? Und dann, wenn sie's nicht machen könnte, was sollten sie essen? Was wäre bei diesen Abgaben von der Ernte für sie übriggeblieben? Die Felder haben getragen wie noch nie – und sie hätten hungern müssen. Verstehst du, warum ich nicht weggehen konnte?«

»Ja«, sagte Deutschmann.

»So blieb ich und brachte die Ernte ein. Ich habe geschuftet wie ein Tier. Ich habe fast nicht geschlafen, von frühmorgens bis in die Nacht war ich auf den Feldern, und dann mußte ich auch noch die Hausarbeit machen. Aber –«, und jetzt schwang in seiner flüsternden Stimme Triumph mit, »– aber ich habe die Ernte eingebracht. Alles. Immer habe ich gewartet, daß die Kettenhunde kommen und mich holen. Sie sind nicht gekommen. Es tut mir nur leid ...« Er unterbrach sich.

»Was?« fragte Deutschmann.

»Es tut mir nur leid, daß ich nicht noch länger geblieben bin. Bis Erna ihr Kind bekam. Vielleicht ist es ein Sohn. Was meinst du, ob es ein Sohn ist?«

»Sicher«, sagte Deutschmann.

»Ich hätte vielleicht doch noch so lange bleiben können.

Aber mit der Zeit, später, als ich die Ernte eingebracht hatte, habe ich es doch mit der Angst zu tun bekommen. So fuhr ich ab. Meine zwei Mädchen brachten mich zum Bahnhof, Erna konnte nicht mit. Die ältere Tochter ist fünf Jahre und heißt Dorthe, und die zweite ist drei Jahre und heißt Elke. Ich fuhr ab und sagte ihnen: Seid immer lieb zur Mutti, weil sie Schweres erleben würde, sie dürften nicht böse sein, und sie versprachen es mir, und ich glaube es ihnen, sie sind brave Kinder, ich glaube es ihnen – wenn ich nur wüßte, ob Erna . . . glaubst du, daß alles gutgegangen ist?« fragte er mit zitternder Stimme, lauter, drängend, als könnte ihm Deutschmann als Arzt eine erlösende Antwort geben, die ihn von all den peinigenden Fragen befreien und ihm die Gewißheit geben würde, daß sein Opfer nicht umsonst war.

»Sicher«, sagte Deutschmann, »ganz sicher!«

»Ich hätte noch ein paar Tage bleiben sollen«, sagte Wiedeck müde. »Dann würde ich's ganz genau wissen. So aber . . .«

So aber . . . dachte Deutschmann. Immer wieder bleibt: So aber –. Hätte ich das getan oder hätte ich's nicht getan, wäre alles anders gekommen, so aber . . .

Jetzt weiß ich's: Es ist ein Wunder, daß ich überhaupt noch lebe. Das Serum in seiner jetzigen Form ist wirkungslos. Ich habe einen Fehler gemacht. Ich hätte nicht so hastig vorgehen sollen. Ich hätte alles besser durchrechnen und durchdenken sollen. Dann wäre es nicht so weit gekommen. So aber . . .

»Schlaf gut«, sagte er leise.

»Ja –«, sagte Wiedeck. Er konnte nichts anderes sagen. Er weinte.

Am nächsten Tag, nach dem Arbeitseinsatz, bekam das ganze Bataillon Schreiberlaubnis. Die alten Hasen behaupteten, es stünde etwas bevor, weil sie schreiben durften; wahrscheinlich würden sie nach Rußland kommen.

Deutschmann schrieb an seine Frau Julia:

»Mir geht es gut, Julchen. Das Essen ist reichlich, und auch sonst fehlt es mir an nichts – nur Du fehlst mir, Rehauge, Du weißt nicht, wie! Ich möchte Dich so gerne sehen – aber das ist einstweilen nur ein frommer Wunsch. Habe keine Angst um mich, gib auf Dich acht, besonders jetzt, bei den vielen feindlichen Luftangriffen. Bitte, paß auf Dich auf, Rehauge, ich will Dich gesund und schön wiederfinden, wenn ich zurückkomme.

Kuß, Dein Ernsti.«

Erich Wiedeck schrieb:

»Liebe Erna,

ich weiß immer noch nicht, wie es mit der Geburt war, und ob Du gesund bist und ob es ein Junge oder ein Mädchen ist, schreib mir bitte. Wenn es ein Junge ist, gib ihm den Namen Wilhelm, nach meinem Vater, Du weißt schon, wenn es ein Mädchen ist, dann soll es Erna heißen, wie Du. Mir geht es ganz gut, nur habe ich Sorgen um Dich und die Kinder, aber wir wollen Gott vertrauen, daß sich alles zum Guten wendet und ich bald nach Hause komme. So grüße ich Dich und die Kinder Dein Mann Erich.«

Beide Briefe waren um einige Worte länger, als die Vorschrift erlaubte. Im Hinblick auf das bevorstehende Kommando ließ man sie jedoch durchgehen.

Daß irgend etwas im Gange war, hätte nun auch ein Blinder sehen können. Obermeiers Kompanie brach den Arbeitseinsatz ab und blieb im Lager. Außerdem kam für Hauptmann Barth ein neuer Adjutant.

Barth hatte zunächst verständnislos auf die Zuweisung gesehen, die ihm vom Kommandeur der Strafeinheiten zugeschickt wurde. »Ein neuer Kamerad, meine Herren«, sagte er zu Obermeier und Wernher. »Ein Oberleutnant, Fritz Bevern heißt er. Aus Osnabrück. Ein verdienter Mann, scheint mir: HJ-Führer, Vater Kreisleiter, Kriegsschule mit *Sehr gut* absolviert, vor allem im Fach Politik ausgezeichnet. Kriegsverdienstkreuz I. Klasse, EK II. Er kommt heute noch.«

»So etwas brauchen wir hier. Das suchten wir doch schon lange, nicht?« seufzte Oberleutnant Wernher.

»Er kann doch auch ein netter Junge sein.« Hauptmann Barth legte die Zuweisung in eine Mappe. »Warten wir ab. Auf jeden Fall bekomme ich einen Adjutanten. Ganz groß, was? Entlastung des Kommandeurs und Verbindung zur Truppe. Ich fürchte nur, daß er bald überflüssig werden wird.«

»Sie sprechen in Rätseln, Herr Hauptmann«, sagte Wernher. Barth grinste: »Was soll er noch verbinden, mit wem soll er mich verbinden, wenn wir erst einmal drei oder vier Wochen in Rußland sind?«

»Und außerdem sind Sie ein Schwarzseher, Herr Hauptmann. Darf ich mich abmelden?«

»Ist das Pferd gesattelt?« fragte Barth hinterhältig.

»Seit einer Stunde schon.«

»Viel Spaß. Sie bleiben hier und unterstützen mich, Obermeier?«

Bevern kam in einem höchst feudalen Auto angefahren, einem Horch-Achtzylinder, der einmal einem Rittergutsbesitzer gehört hatte.

Als der neue Adjutant ausstieg und federnd zur Kommandeursbaracke ging, lief ein vielstimmiges »Ach« durch die Fensterreihen der Baracken. Blanke Stiefel, Maßuniform, geknifffte Mütze auf dem Ohr, hellgraue Wildlederhandschuhe, eine Pistole in einer hellbraunen, eigenen Pistolentasche. Das Modellbild eines Offiziers. Ein Mannequin aus der Uniformschau: Wie sieht der korrekt angezogene Offizier im Dienstanzug aus?

Barth steckte sich eine Zigarette an. Was soll ich mit diesem geschniegelten Affen anfangen? fragte er sich erschrocken. Himmel – der wird sich maniküren, wenn wir durch den russischen Dreck latschen!

Er irrte sich. Fritz Bevern trat sofort zur Offensive an, als die Vorstellung beendet war und man sich bei einem Glas Rotwein weiter beschnupperte und abtastete.

»Als ich ins Lager fuhr«, erzählte Bevern und nahm einen kurzen, abgehackten Schluck aus dem Rotweinglas, »flegelte sich am Lagertor ein Subjekt herum, mit einem Besen in der Hand. Ich dachte zuerst: Ob das ein Russe ist? Nein, meine Herren, es war ein deutscher Soldat! Tatsächlich! Ich lasse anhalten, sehe ihn mir schärfer an, aber der degenerierte Bursche grüßt immer noch nicht. Sah aus wie ein Untermensch! Und dann – steckt er den Finger in die Nase und popelt. Eine Unverschämtheit! Ich fragte ihn, wie er hieße. Und, was meinen Sie, was er darauf antwortete?«

»Was«, fragte Barth interessiert.

»Ha –.«

»Wie war das?«

»Er sagte: Ha? Unerhört!«

»Und wie hieß er?« fragte Obermeier.

Bevern knöpfte seine Brusttasche auf, zog einen Zettel heraus, knöpfte die Brusttasche wieder zu und las: »Karl Schwanecke, aus der 2. Kompanie. Es war gar nicht so leicht, es aus ihm herauszubringen. Der Bursche ist stocktaub.«

»Was ist er?« fragte Barth und konnte dabei kaum ein breites Grinsen verbeißen.

»Stocktaub.«

»Der Kerl hört besser als Sie und ich zusammen«, sagte Barth genußvoll. Bevern sah verdutzt und sehr wenig geistreich aus. Obermeier lächelte.

»Er hört so gut wie . . .«, brachte Bevern heraus.

Barth nickte. »Außerdem ist er Spezialist in Einbruchdiebstählen, Raubüberfällen und kleinen Mädchen. Früher war er Gefreiter und soll ein tollkühner Bursche gewesen sein.«

»Ich werde ihn mir morgen vornehmen.« Beverns Gesicht war gerötet. »Eine unerhörte Frechheit!«

»Hoffentlich werden Sie mit ihm fertig werden«, sagte Barth und stieß eine blaue Rauchwolke gegen die Decke.

»Warum sollte ich nicht?«

»Haben Sie schon in einem – in einer solchen Einheit gedient?«

»Ich hatte bisher andere Aufgaben zu erledigen, Herr Hauptmann«, sagte Bevern mit durchgedrücktem Kreuz.

»Dann werden Sie sich umstellen müssen, mein Lieber. In Ihrem Interesse. Das ist nicht eine x-beliebige Einheit.

Es ist ein Strafbataillon.« Dieses Wort buchstabierte er nach seiner Art fast genußvoll ausdehnend. »Hier haben Sie Menschen wie Schwanecke, die keine Autorität anerkennen, außer der ihrer eigenen Triebe und Wünsche. Merken Sie sich: keine Autorität, am wenigsten die der Schulterstücke. Dann haben Sie hier Menschen, die sich einer anderen Autorität beugen, der ihrer sogenannten Ideale, die Ihren, ich wollte sagen – eh – unseren Idealen entgegengesetzt sind wie etwa Schwaneckes Verbrecherinstinkten. Ihre Autorität, Bevern, kann auch diesen Menschen genausowenig Angst einjagen wie Schwanecke und seinesgleichen. Und weiter gibt es da noch eine dritte Gruppe: Männer, die selbst nicht wissen, wie sie herkamen – das sind wahrscheinlich die zahlreichsten. Es gibt alle möglichen Schattierungen darunter: Ja – sogar Männer ohne Rückgrat, die Ihnen jeden Wunsch von den Augen ablesen werden, bis zu solchen, die partout mit dem Kopf durch die Wand wollen.«

»Sollen wir etwa kapitulieren?« fragte Bevern entrüstet.

»Ich habe gesagt: umstellen«, sagte Barth ernst. »Sehen Sie sich unseren Oberleutnant Obermeier an. Sein Vater war Offizier. Sein Großvater auch. Sein Urgroßvater war einer der langen Kerls des Soldatenkönigs. Und er selbst? Ein alter Fronthase, mit allen Wassern gewaschen. EK I, Das Deutsche Kreuz in Gold und so weiter. Er wurde sogar einmal im Wehrmachtsbericht erwähnt. Als er hierherkam, glaubte er, es gäbe für ihn nichts Neues unter der Sonne. Nach einer Woche wurde er ganz klein. Jetzt ist er wieder ein bißchen gewachsen.«

»Auf alle Fälle werde ich erst einmal diesen – diesen

Schwanecke auf dem Appellplatz fertigmachen, daß er sein eigenes Gehirn als Rührei frißt. Gewissermaßen zur Abschreckung.«

»Sie bedienen sich einer wundervoll plastischen Sprache«, meinte Obermeier höflich. »Wo haben Sie das gelernt? Etwa aus der neuesten Ausgabe des deutschen Militärjargons, verfaßt von Oberfeldwebel Krüll und herausgegeben für alle Unteroffiziere?«

»Ha –!« sagte Barth wonnig.

Bevern schwieg verbissen. Welch eine Bande! dachte er grimmig. Schlappsäcke! Kapitulieren vor diesen Lumpen, die man nur aus Mitleid vor dem Galgen rettete. Umstellen? Lächerlich! Er sah aus dem Fenster. Die zweite Kompanie exerzierte. Hohläugige Gestalten mit verbissenen Gesichtern und dreckverkrusteten Uniformen.

Schnell sah Bevern weg. Ihn ekelte. Alle erschießen, dachte er. Das wäre die beste Lösung.

Am Abend, als Obermeier in der Stadt war und ein Kino besuchte, als Wernher bei der Gutsbesitzerin überlegte, ob er noch etwas essen oder schon schlafen gehen sollte, und Hauptmann Barth am Radio saß und Beethoven hörte, strich Oberleutnant Bevern durch die Baracken und stellte sich auf seine Weise dem Bataillon vor.

Zunächst traf er auf Oberfeldwebel Krüll.

Krüll kam von einer Inspektion zurück. Er hatte Deutschmann noch einmal in die Latrine gejagt, weil sie angeblich nicht sauber genug war. Eine Weile stand er dann mit den Händen auf dem Rücken hinter dem umherkriechenden Wissenschaftler, beobachtete verächtlich schnaufend seine Arbeit mit Eimer und Putzlappen und versprach schließlich, in einer halben Stunde wiederzukommen. »Wenn es dann hier nicht aussieht wie in einem Operationssaal, Sie Oberputzer, wischen Sie den ganzen Boden mit Ihrer intellektuellen Visage auf, haben Sie verstanden?«

In dieser Hochstimmung seiner Macht traf er auf Bevern und baute ein Männchen.

»Wie heißen Sie, Oberfeldwebel?« fragte Bevern lässig.

»Oberfeldwebel Krüll, Herr Oberleutnant!«

»Ach – Sie sind also Oberfeldwebel Krüll –!« sagte Bevern überrascht.

»Jawohl, Herr Oberleutnant!« Krüll strahlte. Um seinen Ruhm wußte auch schon dieser Neue! Doch er würde kaum gestrahlt haben, hätte er geahnt, daß Oberleutnant Bevern in diesem Augenblick beschloß, sich an ihm für Obermeiers Frechheit zu rächen.

»Wieviel wiegen Sie, Oberfeldwebel?« fragte Bevern.

Krüll sah in den Nachthimmel. Der ist verrückt, durchfuhr es ihn.

»Ich weiß es nicht, Herr Oberleutnant!«

»Sie wiegen 190 Pfund, Oberfeldwebel.«

»Ich – glaube, nicht so viel –.«

»Wieviel wiegen Sie?«

»190 Pfund, Herr Oberleutnant.«

»Entschieden zuviel, Oberfeldwebel, meinen Sie nicht auch?«

»Jawohl, Herr Oberleutnant!«

»Mindestens vierzig Pfund zuviel!«

»Jawohl, Herr Oberleutnant.«

»Die müssen Sie ’runterkriegen, Oberfeldwebel.«

»Jawohl, Herr Oberleutnant.« Nun dachte der verwirrte Krüll, diese dämliche Fragerei hätte ihr Ende gefunden und er könnte gehen, aber er irrte sich. Der Neue machte keine Anstalten, ihn zu entlassen, im Gegenteil, die Niedertracht kam erst.

Eigentlich hätte es Krüll wissen müssen: Die Methode des Neuen war genau die gleiche wie die seine.

»Fangen wir gleich damit an, Oberfeldwebel«, sagte Bevern und erhob dann seine Stimme zu schneidender Schärfe: »Kehrt marsch!«

Krüll trabte. Dann lief er, ’rauf und ’runter. Mit puterrotem Gesicht und weit aufgerissenem Mund. Seit fünf Jahren lief er zum ersten Male wieder. Das Hemd klebte an seinem schwitzenden Körper. Er verstand die Welt nicht mehr. Es war unfaßbar: Bis heute, bis zu diesem Augenblick, hatte er gedacht, er stünde mit den Offizieren auf der gleichen Seite der Barrikade. Und nun machte ihn dieser polierte Affe zu einem von der anderen Seite. Er keuchte. Und Beverns schneidende Stimme hämmerte in sein zermartertes Gehirn: »Schneller, Oberfeldwebel, los, schneller! Das macht den Körper geschmeidig und frei! Das ist gut für die Bronchien! Kehrt marsch!«

Dann war es zu Ende, Krüll durfte gehen und beschloß, sich besinnungslos vollaufen zu lassen.

Aber für Bevern war das erst der Anfang.

Alle werde ich fertigmachen, dachte er grimmig, entschlossen, unversöhnlich. Alle! Die verdammte Bande von Mannschaften! Die Unteroffiziere! Alle! Und die hundsopportunistischen Offiziere. Alle! Mitsamt Obermeier und Barth!

In der Baracke 2 der 2. Kompanie sah Bevern etwas, was ihn zunächst sprachlos werden ließ. Darin erging es ihm nicht anders als zwei Abende zuvor Oberfeldwebel Krüll: Er entdeckte Schwaneckes Bildersammlung.

Schwanecke war gerade dabei, auch die Stirnseite seines Bettes und den Holzrahmen an der Seite mit den Bildern nackter Mädchen zu zieren.

Oberleutnant Bevern trat näher.

»Aha – da sind Sie ja wieder!« sagte er laut, als er hinter Schwanecke stand. Dieser drehte sich grinsend herum.

»Wie können Sie einen so erschrecken, Herr Oberleutnant? Sind sie nicht hübsch?«

»Sie –«, begann Bevern, aber Schwanecke ließ sich nicht beirren.

»Gefallen sie Ihnen, Herr Oberleutnant? Die Blonde da – die ist aus Berlin. Toll, was? Wenn Sie wollen –«, er beugte sich vor und sagte zu dem zurückweichenden Offizier vertraulich, als hätte er ihm ein Geheimnis zu verraten, »– wenn Sie wollen, Herr Oberleutnant, gebe ich Ihnen ihre Adresse. Wenn Sie mal nach Berlin fahren – von der kann der beste Mann noch 'ne Menge lernen.«

Bevern fröstelte. Er konnte kaum atmen. Mit einem zischenden Laut stieß er die Luft aus der Nase und fuhr sich mit dem Zeigefinger hinter den Kragen.

»Fehlt Ihnen was?« fragte Schwanecke besorgt.

Bevern jagte ihn eine halbe Stunde über den Kasernenhof. Dann war er müde und heiser, aber Schwanecke grinste noch immer. Alles, was man ihm von der Anstrengung anmerken konnte, war ein bißchen Schweiß. »Sie können das beinah so gut wie mein Ausbilder bei den Rekruten«, sagte er, als er vor Bevern stand. »Was die Adresse angeht . . .«

»Schweigen Sie –!« schrie Bevern.

Nach weiteren fünfzig Kniebeugen durfte Schwanecke gehen. Seine Knie zitterten, aber er grinste und ließ sich nichts anmerken. Nicht der, dachte er böse, nicht dieser –! Ich krieg' dich mal dran, paß bloß auf, ich krieg' dich mal dran –!

Deutschmann war fertig. Mit der Latrine und auch sonst.

Bis jetzt hatte ihn eine Art von Galgenhumor aufrechtgehalten. Nun war es vorbei damit; er war zu erschöpft, zu hoffnungslos, zu sehr erledigt, um in Krülls und anderer Unteroffiziere Geschrei und Schikanen nur eine hohle Aufgeblasenheit mit nichts oder nur wenig dahinter zu sehen. Durch die lange, schwere Krankheit körperlich ausgehöhlt, durch die Haft, den Prozeß und immer neue Demütigungen zermürbt, brauchte er seine ganze übriggebliebene Kraft, um sich aufrechtzuhalten, schutzlos der deprimierenden Umgebung preisgegeben. Jetzt fühlte er keinen Zorn mehr, keine Verbitterung, er war nur noch schwach und müde.

Nachdem er den Eimer, Putzlappen und die Besen aufgeräumt und sich gewaschen hatte, wankte er unter Aufbietung seiner letzten Kräfte in die Unterkunft, nur noch von einem Wunsch erfüllt: eine Zigarette und schlafen. Tagelang schlafen, ohne sich zu rühren. Sein linker Arm schmerzte unerträglich – der Arm, den er sich bei seinem Selbstversuch infiziert hatte, der nun mit Narben überzogen und völlig abgemagert war.

Die schwache, nackte Birne verbreitete ein trübes, unbestimmtes Licht. An dem langen, roh zusammengezimmerten Tisch in der Mitte spielten einige Soldaten Karten, aber die meisten lagen schon auf ihren Pritschen. An einem Ende des Tisches saß der lange Oberst und starrte auf seine verbundene Hand. Der ehemalige Major in einem Armeestab machte sich unlustig mit dem Besen zu schaffen; er hatte Stubendienst.

Deutschmann ging zu seinem Spind und holte aus der hintersten Ecke die Zigarettendose. Sie war aus schwarzem Leder, in Silber eingefaßt, mit seinem Monogramm in der unteren Ecke: ein Geschenk Julias. Dann setzte er sich an den Tisch, klappte die Dose auf und ließ sie vor sich liegen.

»Hat dich Krüllschnitt zur Schnecke gemacht, was?« fragte ihn ein Kartenspieler, ein kleiner, schmächtiger Mann mit einem Rattengesicht. Er lachte und zeigte dabei spitze gelbe Zähne. Früher einmal war er »Schlepper« in Berlin gewesen und ein kleiner Dieb, der das Stehlen nicht lassen konnte.

Deutschmann nickte. Er war zu müde, um zu antworten. Er war zu müde, um die Hand zu heben und eine von den zwei Zigaretten, die er sich für heute abend aufgespart hatte, aus der Dose zu nehmen und sie anzuzünden.

In diesem Augenblick polterte Schwanecke breit grinsend in die Stube. »Mensch«, sagte er, nachdem er die Tür hinter sich zugeschlagen hatte, »er dachte, er kann mich zur Sau machen. Aber er irrt sich.«

»Wo ist er jetzt?« fragte ein Kartenspieler.

»Er ist müde. Ging schlafen. Der verfluchte Hund. Der nicht«, sagte Schwanecke, »der Mann ist noch nicht geboren, der Karl Schwanecke fertigmachen kann.«

»Spielst du mit?« fragte das Rattengesicht.

»Gleich.« Jetzt sah Schwanecke den zusammengesunkenen Deutschmann. »Was is'n mit dir los?«

Deutschmann rührte sich nicht. Schwanecke ging um den Tisch und stellte sich neben ihn. »Was is'n los?« fragte er noch einmal. »War vielleicht jemand böse zu dir, Professor?«

Deutschmann hob die Hand und betastete die Zigaretten in der Dose. Und dann sah er plötzlich Schwaneckes große, behaarte Hand mit breiten Fingern und kurzen, schmutzigen Fingernägeln nach der Dose greifen und sie wegziehen.

Er sah auf.

Schwanecke drehte die Dose hin und her, betrachtete sie genau, nickte ein paarmal mit dem Kopf, hob sie vor die Nase, schnupperte daran, zog eine Zigarette heraus und zündete sie an.

»Geben Sie bitte die Dose her«, sagte Deutschmann schwach.

»Ganz hübsch«, sagte Schwanecke. »Was willst du dafür haben?«

»Geben Sie die Dose zurück!«

»Ich geb' dir zwei Bilder. Du kannst sie selbst aussuchen.«

Deutschmann stemmte sich hoch und griff nach der Dose. Schwanecke wich einen Schritt zurück, steckte die Dose in die Brusttasche, knöpfte die Tasche zu, in seinem Mundwinkel steckte die rauchende Zigarette, die Augen hielt er vor dem Rauch verkniffen. »Ich heb' sie auf«, sagte er mit verzogenem Mund, »bis du dich entschlossen hast, was du dafür haben willst. Drei Bilder. Kapiert?«

Damit schien die Sache für ihn erledigt zu sein. Er drehte sich um und ging zu den vier Kartenspielern. Deutschmann stützte sich auf den Tisch, schloß einen Augenblick die Augen, riß sie wieder auf und rief schrill, verzweifelt, fassungslos: »Die Dose . . . geben Sie mir die Dose wieder!«

Der lange Oberst sah auf.

»Wer gibt?« fragte Schwanecke das Rattengesicht.

»Werner . . . setz dich«, sagte das Rattengesicht.

Schwanecke zog mit dem Fuß einen Schemel unter dem Tisch hervor und wollte sich setzen. Doch da fühlte er sich an der Schulter gepackt und herumgewirbelt. Erich Wiedeck war auf bloßen Füßen lautlos herangekommen und stand jetzt vor ihm. Sein Gesicht war gerötet. »Gib ihm die Dose wieder, du Schwein!« sagte er.

»He . . . langsam, Hände weg!« grinste Schwanecke.

Deutschmann stieß sich vom Tisch weg, machte zwei lange Schritte und packte Schwanecke am Arm. Dieser machte eine leichte, schnelle Bewegung, der keine Anstrengung anzusehen war, als ob er eine lästige Fliege wegwischen wollte. Deutschmann wurde weggefegt wie ein dünnes Blatt Papier, fiel rücklings über einen Schemel, schlug mit dem Kopf hart gegen einen Spind und blieb benommen liegen.

»Du Schwein!« zischte Wiedeck und packte Schwanecke an der Brust. Doch dieser schlug ihn mit einem kurzen, harten Haken in den Magen. Wiedeck ächzte, klappte zusammen wie ein Taschenmesser und wurde von dem zweiten

Schlag Schwaneckes, der mit schrecklicher Wucht von unten her gegen sein Kinn schmetterte, wieder emporgerissen. Es gab einen kurzen trockenen Laut, als ob jemand mit flacher Hand auf nasse, festgetretene Erde geschlagen hätte. Wiedeck krachte mit dem Hinterkopf gegen eine Spindtür und rutschte langsam, mit glasigen Augen, zu Boden. Und während all dies geschah, grinste Schwanecke mit bleckenden, weißen Zähnen, schief, ohne die brennende Zigarette aus dem Mundwinkel zu nehmen.

»Wumm ... Vorkriegsschule«, sagte das Rattengesicht und fuhr sich mit schneller, feuchter Zunge über die Lippen.

»Noch jemand?« knurrte Schwanecke. Er stand leicht vorgebeugt da, die Augen vor dem Zigarettenrauch zusammengekniffen, sein klobiger, muskulöser Körper strahlte geballte Energie, katzenhafte Geschmeidigkeit und eine unbändige Kraft aus. »Noch jemand?« fragte er zum zweitenmal, und sein tierhaftes Grinsen vertiefte sich.

»Gib's denen nur!« sagte ein Kartenspieler.

»Memmen ... Setz dich, Karl ...«, sagte das Rattengesicht.

Doch da stand der lange Oberst langsam auf und ging schweigend um den Tisch. Zwei Schritte vor Schwanecke blieb er stehen und richtete sich auf. Wiedeck drehte sich ächzend auf den Bauch, versuchte sich hochzustemmen, sackte wieder zusammen und blieb mit dem Gesicht auf dem Boden liegen.

»Was willst du denn hier?« fragte Schwanecke den Oberst.

»Geben Sie sofort die Dose zurück!« sagte der Oberst.

Das Rattengesicht wieherte laut lachend auf, ein Kartenspieler stand langsam auf und lehnte sich mit verschränkten Armen über den Tisch.

»Ach!« sagte Schwanecke. »Und was noch? Hör mir zu, du lange Latte von einem verkrachten Oberst, hör mal gut zu: Mach dich ja nicht wichtig, hörst du? Denk ja nicht, du bist noch was! Du kannst mir überhaupt nicht imponieren, du bist genauso der letzte Dreck wie ich, verstehst du? Hau ab, sonst geht's dir schlecht! Los! Hau schon ab!«

Der Oberst hatte mit unbewegtem Gesicht zugehört. Und als sich Schwanecke wegdrehte, sagte er wieder, jedoch jetzt mit schneidend erhobener Stimme: »Geben Sie die Dose sofort zurück und entschuldigen Sie sich bei Doktor Deutschmann und Wiedeck! Haben Sie verstanden?«

Schwanecke schnellte wie von einer Stahlfeder angetrieben herum. Wütend riß er die Zigarette aus dem Mund und schleuderte sie zu Boden.

»Maul halten!« schrie er. »Du sollst das Maul halten, du aufgeblasener ‚Von'! Ich hab' genug von euch! Ich muß kotzen, wenn ich euch nur rieche. Herren! Immer noch Herren, was? Hör mal zu, du Herr ...« Und jetzt wurde seine Stimme ganz leise, zischend, tödlich ernst. In ihr klang der ganze blinde Haß des Kriminellen gegen die »Anderen« mit. Er brachte sein Gesicht ganz nahe an den anderen heran: »Hör mal zu: Ich habe mich immer von solchen, wie du einer bist, schikanieren lassen müssen, mich immer dukken müssen. Immer sagen müssen: Jawohl, Herr Sowieso! Ich könnte dich mit einer Hand zerquetschen, du Scheißoberst. Und ich tu's, sage ich dir!« Er umklammerte mit einem eisernen Griff die Uniformjacke des Obersten, zog sie zusammen, streckte die linke Hand schlagbereit nach hinten, und das Grinsen war aus seinem Gesicht verschwunden. »Ich tu's, wenn du nicht sofort sagst: Jawohl, Herr Schwanecke! Hast du mich verstanden: Jawohl, Herr Schwanecke . . .!«

»Loslassen!« sagte der Oberst heiser.

»Jawohl, Herr Schwanecke!« zischte Schwanecke! »Ich bring' dich um! Ich bring' dich um, wenn du's nicht sagst!«

Lähmende, tödliche Stille breitete sich in der Stube aus. Es bestand kein Zweifel: Schwanecke meinte es ernst, und keine Macht der Welt schien imstande, ihn zurückhalten zu können. Der lange, blasse Mann, der früher Oberst war, Eichenlaubträger und Divisionskommandeur, und jetzt nur noch Schütze Gottfried von Bartlitz im Strafbataillon 999, bedeutete für ihn die Verkörperung jener verhaßten Mächte, denen er sich sein Leben lang beugen mußte, vor denen er immerfort auf der Flucht war, gejagt wie ein räudiger Hund, in elenden, stinkenden Löchern vegetierend, sein verdammtes Leben und die Mutter, die ihn geboren hatte, verfluchend. Und trotzdem war das Leben in ihm zu mächtig, als daß er irgendeinen der Polizisten oder Feldgendarmen erwürgt hätte, die hinter ihm her waren, seit er sich erinnern konnte. Er wußte: das wäre sein Tod. Und er durfte nicht in die Fettmasse, die Oberfeldwebel Krüll hieß, hineinschlagen, bis nur noch ein wabbelnder, blutiger Haufen übrigblieb; er durfte nicht dem lackierten Affen von Oberleutnant Bevern die dünnen Knochen brechen, bis kein bißchen wimmerndes Leben mehr in ihm war. Sie waren für ihn unerreichbar, denn hinter ihnen stand die Macht, die das Fallbeil bediente. Aber hier hatte er einen. Hier konnte er nach dem lebenden Körper eines Mannes greifen, der früher zu den anderen gehörte und jetzt auf diese Seite der Barrikaden verschlagen wurde, ihn zwischen seinen mächtigen Händen zerquetschen, sein hochmütiges, widerliches Gesicht zu einem blutigen Brei zerschlagen und allen ihm ähnlichen in dieser gottverfluchten Baracke zeigen, wer hier der Herr war. Er konnte es tun: wer fragte *jetzt* noch nach einem Oberst von Bartlitz?

»Ich zähle bis drei. Eins –.«

»Genug jetzt, mein Junge«, unterbrach ihn eine sanfte, ruhige Stimme aus der Ecke. Ein noch junger, untersetzter, unscheinbar blond aussehender Soldat kam langsam an den Tisch. Seine bloßen Füße tapsten auf dem Holzboden.

Schwanecke zählte: »Zwei und –.«

»Dreh dich herum!« sagte der junge Soldat lauter.

Schwanecke schien ihn erst jetzt zu hören. Er drehte den Kopf leicht zur Seite, maß mit einem schnellen Blick den neuen Gegner und wendete sich dann wieder zum Oberst. Seine linke Hand ballte sich zur Faust.

»Hierhersehen –!« schrie der junge Soldat auf, flankte wie ein geübter Turner über den Tisch und riß den überraschten Schwanecke vom Oberst.

»Mach ihn kalt, Schwanecke!« schrillte Rattengesichts Stimme durch den Raum. Er sprang auf, und es schien, als wollten sich jetzt auch die anderen Kartenspieler einmischen.

Doch sie kamen nicht dazu.

Was jetzt geschah, ging so schnell vor sich, daß später kaum einer beschreiben konnte, wie der junge, neben dem bulligen, bärenstarken Schwanecke knabenhaft-zerbrechlich wirkende Soldat mit dem Gegner fertig wurde. Zwei

Köpfe fegten wie ein Wirbel durch die Stube, rissen den Tisch um, man hörte nur Schwaneckes wütendes Knurren, sein keuchendes Atmen und plötzlich einen unmenschlichen, spitzen, schrillen Schmerzensschrei.

Der junge Soldat löste sich geschmeidig vom liegenden Schwanecke, stand noch einen Augenblick über ihn gebeugt, richtete sich auf und fuhr sich mit der Hand durch die kurzen Haare.

»So –«, sagte er.

Schwanecke lag auf dem Rücken und starrte mit glasigen, schmerzerfüllten Augen gegen die Decke. Über seine Schläfen rannen Tränen. Er öffnete den Mund, aus dem vorhin der schreckliche Schrei gekommen war, klappte ihn wieder zu, durch die Stille drang ein lang ausgezogenes, furchtbar anzuhörendes Knirschen, wie von brechenden Zähnen. »Was ist –«, stammelte er, und wieder:

»Was ist das – was ist das –.«

»Um Himmels willen – was haben Sie mit ihm gemacht?« fragte der Oberst.

»Nichts Besonderes. Es tut ihm nicht lange weh. Ein bißchen Jiu-Jitsu. In einer halben Stunde ist er wieder der alte.«

»Steh auf!« sagte der junge Soldat zu Schwanecke.

Der sah ihn zuerst verständnislos an, dann kam in seine Augen wieder Leben, Erkennen – und Furcht. Ächzend beugte er sich vor, hockte einige Augenblicke auf Knien und Händen, schüttelte den Kopf und zog sich dann, sich auf einen umgeworfenen Hocker stützend, auf die Beine. Schmerzvoll gekrümmt, mit hängenden Armen stand er vor dem Gegner, noch benommen von dem schnellen Überfall.

»Gib jetzt die Dose zurück«, sagte der junge Soldat ruhig.

Schwer, langsam, als hätte er eine Last zu tragen, die weit über seine Kräfte ging, schleppte sich Schwanecke durch die Stube und gab Deutschmann die Zigarettendose zurück.

»Auch die Zigarette«, sagte der junge Soldat.

Schwanecke nahm aus der Brusttasche eine Zigarette und hielt sie hin. Deutschmann zögerte.

»Nehmen Sie's«, sagte der Soldat.

Deutschmann tat es.

»Und jetzt entschuldige dich«, sagte der Soldat.

»Schon gut. Es tut mir leid«, sagte Schwanecke.

»Ich danke Ihnen, junger Mann, es war höchste Zeit!« sagte der Oberst.

Der Soldat drehte sich langsam zu ihm und sah den Obersten lange an. »Sie haben mir nicht zu danken«, sagte er dann mit seiner ruhigen, doch jetzt ein klein wenig zitternden Stimme. »Ich habe es nicht Ihretwegen getan. Wenn es allein um Sie ginge, würde ich nicht mal einen Finger krumm machen, Sie – Offizier. Sie sind selbst schuld, wenn Sie hier sitzen und von solchen Leuten verprügelt werden –«, mit dem Kopf zeigte er gegen Schwanecke, der kraftlos auf einen Schemel gesunken war. »Sie haben selbst geholfen, die Leute hochzubringen, von denen Sie hierhergeschickt wurden, weil Sie nichts gegen sie unternommen haben, als es noch Zeit war. Mehr noch: Ihr habt sie sogar unterstützt – ihr Offiziere!« Seine Stimme war jetzt eisig und verächtlich. Und dann machte er einen schnellen, lautlosen Schritt gegen den verwirrt dastehenden Oberst, beugte sich vor und sagte: »Wissen Sie, warum *ich* hier bin? Weil ich einen Schweinehund von einem Offizier genauso verprügelt habe wie den da. Und er hat's bei Gott mehr verdient. Schwanecke habe ich nur beigebracht, daß ich keine Lust habe, die Tyrannei der wildgewordenen Spießer und von Offizieren gegen die der Gosse einzutauschen. Dem kann man es auf diese Art beibringen, den anderen – euch nicht. Ihr gebt keine Ruhe, bevor ihr nicht ins Gras beißt.«

Achtlos, wie angeekelt, schob er den leichenblaß gewordenen Oberst beiseite und blieb vor Schwanecke stehen: „Wie geht's?« fragte er. Seine Stimme war sanft und freundlich.

»Mensch!« Schwanecke sah auf. Sein Blick war hündisch ergeben. »Wie hast du das gemacht? Du mußt es mir beibringen. Bis jetzt hat mich noch niemand untergekriegt.«

»Ich werd' mich hüten«, sagte der junge Soldat lächelnd. »Hilf jetzt die Bude aufräumen. Der ‚Gärende' muß jeden Augenblick kommen.«

Julia Deutschmann saß am Schreibtisch ihres Mannes und schrieb:

»Lieber Ernsti,

ich weiß, daß Du diesen Brief nie bekommen wirst. Und trotzdem schreibe ich Dir; ich möchte mit Dir sprechen, Dir sagen, was ich denke und fühle, ich möchte Dir erzählen, wie ich lebe. Es ist ein schlechter Ersatz, vor mir liegt ja nur ein leeres Papier, ich sehe Dich nicht wirklich. Nur wenn ich die Augen schließe und versuche, Dein Gesicht herbeizuzaubern, so bist Du da: groß, dünn, mit langen, ungelenk am Körper herabhängenden Armen, großer, schöner Stirn und grauen, erstaunten Kinderaugen. Aber Du bist auch nicht da; und wenn ich glaube, Dein Bild festhalten zu können, dann verschwindet es, zerfließt langsam, unaufhaltsam . . .

Vor einigen Tagen habe ich mit der ‚Nachtarbeit' angefangen; ich will, so schnell es geht, die Arbeit wiederholen, die wir in diesen zwei Jahren getan haben, bevor Du weggeholt wurdest. Manchmal gelingt es mir, ganz dabeizusein; dann vergesse ich auch die ewige, bohrende, zurückgedrängte Angst, ich könnte es nicht schaffen, ich könnte Dir nicht helfen, es wäre zu spät für jede Hilfe – und ich sehe plötzlich unsere Arbeit wie ein neues, fast fertiges Gedankengebäude vor mir stehen.

Wie glücklich waren wir doch in diesen zwei Jahren, glücklich trotz des Krieges! Wir haben es nur nicht gewußt. Oder nicht immer gewußt, weil wir uns unter dem täglichen Kleinkram begraben ließen, dem Ärger mit Bezugsscheinen, der Müdigkeit, dem Verdruß über Mißerfolge, Rückschläge und Trugschlüsse. Ich weiß, manchmal war ich ungeduldig, vielleicht auch zänkisch, immer wieder stolperte ich über Kleinigkeiten. Daß es unwichtige Kleinigkeiten waren, das weiß ich jetzt, damals wußte ich es nicht. Was würde ich heute alles dafür geben, Deine Wäsche in der ganzen Wohnung zusammenzusuchen, wenn Dir plötzlich einfiel, Dich umzuziehen! Was würde ich heute dafür geben, wenn Du mir gegenübersäßest und Du Deinen Teller leerschaufeltest, als ginge es um eine Wette im Schnellessen! Wie glücklich wäre ich heute, wenn wir am Abend in unserer ›Gemütsecke‹ wieder zusammen sitzen könnten und Du meine Fragen nur mit einem ›Ha‹ beantworten würdest! Wie habe ich mich über dies alles und über tausend andere Kleinigkeiten damals geärgert! Wie ungehalten war ich, wenn Du unseren Hochzeitstag vergessen hast – und vergessen hast Du ihn ja oft. Und – wie wütend war ich, wenn ich glaubte, daß Du meine Arbeit, von der ich überzeugt war, daß sie mindestens so wichtig ist wie die Deine, nicht richtig gewürdigt hast.

Ernsti, mein Ernsti, wie lächerlich, kindisch und unwichtig war das! Heute erkenne ich es. Heute weiß ich, daß es allein maßgebend ist: Wer bist *Du*? Was hast *Du* getan? Wichtig ist allein unsere Liebe, und wichtig ist: Was bin *ich?* Was habe *ich* getan? Wichtig ist, den Platz zu erkennen, auf dem man steht, auf dem ich stehe, die Aufgabe zu sehen, die ich zu erfüllen habe.

Nein, ich bin keine zweite Madame Curie. Aber ich will den Platz, auf den ich gestellt worden bin, ausfüllen. Heute sehe ich, daß es nicht meine Aufgabe ist, mit Dir zu wetteifern, sondern Dir zu helfen. Und jetzt – jetzt ist meine Aufgabe vor allem, Dich nicht nur für mich allein zu erhalten, sondern auch für die anderen, für Deine Arbeit, für Deine Träume, für das, was Du getan hast und was Du noch tun würdest.

Ich sehe meinen Weg.

Ich weiß, es ist gefährlich, was ich tue, aber ich muß es tun. Wenn ich nur mehr Zeit hätte! Wenn ich nur wüßte, wie Du lebst, wo Du bist!

Wenn ich an Dich denke, Ernsti, dann werde ich wieder zu einem kleinen verliebten Mädchen, das in den Sternenhimmel sieht und von dem Mann träumt, dem es gehören möchte. Ich gehöre Dir, ganz, Du lebst in mir, wir haben eine lange und doch so schrecklich kurze Zeit zusammen verbracht – und trotzdem möchte ich einen kleinen, winzig kleinen Stern für uns beide aussuchen; wenigstens ihn könnten wir beide sehen. Klein müßte er sein, fast unsichtbar, dann würde er nur uns gehören, dann gäbe es niemand sonst, der zu ihm hinaufschaut und in ihm den anderen sucht.

Es ist sehr spät abends. Schlaf gut, Ernsti, ich mache die Augen zu, denke ganz fest an Dich, und vielleicht, vielleicht werde ich Deinen Gutenachtkuß fühlen: an den Mund, an die Augen – und zuletzt an die Nasenspitze . . .«

Julia legte die Füllfeder weg, lehnte sich zurück, schloß die Augen und lächelte.

Über ihre Wangen glitten stille, glitzernde Tränen.

Am Mittwoch, am Tage seiner Ankunft, hatte Schwanecke den Oberfeldwebel Krüll dazugebracht, daß er eine Weile nicht wußte, was er tun sollte. Und am Samstag gelang es ihm, den Spieß sprachlos werden zu lassen, eine Tatsache, die dem Oberfeldwebel seit seinen Anfängen als Unteroffizier seitens der Untergebenen nicht mehr passiert war.

Schwanecke hatte ein Meisterstück vollbracht.

Hinter der Baracke 2, in welcher der erste und der zweite Zug der 2. Kompanie lagen, stand eine Kiste. Und in der Kiste lag ein Kaninchen.

Oberfeldwebel Krüll ging zuerst daran vorbei, ohne sonderlich darauf zu achten, obwohl eine Kiste hier nichts zu suchen hatte. Er war zu sehr mit dem Problem Oberleutnant

Bevern und der vorgeschriebenen Abmagerungskur beschäftigt. Dann aber blieb er stehen, rekapitulierte das Geschehene und fuhr wie von einer Tarantel gestochen herum.

Ohne Zweifel: Es war eine Kiste, und in der Kiste hockte ein lebendes, wohlgenährtes Kaninchen.

»Wem gehört das Viehzeug?« schrie Krüll außer sich.

Wütend blickte er auf die Soldaten, die nach dem Revierreinigen frei hatten und in den letzten Strahlen der herbstlich flachen Sonne standen. »Deutschmann, wem gehört das Vieh?«

»Ich weiß es nicht, Herr Oberfeldwebel!« brüllte Deutschmann zurück. Er hatte bereits gelernt, daß die Lautstärke beim Militär wesentlich war. Je lauter, desto besser. Je lauter der Soldat, desto mehr wird er von seinen Vorgesetzten geschätzt.

»Mir –«, sagte Schwanecke und trat zwei Schritte vor.

»Ach –«, schnappte Krüll.

»Jawohl. Ich bin ein Tierfreund, Herr Oberfeldwebel.« Schwanecke strahlte Krüll an. »Ich kann ohne so ein kleines, liebes Tierchen nicht leben.«

»Woher?«

Krüll stand über die Kiste gebeugt und betrachtete das fette Tier. Es ließ ab von einer Mohrrübe und rückte erschreckt in den Hintergrund. Drei Fragen peinigten den Oberfeldwebel:

Erstens: Woher kam das Kaninchen?

Zweitens: Woher kam die Kiste?

Drittens: Woher kam die Mohrrübe?

»Zugelaufen –«, sagte Schwanecke.

Der Oberfeldwebel wandte sich wortlos ab und ging. Vor der Schreibstube traf er auf Oberleutnant Obermeier, der gerade das Lager verlassen wollte, und meldete ihm den unerhörten Vorfall. Doch dieser hatte nur ein halbes Ohr für Krülls Nöte. »Freuen Sie sich doch über das Leben in der Kaserne, genießen Sie es noch ausgiebig!« sagte er und klopfte dem strammstehenden Spieß auf die Schulter. »Wenn wir einmal nach Rußland kommen, wird das sowieso anders.«

Dann ging er, und Krüll stand allein auf dem weiten Platz und sann darüber nach, was der letzte Satz bedeuten sollte. Vor dem Wort »Rußland« hatte er eine höllische Angst. Weil er aber die Fähigkeit besaß, Unangenehmes alsbald fortschieben zu können, und weil er wußte, daß es nichts einbringt, sich mit Rätseln herumzuschlagen, gab er die unnützen Überlegungen auf und wandte sich wieder dem naheliegenderen und greifbaren Problem zu – dem Schützen Schwanecke und seinem Kaninchen.

Mit großen, weit ausholenden Schritten eilte er um die Baracke.

»Geklaut!« sagte er zu Schwanecke, als er ankam. Es klang endgültig, es gab keine Zweifel mehr.

»Zugelaufen!«

»Und die Kiste ist auch zugelaufen, was? Und die Mohrrübe ist auch zugelaufen, was? Kommt durch die Luft gesegelt – sssst – schon ist alles da!«

»Jawohl, Herr Oberfeldwebel!«

Krüll zog die Luft durch die Nase ein, bis es aussah, als würde er jeden Augenblick platzen. »Um den Platz! Marsch, marsch!« brüllte er. »Schneller! Schneller!«

Schwanecke trabte und grinste.

»Noch einmal!« schrie Krüll, als Schwanecke zurückgelaufen kam. Und Schwanecke trabte wieder. Dann blieb er schnellatmend vor Krüll stehen.

»Geklaut!«

»Aber, Herr Oberfeldwebel! Was denken Sie von mir? Zugelaufen!«

Das war der Augenblick, in dem es Krüll innerlich einen Riß gab. Er wandte sich stumm ab, um wegzugehen – und stolperte fast über Oberleutnant Bevern, der unbemerkt herangekommen war und wortlos die Szene beobachtete.

Krüll wollte eine Meldung machen, doch Bevern winkte ab. Langsam, mit einer dünnen Gerte seine Stiefel peitschend, trat er gegen Schwanecke.

»Sie sind also ein Spezialist in Karnickeln?« fragte er freundlich.

»In Karnickelböcken.«

Deutschmann drehte sich ab. Er konnte es nicht mehr mitansehen. Mein Gott, dachte er, der Mann redet sich noch einmal vor ein Erschießungskommando!

Bevern zog die Augenbrauen hoch. »Wieso Böcken?«

»Ich benutze sie zu Studienzwecken, Herr Oberleutnant. Irgend'ne Kleine sagte einmal zu mir, ich wäre ein Kaninchenbock. Seitdem beobachte ich die Viecher, aber ich bin noch nicht draufgekommen, was sie damit meinte.«

»Und – das Kaninchen war plötzlich da. Es ist Ihnen einfach zugelaufen?«

»Jawohl. Es saß auf einmal vor mir und machte Männchen. Daran erkannte ich, daß es ein Kaninchenbock war.«

»Wieso?«

»Eine Häsin würde ein Weibchen machen, Herr Oberleutnant.«

Auf dem Appellplatz geschah dann etwas, was sogar Hauptmann Barth zuviel wurde. Er öffnete das Fenster und stoppte die Bevernsche Stunde mit einem kurzen und lauten »Halt!«

Schwanecke mußte sich auf den Bauch legen und quer über den großen Platz hin und her wie ein Wurm kriechen. Durch den Staub, durch den Dreck der Küchenabfälle, durch einige Pfützen aus der verstopften und überlaufenden Latrine der 1. Kompanie, immer das Gesicht auf dem Boden. Und Bevern gab das Tempo an, indem er pfiff.

Nach dreimaliger Überquerung des Hofes ertönte Hauptmann Barths »Halt«.

Lässig, mit federndem Schritt, ging Bevern in die Offiziersbaracke und ließ Schwanecke im Dreck liegen.

»Was soll das, Herr Oberleutnant?« fragte Barth hart, als Bevern eintrat.

»Ich habe diesem Schwanecke beweisen müssen, daß der Mensch vom Lurch abstammt.«

»Unsinn!«

Bevern wurde steif.

»Und damit glauben Sie, den Krieg zu gewinnen?« Hauptmann Barth winkte ab. Gehen Sie! hieß das. Gehen Sie sofort, Sie Dreckhaufen! Bevern verstand und ging. Doch bevor er nach der Türklinke griff, hielt ihn Barths Stimme auf: »Ich würde mir an Ihrer Stelle diesen Mann nicht zum Feinde machen. Wir kommen nach Rußland . . . Gehen Sie jetzt!«

Schwanecke stand taumelnd auf. Sein Gesicht war dreckverkrustet, unmenschlich verzerrt, schreckenerregend. Schweratmend lehnte er sich an die Barackenwand.

Deutschmann lief weg und brachte ein Kochgeschirr voll Wasser. Dann knöpfte er Schwanecke das Hemd auf. Schwanecke sah ihn mit glasigen, verständnislosen Augen an. In langen Zügen trank er das halbe Kochgeschirr leer und schüttete sich das restliche Wasser über den Kopf. »Oberleutnant Bevern –«, murmelte er dann mit gepreßter, unnatürlicher Stimme.

Deutschmann fröstelte. Mein Gott, dachte er, ich möchte nicht in Beverns Haut stecken.

»Willst du noch Wasser?« fragte er Schwanecke.

»Danke, Kumpel, es war genug. Willst du eine Zigarette?«

In diesem Augenblick bewunderte der vornehme, stille Dr. Deutschmann den Schwerverbrecher Karl Schwanecke. Und in diesem Augenblick faßten der Akademiker und der Kriminelle eine stille, wortlose Zuneigung zueinander, die sie durch das Gefühl, daß sie beide – und alle anderen mit ihnen – nur einen gemeinsamen Feind hatten, um so stärker empfanden.

Die Sache mit dem Kaninchen ging wie ein Lauffeuer durch das Bataillon. Auch Oberleutnant Obermeier erfuhr davon und stellte Bevern zur Rede. »Darf ich Sie aufmerksam machen, mein Herr, daß *ich* der Chef der 2. Kompanie bin und nicht *Sie*?!« sagte er scharf. »Sie haben als Adjutant des Kommandeurs keinerlei Befehlsgewalt über die Truppe, sondern haben lediglich als Verbindungsmann zu dienen.«

»Dieser Untermensch«, fing Bevern an, aber Obermeier unterbrach ihn barsch:

»Ungeachtet dessen, daß er zu meiner Kompanie gehört, haben Sie sich mit ihm eine verfluchte Schweinerei geleistet!«

»Wollen Sie mir einen Kurs über meine Pflichten geben? – und wie ich sie auszuführen habe?« Bevern ging zum Gegenangriff über. »Ihre Kompanie ist – ein Sauhaufen, Herr Kamerad!«

»Ich werde Sie für diese Worte vor dem Kommandeur zur Rechenschaft ziehen«, sagte Obermeier kalt. »Übrigens verbitte ich mir von Ihnen die Anrede Kamerad. Wären wir jetzt nicht im Krieg, würde ich es darauf ankommen lassen und Sie links und rechts in Ihr dummes Gesicht schlagen!«

»Herr Oberleutnant –!« Bevern wurde bleich. Mit einer schnellen Armbewegung drückte ihn Obermeier zur Seite, ging an ihm vorbei und ließ ihn stehen.

In seiner Stube nahm Bevern aus dem Schrank eine dünne Mappe und machte hinter dem Namen Fritz Obermeier, Oberleutnant, ein Kreuz. Ich werde es dir zeigen, dachte er, ich werde es dir zeigen . . .! Das tust du nicht mit mir. Nicht mit mir!

Voll unversöhnlichen Hasses schloß er die Mappe wieder ein.

Oberleutnant Bevern war aus bestimmtem Grund im Strafbataillon 999. Er hatte die Aufgabe, alles zu melden, was in dieser Einheit geschah. Insbesondere sollte er sein Augenmerk auf die politische Zuverlässigkeit des Offiziers- und Unteroffizierskorps richten.

Am nächsten Tag erfuhren die Soldaten bei der Befehlsausgabe, daß in zwei Tagen das Bataillon abrückte. Oberfeldwebel Krüll wußte es schon am Abend zuvor. Und deshalb betrank er sich.

Er saß auf seiner Stube und soff.

Ein normaler Mensch trinkt. Er kann auch schnell trinken, er gießt also die Flüssigkeit in kleinen, großen, schnellen oder langsamen Schlücken in sich hinein.

Krüll machte von dieser Regel eine Ausnahme. Ob Bier, Schnaps, Wein, er setzte das Glas oder das Kochgeschirr an die Lippen, öffnete den Mund und schüttete den ganzen Inhalt des Gefäßes in sich hinein, ohne daß man ein Schlukken sah oder auch nur eine Bewegung des Kehlkopfes. »Wie ein Schlauch«, stellte Unteroffizier Hefe einmal halb bewundernd, halb neidisch fest. »Der Kerl kann saufen! Ein Wunder, daß es unten nicht wieder hinausläuft!«

Es gab in der deutschen Wehrmacht eine Reihe von Vorschriften gegen das übermäßige Trinken. Doch wie gern er sonst nach Vorschriften lebte, kümmerte sich Krüll um diese nicht, die zu befolgen ihm sicherlich ganz gut täte. Ganz und gar vergaß er sie aber, wenn er wütend war: Dann artete seine Trinkart zu einem animalischen Saufen aus, dem ein tagelanger Katzenjammer folgte.

Und an diesem Abend hatte er Wut. Und Angst. Wut

auf Schwanecke, auf Bevern, auf Obermeier, auf alle Soldaten seiner Kompanie und aller anderen Kompanien rund um den Erdball, auf den Erdball selbst und auf das lausige Leben. Angst hatte er vor Rußland. Vor dem Wort allein und vor allem, was ihm dort widerfahren konnte. Es handelte sich ja nicht nur darum, daß die Russen schossen und ihn treffen konnten. Vielleicht bekam das Bataillon Waffen – und was war einfacher für einen Kerl wie Schwanecke, ihn, den Oberfeldwebel Krüll, anstatt einen heranstürmenden Russen zu treffen?

Oh, du lieber Himmel!

Ein ekelhafter Gedanke.

Eine Bande, dachte er beziehungslos. Eine hundsverfluchte Bande! Man sollte sie alle an die nächste Wand stellen, und peng – peng – peng – –. Dann wäre Ruhe für immer.

So soff er und stierte mit glasigem Blick aus dem Fenster über den großen, dunklen Platz. »Scheiße«, sagte er laut. »Rußland –!« Und nach einer Weile: »Aus!«

Er hatte keine Freunde, kein Mädchen, und er hatte nur sich selbst und seine Wut und seine Furcht, seine Stimme, seine Autorität – und 'n Haufen Soldaten, die ihn haßten.

Das ist verflucht wenig für einen Mann. Krüll fühlte es und soff, bis er umfiel.

In der Unterkunft des 2. Zuges der 2. Kompanie sagte Schwanecke: »Paßt auf, Kumpels, in den nächsten Tagen geht's ab!«

»Wieso?« fragte Deutschmann.

»Das hat man im Gefühl«, sagte das Rattengesicht.

»Wohin?« fragte Deutschmann.

»Zur Mammi«, grinste das Rattengesicht.

»Halt die Schnauze!« fuhr ihn Schwanecke an, und das Rattengesicht duckte sich. »Im Ernst, ich spür's in allen Knochen: Es geht weg. Todsicher nach Rußland.«

»Und was sollen wir dort?« fragte Wiedeck von seinem Bett her.

»Das kannst du dir denken«, sagte Schwanecke grinsend.

»Rußland –!« sagte Deutschmann leise.

»'s ist ein verfluchtes Land«, sagte das Rattengesicht.

»Brauchst keine Angst zu haben, Professor –!« Schwaneckes Grinsen vertiefte sich. Er beugte sich vor und stupste den zusammenfahrenden Deutschmann in die Rippen: »Alles halb so schlimm. Und eins sag' ich dir –«, jetzt flüsterte er, »'s gibt 'ne Menge Möglichkeiten dort für unsereinen, 'n Haufen Möglichkeiten! Halt dich nur an mich!«

»Was verstehen Sie darunter?« fragte der Oberst. Aber Schwanecke überhörte die Frage. Er kniff die Augen zusammen und sagte: »Du wirst sehen, Professor, ich bin ein altes Frontschwein. Ich weiß Bescheid: Es gibt 'ne Menge Möglichkeiten. Wir biegen es so hin, daß du aus'm Staunen nicht herauskommst, so wahr ich Karl Schwanecke heiße! Oder glaubst du, Schwanecke hat Lust, für Führer, Volk und Vaterland den Heldentod zu sterben?«

Julia Deutschmann arbeitete fieberhaft, schnell, doch nicht überstürzt. Sie zwang sich, mit all ihren Gedanken bei der Arbeit zu bleiben; allein so würde es ihr möglich sein, in kürzester Zeit Ernsts monatelange Arbeit zu wiederholen.

So lebte sie gleichsam wie ein Deserteur hinter der Front: Angespannt, gejagt von der allzu schnell und doch so fürchterlich langsam verrinnenden Zeit, von Gedanken an ständig lauernde Gefahr gepeinigt, angstvoll auf das Unausbleibliche wartend und zugleich hoffend, es würde nicht eintreten. Sie arbeitete Nächte hindurch und schlief am Tage, und zuletzt gab es für sie keine Tage und Nächte mehr: Sie arbeitete, bis ihre Gedanken vor Müdigkeit zerflatterten und ihr Kopf auf die Schreibtischplatte sank. Sie aß hastig, ohne zu achten, was sie aß, wenn das Gefühl des Hungers zu stark wurde, um es weiter zu ertragen. Und an einem Abend, während sie eine trockene, dünne Brotschnitte mit Margarine bestrich, mitten im Krieg, in einer vom Grauen gepeitschten Welt, in einer dunklen, verzweifelten Stadt, wurde ihr klar, was es bedeutete, bescheiden und ehrfürchtig zu sein und sich einer großen Aufgabe hinzugeben, die scheinbar nicht zu bewältigen war.

Während sie langsam an dem abscheulich schmeckenden Margarinebrot kaute und einen dünnen Pfefferminztee trank, kam eine große Ruhe über sie.

Als sie das Geschirr wegräumte, begannen die Sirenen zu heulen. Vorwarnung. Und schon einige Minuten darauf Fliegeralarm.

Mutterseelenallein saß sie im Keller ihres Hauses, in einem Inferno von Abschüssen und Bombenexplosionen, zitternder Wände und stauberfüllter, trockener Luft, die ihr den Atem abschnürte und sie zum Husten zwang. Doch auch jetzt noch blieb sie ruhig, als hätte sie von irgendwem, der stärker war als die Bomben, die Zusicherung erhalten, ihr würde nichts geschehen. Sie betete, stumm, mit kaum sichtbar sich bewegenden Lippen, die Hände im Schoß gefaltet, reglos, steif aufgerichtet.

Sie kam davon. In der Nachbarschaft wurden einige Häuser zerstört, in den Zimmern ihrer Wohnung flackerte rötlich der Widerschein naher Brände. Sie schloß die Fenster und zog die Verdunkelungsvorhänge herab. Einige Scheiben waren zertrümmert.

Als sie die Scherben zusammenfegte, klingelte das Telefon.

Sie richtete sich auf, fragend, als verstünde sie nicht, was das schrille, scharfe Läuten bedeutete.

Dann hob sie den Hörer ab.

Am anderen Ende meldete sich Dr. Kukill.

»Ich wollte nur fragen, ob bei Ihnen alles in Ordnung ist?« fragte Dr. Kukill. Seine Stimme klang atemlos, abgehackt und etwas unsicher.

»Warum wollen Sie das wissen?« fragte Julia. Und sie überraschte sich dabei, daß ihr seine Stimme fast wohltat: Es war einfach eine menschliche Stimme, die zu ihr sprach, in dieser gespenstigen, durch einen rötlichen Feuerschein und entferntes Prasseln erfüllten Stille. Egal, wem sie gehörte. Und erst nach und nach wurde ihr bewußt, daß der Mann sprach, der ihr Glück zerstört hatte, durch dessen Schuld sie in diesen alptraumähnlichen Zustand geworfen wurde, in dem sie wie in einer ewigen Nacht ohne Aussicht auf Licht leben mußte.

»Nach diesem Angriff – nun, ich bin froh, daß Ihnen nichts passiert ist, Kollegin.« Jetzt schlug er wieder seinen leichten plaudernden Ton an, an dem das Verwunderlichste war, daß er ihn auch *ihr* gegenüber so leicht anwenden konnte, als spräche er mit irgendeinem beliebigen Bekannten. »Ist Ihr Haus ganz geblieben?«

»Ja, nur einige Scheiben sind kaputt.«

»Das kann man verschmerzen. Ich schicke Ihnen morgen einen Mann, der neue einsetzen wird. Aber ich glaube doch, es wäre besser, wenn Sie bei einem Fliegeralarm in einen sicheren Luftschutzbunker gingen.«

»Mir passiert schon nichts.«

»Darf ich morgen nach Ihnen sehen?«

»Ich weiß nicht, welchen Sinn es hätte.«

»Darf ich?«

»Bitte nicht, ich bin sehr beschäftigt.«

»Was tun Sie? Etwa . . .?«

Stille.

»Ganz recht. Ich habe es Ihnen ja gesagt.«

Und dann beschwörend: »Machen Sie keine Dummheiten, tun Sie nichts Unüberlegtes. Sie wissen, wie gefährlich das ist, wie könnte ich Sie nur davon abhalten?«

»Es hätte keinen Zweck, mich davon abhalten zu wollen.« Sie lächelte abwesend. Dieses Gespräch war unwirklich, widersinnig und auch ein bißchen komisch. Der Mann, an den sie nur mit Haß im Herzen denken konnte, der Mann, dessen Gutachten Ernst zu verdanken hatte, daß er in das Strafbataillon kam, beschwor sie, vorsichtig zu sein, von der Arbeit abzulassen, nur um – warum eigentlich? Etwa . . .?

Sie legte auf, ohne auf die verzerrte, aufgeregte Stimme zu achten, die aus dem Hörer kam.

Dann ging sie zurück ins Laboratorium. Zum Glück waren hier die Scheiben ganz geblieben. Sie zündete eine Kerze an und setzte sich hinter den Schreibtisch. Vor ihr war eine lange und jetzt nach dem Angriff hoffentlich auch ruhige Nacht. In anderen Vierteln Berlins aber wüteten Brände . . .

Deutschmann fiel um, als er langsam, gemächlich über den Kasernenhof gegen die Küchenbaracke ging, wohin er zum Kartoffelschälen geschickt wurde. Der Schwächeanfall kam plötzlich, ohne vorherige Ankündigung; vor seinen Augen fingen helle Punkte, Kreise und Flecke zu tanzen an, er machte die Augen krampfhaft auf, von den Beinen aufwärts kroch über seinen Körper lähmende Schwäche, er fragte sich überrascht, was das bedeuten sollte – und dann stürzten der Hof vor ihm, die Baracken und die Bäume dahinter empor und begruben ihn unter sich.

Er konnte kaum lange ohnmächtig gelegen haben.

Als in der Dunkelheit, die ihn umgab , wieder die Kreise, Punkte und Flecke zu tanzen begannen und immer heller wurden, als er erstaunt und nicht begreifend die Augen aufriß, sah er ganz nahe vor seinen Augen eine Pfütze. Zugleich fühlte er auf seinem Gesicht nasse Kälte. Er verstand immer noch nicht. Erstaunt, aber auch ein wenig gleichgültig, fragte er sich, wo er sei und wie er hierhergekommen war. Wie kam er dazu, mit der Wange in einer Pfütze zu liegen, und warum gelang es ihm nicht aufzustehen?

Er versuchte, die Beine unter den Leib zu ziehen, doch über seinen Körper lief nur ein langes Zittern.

Dann hörte er schnell näherkommende, trampelnde Schritte.

Erich Wiedeck beugte sich über den regungslos daliegenden Deutschmann.

»Ernst!« sagte er erschrocken, »Ernst, was ist denn los?«

Er drehte ihn um und knöpfte ihm den Uniformrock auf. Deutschmann starrte ihn aus glasigen Augen, die nichts verstanden, an, machte den Mund auf, als wollte er etwas sagen, doch über seine Lippen kamen nur kleine, lallende Laute.

Wiedeck überlegte nicht lange. Er hob den Freund auf die Schulter und wunderte sich, daß der lange, große Mann so leicht war.

Schnell trug er ihn in den etwas abseits gelegenen Teil des Lagers, wo die Revierbaracke lag.

Es war nichts Ernstes. Ein einfacher Schwächeanfall. Gegen Nachmittag konnte Deutschmann wieder aufstehen. Als er, etwas schwach noch und zitterig in den Beinen, aufstand und durch den schmalen, langen Gang der Revierbaracke zur Toilette ging, sah er unten die Tür aufgehen. Zwei Soldaten schleppten keuchend eine Trage hinein. Hinterher lief aufgescheucht wie ein Huhn der Sanitäter Kronenberg.

Deutschmann drückte sich an die Wand und ließ die Gruppe vorbei. Auf der Trage lag ein Soldat mit erschrekkend violett verfärbtem Gesicht. Sein Mund schnappte weit offen nach Luft, seine Hände fuhren unablässig über die Brust zum Hals und wieder hinab, und sein Körper bäumte sich in kurzen Abständen auf, als wollte er aufstehen und in seiner Pein und Atemnot weglaufen.

»Und der Chef ist nicht hier – was soll ich tun – der Chef ist doch nicht hier!« jammerte Kronenberg verzweifelt.

»Du bist der Sani – du mußt es wissen!« keuchte ein Soldat, dessen Hände die Trage umklammerten.

Deutschmann trat hinter ihnen ins Behandlungszimmer. Kronenberg, der sonst wie ein Wachhund aufpaßte, daß kein Unberufener »seine« Räume betrat, wie er das Revier nannte, kümmerte sich nicht um ihn. Hilflos lief er umher, ohne zu wissen, was er tun sollte. Es war ihm nicht zu verübeln: Nach einem Schnellkursus in »Erster Hilfe« wurde er Sanitäter – und dieser Mann, den die Soldaten jetzt behutsam und ängstlich auf das Sofa legten, kämpfte offensichtlich mit dem Erstickungstod. Oder mit etwas anderem – weiß der Teufel, auf alle Fälle sah es so aus, als könnte er jeden Augenblick sterben.

»Wo ist der Chef?« fragte ein Soldat.

»Weggefahren«, sagte Kronenberg, »ich weiß nicht . . .«

»Dann such ihn halt!«

»Wo soll ich ihn suchen?«

»Was hat er denn?« fragte Deutschmann, trat zum Liegenden und beugte sich über ihn.

»Verstehst du etwas davon?« fragte Kronenberg mit wiedererwachender Hoffnung.

»Ein wenig«, sagte Deutschmann. »Was hat er?«

»Wie soll ich das wissen?«

»Mensch – du bist vielleicht ein Sani!« sagte ein Soldat.

»Du hast ihm doch vorhin eine Spritze gegeben!« sagte der zweite.

»Was für eine Spritze?« fragte Deutschmann.

»Das hat doch damit nichts zu tun – eine Antitetanusspritze hat er bekommen«, sagte Kronenberg. »Er hat sich mit einem rostigen Stacheldraht . . .«

»Bringen Sie Adrenalin und eine Spritze!« befahl Deutschmann knapp. »Machen Sie schnell, sonst kann wirklich etwas passieren!«

Jetzt war er wieder dort, wohin er gehörte: in einem nach Medikamenten, Desinfektionsmitteln und kranken Menschen riechenden Raum, neben einem Sofa, auf dem ein Mann mit dem Tode rang. Die Schwäche, Unsicherheit und Unbeholfenheit waren wie mit einem Schlage von ihm abgefallen. Es war wieder wie damals, in den Jahren nach seinem Doktordiplom, als er in einer Berliner Klinik arbeitete, von einem Kranken zum anderen ging, als er mit dem Tode um seine Patienten rang – dort, wo er Julia kennen- und liebengelernt hatte.

Kronenberg sah ihn groß und erstaunt an und brachte das Verlangte: eine Adrenalinampulle und aus dem silbern glänzenden Sterilisator eine Spritze und Nadeln. Deutschmann streifte dem Liegenden den Ärmel hoch und fühlte nach seinem Puls; er war kaum zu spüren, flatterhaft, manchmal beängstigend lange aussetzend.

»Benzin!« sagte Deutschmann.

Die beiden Soldaten standen dabei und sahen ihm zu, wie alle Menschen in allen Zeit einem Arzt bei der Arbeit zugesehen haben: neugierig, scheu, bewundernd.

Deutschmann schnürte den Oberarm des Liegenden ab, so daß die Adern in der Armbeuge dick und blau hervortraten. Dann rieb er mit einem benzingetränkten Wattebausch die Haut ab und stach die Nadel in die Vene.

»Schock«, sagte er.

»Wieso Schock, was ...«, fing Kronenberg an, aber Deutschmann unterbrach ihn leise und ruhig, während er die Flüssigkeit langsam und ruhig in die Vene drückte: »Nicht jeder verträgt das Antitetanusserum.«

»Kriegst du ihn durch?« fragte ein Soldat.

»Ich denke schon«, sagte Deutschmann.

Er hat ihn durchgekriegt. Nach langen bangen Minuten, nachdem er alles getan hatte, was zu tun war, und man nur noch warten konnte, wich aus dem Gesicht des Kranken langsam die violette Färbung, er begann wieder zu atmen, sein Puls wurde regelmäßig, obwohl er vorläufig ziemlich schwach blieb.

»Es ist gut«, sagte Deutschmann endlich. »Es kann nichts mehr passieren.«

»Wieso kannst du das so gut?« fragte ihn Kronenberg erstaunt und dankbar zugleich. Er hatte auch allen Grund, dankbar zu sein: Langsam dämmerte es ihm, daß der Soldat durch seine Schuld gestorben wäre. Er hatte ihm die doppelte Menge Serum gegeben, weil »doppelt ja besser hält«.

»Ich muß es wohl«, antwortete Deutschmann lächelnd. »Schließlich bin ich ein Arzt.«

»Arzt ...?« Kronenberg pfiff durch die Zähne. Seinem breiten, schwerfälligen Gesicht war anzusehen, daß er irgend etwas überlegte. Aber er sagte nichts; er sagte nie etwas, bevor er es nicht gründlich und von allen Seiten abgewogen hatte.

Als Deutschmann gegen Abend wieder in seinem Bett lag, kam Kronenberg zu ihm und holte ihn in seine kleine Kammer neben dem Behandlungsraum.

»Hör mal zu«, begann er, nachdem sich Deutschmann auf dem einzigen Stuhl niedergelassen hatte. »Ich hab' so 'ne Idee. Aber zuerst trinken wir einen Schnaps. Magst du?«

Deutschmann nickte.

Kronenberg machte seinen Spind auf und holte aus der hintersten Ecke eine Flasche. Deutschmann machte große Augen: Französischer Kognak! Kronenberg grinste ihn an:

»Vom Alten, verstehst du? Vom Stabsarzt. Eine Seele von Mensch! Ich kann ihn um den Finger wickeln, wenn ich will.«

Sie tranken.

Schon nach einigen Schlucken erschien Deutschmann die Welt wieder ein klein wenig erträglicher, ja, beinahe angenehm. Er vergaß den Spieß, die Unteroffiziere, er vergaß seine Krankheit und Schwäche und seine Verzweiflung, die dunkle, hoffnungslose Zeit, durch die er gehen mußte; er und alle anderen, er und Julia, er und Kronenberg und Wiedeck und Bartlitz und Schwanecke – auch Schwanecke und alle, alle . . . Bequem setzte er sich auf dem Stuhl zurecht und wartete gespannt, was ihm Kronenberg zu sagen hatte.

»Paß mal auf«, begann dieser, »ich weiß, es ist kein Spaß da draußen!« Mit dem Daumen machte er eine Bewegung gegen das verdunkelte Fenster. »Du verstehst mich?«

Deutschmann nickte.

»Ich hab' einen Vorschlag. Ich brauche einen Hilfssani, verstehst du? Dann bist du die Brüder los, Krüll und so weiter, keiner kann dir was, und wir machen uns hier eine schöne Zeit.«

»Wie willst du denn das machen?« fragte Deutschmann zögernd. Diese Idee erschien ihm absurd, unwahrscheinlich.

Er, Dr. Ernst Deutschmann, Privatdozent – ein Hilfssani! Sozusagen der letzte Dreck im Sanitätskorps! Dabei wäre er nach einem Jahr mindestens Stabsarzt, wenn er nicht im Strafbataillon wäre. Andererseits – warum eigentlich nicht? Wenn man beim Militär ein Klavier tragen mußte, dann suchte der Spieß Musiker aus; wenn die Unteroffiziere ihre Buden geschrubbt haben wollten, dann beauftragten sie damit besonders gute Schwimmer, weil sie ja keine Angst vor Wasser hätten. Und wenn Kronenberg einen Hilfssani brauchte – warum sollte er dann nicht ihn, den Arzt Deutschmann, nehmen?

»Das überlaß du nur mir!« sagte Kronenberg mit einer großartigen Geste. »Ich habe dir doch gesagt – der Chef und ich – du verstehst?«

»Und – was hätte ich zu tun?«

»Ach so, na, jetzt einstweilen noch Pißpötte 'raustragen, Thermometer in den Hintern stecken und so weiter. Du verstehst ja was davon. Und nachher in Rußland – weiß der Teufel! Was halt so kommt. Einverstanden?«

»Pi–ßpötte?« sagte Deutschmann.

»Du bist dir wohl zu gut dazu, was? Du kannst ja wieder 'raus! Du bist gesund – Krüll wartet schon auf dich!«

»Kann ich noch was zu trinken haben?« fragte Deutschmann. Ein kleiner Aufschub. Pißpötte! – dachte er schaudernd. Thermometer in den Hintern, was halt so kommt . . .

Aber er hatte sich schon entschieden.

»Na gut«, sagte er, nachdem er getrunken hatte. »Machen wir.«

Am nächsten Morgen half er bereits dem Sanitäter Kronenberg beim Fiebermessen und rückte anschließend mit einem Arm voll Nachttöpfen auf die Latrine des Reviers, um sie dort zu leeren und zu spülen. Und im Laufe des Vormittags und Nachmittags sah er mit einiger Besorgnis, daß Kronenberg recht gern sprach, aber weniger gern arbeitete. Im übrigen war er jedoch ganz angenehm, gutmütig, schrie nicht, brüllte nicht, man konnte gut mit ihm auskommen – es war immer noch besser, hier zu sein, als vom »Krüllschnitt« über den Appellplatz gejagt zu werden.

So wurde beiden gedient. Deutschmann empfand die Ruhe im Revier, die Gesellschaft der Kranken, den Sanitäter Kronenberg und die Nachttöpfe als eine Wohltat nach den Tagen unter Krüll, und Kronenberg hatte einen echten Arzt als Hilfssani, er, der kleine Handwerker aus Westfalen. Einen Mann, der alle Arbeiten machte, zu denen er keine Lust hatte, und der bei Bedarf auch noch mit seinem Wissen einspringen konnte. Ein Idealfall, seltenes Glück – und zugleich doppelte Rückendeckung.

Am Abend sprach Kronenberg mit Stabsarzt Dr. Bergen. Er rückte mit seinen Problemen in der schiefen Schlachtordnung vor und fühlte erst einmal nach der allgemeinen Lage.

»Ist die Herzsache vom Zimmer 3 schlimm, Herr Stabsarzt?«

»Warum?« Dr. Bergen blickte von seinen Notizen auf. Er hatte die pedantische Angewohnheit, über jeden Tag eine Art Rapport zu führen, den keiner las und der in dicken Aktenstößen im Rollschrank verstaubte. »Wieder ein Anfall? Geben Sie ihm Myocardon.«

»Jawohl.« Kronenberg sah auf die Papiere. Appendizitis Zimmer 4, las er. Überstellung in Reservelazarett Posen I zwecks Ektomie. »Da ist noch was, Herr Stabsarzt.«

»Bitte?«

»Der Schütze Ernst Deutschmann ist recht anstellig. Wir brauchen noch einen Mann fürs Revier. Eine Art Hilfskraft. Durch die Arbeitskommandos ist das Revier so belegt, wie Herr Stabsarzt selbst wissen, daß ich allein . . .« Er stockte und verbesserte sich sofort: »Das heißt, ich schaffe es schon allein. Aber das dauert manchmal zu lange bei dringenden Fällen. Und jetzt überhaupt, wenn wir nach Rußland kommen . . .« Daß Deutschmann Arzt war, verschwieg er wohlweislich.

»Ich werde mit dem Kommandeur sprechen. Welche Kompanie?«

»Die zweite, Herr Stabsarzt.«

»Gut. Lassen Sie mich jetzt in Ruhe, Kronenberg!« Dr. Bergen beugte sich über seinen Rapport, und Jakob Kronenberg entfernte sich zufrieden mit einem zackigen Gruß und einer krachenden Kehrtwendung – aber nicht bevor er sah, daß Dr. Bergen notierte: Anfordern Schütze Ernst Deutschmann, zweite Kompanie, als Hilfssani.

»Man muß die Leute zu nehmen verstehen«, sagte Kronenberg später zu Deutschmann. Sie saßen am Fenster, und der Sanitäter weihte seinen Hilfssani in die Geheimnisse des »17 und 4« ein. »Der Deutschmann kommt zu uns, Herr Stabsarzt«, habe ich gesagt, »oder ich gehe!« Kronenberg sah sein Gegenüber an, um sich zu vergewissern, ob seine Worte Wirkung zeigten. Deutschmann staunte ihn pflichtgemäß an. »Da hat er natürlich sofort ja gesagt!«

Und nach einer Weile knallte Kronenberg die Karten hin: »Einundzwanzig!«

Es war ein schöner Abend.

Am nächsten Tag packten die 1. und 2. Kompanie ihre Sachen. Der erste Befehl war umgeändert worden – zuerst rückten die beiden ersten Kompanien ab. Nach fünf Tagen folgten die 3. und 4. Kompanie mit dem Bataillonsstab und dem Revier, das jetzt den Namen »Lazarett« erhielt. Ernst Deutschmann, als neuer Hilfssani, wurde der 2. Kompanie als Sanitäter zugeteilt, was Oberfeldwebel Krüll mit den Worten begrüßte: »Na, Sie trübe Tasse! Sie haben wohl schon gelernt, wie man sich drückt, was? Sie laß ich noch hüpfen!«

Worauf Deutschmann, der tatsächlich überraschend schnell lernte, still entgegnete: »Darf ich Herrn Oberfeldwebel darauf aufmerksam machen, daß ich allein dem Herrn Stabsarzt und dem Herrn Bataillonskommandeur unterstehe?«

»Schnauze!« brüllte Krüll. Aber er raffte sich zu keinen weiteren Gegenmaßnahmen auf, einerseits weil Deutschmann im Recht war, andererseits, weil es nach Rußland ging. Man wußte nie, ob nicht gerade dieser lausige Intellektuelle derjenige war, der einem den ersten Verband anlegte und die Tetanusspritze gab. Oder gar abschleppte –!

Die Reaktion auf Deutschmanns »Beförderung« in seiner Unterkunft war verschieden. Manche beneideten ihn, manche beglückwünschten ihn, und Schwanecke sagte:

»Du hast den richtigen Dreh 'raus. Das hast du sehr gut gemacht. Dadurch erhöhen sich unsere Chancen, sag' ich dir!«

»Wie meinst du das?« fragte Deutschmann verblüfft.

Aber Schwanecke antwortete nicht. Er grinste nur vieldeutig und blinzelte ihm zu.

Jakob Kronenberg blieb einstweilen im Revier und würde in fünf Tagen nachkommen, hieß es. Stabsarzt Dr. Bergen rief jede Stunde bei der Sanitätsersatzstaffel an, beschwor den Oberarzt und verlangte den Generalarzt zu sprechen. »Ich brauche einen Assistenten!« schrie er. »Was soll ich allein in Rußland? Bisher hatte ich ein Revier, aber an der Front, bei dem Anfall von Verwundeten! Ich garantiere für keinerlei vorschriftsmäßige ärztliche Versorgung, wenn keine Hilfe kommt!«

In Posen sah man das ein und versprach ihm einen Unterarzt. Aber Dr. Bergen wußte im voraus, daß das wahrscheinlich nur ein Versprechen war wie immer.

Unterdessen packte die Schreibstube der 2. Kompanie die Akten, die Wehrpässe und die wichtigen Schriftstücke in große Blechkisten. Die transportable Einrichtung wurde in Kartons und Holzkisten verstaut, die mit Draht und dikken Bindfäden umwickelt wurden. Darauf kam, mit Tusche gemalt, das taktische Zeichen und die Ziffern 2./999./Ia oder Ib.

In die Schreibstube kam Oberleutnant Obermeier. »Was Neues, Krüll?« fragte er.

»Nein, Herr Oberleutnant. Packen geht planmäßig weiter. Kompanie steht um 20.00 Uhr abmarschbereit.«

»Um 19.00 Uhr Fassen der eisernen Rationen. Alle Unteroffiziere und Feldwebel erhalten Pistolen, Munition und jeder Zug zwei Maschinenpistolen. Wir fahren drei Tage durch Partisanengebiet. Sie sehen so rot aus, Krüll. Haben Sie etwas?«

»Nein, Herr Oberleutnant, nichts.«

Die Schreiber grinsten. Unteroffizier Kentrop rieb sich

die Nase. Aber Krüll sah es nicht. In diesen Tagen und Stunden lebte er wie in einem Nebel. Hilfssanitäter Ernst Deutschmann packte seine Ambulanztasche zusammen. Kronenberg half ihm dabei mit fachlichen Ratschlägen und steckte schließlich eine Flasche Kognak zwischen die Medikamente. »Falls dir mal schlecht ist oder gegen Magenschmerzen. Und wenn der ›Krüllschnitt‹ Magenschmerzen hat – die hat er immer, wenn er gesoffen hat, dann gibst du ihm einen großen Eßlöffel Supergastronomia.«

»Supergastronomia?«

»Rizinusöl heißt das auf deutsch. Der Name stammt von mir. Krüll hat einen großen Respekt vor ihm. Seinen flotten Durchmarsch schiebt er dann immer auf schlecht gebrannten Schnaps.«

Lächelnd stapelte Deutschmann die Verbandspäckchen und Schnellbinden in der großen Ledertasche, zählte die Leukoplastrollen und die verschiedenen Scheren und Pinzetten. Kopfschüttelnd erinnerte er sich an das Instrumentarium und an all die modernen Geräte, die ihm in Berlin zur Verfügung gestanden hatten. Was soll er im Ernstfall mit diesen paar Pinzetten und Scheren anfangen?

Stabsarzt Dr. Bergen kam in den Raum.

»Haben Sie alles zusammen?« fragte er Deutschmann.

»Jawohl, Herr Stabsarzt.«

»Wenn Sie genau wissen, wo das Lazarett hinkommen soll, versuchen Sie schon, Quartier zu suchen.«

»Wenn Herr Oberfeldwebel mir das erlaubt.«

»Oberfeldwebel?« Dr. Bergen richtete sich auf. »Sie haben von mir den dienstlichen Befehl, für das Lazarett Quartier zu suchen. Mit der 2. Kompanie haben Sie nur verwaltungstechnisch zu tun. Befehle haben Sie nur von mir entgegenzunehmen! Übrigens – was sind Sie – was waren Sie früher von Beruf?«

»Arzt«, sagte Deutschmann.

Dr. Bergen fuhr herum. »Arzt?« fragte er überrascht. »Wieso . . . warum?« Er wirkte auf einmal unbeholfen.

»Jetzt bin ich hier«, sagte Deutschmann trocken.

»Ja – jetzt sind Sie hier, jetzt sind Sie hier«, sprach Dr. Bergen hilflos und gab sich schließlich einen Ruck. Jetzt war er wieder so, wie ihn alle kannten: kühl, ruhig, abwesend. »Also tun Sie, was ich Ihnen gesagt habe.«

»Jawohl, Herr Stabsarzt.«

Deutschmann exerzierte das gleich durch, als er auf die Stube kam, wo er Wiedeck und Schwanecke traf. Er packte die Kognakflasche aus und ließ sie kreisen. Und wie stets im unrechten Augenblick tauchte auch diesmal Krüll überraschend auf.

Der Oberfeldwebel zwinkerte überrascht mit den Augen, als er die drei Soldaten um den Tisch sitzen sah; offenbar wollte er sich vergewissern, ob ihm seine aufgeregten Sinne nicht nur irgend etwas vorgaukelten. Aber es stimmte: Auf dem Tisch stand eine Flasche Kognak.

»Schütze Deutschmann«, schrie er, »was haben Sie da?«

»Kognak, Herr Oberfeldwebel.«

»Kog . . .« Krüll machte ein paar Schritte in die Stube und starrte auf die Flasche. Ein guter Dreistern, ein vollendeter, reiner Kognak! Bei diesen drei Schurken! Ein echter Kognak bei Soldaten von 999! »Her damit!« brüllte Krüll auf. »Wo haben Sie den Kognak her? Schwanecke

– geklaut, was? Das gibt einen Tatbericht!« Er wollte die Flasche sicherstellen, aber Schwanecke war schneller, griff hämisch grinsend nach der noch halb gefüllten Flasche und gab sie Deutschmann, der sie in seiner Tasche verschwinden ließ.

»Die Flasche ist Eigentum des Reviers, Herr Oberfeldwebel«, sagte Deutschmann erklärend. »Ich wurde gerufen, weil – weil Schütze Schwanecke einen Schwächeanfall bekam. Kognak ist dagegen das beste Mittel.«

Krüll wurde weiß im Gesicht. »Eine Frechheit – Sie – Sie auch – und der Schütze Wiedeck, he?« fragte er gefährlich leise. »Hatte Sodbrennen, Herr Oberfeldwebel. Auch dagegen verordnete ich einen Schluck Kognak.«

»Geben Sie sofort die Flasche her!« Krüll beugte den roten Kopf vor. Doch Deutschmann sah ihm fest in die zusammengekniffenen Augen.

»Darf ich den Herrn Oberfeldwebel noch einmal darauf aufmerksam machen, daß ich der Kompanie nur zugeteilt bin und nur Befehle des Herrn Stabsarztes entgegennehme. Denn ich habe ausdrückliche Weisung des Herrn Stabsarztes.« Seine Stimme zitterte leicht. Und noch während er redete, fragte er sich, über sich selbst erschrocken, woher er den Mut nahm, mit Krüll so zu sprechen. Er wollte sich mitten in der Rede stoppen, die Flasche aus der Tasche nehmen und sie dem wütenden Spieß geben. Aber er tat es nicht, er sprach weiter, als würde jemand anders aus ihm sprechen, über den er keine Gewalt hatte.

Schwanecke sah Deutschmann bewundernd an, als wollte er sagen: Mensch, das habe ich dir aber nicht zugetraut, alle Achtung!

Und Krüll? Er war wie ein aufgeblasener Ballon. Er konnte schreien und seine Untergebenen schinden und schikanieren wie kein zweiter, aber er hatte kein Gewicht. Er gab nach. Sicher hätte er es nicht getan, hätte er alle drei über den Appellplatz gejagt – wenn auf ihm nicht die Gewißheit lasten würde: *Rußland*. So aber ging er und ließ die drei mit der Kognakflasche allein.

Um 19.00 Uhr empfingen die Unteroffiziere ihre Pistolen und Karabiner und jeder Zug zwei Maschinenpistolen. Die ausgegebene Munition wurde dreimal durchgezählt und dreimal quittiert. Außerdem bekam jede Gruppe einen Kasten mit zwölf Stielhandgranaten. Der WuG – Unteroffizier für Waffen und Geräte – schüttelte den Kopf, als er sie über den Tisch hinwegschob und die unterschriebenen Empfangsbescheinigungen einsammelte.

»Als ob ihr damit die Partisanen aufhalten könnt, wenn sie einmal losgehen!« Er war viermal verwundet, hatte beide Eisernen Kreuze und blieb – garnisonsdienstfähig geschrieben – in Posen, um die Waffen und Geräte des Ersatzbataillons zu übernehmen. Peter Hefe, aus den seligen Gefilden Frankreichs nach Posen gekommen, betrachtete beklommen die Waffen auf den Tischen. Sie blinkten schwach, gut gepflegt, geölt, vorbildlich.

»Bekommen wir keine MGs?«

»Zwei pro Kompanie.« Der WuG lochte die Empfangsbescheinigungen und heftete sie in einem Ordner ab. »Aber nur unter Verschluß. Freigegeben nur im Notfall. Was wollt ihr mit MGs, wenn ihr doch nur an die Front kommt, um den ganzen Mist wegzuräumen, der da 'rumliegt?«

»Also ein besserer Bautrupp?«

»Besser – ist gut!« sagte der WuG gleichgültig. »Die Arbeit, die ihr kriegt, mein Lieber, faßt kein Bautrupp mit der Zange an.«

Peter Hefe und die anderen schwiegen bedrückt. Der WuG war der einzige unter ihnen mit großer Rußlanderfahrung. Auch Krüll hatte die Worte gehört, als er in die Waffenkammer kam, um nachzusehen, wo seine Gruppenführer blieben.

»Und was bekomme ich?« fragte er.

»Eine 08 und 50 Schuß.«

»50 Schuß? Wohl verrückt! Was soll ich mit lächerlichen 50 Schuß?«

»Hör mal zu –«, der WuG schob Krüll die Pistole mit einer Tasche, zwei Magazinen und den Patronenschachteln über den Tisch, »ehe du die 50 Schuß im Ernstfall verfeuerst, fliegst du als Englein schon längst über die Wolken . . .«

Oberleutnant Obermeier studierte die Marschbefehle. Wernher, der Chef der 1. Kompanie, stand neben ihm.

»Zuerst nach Warschau«, sagte Obermeier, der mit dem Finger vergleichend über die Landkarte fuhr, »dann weiter nach Bialystok und Baranowitschi. In Baranowitschi zwei Tage Aufenthalt und Verladen. Dann weiter nach Minsk und Borissow.«

»Borissow an der Beresina«, sagte Oberleutnant Wernher sinnend. »Am 26. 11. 1812 überschritt Napoleon die Beresina. In Geschichte war ich schon immer gut.«

»Und am 10. 11. 1943 das Strafbataillon 999. Du kannst das später einmal in deinen Memoiren als einen Markstein deines Lebens verwenden. Auf Napoleons Spuren ...«

»Hoffentlich ergeht es uns nicht so wie ihm«, seufzte Wernher.

Obermeier beugte sich wieder über die Karte und den Zugplan.

»Von Borissow geht es nach Orscha weiter. Dort werden wir endgültig ausgeladen.«

»Hoffentlich kommen wir auch an!«

»Das halte ich für sicher. Entlang der ganzen Strecke sollen in Bunkern bulgarische Truppen als Sicherung liegen. Der Mist beginnt erst hinter Orscha. Dort sickern Sowjets laufend durch unsere Stellungen und verstärken die Partisanen. Um Gorki herum soll ein intaktes, mit allen Waffen ausgerüstetes Bataillon der Partisanen in den Wäldern liegen. Übrigens – hast du eine Ahnung, was für einen geheimnisvollen Auftrag wir dort übernehmen sollen?«

»Keine Ahnung. Barth hüllt sich in Schweigen. Allerdings bezweifle ich, ob er es selber weiß.« Oberleutnant Wernher richtete sich auf und zupfte seinen enganliegenden, eleganten Uniformrock gerade. Er besaß eine Bilderbuch-Reiterfigur. »Die Schrecken zu erfahren, verschieb, solang du kannst«, zitierte er. »Wann sollen wir abrücken?«

»Neuester Befehl: Morgen früh sieben Uhr.« Obermeier lächelte. »Ich würde dir raten, gleich zu deiner Witwe zu reiten. Oder hast du schon Abschied genommen?«

»Halb und halb. Es wird für lange Zeit die letzte Frau sein, die ich sehe«, maulte Wernher. Aber er blieb und machte sogar den Appell seiner 1. Kompanie mit.

Die Angetretenen betrachteten dies als einen endgültigen Beweis, daß es tatsächlich ernst wurde.

Oberfeldwebel Krüll meldete Punkt 20.00 Uhr die angetretene 2. Kompanie. Er hatte seine 08 umgeschnallt, den Stahlhelm auf den dicken Kopf gestülpt und trug eigene Reithosen, die in langen schwarzglänzenden Stiefeln steckten. Er sah sehr kriegerisch aus.

Die Kompanie stand feldmarschmäßig: mit gepackten Tornistern, gerollten Decken und Zeltplanen. Spaten waren das einzige Gerät, das sie bei sich trugen. Schulterstücke und Kragenspiegel fehlten. Sie waren grau in grau, eine Masse Mensch, die in drei Reihen aufgebaut war und auf das Kommando »Dieeee Augen – links!« die Köpfe mit einem Ruck zur Seite warf.

»2. Kompanie, 24 Unteroffiziere und 157 Mann, angetreten, 6 Mann im Revier, 3 Mann abkommandiert.« Krülls Stimme klang laut über den Platz.

Oberleutnant Obermeier ließ rühren und überblickte seine Kompanie.

Der lange Oberst von Bartlitz im ersten Glied war blaß, sein Gesicht war ruhig und unbeweglich wie immer. Hinter ihm der Major – wie hieß er gleich? – ein tollkühner Draufgänger und Ritterkreuzträger, dessen schnelle Karriere einst verblüffte. Wiedeck und Schwanecke hatten gleichmütige Mienen wie fast alle die anderen, und fast alle waren alte Landser. Sie kannten das. Ihnen konnte man nichts vormachen. Sie wußten, wohin sie fuhren, sie machten sich keine Illusionen – aber tief in ihnen steckte wohl immer noch ein Rest der Hoffnung, die in jedem Menschen steckt, solange er lebt: Vielleicht – vielleicht komme ich durch . . .

Am Ende der Kompanie, gewissermaßen als Schlußlicht, stand ein wenig vornübergebeugt Ernst Deutschmann mit einer Rote-Kreuz-Armbinde und seinem Ambulanzkasten. Der Arzt als Hilfssani! Und als er daran dachte, kurz bevor er die kurze Ansprache an seine Kompanie begann, durchfuhr Oberleutnant Obermeier der Gedanke an den Widersinn des Ganzen: Alte, hohe Offiziere, die mehr von Kriegführung verstanden als alle die »Jetzigen«, die sich anmaßten, Armeen zu führen und den Krieg zu gewinnen, standen hier, um an die Front zu fahren und dort als der letzte Dreck den Tod zu finden. Spezialisten, über deren Mangel man klagte. Verbrecher, die in keine Armee der Welt gehörten. Ein Arzt als Hilfssani – und dabei der Mangel an Ärzten. Was war es nur, was da nicht stimmte?

Doch Obermeier riß sich zusammen.

»Soldaten«, rief er laut, »ihr wißt, daß es nach Rußland geht. Ich brauche da nichts mehr zu sagen. Wir werden unsere Pflicht tun, wohin wir auch gestellt werden. Morgen früh um 7.00 Uhr rücken wir ab. Der 3. Zug zuerst. Er bereitet auf dem Güterbahnhof die Waggons vor, bis der Rest der Kompanie kommt. Ich brauche für den Küchenwagen noch zwei Mann. Bartlitz und Vetterling vortreten!«

Hauptmann Barth, der den Appell durch das Schreibstubenfenster beobachtete, trat jetzt zurück. Bei der 1. Kompanie hielt jetzt Oberleutnant Wernher die obligate Ansprache. Elegant, drahtig stand er vor der Dreier-Reihe und ermahnte mit heller Kommandostimme seine Leute. Beste Kadettenschule, dachte Barth. Der Obermeier denkt zuviel. Wieso jetzt wieder dieser Unsinn mit dem ehemaligen Oberst von Bartlitz und dem Professor Vetterling. Küchenwagen! Als ob er sie dort am Leben erhalten konnte! So ein Unsinn, dachte er, so ein Unsinn . . .

Über den Appellplatz rollten die ersten Lastwagen mit dem Bataillonstroß zum Bahnhof.

Mischa Serkonowitsch Starobin saß vor der Erdhütte im Schnee und suchte in seinem Pelz nach Läusen. Die Sonne schien, der Schnee funkelte, an der Front war es still. Ein schöner ruhiger Tag. Um ihn herum lag die Einsamkeit russischer Wälder. Selbst die Wölfe waren weitergezogen, ostwärts, dem Ural und der Mongolei zu. In ihrem alten Revier hausten Soldaten, und die Erde brach auf unter den Granaten. Die Wölfe wurden vertrieben und rannten dem Wind entgegen, der über die unendliche Weite zog; die Zungen weit heraushängend, die Körper nahe am Boden, die kalten, gelben Augen zusammengekniffen. Nur ihre Höhlen blieben zurück, die Dickichte, die verfilzten Wälder, die Urstämme, an denen sich der Sturm brach und in denen der Frost sich verbiß. Jetzt lebten Menschen dort: wieselflinke, erdbraune, wimmelnde Gestalten, gierig wie die Wölfe vor ihnen, doch weitaus gefährlicher.

Manchmal ging ein Flüstern durch die Wälder bei Gorki und Bolschie Scharipy. Es flog von Höhle zu Höhle, von einer eingegrabenen Hütte zur anderen. Wenn dann die Nacht kam, zogen Schemen durch das Unterholz wie große, gepanzerte Ameisen – zum Waldrand, zu der Straße nach Babinitschi, zum Flusse Gorodnia. Aus der Dunkelheit heraus flammte es dann auf, vielfältig, verderbend, den Tod um sich streuend, die Stille der Wälder zerreißend. Menschliche Stimmen schrien auf und verebbten stöhnend, helle Kommandos, Scheinwerfer, die unter Schüssen erloschen, Schatten, die durch den Schnee hetzten und im Waldesdunkel untergingen, als seien sie nie dagewesen. Dann schneite es, und die Flocken bedeckten jegliche Spur des nächtlichen Spuks. Die Sonne an den nächsten Tagen beschien nur kleine Hügel, aus denen eine Hand ragte oder ein gelbblasses Gesicht oder ein Bein in einem derben Stiefel. Oder sie sah einen Menschen, der langsam und schwerfällig über das Schneefeld kroch, die Beine hinter sich herziehend, um Hilfe schreiend . . .

»Es ist ein neues Bataillon gekommen, Annaschka«, sagte Mischa und schüttelte den Pelz. »Weiß es der Starschi Leitenant?«

Anna Petrowna Nikitewna kroch aus der Höhle und schaufelte Schnee in einen zerbeulten Kochtopf. Sie hatte die derben Knochen mittelrussischer Bäuerinnen und das lange, schwarzsträhnige Haar der Mongolinnen.

»Sergej ist bereits in Orscha«, sagte sie.

»Der Satan hole die Deutschen! Sie werden Sergej fangen!« Mischa Starobin erhob sich und zog seinen Pelz an. Er war groß und stark wie ein Bär, mit leicht geschlitzten Augen, einem buschigen Schnurrbart und Beinen, die wie Säulen durch den Schnee stapfen.

»Er wohnt bei Tanja, seinem Täubchen.« Anna Nikitewna lachte.

»Die Neuen haben keine Nummer.« Mischa sah zu, wie Anna den zerbeulten Kessel über das Feuer hing. Der Schnee schmolz langsam. In das Schneewasser würde sie

Kapusta tun, ein Stückchen Fleisch – Flügelchen und die Brust einer Krähe. »Gott beschütze Sergej – die Neuen sind verflucht schlimm.«

Mischa sagte Gott, und Anna lachte darüber. Wenn Mischa von Gott sprach, hatte er Angst. Der große, starke Mischa Starobin! Wie kann er Angst haben? dachte sie und rührte in dem Schnee. In die Wälder von Gorki kommt kein Deutscher. Zweimal sind sie um sie herumgezogen. Dort, wo die Wölfe lebten, ist meistens auch der Mensch sicher.

Durch das Dickicht kroch ein kleiner krummbeiniger Mann in einem langen, alten Schafspelz. Seine Fellmütze mit den Ohrenschützern war schneeverkrustet. Als er Mischa und Anna sah, winkte er und arbeitete sich durch den kniehohen Schnee zu der Erdhöhle.

»Brüderchen Pjotr!« Mischa Starobin lachte breit. »Was macht die Kolchose? Von Deutschen besetzt, ha?« Er reichte dem Kleinen die Hand entgegen und zog ihn heran.

Pjotr Sabajew Tartuchin blinzelte mit seinen kleinen, listigen Augen. Er sah mongolischer als ein Mongole aus. Seine gelbe Haut zog sich faltig und pergamentartig über das runde Gesicht, in dem die Nase wie ein Knopf mit zwei Löchern saß. Seine überlangen Arme baumelten am Körper herab, als gehörten sie nicht zu ihm, und seine Schultern waren unverhältnismäßig breit.

»Draußen laufen die Deutschen herum!« Er trat gegen Annas Kessel, warf ihn um und schaufelte mit dem Stiefel Schnee auf die Feuerstelle. Zischend erlosch die Flamme. »Man sieht den Qualm, ihr Holzköpfe! Freßt den Kapusta kalt!«

Anna Petrowna Nikitewna holte den Kessel aus dem Schnee und warf ihn in die Erdhöhle. »Sie werden nicht wagen, in den Wald zu kommen. Sind es viele?«

»Nein, aber wenn sie den Rauch sehen, wissen sie, wo wir stecken.« Pjotr wischte sich über die Augen und über das gelbe, vor Kälte starre Gesicht. »Starschi Leitenant läßt sagen, daß heute nacht Sammeln ist.«

»Och – verflucht!« sagte Mischa und dachte an den verlorengegangenen Kapusta. »Heute nacht?«

»Wir müssen einen Mann der Neuen fragen. Sie haben keine Nummern, nicht einmal Schulterstücke. Vielleicht ist es ein Sonderkommando, um uns zu fangen?«

»Unsinn, wer soll uns fangen?«

»Sie sind ganz frisch aus Deutschland gekommen, junge und alte. Sergej sagt, es sei eine merkwürdige Truppe. Sie haben kaum Waffen . . .«

»Und da wollen sie uns fangen?« Mischa lachte dröhnend.

»Sie sollen Geheimwaffen haben, du Esel! Sie kommen noch nach, sagt Sergej.« Tartuchin hauchte in die Hände und schob dann den Kragen seines Pelzes höher gegen das Gesicht. »Wo sind die anderen?«

»Wo sollen sie sein?« Mischa zeichnete einen Kreis in die Luft. »Im Wald natürlich. Du wirst sie treffen, Brüderchen.«

Fluchend stapfte Tartuchin weiter durch den Schnee. Hinter einem Busch verschwand er in der Unergründlichkeit des Waldes. Ab und zu hörte man den Schnee dumpf klatschend von den Bäumen fallen. Dann erstarb auch dieser Laut.

»Heute nacht, Annaschka«, sagte Mischa Serkonowitsch leise, als fürchte er, daß seine Stimme die tiefe Stille stören könnte. »Wenn wir Glück haben, erbeuten wir Büchsenfleisch und Zwieback.«

In Orscha saß Starschi Leitenant Sergej Petrowitsch Denkow am Ofen und blätterte in den Papieren, die ihm Tanja gegeben hatte. Mittelgroß, schlank, braun wie ein Kaukasier, trug er die abgeschabten und vielfach geflickten Sachen eines armen Kolchosbauern, der sich von den Deutschen überrollen ließ und nun in seiner Hütte mühsam sein Leben fristete. Neben ihm wirkte Tanja Sossnawskaja wie ein Bild altrussischer Ikonenmaler. Ihr schwarzglänzendes, glattes Haar war eng an den Kopf gelegt, ihre leicht hervorstehenden Backenknochen gaben dem schmalen Gesicht mit den großen Augen den Zauber und das Geheimnis östlicher Weiten. Sie trug eine wollene Bluse, eng über die runden Brüste gespannt, und dicke gesteppte Hosen, die in weichen Juchtenlederstiefeln steckten.

Oberleutnant Denkow hatte sie schon eine Weile angesehen.

»Du bist schön, Tanjuschka ...«

»Lies die Papiere, Serjoscha.« Sie blies mit gespitzten Lippen in das Feuer des gemauerten Herdes und hörte auf das Summen des Wassers im Kessel. »Ich koche dir einen starken Tee.« Sie sah vom Feuer hoch, ihr Gesicht war von den Flammen gerötet. »Wann mußt du wieder gehen?«

»In zwei Stunden.« Denkow legte die schmalen Hände auf die Papiere. »Woher hast du sie?«

»Von der Kommandantur. Ich wurde – als Putzfrau angestellt. Ein Feldwebel wollte mich auf sein Zimmer nehmen. Er ging, Wein und Schnaps zu holen. Er blieb lange weg – und ich habe die Papiere abgeschrieben und hier verborgen.« Sie zeigte auf ihre Brust und lächelte. »Ich ging, bevor er kam. Sind die Papiere wertvoll?«

»Das weiß ich noch nicht. Die neue Truppe heißt 999. Aber warum tragen sie die Nummer nicht wie die anderen auf den Schulterstücken? Sie haben gar keine Schulterstücke. Merkwürdig ...« Er erhob sich und trat zu Tanja. »Du mußt es erfahren, Mädchen. Aber ohne Feldwebel!«

»Bleibst du heute nacht hier, Serjoscha?« fragte sie leise.

»Es geht nicht. Sie warten im Wald auf mich.«

Noch eine Stunde, und er würde durch die deutschen Nachschubstellen gehen. Ein armer, zerlumpter Bauer, der durch den Schnee zu seiner Hütte stapft, die irgendwo in der weiten Unendlichkeit lag. Der deutsche Posten am Dnjepr, an der Holzbrücke, über die er gehen mußte, würde ihn anhalten: »Halt! Wohin, du krummer Hund?« Und er würde demütig sagen: »Damoi, Brüderchen, damoi ...« Nach Hause. Der Posten würde nicken und ihn über die Brücke lassen – wie immer. Er war irgendein einfältiger Bauer im alten Schafspelz und mit einer hohen Fellmütze. Hinter Orscha stand ein Schlitten. Fedja wartete dort mit zwei Pferden. Sie würden über die Schneefelder fliegen wie Schemen, vorbei an Babinitschi, in einem Bogen um Gorki. Das Land ist weit... Die Deutschen konnten nicht überall sein. Und dann kam der Wald, die dunkle Wand, die sich von Horizont zu Horizont erstreckte. »Heimat der Wölfe« nannten ihn die Bauern von Gorki und Bolschie Scharipy. Jetzt wohnten darin Menschen – die Wölfe Stalins, die zweite Partisanenkompanie unter Oberleutnant Sergej Petrowitsch Denkow. Tanja bewegte sich. Er erwachte aus seinen Gedanken.

»Der Tee«, sagte sie leise.

Sie goß eine Kanne voll. Der Samowar stand in der Ecke, es dauerte zu lange, ihn in Betrieb zu setzten. Tanja saß neben ihm und sah ihm zu, wie er aus einer Untertasse den heißen, grünlichen Tee schlürfte.

»Sie wollen mich als Dolmetscherin haben, weil ich ein bißchen Deutsch kann«, sagte sie. »Soll ich, Serjoscha?«

Oberleutnant Sergej nickte mehrmals. »Natürlich! Um so mehr wirst du erfahren!«

»Wirst du dann öfter kommen?«

»Vielleicht . . .« Er sah in ihre großen schwarzen Augen. Ihr schmales Gesicht schwamm in der Dämmerung des Raumes. »Du bist schön«, sagte er, »du wirst dich vor ihnen wehren müssen . . .«

»Ich hasse sie, Serjoscha!«

»Aber sie hassen dich nicht . . .«

»Sie werden es nie erreichen, nie!«

Sie blickte gegen den Ofen. Sergej verfolgte ihren Blick. Hinter dem Kamin, in einer Wandvertiefung, lag eine geladene und entsicherte russische Armeepistole.

»In einem halben Jahr haben wir Witebsk und Orscha zurückerobert«, sagte Sergej. Seine Stimme war heiser vor Erregung. »Dann werden wir heiraten, Tanjuschka. Nur noch ein halbes Jahr . . . Wir werden es durchhalten!«

Sie nickte tapfer, wischte sich über die großen Augen und lächelte ihn an.

»Du gehst jetzt?«

»Ja.« Er küßte sie. Ihre Lippen waren kalt.

»Gott schütze dich!« flüsterte sie.

Er verließ schnell das Haus und rannte durch die Dunkelheit über den Hof. Gott, dachte er, wie kommt sie auf Gott? Er nahm sich vor, den Satz zu vergessen. Er war ein Bolschewik, und er kannte keinen Gott und wollte keinen kennen. Sein Gott war die Partei, war Rußland und der abgrundtiefe Haß gegen die deutschen Eindringlinge. Ihnen lebte er, sie waren allgegenwärtig und übermächtig, weit mächtiger als dieser merkwürdige Gott alter Leute . . .

Hauptmann Barth meldete sich bei dem Stadtkommandanten von Orscha. Der alte Major, Reservist, der sich in der russischen Einsamkeit völlig fehl am Platze fühlte, sah auf die Papiere, die ihm Barth vorgelegt hatte. Mit wässerigen Augen schaute er über seine Brille.

»999? Welches Regiment, welche Division?«

»Bei dem Bataillon 999 handelt es sich um ein selbständiges Strafbataillon, Herr Major.«

»Strafbataillon?«

»Ja, Herr Major.«

»Hm.« Der Alte musterte Hauptmann Barth mißtrauisch von oben bis unten. War sicher Kavallerist, dachte Barth. So mustert man einen Gaul, der lahmt. Kann ich ihm nicht übelnehmen. Für den bin ich vorerst ein besserer KZ-Aufseher. »Sie sind der Kommandeur?«

»Ja, Herr Major. Meine Truppe ist zur Frontbewährung nach Orscha gekommen.«

»Zur Frontbewährung. Natürlich.« Der Major sah Hauptmann Barth wieder kritisch an. »Sie hören noch von mir. Oder haben Sie Sonderbefehle?«

»Jawohl. Meine Truppe soll im Rahmen des rückwärtigen Frontaufbaues eingesetzt werden. Vor allem in Spezialaufgaben, die außerhalb der Aufgaben anderer Truppenteile liegen«, sagte Barth mit ironischer Stimme.

»Ich verstehe.« Der alte Major bemühte sich nicht, sein fast körperliches Unbehagen über dieses Gespräch zu verbergen. Er sah auf Barths Ordensbänder und schob die Unterlippe vor. »Sie waren schon an der Front?«

»Von Anfang an. Polen, Frankreich und der Vormarsch in Rußland bis 1943. Ich war bei der Panzerspitze, die die Türme von Moskau sehen konnte.«

»Und jetzt 999?«

»Ja, Herr Major. Freiwillig.«

»Freiwillig?« Der Standortkommandant von Orscha legte die Papiere umständlich in eine Mappe, als wollte er seine Überraschung und Ratlosigkeit verbergen. »Ich würde mich freuen, Sie an einem der nächsten Abende zu sprechen, Herr Hauptmann. Bei einem Glas Grog. Ich schicke Ihnen eine Ordonnanz.« »Vielen Dank, Herr Major.« Barth lächelte leicht. Der Köder saß, der Alte hatte angebissen. Oder – kavalleristisch ausgedrückt: Der Gaul keilte, aber scharf auf Kandare geritten, trabte er ganz folgsam. Man wußte nie, wofür das gut war . . . Während Hauptmann

Barth sein Bataillon anmeldete, saß Deutschmann in seiner Unterkunft und schrieb an Julia. Der kleine Raum in einem halbzerschossenen Bauernhaus war von Kerzen notdürftig erleuchtet. Die zwei schwachen, flackernden Lichter drohten jedesmal auszugehen, wenn jemand durch die Türe kam und der Luftzug von draußen eisig durch die Stube strich. Große verschwommene und dann wiederum scharf umrissene Schatten tanzten an den rauchgeschwärzten Wänden und huschten über das Papier, auf dem sich langsam Wort an Wort und Zeile an Zeile reihten.

Deutschmann schrieb:

Mein liebes, liebes Julchen,

Du wirst schon lange keinen Brief von mir bekommen haben, Rehauge. Oder ist es gar nicht so lange her? Mir jedenfalls scheint von damals, als ich Dir noch von unserem alten Standort geschrieben habe, bis heute eine Ewigkeit vergangen zu sein. Heute sind wir in Rußland, damals waren wir in Europa. Ich weiß, auch der Ort, wo wir uns befinden, liegt auf der Landkarte in Europa. Aber es ist eine so völlig andere Welt, in die wir gekommen sind, es ist alles so neu und furchtbar fremd, daß ich mich manchmal fragen muß, ob ich wirklich noch bin, ob ich das alles wirklich erlebe und nicht nur erträume. Ein »Früher« gibt es fast nicht mehr; die Bilder, die aus meinem Gedächtnis aufsteigen, wenn ich an »früher« denke, sind blaß und konturlos geworden – allein Du bist immer noch so stark in mir wie früher. Mehr noch: stärker, lebendiger als je, manchmal so stark und lebendig, daß ich vermeine, Deine Stimme zu hören und Deinen Hauch an meiner Wange zu spüren . . .

Deutschmann setzte ab und sah unwillig zur Tür, die krachend aufging. Unteroffizier Peter Hefe oder der »Gärende«, wie er von den Soldaten genannt wurde, stürmte in den kleinen Raum. »Wiedeck, Schwanecke, Graf Hugo, los fertigmachen! Wir müssen auf Störtrupp gehen.«

»Einundzwanzig!« sagte Schwanecke. Er spielte Karten mit Wiedeck und dem Grafen Hugo von Siemsburg-Wellhausen, den alle nur Hugo nannten. Er beachtete Hefe nicht. Dann sah er langsam auf und fragte: »Was is'n los? Was müssen wir machen?«

»Störtrupp«, sagte Hefe. »Die Leitung ist kaputt.«

»Es geht schon wieder los«, sagte Schwanecke und stand seufzend und sich räkelnd auf. »Ich möchte wissen, wann in diesem verfluchten Land mal keine Leitung kaputt ist.«

Daß die Telefonleitung zur 1. Kompanie in Babinitschi gestört ist, hatte Oberfeldwebel Krüll entdeckt.

»Welcher Idiot hat die Leitungen gelegt?« schrie er durch den niedrigen Raum eines halbwegs gut erhaltenen Bauernhauses, wo sich die Schreibstube eingenistet hatte. Auf den Blechkisten und Pappkartons klebten überall Kerzen. »Solche Idioten, nicht einmal 'ne Telefonleitung können sie legen! Tür zu, ihr Tränen!« schrie er, als über seinen schweißglänzenden Nacken ein eisigkalter Luftzug strich. Dann schnellte er empor, denn die Träne war Oberleutnant Obermeier. »Verbindung zur 1. Kompanie abgerissen, Herr Oberleutnant«, meldete er. »Es fängt ja gut an.«

Daß »es gut anfing«, hatte er bereits gemerkt, als sie beim ersten Aufenthalt in Baranowitschi die ganze Kompanie von einem Güterzug in den anderen verladen mußten, weil der Hauptteil der Waggons für die Artilleriemunition abgehängt wurde. Die Kompanie wurde in einige wenige Waggons zusammengepfercht, jeweils 40 Mann in einen. Zudem war Schwanecke nach dem Umladen mit drei Büchsen Thunfisch erschienen und einem kleinen Sack mit Hartkeks.

Krüll hatte es sich abgewöhnt, bei Schwanecke jedesmal »woher?!« zu brüllen. Die Antworten waren stets so dämlich, daß die ganze Kompanie grinste. So hatte er auch diesmal nur gesagt:

»Wenn eine einzige Meldung kommt, daß das Zeug geklaut ist, binde ich dich hinten an den Zug, an die Puffer, und du kannst hinterherlaufen!«

Natürlich war keine Meldung gekommen. Schwanecke hatte Deutschmann angegrinst:

»Wer soll denn das melden? Die haben das Zeug ja selbst geklaut . . .«

Oberleutnant Obermeier versuchte es jetzt selbst am Telefon. Er drehte an der Kurbel und lauschte. Nichts. Die Leitung war tot. »Haben Sie das Bataillon erreichen können?«

»Auch nicht, Herr Oberleutnant.«

»Da hilft alles nichts. Ein Störtrupp muß die Leitung abgehen.«

Oberfeldwebel Krüll atmete auf. Ein Störtrupp – das war Aufgabe der Unteroffiziere.

So kam es, daß Unteroffizier Hefe mit sechs Mann über die schneeverwehte Straße von Gorki nach Babinitschi zog.

Schwanecke, der Stärkste, schleppte die Kabelrolle auf dem Rücken. Wiedeck trug das Kontrolltelefon, Schütze Lingmann, ein ehemaliger Feldwebel, der allzugern soff und in seiner Trunkenheit die ganze Welt, einschließlich seiner Vorgesetzten und der »Reichsführung«, beschimpfte, trug die beiden schweren Werkzeugtaschen. Am Ende der kleinen Reihe, die auseinandergezogen durch den Schnee stapfte, ging Hugo, der Graf von Siemsburg-Wellhausen. Er war ein stiller, immer hilfsbereiter, nie auffallender Kamerad, der sein Los mit einer gleichgültigen Wurstigkeit trug. In den Akten von 999 war vermerkt, daß er wegen Vorbereitung zum Hochverrat und Anstiftung von Sabotageakten am Wehrmachtseigentum verurteilt wurde. Die Wahrheit war, daß er Anfang 1943, als die 6. Armee in Stalingrad sinnlos geopfert wurde, einen kleinen Kreis von Offizieren um sich geschart hatte, mit dem Ziel, Widerstand gegen die Machthaber zu leisten, und wenn möglich, Frieden zu schließen, solange es noch Zeit war. Doch bald schon wurde die Gruppe verraten. Sein Leben hatte er nur dem Umstand zu verdanken, daß sein Bruder, der in Spanien lebte und für die deutsche Abwehr arbeitete, dabei über gute Beziehungen mit maßgebenden Kreisen in New York verfügte und verschiedene Dinge ausplaudern konnte, wenn Hugo getötet werden würde ...

Allen voran ging Peter Hefe, die Maschinenpistole in den Händen.

Die Nacht war eisig und dunkel. Die beiden Männer, die den Draht abgingen, hüpften ab und zu auf der Stelle, um die trotz der Filzstiefel erstarrenden Beine warmzuhalten. An verschiedenen Stellen war die Straße zugeweht. Nur vereinzelte, weit auseinanderstehende Masten zeigten den Verlauf des Weges an.

An einer Buschgruppe standen Mischa Starobin und Pjotr Tartuchin. Sie hatten sich einen Schneeschutz aus geflochtenen Zweigen gebaut, wie es die Tungusen machen, wenn der Schneesturm über die Steppe heult. Sie kauten Sonnenblumenkerne und starrten in die weiße Nacht.

»Hast du die Leitung richtig durchgeschnitten?« fragte Tartuchin leise. »Sie müßten längst hier sein. Eine deutsche Kompanie ohne Telefon ist wie ein Säugling ohne Mutter.«

»Still!« zischte Mischa. »Hörst du?«

Sie lauschten. Der Wind zog leise singend, pfeifend und raschelnd durch das Gebüsch und über die offene Steppe. Mischa spuckte die Sonnenblumenkerne aus und richtete sich auf. Mitten aus der Nacht kam plötzlich ein Laut, der nicht hierher gehörte: das Klappern der Kabelrolle auf Schwaneckes Rücken, leise, kaum vernehmlich, langsam lauter werdend, und plötzlich ein verhaltener Ruf. Mischa Starobin griff nach hinten. In seiner Hand lag eine russische Maschinenpistole. »Kommen sie von Gorki oder Babinitschi?«

»Ich sehe sie noch nicht.«

»Hörst du sie?«

»Ja, halt jetzt den Mund!« Tartuchin glitt in den Schnee und blieb dort liegen wie ein Bündel Lumpen. Mischa schob ihm die zweite Maschinenpistole zu.

»Dort!« flüsterte Tartuchin. »Von Gorki!«

»Wie viele sind es?«

»Ich sehe sie noch nicht – ich sehe sie noch nicht«, flüsterte Tartuchin, als würde er mit sich selbst sprechen, als hätte er Mischa und die Kälte, den Wind, den Schnee, den dunklen, niedrigen Himmel vergessen, als gäbe es nichts mehr auf der Welt, als nur ihn allein und die fremden Laute, die von Menschen kamen, die er haßte, mehr als er je Menschen gehaßt hatte. Nur er allein war da mit ihnen und mit seiner Maschinenpistole und mit seinem Haß und dem übermächtigen Wunsch zu töten.

Jetzt konnten sie bereits die Stimmen unterscheiden. Sie hörten den Unteroffizier Peter Hefe, der nach hinten rief:

»Alles in Ordnung?«

Und Hugo, am Ende des kleinen Trupps, meldete zurück:

»Alles klar.«

Über Tartuchins vereistes, starres Gesicht glitt ein verzerrtes, schiefes Lächeln und erstarrte zu einer Grimasse.

Die Deutschen waren jetzt ganz nahe vor der Stelle, wo das Kabel zerrissen war. Starobin schob langsam und vorsichtig seine Maschinenpistole auf den kleinen Hügel zusammengescharrten und jetzt steif gefrorenen Schnees, drückte den Kolben an die Wange und visierte die kleine Gruppe an, die auf der Straße anhielt.

»Unterbrechung entdeckt!« Der eine der Sucher hob die Hand. Schwanecke wuchtete die Kabelrolle von der Schulter und wischte sich über das Gesicht. Trotz der schneidenden Kälte schwitzte er.

»Zerrissen?«

»Anscheinend.«

Lingmann stellte die Werkzeugtasche hin. Wiedeck kniete nieder, um das Kontrolltelefon anzuschließen.

»Mach schnell, 's ist kalt«, sagte Hugo.

»Mensch, ich hab' ganz klamme Finger«, sagte Wiedeck.

»Los, beeilen Sie sich!« sagte Peter Hefe.

Schwanecke schnüffelte wie ein witterndes Tier in der Luft. Irgend etwas stimmte nicht. Die Sache war ihm nicht geheuer. Verdammt noch mal, dachte er, wenn . . . »Was ist mit dem Draht los?« fragte er.

»Gequetscht«, sagte Wiedeck. Er hatte jetzt das Kontrolltelefon angeschlossen. Er kurbelte und lauschte. Dann nickte er zufrieden. Am anderen Ende meldete sich Krülls Stimme.

»Na, gefunden? Was war denn los, ihr Tränen?«

»Der Draht war gequetscht«, sagte Wiedeck.

Aus dem Hörer kam Krülls laute, quäkende, schimpfende Stimme. Unteroffizier Hefe nahm den Hörer aus Wiedecks Hand und nickte ihm grinsend zu.

Tartuchin und Starobin sahen sich kurz an, und Tartuchin flüsterte:

»Du von links nach rechts, ich von rechts nach links . . . dann haben wir sie doppelt . . .«

Tartuchin drückte den Kolben der Maschinenpistole gegen die Schulter. »Halt in die Mitte, in ihre Bäuche!« flüsterte er. »Ich sage, wann . . .« Seine Stimme war fast zärtlich.

Karl Schwanecke kniete neben Wiedeck, hob den Draht vor die Augen und glitt mit den Fingerspitzen langsam und prüfend darüber. Und plötzlich fuhr er herum, warf die Arme hoch, sprang mit einem Satz in eine Schneeverwehung und schrie:

»Deckung!«

Wie auf ein Zauberwort lagen die anderen auf der Straße. Im gleichen Augenblick tackten die beiden Maschinenpistolen los. Die Schüsse und die hellzischenden Geschosse kamen irgendwo aus der Nacht – nein, aus dem Gebüsch nicht weit von der Straße entfernt. Im Fallen noch durchjagte Hugo ein dumpfer Schlag gegen seinen Körper, er spürte, wie seine linke Schulter gefühllos wurde. Überrascht fragte er sich, was geschehen war. Schmerzen fühlte er nicht. Doch dann merkte er, wie es warm und naß über seinen Rücken rann. Jetzt erst wußte er, daß er verwundet worden war. »Mich hat's erwischt, verdammt«, stöhnte er, und in seiner Stimme schwang immer noch die Überraschung mit.

Wiedeck lag neben ihm, den Kopf in den Schnee gedrückt. Er drehte ihn auf die andere Seite. »Wo?«

»In die Schulter.«

»Teufel noch mal – wir können nicht zurückschießen, was sollen wir tun, wir können nicht zurückschießen«, stammelte Wiedeck verzweifelt.

Die Gruppe hatte eine einzige Maschinenpistole, die von Unteroffizier Hefe, der in einer Mulde lag und in die Nacht hineinballerte, in die Richtung, aus der die Schüsse gekommen waren. Er kämmte das Gelände ab. Wie aufgestöberte Füchse lagen Tartuchin und Mischa hinter ihrem Schneehaufen, flach wie ein Stück der verschneiten Erde. Aber die Kugeln pfiffen weit weg und hoch über ihnen durch die Luft. Sie begannen wieder zu schießen.

Schwanecke robbte flach, mit schlangenhaften Bewegungen, zu Peter Hefe. Sein Gesicht war verzerrt. »Der Draht war durchgeschnitten!« sagte er.

»Wir wären alle im Eimer ohne dich.« Unteroffizier Hefe hob den Kopf etwas an und preßte ihn sofort wieder in den Schnee, als knapp über ihn eine Garbe zischte und sofort danach eine zweite den Schnee vor ihnen aufwirbelte. Ohne zu zielen, drückte er den Abzugshahn durch und jagte einen langen Feuerstoß gegen das Gebüsch.

»Mensch – gib her, so kann man das nicht!« sagte Schwanecke ärgerlich. Er war bereits dreimal in Rußland gewesen, er kannte die Gegner, er kannte sie so gut, wie er sich selber kannte.

Peter Hefe gab ihm die Maschinenpistole, als wäre er froh, sie loszuwerden. Als Schwanecke das kalte Metall berührte, ging mit ihm eine plötzliche wunderliche Veränderung vor. Er wurde eins mit der Waffe, als wäre diese zu seinem verlängerten, gefährlichen Arm geworden, mit dem er umzugehen verstand, als wäre er mit einer Maschinenpistole in der Hand geboren worden. Während die anderen zur Mitte sammelten – Wiedeck zog den verwundeten Hugo hinter sich her –, rollte Schwanecke in seine Schneeverwehung und wühlte sich hinein wie ein Schneehuhn, das Gefahr wittert. Sicher und ohne lange zu zielen, schoß er Punktfeuer auf jeden Busch, wechselte das Magazin, schoß wieder. Wie Tartuchin und Mischa war auch er jetzt in seinem Element. Seine Sinne reagierten mit dem Instinkt eines Tieres, blitzschnell, völlig sicher. Er dachte nicht an die Gefahr, die ihm von seinem Gegner drohte. Er wollte nur noch töten.

Er hörte auf zu schießen. Es hatte keinen Zweck, wenn er kein Ziel sah. Still, als sei nichts geschehen, lag die schneeverwehte Straße in der weiten russischen Ebene. Am Horizont stand wie eine schwarze Wand, drohend und geheimnisvoll, der Wald.

Unbeweglich warteten sie: Tartuchin und Mischa hinter

ihrem Schneehaufen, Schwanecke in seiner Verwehung. Sie belauerten sich, sie atmeten kaum. Tartuchins gelbes Gesicht war starr. Er drehte den Kopf zu Mischa. Die unheimlich nahe liegenden Garben, die knapp über sie gepeitscht waren und in den Schnee vor sie einschlugen, hatten ihn vorsichtig gemacht. Das war nicht der Mann, der zuerst geschossen hatte. »Er hat schon gegen uns gekämpft!« flüsterte er, mit dem Instinkt des Naturmenschen die Gefahr erkennend, die ihm vom unbekannten, unsichtbaren Gegner drohte. »Sie werden Verstärkung bekommen, gehen wir zurück!«

In die Stille der Nacht klingelte schrill das Telefon und unterbrach den Bann der fast unerträglich gewordenen Spannung. Ein Zeichen aus einer anderen Welt. Tartuchin hob den Kopf und spähte in die Richtung des schnarrenden Geräusches.

Erich Wiedeck, der neben dem Apparat lag, streckte den Arm aus und nahm den Hörer ab.

»Ruhe!« zischte er.

Aus dem Hörer kam Krülls wütende Stimme: »Idioten! Wo bleibt die Verbindung zur ersten Kompanie?«

»Im Himmel! Wir werden beschossen. Partisanen! Schütze Siemsburg – verwundet . . .«

Tartuchins Maschinenpistole ballerte los. Er schoß in die Richtung, aus der das Klingeln gekommen war. Wiedeck legte den Hörer in den Schnee und preßte sich, so tief er konnte, in seine Mulde.

Mit starren Augen saß Oberfeldwebel Krüll am anderen Ende der Leitung auf seiner Blechkiste. Er konnte nicht begreifen, was geschehen war. Und langsam, langsam dämmerte ihm die Erkenntnis herauf, daß er nun tatsächlich in diesem verfluchten Land war, vor dem er sich mehr fürchtete als vor der Hölle. Eine Erkenntnis, die er die ganze Zeit bis jetzt von sich weggeschoben hatte, an die er nicht glauben wollte, um nicht zu einem hilflos zitternden, von Angst gepeinigten Bündel Mensch zu werden. »Sie schießen!« stammelte er. Er hörte deutlich die Abschüsse, dann krachte es im Apparat, und die Verbindung riß ab. »Getroffen!« Krüll warf den Hörer hin, als könnte ein Schuß durch die Leitung sein Ohr treffen. Er war bleich und merkte nicht, daß er zitterte. »Die Partisanen beschießen sie ... Siemsburg ist verwundet ...«

»Es ist eben Krieg, Oberfeldwebel!« Obermeier winkte Unteroffizier Kentrop zu. »Mit zwölf Mann ab! Machen Sie schnell, Kentrop! Seien Sie vorsichtig, keine unnötigen Verluste. Nehmen Sie Handgranaten mit! Der Sanitäter – Deutschmann – soll mitgehen.«

»So ein Schwein«, sagte Schwanecke wütend. »So ein verdammtes Schwein!« Er kniete in seiner Verwehung und schoß auf zwei zickzacklaufende, kleine, dunkle Gestalten, die im ungewissen Licht zwischen den Büschen gegen den Wald hetzten, verschwanden, wieder auftauchten, aber nur sekundenlang, sich hinwarfen – und schließlich in der Dunkelheit untergingen.

Mischa keuchte hinter dem schnellen, wendigen Tartuchin hin. Das stoßweise, böse Rattern der deutschen Maschinenpistole jagte ihm Angst ein. Er warf sich durch das Gebüsch, riß sich das Gesicht an den harten, gefrorenen Zweigen blutig und lag schweratmend im Schnee.

»Mutter Gottes von Kasan«, keuchte er, »das war der Teufel selbst!«

Der kleine Asiate schwieg. Er riß mit den Zähnen ein Verbandspäckchen auf und umwickelte seine linke Hand. Mischa starrte ihn an.

»Hat er dich erwischt?«

Tartuchin schwieg. In seinen zusammengekniffenen Augen stand brennender Haß. Er verband seine Hand und fühlte nicht den Schmerz, der den ganzen Arm ergriff. Der Haß glühte in ihm wie ein übermächtiges Feuer.

»Ich werde ihn töten!« zischte er endlich leise. »Er ist der einzige, der mich bis jetzt getroffen hat, obwohl ich – ich – es wird nicht eher Friede sein, bis einer von uns tot ist. Er oder ich!«

Dr. Kukill sagte:

»Ich glaube, Sie waren schon lange nicht mehr aus – oder irre ich mich?«

»Nein«, sagte Julia.

»Oh – es wird Ihnen sicher gefallen, ich hoffe, der Abend wird hübsch werden ... Kennen Sie den ›Bosnischen Keller‹?

»Nein.«

»Er ist nicht groß, aber recht nett«, plauderte Dr. Kukill, während er seinen Wagen durch den spärlichen Verkehr lenkte. »Ich habe dort einen Tisch bestellt, weil ich dachte, daß Sie kaum Lust hätten, in einem großen, feudalen Lokal zu Abend zu essen, wo es vor Uniformen wimmelt. Ist doch recht so, oder?«

Julia nickte.

»Ich kenne den Besitzer des Lokals ziemlich gut. Wir sind sozusagen befreundet – oder das, was man mit dem Besitzer eines Gasthauses eben sein kann. Er scheint über gute Beziehungen zu verfügen – ein Balkanmensch. Bei ihm gibt es sogar das, was es sonst, wo die ›hohen Herren‹ verkehren, nicht mehr gibt. Natürlich nur für seine Freunde. Sie werden sehen, der Mann ist ein Original.« Die Worte flossen leicht plaudernd von seinen Lippen, gerade so laut, daß man sie durch das Geräusch des Motors hören konnte, ohne sich anzustrengen. Hin und wieder sah er zur Seite und lächelte Julia an. In seiner Brille spiegelten sich die spärlichen blauen Lampen der Straßenbeleuchtung.

Julia saß in die Ecke gedrückt und hörte kaum zu. Seine Worte plätscherten an ihren Ohren vorbei, drangen nur halb in ihr Bewußtsein, wie das Gemurmel eines Baches, neben dem man eine lange Zeit sitzt. In den vergangenen Tagen hatte Kukill sie oft angerufen, manchmal zweimal täglich – und sie war immer ans Telefon gelaufen. Aber nicht seinetwegen. Immer, wenn es scharf und durchdringend durch die Wohnung klingelte, dachte sie: Jetzt, jetzt – und hinter diesem *Jetzt* verbarg sich die Erwartung an etwas, das kommen mußte, das sicher kommen würde, eine Nachricht von Ernst oder von irgend jemandem, der von Ernst kam. Oder noch mehr. Vielleicht meldete er sich selbst. Sie wußte, daß diese Hoffnung unsinnig und vergeblich war. Aber nichts ist so unsinnig und nichts so vergeblich, als daß der Mensch das letzte Fünkchen Hoffnung verlieren könnte.

Sie lebte in ständiger Erwartung. Irgend etwas mußte geschehen, so konnte es nicht weitergehen, ein erlösendes Wort mußte fallen, mußte gesprochen werden, sonst konnte sie diese andauernde Spannung, in der sie lebte, nicht länger ertragen.

Aber niemand außer Kukill hatte angerufen. Es schien, als hätte es die Menschen, die früher, vor Ernsts Verurteilung, in ihrem Hause ein- und ausgingen, nie gegeben. Freunde . . . Wenn sie an dieses Wort dachte, dann lief über ihr Gesicht ein kurzes, bitteres Lächeln. Freunde . . . und sie dachte daran, wie wahr es ist, daß ein Mensch, der ins Unglück geraten war, oder schlimmer noch: der plötzlich auf der Liste der Feinde des allmächtigen Regimes stand, keine Freunde mehr hat. Sie hatte es bislang nicht glauben wollen, daß es so sein könnte; vielleicht weil sie, genauso wie Ernst, bereit war, zu den Menschen, mit denen sie in Freundschaft verbunden war, unter allen Umständen zu halten. Jetzt aber sah sie, daß ihre gemeinsamen »Freunde« anders dachten. Das erfüllte sie mit Bitterkeit und Trauer.

Dr. Kukill hatte sie lange bestürmt, mit ihm auszugehen. »Sie müssen mal was anderes sehen, gnädige Frau«, hatte er am Telefon immer wieder gesagt. »Sie dürfen nicht immerzu in Ihren vier Wänden bleiben – und Sie dürfen nicht immerzu an Sachen denken, die Sie doch nicht ändern können. Sie gehen dabei zugrunde, glauben Sie mir!«

Schließlich hatte sie eingewilligt. Sicher war Dr. Kukill der letzte, mit dem sie sonst ausgehen würde, »um ihren vier Wänden zu entfliehen«. Aber sie sagte sich, daß sie in diesem Falle ihre Feindschaft und ihre Antipathie beiseite schieben mußte: Er war der Mann, der trotz allem eine Revision des Verfahrens und damit Ernsts Rehabilitierung erreichen konnte. Sonst niemand. Und deswegen durfte sie ihn nicht vor den Kopf stoßen – nicht allzusehr. Aber wie weit sollte sie gehen? Seine Nähe war ihr von allem Anfang an widerlich gewesen, er erfüllte sie mit einem Gefühl körperlichen Unbehagens. Allerdings überraschte sie sich dabei, daß sie in der letzten Zeit seine Anrufe fast erwartete. Nicht, daß sich in ihrer Einstellung ihm gegenüber etwas verändert hätte. Im Gegenteil, zu dem Widerwillen gesellte sich auch Furcht, denn sie sah, daß ihr Dr. Kukill keineswegs aus selbstloser Sympathie helfen wollte. Er begehrte sie. Sie war zu sehr Frau, um das nicht zu sehen. Und irgendwann mußte der Augenblick kommen, wo er ihr das sagen würde ...

Vor einem unscheinbaren Haus in einer Seitenstraße zum Kurfürstendamm parkte Dr. Kukill den Wagen. Über die Gehsteige hasteten abgehärmte, farblose, vermummte Gestalten. Berlin nach vier Jahren Krieg. Es schien, als hätte es die lebensfrohe, lichtüberflutete, heitere und leichtsinnige Stadt, wie sie noch kurz vor dem Krieg war, nie gegeben.

Die Garderobiere schien Dr. Kukill zu kennen. Sie war sehr dienstbeflissen und freundlich, eine Eigenschaft, die man zu dieser Zeit immer seltener traf. Und genauso war es mit dem alten Kellner, der sie im ersten trüberleuchteten Raum in Empfang nahm, durch die Hintertür und durch einen langen Gang in den Hinterraum begleitete, der anscheinend nur für die Freunde des Hauses reserviert war.

Der Raum war nicht groß, weich beleuchtet, an den Wänden hingen farbenfrohe Teppiche, die Tische waren klein, meistens für zwei Personen, mit schneeweißen Tischtüchern bedeckt. Und es gab sogar Servietten.

»Zuerst wollen wir etwas für unseren Appetit tun«, sagte Dr. Kukill aufgeräumt und nickte dem Kellner zu, der sie hier bedienen sollte. Der brachte, ohne zu fragen, zwei bauchige Gläser, angefüllt mit goldgelbem Sliwowitz, als wüßte er genau, was Dr. Kukill wünschte.

»Das ist kein Schnaps, gnädige Frau, jedenfalls kein gewöhnlicher Schnaps«, plauderte Kukill, während er sein Glas langsam an seiner Nase vorbeiführte. »Es scheint, daß die Balkanbauern, die den Schnaps brennen, auf irgendeine Art die Sonne und den Geruch nach warmer Erde, Gras und Zwetschgen auffangen und konservieren können. Wie machen sie das wohl?« Sein Gesicht hatte die Strenge und die verkniffene Schärfe verloren. Er war gelöst und schien glücklich. Kein Wort über Ernst oder über Julias Arbeit, über ihr selbstmörderisches Unterfangen, das Experiment ihres Mannes zu wiederholen und es vielleicht mit einem Selbstversuch abzuschließen, war bisher gefallen. Aber Julia wußte, daß Kukill alles, was in seiner Macht stand, tun würde, um es zu vereiteln. Sie wußte es, und sie dachte daran, daß dieser Mann vor nichts zurückschrecken würde, um das zu erreichen, was er wollte. Sie mußte sich beeilen. Wer weiß, wozu er imstande war. Sie mußte sich beeilen – und sie saß hier, ihm gegenüber und hörte das Geschwätz über Sliwowitz und über die Fähigkeit der Bosniaken, die

Sonne – und was sagte er noch ? – in diesen Schnaps einzufangen.

Sie gab sich Mühe, ihre Ungeduld zu verbergen, aber er merkte es wohl. Insgeheim lächelte er.

Ich habe sie soweit, daß sie hier sitzt und mit mir Schnaps trinkt, dachte er. Ich hab' sie soweit, daß sie in mir nicht mehr das Untier sieht, das sie noch vor einigen Tagen gesehen hatte. Ich werde sie noch weiter bringen. Ich werde ihr diesen verdammten Deutschmann ausreden. Sie ist schön. Trotzdem sie mager geworden ist, aber vielleicht ist sie deswegen noch schöner weil ihr Gesicht und ihr Lächeln traurig sind. Ich werde . . . dachte er, und er sagte:

»Versuchen Sie es zu vergessen – wenigstens für eine kurze Zeit, und glauben Sie nicht, daß ich Ihnen irgend etwas ausreden will, was Sie sich in den Kopf gesetzt haben . . .«

»Das versuchen Sie doch schon die ganze Zeit . . .«

»Nicht mehr«, erwiderte Dr. Kukill. »Ich will Ihnen nur sagen, daß Sie dann um so besser arbeiten können, wenn Sie das Ganze wenigstens für einige Stunden vergessen. Versuchen Sie abzuschalten. Sie werden stärker dadurch.«

»Vielleicht haben Sie recht, vielleicht sollte ich es wirklich versuchen«, sagte Julia und tat damit genau das, was er wollte.

»So ist es recht, trinken Sie, es wird Ihnen bestimmt gut schmecken. Nachher werden wir essen – ohne Lebensmittelmarken und solchen Unsinn, was wir wollen, und dann – wollen wir dann tanzen gehen?«

»Tanzen? Wieso tanzen, ich dachte . . .«

»Das gibt es auch noch, obwohl es offiziell verboten ist. Wollen wir?«

»Nein, ich glaube nicht.«

»Auf Ihr Wohl! Vielleicht werden Sie sich's noch überlegen ...«

Schütze Hugo Siemsburg kam nach Orscha ins Feldlazarett. Er war der erste Verwundete des Bataillons 999. Ein Schultersteckschuß, der das linke Schulterblatt zertrümmert hatte. Siemsburg würde durch seine Verletzung für immer eine leicht schiefe Schulter behalten; er war somit untauglich geworden, einen Tornister zu tragen ...

»Netter Heimatschuß«, kommentierte Oberfeldwebel Krüll, als sich Siemsburg zum Transport ins Lazarett abmeldete. »Steckt kaum die Nase aus dem Bau – bum! – ist er wieder in der Heimat.«

»Das nächste Mal kannst du ja mitkommen«, meinte Unteroffizier Hefe anzüglich. »So einen Schuß kann ich dir jederzeit beschaffen.« Rußland schien die straffe, unmenschliche Disziplin im Bataillon etwas gelockert zu haben. Aber so ging es um diese Zeit nicht nur dem Strafbataillon 999, sondern allen Einheiten der deutschen Wehrmacht, die sich in den russischen Weiten herumschlagen mußten. Oft wich die Disziplin einem tiefen, starken Gefühl der Zusammengehörigkeit und der Verbundenheit, wie es nur eine langandauernde Todesgefahr erzeugen kann, oft aber wurde es von Aufsässigkeit und Egoismus verdrängt, wobei jeder nur an sich selbst dachte und daran, wie er diese schreckliche Zeit überstehen konnte.

Deutschmanns Ambulanztasche kam in dieser Nacht zum ersten Male zum Einsatz. Mißtrauisch sah Krüll zu, wie Deutschmann Hugos Wunde, die er auf der schneeverwehten Straße nur notdürftig verbunden hatte, so gut wie möglich versorgte. Als er fertig war, wickelte er mit geschickten Händen vier Binden um die Schulter, durch die Achsel hindurch und befestigte sie mit einer Klammer. Krüll verzog den Mund. Er fühlte sich in diesem Augenblick neben Deutschmann klein und unwichtig.

»Vier Binden? Ist das nicht Verschwendung?«

»Wenn Sie einmal dran sind, werde ich nur zwei nehmen, Herr Oberfeldwebel«, sagte Deutschmann kalt, während er Hugo eine Tetanusspritze in den Hintern jagte.

Brummend ging Krüll weg. Das Leben der 2. Kompanie war an diesen beiden ersten Tagen knapp hinter der Front mehr als improvisiert. Sie lag hier in der Schnee-Einsamkeit am Rande von Gorki und wußte nicht, was sie hier tun sollte. Die Front selbst verlief sieben Kilometer östlich vor dem Wald. Auch dort war es in dieser Zeit still, als wären die Menschen und mit ihnen der Krieg im Frost erstarrt. Ab und zu kamen einige Munitionsschlitten vorbei. Der Kommandeur des vor ihnen liegenden Infanteriebataillons sah kurz herein und begrüßte sehr kameradschaftlich Obermeier, bis er erfuhr, daß hier eine Kompanie von 999 lag. Da wurde er sehr förmlich und fuhr bald wieder ab.

»Als hätten wir Krätze!« stellte Kentrop fest.

Es war, als spräche sich's herum, daß ein Strafbataillon im Abschnitt lag. Zuerst nur ab und zu, dann aber immer zahlreicher, tauchten Offiziere, Zahlmeister, Feldwebel und einmal sogar ein Oberst auf – Divisionskommandeur der 26. Infanteriedivision auf der Durchreise nach Orscha –, um einen Blick auf den Betrieb zu werfen, der in einem solchen »Todeshaufen« herrschte. Sie wurden zunächst enttäuscht. Die Kompanie – genauso wie die 1. Kompanie in Babinitschi, wo Oberleutnant Wernher mißmutig herumsaß und an seine Gutsherrin von Murowana dachte – lag in völliger Ruhe, machte ihren Dienst, der zunächst aus Sauberhalten der Quartiere und Freischaufeln der Anfahrtswege bestand, und döste im übrigen herum. Man erwartete Befehle des Bataillons. Sie wurden nicht nach Rußland an den Dnjepr geschickt, um zu faulenzen, das war klar. Schwanecke witterte es: »Diese Stille«, sagte er einmal zu Deutschmann, »das ist Mist. Irgendwas braut sich zusammen. Und wenn es losgeht, sitzen wir mitten im Dreck, sag' ich dir. Es wird Zeit, daß wir irgend etwas unternehmen . . .«

Mit einem Nachschubschlitten wurde Schütze Siemsburg nach Orscha gebracht. Deutschmann mußte ihn begleiten und sollte gleichzeitig bei Hauptmann Barth einige wichtige Papiere abholen. Eigentlich sollte dies Peter Hefe tun, aber da Deutschmann sowieso nach Orscha fuhr, meinte Hauptmann Barth am Telefon: »Warum soll nicht mal ein Sanitäter Kurier spielen?«

Krüll verabschiedete sich von ihm mit den Worten: »Hauen Sie schon ab, Mann! Und wenn es unterwegs schießt, halten Sie ja Ihre Birne hin. Das wäre das Beste für Sie und für mich!«

Die Fahrt mit dem Motorschlitten nach Orscha ging glatt vonstatten. Wohl sahen sie hin und wieder zerlumpte, eingemummelte russische Bauern, aber der Unteroffizier, der den Schlitten fuhr, winkte ab. »Arme Kerle«, sagte er, »sie versuchen ihre Höfe zu retten – als ob es noch was zu retten gäbe. Sie wurden alle überprüft und sind froh, daß sie nicht mehr in ihren Kolchosen sein müssen. Viele sind Hiwis bei uns und versorgen unseren Nachschub. Partisanen sehen anders aus!«

Als sie durch Babinitschi fuhren, stand neben der Straße ein zerlumpter Kerl und winkte dem Schlitten zu. Sein eingefallenes Gesicht unter der hohen Fellmütze war gelblichbraun.

»Guten Morgen, Väterchen!« rief der Unteroffizier vom Schlitten herab.

Oberleutnant Sergej Petrowitsch Denkow grinste breit.

»Guten Morrgenn, Briderrchen!« rief er zurück und winkte wieder. Dann ging er weiter, hindurch durch Babinitschi, vorbei am Quartier Oberleutnant Wernhers gegen das freie Land zu, an dessen Horizont der dunkle Wald lag ...

In Orscha gab Hauptmann Barth dem wartenden Deutschmann ein dickes Kuvert. »Einsatzbefehle. Passen Sie gut auf!« sagte er abschließend.

Deutschmann grüßte und ging. Langsam stapfte er durch den schmutzigen auseinandergezogenen Ort. Er hatte Zeit bis zum Abend. Im Bataillonsgefechtsstand hatte er erfahren, daß der nächste Schlitten erst bei Anbruch der Dunkelheit zurückfuhr. So ging er zum Feldlazarett, einem der wenigen festen Ziegelbauten des Ortes, in dem früher eine Schule war, um Graf Siemsburg zu besuchen. Siemsburg war inzwischen neu verbunden worden und sollte mit dem nächsten Zug nach Borissow kommen. In Orscha hatte man keine Röntgenapparate, um ihn zu durchleuchten.

»Wenn ich Glück habe, können sie das Schulterblatt flikken«, sagte Hugo und lächelte schwach. »Allerdings kommt es darauf an, welcher Chirurg mich unter die Finger bekommt. Hier erzählt man, daß in Sokolow ein phantastischer Arzt sitzen soll. Ehemaliger Chefarzt einer Universitätsklinik. Aber dahin bringt man wohl keinen von 999 ...«

»Auch nicht wenn er ein Graf ist?« fragte Deutschmann lächelnd. Siemsburg gähnte. Man hatte ihm eine Spritze gegeben, die Schmerzen ließen nach, er wurde müde. »Auch dann nicht. Die Zeit der Grafen ist vorbei«, murmelte er. »Aber sag einmal, du bist doch selbst ein Arzt. Wird man mich wieder einigermaßen zusammenflicken können?«

»Von der Chirurgie verstehe ich nicht viel, aber soviel ich weiß, kann man das so machen, daß du später nicht mal merkst, daß du verwundet worden bist.«

»Hoffen wir's«, murmelte Siemsburg, »hoffen wir's. Mußt du jetzt gehen? Vielleicht sehen wir uns irgendwann, irgendwo einmal wieder ...«

Deutschmann schlenderte durch die harten, festgefrorenen, vor Schneewehen fast unpassierbaren Straßen hinunter zum Dnjepr und blieb in der Nähe der hölzernen Brücke stehen, wo er später den Unteroffizier mit dem Motorschlitten treffen sollte. Eis trieb auf den trägen Wellen und brach sich an großen eisernen Dornen, mit denen die Pioniere die Brücke geschützt hatten. Ein Mädchen schleppte sich mit einem großen Korb Holz ab, setzte ihn ab und zu auf den Schnee, wischte sich über das Gesicht und hob den Korb dann wieder auf. So ging es langsam gegen ein kleines, im Schnee halb verstecktes Bauernhaus am Dnjepr zu.

Deutschmann sah dem Mädchen eine Weile zu und ging dann langsam zum Ufer hinunter, um ihr zu helfen. Hinter ihr blieb er stehen. Ihr Haar glänzte in der Sonne wie schwarzer Lack. Sie hatte ihn nicht kommen hören. Seufzend bückte sie sich, um den Korb, den sie hingestellt hatte, wieder aufzuheben. Da legte er die Hand auf ihren Arm.

Sie fuhr herum, ihr Blick war voller Schrecken und Entsetzen. Über die aus dem schmalen Gesicht leicht heraustretenden Backenknochen lief eine kurze, blasse Röte. Sie preßte ihre Hände gegen die Brust und sah Deutschmann aus den großen schwarzen Augen ängstlich an.

»Hast du Angst?« fragte er. »Komm, der Korb ist viel zu schwer für dich. Ich trage ihn dir ins Haus.«

»Njet!« Sie schüttelte den Kopf. Die Angst in ihren Augen verflüchtigte sich. Über ihr Gesicht huschte ein kleines Lächeln. »Ich kann traggenn.«

»Du sprichst Deutsch?«

Sie nickte. »Ein bißchen«, sagte sie. »Ein wenigg.« Sie blickte auf die Schulter seiner Uniform und sah, daß er keine Schulterstücke trug. Wie hatte Sergej gesagt? Sie müssen eine Geheimwaffe ausprobieren. Fieberhaft überlegte sie. Was sollte sie tun? Sie mußte ihn ausfragen, festhalten, sie mußte . . . Kein Soldat auf der Welt läuft ohne Schulterklappen herum. »Bist du schon lange in Orscha?« fragte sie. Deutschmann bückte sich und nahm den Korb mit Holzscheiten auf. »Geh voraus, ich trag' dir den Korb ins Haus.«

»Danke, Soldatt . . .«

Sie schritt ihm voran, in Stepphosen und welligen Stiefeln. Beim Gehen wiegte sich ihr Körper leicht; sie war schlank, fast unwirklich schmal in der Taille. Deutschmann hatte bislang eine andere, landläufigere Vorstellung von Russinnen. Er dachte, wie es üblich war, daß alle klein, dick und rund seien. Doch dieses Mädchen hier . . .

»Serrr schwerr?« fragte sie nach hinten.

»Nicht sehr.«

»Nicht für einen Mann«, lachte sie. Ihre Zähne waren weiß wie der Schnee ringsherum.

Durch Deutschmanns Gehirn schoß ein kurzer, scharfer Gedanke an Julia. Sehr deutlich sah er sie plötzlich vor sich stehen – und vergaß es wieder. Der Korb war schwer und drückte ihm auf die Schulter. Er war nicht gewohnt, Lasten zu tragen.

Das Mädchen stieß die Tür der Hütte auf. Deutschmann schleppte den Korb hinein und stellte ihn aufatmend neben das lustig flackernde Feuer, an den gemauerten Ofen.

»Nicht herumsehen«, sagte sie leise. »Es ist Krieg, und Krieg ist schmutzig.« Deutschmann lauschte entzückt dem Klang ihrer weichen, melodischen Stimme, die der starke slawische Akzent noch anziehender machte. Er hatte viel darüber gehört, wie hübsch es klingt, wenn Russinnen Deutsch sprechen. Nun hörte er's zum erstenmal selbst. Er setzte sich auf den Stuhl, auf dem sonst Sergej saß und betrachtete ein Ikonenbild, das verraucht und vom Alter dunkel geworden an der Wand neben demOfen hing.

»Die Heilige Mutter von Kasan«, sagte er.

»Du kennst sie, Soldatt?«

Deutschmann lächelte. »Wie alt bist du?« fragte er auf russisch.

Sie fuhr herum und starrte ihn wieder ängstlich geworden an.

»Zwanzig Jahre«, sagte sie, ebenso auf russisch.

»Sehr jung – und sehr hübsch«, sagte er. Ein merkwürdiger, nie gekannter Leichtsinn überkam ihn, ließ ihn leicht und fröhlich und neugierig auf den Ausgang dieses Abenteuers werden.

»Du sprichst Russisch?« fragte sie.

»Soviel wie du Deutsch.«

Über Deutschmanns Gesicht zuckte das schwache Licht des offenen Feuers auf dem Herd. »Wer bist du?« fragte er. »Wie heißt du?«

»Tanja«, sagte sie.

»Tanja – sehr hübsch. Und was machst du hier? Lebst du ganz allein?«

»Ja.«

»Hast du keine Angst – vor dem Krieg, vor uns?«

»Ja. Ich habe Angst. Vor dem Krieg – und vor euch. Warum hast du getragen Korb?«

»Um dir zu helfen. Er war zu schwer für dich.« Deutschmann erhob sich. »Also – Tanja – Tanjuschka, wie ihr sagt, ich muß jetzt gehen.«

»Wohin?«

»Wohin? Zu meinen Kameraden.«

»An den Wald von Gorki?«

Deutschmann fuhr herum und schaute sie mißtrauisch an. Aber sie lächelte ihn an wie ein unschuldiges Kind. Ihr Gesicht war mild und sanft, über ihr schwarzes Haar huschte rötlich der Widerschein des Feuers. »Woher weißt du das?«

»Das weiß jeder. Alle Truppen, die hier vorbeiziehen, gehen nach Babinitschi und Gorki.«

»Du bist nicht von Orscha?«

»Warum?«

»Du hast ein anderes Gesicht. Woher kommst du?«

»Von der Wolga . . . Kennst du Wolga?«

»Nein.«

»Du würdest Wolga nie vergessen. Sie ist schön, wunderschön. Sie ist . . .«

»Du bist wunderbar«, unterbrach Deutschmann sie leise.

Sie lachte. Es klang hell, silbern und frei. »Willst du essen?« fragte sie.

»Du hast doch selbst nichts. Ich habe keinen Hunger.«

»Es ist eine russische Sitte, du bist in Rußland, du bist mein Gast – ich habe Fleisch und Brot.«

Deutschmann nickte, unfähig zu sprechen. Er ging wie durch einen Traum und fürchtete zu erwachen. Tanja trat einen kleinen, schnellen Schritt gegen ihn und strich mit den Fingerspitzen über sein Gesicht. Er nahm ihre Hand und küßte sie. Die Hand war klein, schmal und paßte nicht hierher in diese halbverfallene Hütte, genausowenig wie das ganze Mädchen nicht hierher paßte. Aber er fragte nicht danach. Er lebte in einem Wunder. Das Mädchen war ein Wunder, und ihre Hand war eines und ihre Finger, die jetzt über seine Lippen strichen.

»Wie heißt du?« fragte sie.

»Deutschmann . . .«

»Oh – kein schöner Name. Ein böser Name. Ich werde

ihn vergessen. Du bist Michael, der große, strahlende Held Michael . . .«

»Ja...«, sagte er zitternd. Eine Schwäche durchzog ihn, gegen die er sich umsonst wehrte, ihr Zauber umfing ihn, und er wußte, daß er die Schwäche und den Zauber nie besiegen würde.

»Du bist schön«, flüsterte er, »du bist schön, du bist wunderschön . . .«

Deutschmann aß Fleisch und Brot, die Eier und die Butter. Tanja bediente ihn; sie stand am Herd und briet die Eier in einer großen, kupfernen Pfanne. Draußen zog der Abend über den Dnjepr. Das Eis krachte gegen die Brükkenpfeiler. Dumpfe Sprengungen der Pioniere rollten durch die Dämmerung.

Tanja saß neben Deutschmann und starrte hinaus durch das Fenster und über den Fluß. Er hatte seinen Arm um ihre Schultern gelegt. Sie schmiegte sich an ihn, als suchte sie Schutz bei diesem großen, fremden, seltsamen Mann, der so ganz anders war als Sergej und die anderen Männer, die sie bis dahin kennengelernt hatte, so verschieden von den deutschen Soldaten, die sie täglich sah. Ihren Kopf mit den glatten schwarzen Haaren hatte sie an seine Wange gelegt.

»Ich muß gehen«, sagte er endlich. Seine Stimme zerriß die zauberhafte Stille. Sie nickte und hob das Gesicht empor.

»Küß mich«, sagte sie kaum hörbar.

Er tat es. Ihre Lippen waren weich und kühl.

»Tanja . . .«, flüsterte er und immer wieder: »Tanja – Tanja . . .« Was war mit ihm geschehen? Wie war das möglich? Er saß hier, mitten in Rußland, und hielt einen warmen, anschmiegsamen und leicht zitternden Mädchenkörper in den Armen und sank in eine weiche, zärtliche, dämmernde Stille, in der es nur noch ihn und sie gab.

Von der Brücke herüber tasteten Scheinwerfer den Dnjepr ab. Eine Autokolonne rumpelte mit aufheulenden Motoren über die Holzbohlen. Er mußte gehen. Er mußte sich losreißen von ihr. Es ging nicht. Julia ...

Deutschmann stand mit einem Ruck auf.

»Leb wohl«, sagte er heiser.

»Auf Wiedersehen, Michael ...«

Ihre Augen begleiteten ihn, bis er in der Dämmerung verschwand. Sie waren ängstlich und traurig.

Der Motorschlitten wartete schon auf ihn. Wortlos hockte er sich neben den schimpfenden Unteroffizier auf den unbequemen Sitz. Er hörte kaum, was der andere sagte. Er starrte in die Schneenacht, sein Blick war leer, abwesend. Er fror nicht in der klirrenden Kälte, er spürte nicht die Stöße des ungefederten Fahrzeugs. Er dachte an Tanja und an Julia und wieder an Tanja ...

Zwischen Gorki und Babinitschi überholten sie einen alten, wackeligen Bauernschlitten. Das kleine, struppige Pferdchen vorne zockelte durch den Schnee als kenne es nichts anderes: Schneesturm und Einsamkeit.

Vergnügt und höflich winkte Sergej Denkow dem Motorschlitten zu.

Aber auch ihn bemerkte Deutschmann kaum. Er sah die Augen Tanjas und hörte ihre weiche, singende Stimme. Sang der Südwind so, wenn er über die Wolga strich?

Oberleutnant Obermeier las die Befehle und Verordnungen, die Deutschmann aus Orscha mitgebracht hatte. Er las sie zum zweiten und zum dritten Male, ehe er ans Telefon ging und sich über die 1. Kompanie nach Orscha mit dem Bataillon verbinden ließ. Vorher jedoch warf er Oberfeldwebel Krüll aus dem Zimmer: »Sehen Sie mal zu, was die Feldküche zusammenbraut. Und kommen Sie vor einer halben Stunde nicht wieder.«

Zutiefst beleidigt verließ Krüll die »Schreibstube«.

Die Verbindung zu Hauptmann Barth kam schnell.

»Grüß Gott, Obermeier«, sagte Barths Stimme freundlich. »Was gibt's«

Obermeier räusperte sich. Er wußte nicht, ob Barth wirklich freundlich war oder nur so tat. Bei Barth wußte man es nie genau.

»Ich habe soeben die Befehle bekommen, Herr Hauptmann«, sagte er. Die Papiere in seiner Hand zitterten.

»Ist ja fein. Freuen Sie sich?«

»Freuen – darüber könnte man geteilter Ansicht sein, Herr Hauptmann. Was heißt das: Zwischen Gorki und Babinitschi nach dem vorliegenden Plan Auswerfen eines Grabensystems? Das ist doch Schanzen. Sie sagten, wir sollten etwas anderes . . .«

»Alles überholt, Obermeier, alles überholt. Sie wissen ja, wie das geht: Heute das, morgen wieder etwas anderes. Die linke Hand weiß nicht, was die rechte tut, und so viel Köpfe, so viel Pläne. Wollen Sie noch mehr Zitate?«

»Wann sollen wir anfangen?«

»Morgen.«

»Die Erde ist bis zu einem Meter steinhart gefroren. Darauf liegt zirka siebzig Zentimeter Schnee.«

»Was hat das mit dem Schanzen zu tun? Es gibt Spitzhacken und für hartnäckige Fälle Sprengladungen.«

»Außerdem werden hinter Gorki mehr als anderthalb Kilometer der Strecke vom Feind eingesehen. Sollen wir etwa bei voller Feindeinsicht schanzen?«

»Obermeier, hören Sie mal zu!« Barths Stimme wurde trocken und hart. »Sie denken zuviel, und Sie reden zuviel. Wenn in dem Befehl steht: Auswerfen eines Grabensystems zwischen Gorki und Babinitschi, dann gilt das auch für den vom Feind eingesehenen Teil! Dort wird entweder nachts oder am frühen Morgen gearbeitet. Das Oberkommando der Wehrmacht rechnet damit, daß nach Abflauen der Frostperiode, also etwa gegen Ende Februar, der Russe einen großen Gegenangriff unternimmt und den Keil, der noch immer auf Smolensk zeigt, zusammendrückt. Witebsk ist in Gefahr. Dort liegt kaum Schnee, die Schlammstraßen sind gefroren und sind eine ideale Rollbahn für die russischen Panzer. Im Süden – bei Kiew – stoßen die Russen über den großen Dnjepr-Bogen vor und wollen unsere Flanke aufreißen. Es stinkt an der ganzen Front, Obermeier. Hier soll eine Auffangstellung gebaut werden, von der ziemlich viel abhängt. Wieviel können Sie schon daraus ersehen, daß sie so knapp hinter der ersten Frontlinie ausgeworfen wird. Es geht um die Rollbahn, mein Lieber. Und die Truppen, die von Smolensk zurückgedrängt werden, sollen hier ein neues, verteidigungsreifes Grabensystem vorfinden. Darum müssen wir schanzen auf den Teufel komm 'raus! Auch unter Feindeinsicht . . .«

Obermeier legte die Papiere neben das Telefon. »Bei diesen Arbeiten wird die halbe Kompanie draufgehen«, sagte er erschüttert.

»Sagen Sie besser: Zwei Drittel der Kompanie. An der Front gibt es Bataillone, die aus einem jungen Leutnant und zwanzig bis dreißig Mann bestehen. Im übrigen scheinen Sie immer noch nicht den Sinn der Sache erfaßt zu haben.«

»Also – ein besseres Todesurteil.« Obermeiers Stimme sollte spöttisch klingen, aber sie tat es nicht. Sie war erschrocken und verzweifelt.

»Todesurteil! Sie sind wirklich zu romantisch. Lassen Sie doch endlich diese großen Worte! Sie haben einen klaren Einsatzbefehl erhalten, weiter nichts. Glauben Sie ja nicht, daß Wernher besser dran ist. Er muß mit seiner Kompanie entlang der Straße nach Orscha Baumwälle bauen, um die Verwehungen aufzuhalten. Jede Nacht zerstören die Partisanen, was er tagsüber gebaut hat. In der letzten Nacht wurde er beschossen. Er hat vierzehn Tote und vierunddreißig Verletzte. Eine ganze Partisanengruppe, die übrigens blendend geführt wird, lieferte ihm eine regelrechte kleine Schlacht mit MGs und Granatwerfern. Wollen Sie noch etwas wissen, Obermeier?«

»Nein, Herr Hauptmann.«

Obermeier hängte ab. Er saß in der halbdunklen Hütte und starrte auf die Kerzen, die auf den Blechkisten klebten.

Draußen brüllte Krüll herum. Er hatte Schwanecke, Wiedeck und Deutschmann überrascht, wie sie über einem Holzfeuerchen eine Bouillon aus Brühwürfeln kochten. »Aus dem Paket von meiner Braut, kennen Sie sie nicht?«

erklärte Schwanecke. Daß er kein Paket erhalten hatte, wußte er genausogut wie Krüll: Die Würfel hatte er bei dem zweistündigen Aufenthalt in Orscha aus der Rote-Kreuz-Verpflegungsstelle geklaut.

»Eine Bande!« schrie Krüll außer sich. »Welch eine Erlösung wäre für mich euer Heldentod!«

Obermeier trat aus der Hütte und winkte Krüll herbei. »Fünfundzwanzig Mann müssen heute nacht nach Babinitschi fahren und das Gerät holen. Drei Schlitten genügen. Ab morgen wird geschanzt.«

»Geschanzt?« Krülls Gesicht war dumpf und verständnislos. Er sah über die Schneewüste und verzog den Mund. »Hier?«

»Wo denn sonst?«

»Au Backe!«

Obermeier sah Krüll mit Widerwillen an. »Unterlassen Sie diese dämlichen Bemerkungen, Oberfeldwebel! Soviel mir bekannt ist, haben Sie bis jetzt noch bei keinem Arbeitskommando einen Finger krumm gemacht, also werden Sie's hier auch kaum tun. Sparen sie sich Ihre große Fresse!«

Nachts zog ein Trupp von fünfundzwanzig Mann unter der Führung der Unteroffiziere Kentrop und Bortke mit drei Schlitten nach Babinitschi, um die Schanzgeräte abzuholen, die von einer Transporteinheit in Orscha dorthin gebracht worden waren.

Auf dem ersten Schlitten hockte Schwanecke hinter dem MG 42 und suchte mit wachsamen, zusammengekniffenen

Augen die buschbewachsenen Schneefelder nach einer Bewegung ab. Sie fuhren an Oberleutnant Sergej Denkow vorbei, der unsichtbar, auch für Schwaneckes scharfen, spähenden Blick, tief in einem Gebüsch saß. Neben ihm hockte Tartuchin. Die dickverbundene, zerschossene Hand lag in einer Armbinde.

Ungehindert erreichten die drei Schlitten Babinitschi, wo die 1. Kompanie einem Holzfällerlager glich. Gefällte, vollbezweigte Tannenbäume lagen am Straßenrand aufgestapelt und wurden mit Motorschlitten durch den Schnee geschleift. Fünf bis acht Mann richteten sie dann auf und stemmten sie in den Schnee und in die Löcher, die vorher mit Spitzhacken in den eisenharten Boden geschlagen wurden. Tanne an Tanne, dazwischen aufgeschichtete quergelegte Bäume . . . ein grüner Wall gegen den Schneesturm und die Verwehungen, die in kürzester Zeit eine freigeschaufelte Straße wieder einebneten.

Der Chef der 1. Kompanie, Oberleutnant Wernher, saß mißmutig in seinem warmgeheizten Bauernhaus und schrieb die Verlustlisten der vergangenen Nacht. An einige Hinterbliebene schrieb er sogar persönlich. Er glaubte, das der Höflichkeit schuldig zu sein. Unter den Gefallenen waren ein ehemaliger Major, zwei bekannte Juristen und ein Schriftsteller, dessen Bücher auf der Goebbelsschen Verbotsliste standen. Nur als er schrieb: »Gefallen für Großdeutschland«, zögerte selbst Wernher und kam sich reichlich dumm vor. »Sie taten bis zuletzt ihre Pflicht«, schrieb er am Ende und »Ihr Tod war gnädig, das mag ein Trost sein.« Das war richtig so. Ein Trost. Sie haben es überstanden, dachte Wernher.

Die Übernahme der Schanzgeräte und der Pioniersprengladungen für besonders harten Boden vollzog sich reibungslos. Dann fuhren die Schlitten die Straße zurück nach Gorki. Sie ratterten wie Gespenster mit langen Schneefahnen hinter sich an Sergej und Tartuchin vorbei, die in ihrem Gebüsch kauerten.

»Jetzt!« sagte Tartuchin und grinste hart.

Sie starrten auf eine Stelle auf der Straße. Der erste Schlitten – der zweite . . . »Verflucht!« zischte Tartuchin. Sergej biß die Zähne zusammen, daß die Muskelstränge aus seinen eingefallenen Wangen traten. Der dritte Schlitten . . . Nichts!

Tartuchin schlug mit der rechten Faust in den Schnee. Sein gelbes Gesicht war vor Wut verzerrt.

Da –! Schon ziemlich weit hinter dem dritten Schlitten zischte eine grelle Flamme aus dem Schnee, eine krachende Detonation erschütterte die Nacht, ein Teil der Straße schoß in den Himmel und prasselte in schmutzigen Kaskaden wieder zurück.

»Spätzünder!« sagte Sergej bedauernd und spuckte wütend aus.

Es war, als ob für einen Augenblick die Erde die Hölle ausgespuckt hätte, und dann träumte die Landschaft wieder im tiefsten Frieden, als verschluckten Schnee und Frost jeden Laut. Der letzte Schlitten, auf dem Kentrop saß, bekam einige niederprasselnde Erdbrocken ab und machte einen Satz nach vorn.

Wie huschende Schatten sprangen die Männer von dem Fahrzeug, am weitesten Schwanecke mit seinem MG. Fünfundzwanzig Soldaten lagen flach im Schnee, um dem unsichtbaren Feind kein Ziel mehr zu bieten. Unteroffizier Bortke robbte zu Schwanecke und schob den Stahlhelm aus dem Gesicht, der ihm über seine Augen gerutscht war.

»Eine Mine«, sagte er.

»Und was für eine!«

Sie suchten die Gegend ab. Die Büsche, die vereinzelten Baumgruppen, die Senken, die sich bis zum Wald von Gorki hinzogen.

»Abwarten.« Schwanecke überblickte nachdenklich die Buschgruppen. Er witterte Gefahr wie ein gehetztes Wild. Irgend etwas sagte ihm, daß die Menschen, die die Mine gelegt hatten, noch nicht weg waren. Langsam zog er den Kolben des MGs an seine Schulter und streute eine schnelle, rasselnde Garbe über die Büsche hinweg, ging dann etwas tiefer und kämmte kurz über dem Boden die Zweige durch. Das helle, rasend schnelle Knattern des MGs war wie eine Erlösung. Hier und da tauchte ein dunkler Kopf aus dem Schnee auf, schoben sich kriechende Körper zu Gruppen zusammen.

Tartuchin und Sergej lagen tief im Schnee eingewühlt. Über sie hinweg, zentimeterhoch nur, pfiffen Schwaneckes Maschinengewehrgarben. Der Mongole kniff die schrägen Augen zusammen.

»Er ist es wieder, ich weiß es!« sagte er heiser vor Haß. »Ich weiß es ganz genau, so kann nur er schießen!« Über ihn hinweg surrten die Geschosse, brachen die Zweige ab und schüttelten Eissplitter über seinen Körper.

»Nichts!« sagte Bortke. »Ich hab's ja gesagt, sie sind weg.« Er erhob sich und streckte die Hand empor. »Alles sammeln! Auf die Schlitten!«

Dunkle Gestalten stiegen aus dem Schnee und rannten zu den Schlitten. Gleich darauf zerriß das Knattern der Motoren die Nacht. Kentrop und Schwanecke gingen die wenigen Meter zur Sprengstelle zurück. Schwanecke das MG um den Hals gehängt, bereit, aus der Hüfte heraus zu schießen. Sie standen an dem Sprengtrichter, der über die ganze Straßenbreite ein gähnendes schwarzes Loch aufgerissen hatte.

»Das hätte genügt!« Kentrop wandte sich ab. »Noch mal Schwein gehabt!«

Tartuchin starrte auf den Mann mit dem MG. Durch seinen gedrungenen, breitschultrigen Körper flog ein Zittern. Sergej spürte es und legte ihm die Hand auf die Schulter: »Ruhig – bleib ruhig!«

»Das ist er, Starschi Leitenant!«

»Wir werden ihn bekommen, Pjotr, darauf kannst du Gift nehmen!«

Sie sahen, wie die Schlitten anfuhren. Dann verebbte der Lärm der Motoren in der Ferne.

»Ich gehe zurück nach Orscha«, sagte Oberleutnant Sergej. »Sage den Genossen im Wald, daß sie sich ausruhen sollen. In drei Tagen komme ich zurück mit neuen Befehlen. Ich werde mit dem Genossen General sprechen.«

»Und wo erreicht man dich inzwischen?«

»Bei Tanja.«

Tartuchin grinste und schmatzte mit dem Mund. Sergej sah ihn wütend an, sagte aber nichts. Er kroch aus dem Busch, reckte sich in der eisigen Kälte und schlug die Arme um den Körper, um sich zu erwärmen.

Über dem Wald dämmerte es: fahlgrau, schneeverhangen, nur eine leichte Verfärbung des nächtlichen Himmels. Der Morgen.

Sergej ging über die Straße. Neben dem großen Minentrichter blieb er einen Augenblick stehen, sah hinein und zuckte mit den Schultern. »Nitschewo! Ein anderes Mal!« Dann lief er weiter gegen Babinitschi.

Ein kleiner Panjeschlitten zockelte über die Ebene. Fedja – der Sergeant Fedja, der einen armen Bauern spielte, winkte ihm zu.

»Nichts Neues?« Sergej stieg in den Schlitten.

»Njet, Starschi Leitenant.«

»Nach Orscha. Fahre um Babinitschi herum.«

Den Dnjepr erreichten sie, ohne einen deutschn Soldaten zu sehen. Sergej lächelte still. »Die Weite ist ihr Tod«, sagte er langsam. »Wie kann ein Schiff, das über ein Meer fährt, glauben, das Meer gehöre ihm?«

In Babinitschi glaubte Oberleutnant Wernher seinen Augen nicht zu trauen, als Fritz Bevern unerwartet bei ihm auftauchte und wie die Erscheinung aus einer anderen Welt in seine Unterkunft stapfte. Wernher lag im Bett.

»Guten Morgen, Herr Wernher!« sagte Bevern und grüßte stramm. Wernher sah auf die Armbanduhr und stellte fest, daß es 4 Uhr morgens war. »Grüß' Sie!« sagte er mißmutig und dachte, daß den verdammten Schnüffler der Teufel holen sollte. Was suchte er hier mitten in der Nacht? Wernher schlüpfte in seinen Uniformrock und strich sich mit beiden Händen über das Haar.

»Ich bin dienstlich hier. In Vertretung des Kommandeurs. Ich wollte Ihren Abschnitt inspizieren«, sagte Bevern steif.

»Bitte.« Wernher erhob sich. »Sie suchen sich genau den richtigen Morgen aus . . . Bis um ein Uhr hatten wir drei Tote und sieben Verwundete. Wie viele es jetzt sind, weiß ich noch nicht.«

»Partisanen?«

»Nein, diesmal nicht. Wenn es Partisanen gewesen wären, würde ich kaum . . .« Wernher sah grinsend zu seinem Bett hinüber, hob die Teetasse und blies in die dampfende Flüssigkeit. »Diesmal waren es reguläre Truppen. Meine Leute schanzen und bauen auf einer Breite von zwölf Kilometern, bei Feindeinsicht. Ab und zu wird dieses Gewimmel den Rußkis zu bunt, und sie ballern ein paarmal herüber. Um sich gewissermaßen in Erinnerung zu bringen: Bitte vergeßt nicht, daß wir auch noch da sind!«

»Unangenehm.« Oberleutnant Bevern blieb sitzen und sah sich um. »Haben Sie keine Karte? Sie müssen doch eine Karte Ihrer Strecke haben!«

»Aber ja, natürlich habe ich eine. Doch wozu brauchen wir eine Karte? Gehen wir doch hinaus und sehen uns den ganzen Kram selbst an. Es wird gleich hell sein – das heißt, ganz dunkel wird es hier sowieso nie.«

»Bei Feindeinsicht?« fragte Bevern zögernd.

»Warum nicht? Wenn meine Leute da arbeiten müssen, können wir ruhig zugucken!« sagte Wernher.

»Vergessen Sie nicht, daß diese – Leute – rechtmäßig verurteilt worden sind.«

»Und wir sind ihre Offiziere, die Vorbilder zu sein haben!« sagte Wernher ruhig. Bevern sah auf seine Hände.

»Bitte! Gehen wir.«

Später standen sie etwas außerhalb Babinitschis und sahen mit den Nachtgläsern hinüber zur HKL und zu dem Arbeitstrupp. Die Männer waren mit russischen Mänteln und Feldmützen bekleidet, die sie gefallenen Sowjets abgenommen hatten. Die erdbraunen Mäntel waren bei ihnen sehr begehrt, weil sie warmhielten und sie vor dem beißenden Schneewind und der klirrenden Kälte schützten. Wernher war nicht bis zu den Auffanggräben gefahren. Er wollte vermeiden, daß die russische Artillerie auf sie aufmerksam würde und neue Ausfälle in der Kompanie verursachte. Soviel war ihm Bevern nicht wert.

»Tagesleistung?« fragte Bevern und setzte das Glas ab.

»Wie vorgesehen.« Oberleutnant Wernher schlug den Kragen seines Mantels hoch. Er zitterte; die Kälte schnitt durch den Stoff und jagte eisige Schauer über seine Haut.

»Und bei Obermeier?«

»Ich nehme an, das gleiche. Er ist noch schlimmer dran als ich. Er hat eine Granatwerferkompanie der Russen gegenüber und liegt außerdem im Schußbereich eines russischen Feldartilleriebataillons. Die verpassen keine Gelegenheit, ihn ordentlich zu beharken ...«

Oberleutnant Bevern überblickte zufrieden das endlose Schneefeld vor sich. Das war die Front! Welch ein erhabenes Gefühl, an der Front zu sein! Soldat des Führers! Beschützer Großdeutschlands vor dem asiatischen Sturm!

Der junge, dumme, begeisterte Offizier konnte nicht wissen, daß er nur noch einige Tage Soldat des Führers sein sollte. Und er wußte nicht, daß er in den letzten Minuten seines Lebens nicht nach dem Führer, nicht nach Deutschland, nicht nach dem Ruhm und nicht nach den Auszeichnungen flehen würde, sondern nach seiner Mutter – nach der Frau, die ihm altmodisch und kleinbürgerlich vorkam und die zu seinem großen Kummer und Zorn wenig von den Idealen ihres Mannes und ihres Sohnes zu halten schien . . .

Julia Deutschmann schrieb:

»Mein lieber Ernsti,
das ist der fünfte Brief, den ich Dir schreibe. Der fünfte in der Reihe der Briefe, die ich nie abschicken werde. Junge Mädchen schreiben schwärmerische Tagebücher. Wenn man sie danach fragt, warum sie Tagebücher schreiben, behaupten sie, sie täten es für sich selbst, weil es ihnen einfach Spaß macht. Wenn sie einigermaßen intelligent sind, sagen sie, sie täten es, um Klarheit in ihre verworrenen Gedanken zu bringen. Doch bei allen sollen die Tagebücher ein Selbstzweck sein. Aber das sind sie nicht; jede Zeile, die sie schreiben, ist jemandem gewidmet. Es muß nicht ein bestimmter Mann sein – es ist der Prinz, auf den sie warten, der eines Tages kommen würde, um sie irgendwohin zu führen, wo es ein Meer von Liebe gibt.

Ich bin kein junges Mädchen mehr, und ich warte nicht mehr auf einen Prinzen, den es so, wie man sich ihn mit 16 oder 17 Jahren vorstellt, nirgendwo gibt. Aber eines habe ich doch noch mit der 17jährigen Julia gemein: Mein Herz ist voller Erwartung und voller Liebe. Mein Prinz bist Du, und mein Tagebuch sind diese Briefe an Dich. Zugegeben, oft warst Du ein recht nachlässiger und zerstreuter Prinz, manchmal auch ein schlecht gelaunter, nörgelnder und kratzbürstiger – und ich glaube kaum, daß Du Dich je ändern wirst. Aber was wäre eine Liebe wert, die sich davon beeinflussen ließe?

Schluß damit. Ich habe Angst, weiter so zu schreiben; denn ich will nicht wieder weinen. Ich habe zu oft geweint in den letzten Wochen, auch dann, wenn ich eigentlich keine Zeit dazu hatte. Du hast mich immer für eine selbstbewußte, energische Frau gehalten. Manchmal sogar, fürchte ich, für einen Blaustrumpf. Vielleicht war ich es auch. Aber jetzt, jetzt bin ich es nicht mehr. Jetzt bin ich nur noch hilflos und voller Sehnsucht, und fast immer voller Angst und Furcht vor heute, vor der Stunde, in der ich gerade lebe und vor der nächsten und übernächsten . . .

Vor einigen Tagen hat mich Dr. Kukill eingeladen: Der Mann, der den Stab über Dich gebrochen hat. Ich glaube, er weiß, daß ich ihn hasse und verabscheue. Aber er stellt sich blind und tut so, als ob nichts vorgefallen sei. Und doch bin ich fast sicher, daß auch er sich Gedanken macht über die Rolle, die er in Deinem Prozeß gespielt hat, und über seine unglückselige Rolle, die er tagtäglich spielt – spielen muß, wie er behauptet.

Er wollte, daß wir tanzen gehen nach dem Abendessen im Bosnischen Keller. Ich habe natürlich abgelehnt. Ich fragte ihn, ob und wie er es über sich bringen könnte, mit der Frau zu tanzen, deren Mann seinetwegen in diesem fürchterlichen Strafbataillon leben muß. Ich habe nicht mehr darauf geachtet, was ich sagte; ich konnte sein glattes Gesicht und seine Konversation einfach nicht mehr ertragen. Ebenso wie mich all die glatten nichtssagenden Gesichter um mich herum langweilten, Gesichter von Menschen, die so taten, als gäbe es nicht einen millionenfachen Tod rundum, legalisierten Mord, und all das Schreckliche, was dieser Krieg mit sich bringt. Ich dachte auch nicht mehr daran, daß er der Mann ist, der uns beiden vielleicht doch noch helfen kann. Es war leichtsinnig und unverantwortlich, ich weiß, aber ich fragte ihn, wie er es eigentlich fertigbringe, hier mit mir zu sitzen und so zu tun, als wären wir im tiefsten Frieden, als gäbe es nichts Wichtigeres, als Wein zu trinken und über Wein und andere belanglose Sachen zu sprechen und eine Frau zu umschwärmen mit dem Ziel, ihren Haß zu brechen und sie zu besitzen, obwohl nach seinen Gutachten bestimmt viele Menschen verurteilt und von einer unmenschlichen Justiz ermordet wurden.

Wie immer, konnte ich auch damals aus seinem Gesicht nichts herauslesen: Unbeweglich, fast steinern war es, als er mich ansah. Aber dann sagte er, mit einer Stimme, die ich an ihm noch nicht kannte: ›Meine Nächte sind sehr lang. Und meine Träume und meine Gedanken sind selten schön . . .‹ Warum sind sie das? Fühlt er am Ende seine Schuld? Weiß er um sie?

Ich weiß nicht, wie es kam, aber in diesem Augenblick tat er mir fast leid. Trotz allem. Sind wir Frauen nicht unvernünftig? Wenn wir in einem Menschen Tragik oder auch nur Hilflosigkeit zu erkennen glauben, dann bemitleiden wir ihn, und unser Blick wird getrübt. Dann wollen wir helfen und fragen uns nicht mehr, ob der Mensch unsere Hilfe auch wert ist.

Ich werde nicht klug aus diesem Mann. Manchmal frage

ich mich, ob er wirklich der selbstbewußte, unabhängige Mann ist, für den er sich ausgibt, oder nur ein hilfloses, schwaches Werkzeug der Stärkeren, ein Mann, der keinen Ausweg mehr findet aus der Sackgasse, in die ihn seine Gier nach Macht, nach Unabhängigkeit und Geld gebracht hat.

Wie dem auch sei, welche Gedanken ich auch wälze, das Wichtigste vergesse ich nie. Und das ist, Dich wieder herauszuholen, und sei es nur, daß Du zu einer normalen Truppe versetzt wirst. Nein, es stimmt nicht, was ich mir manchmal selbst vorgeworfen habe: daß ich alle die Frauen vergesse, deren Männer an der Front sind. Ich will keine Ausnahme sein, obwohl ich genauso wie alle diese Frauen wünsche, es gäbe den Krieg nicht und Du wärst bei mir. Aber ich will nicht, daß Du als Verbrecher angesehen und abgestempelt wirst, denn ich weiß, daß Du verurteilt wurdest, nur weil Du anderen helfen wolltest.

Ich war recht fleißig in den letzten Wochen. Ich habe Deine ganze Arbeit mit den Pilzkulturen wiederholt. Es ging schneller, weil ich alle Fehler und alle Sackgassen vermeiden konnte, die Dir damals so viel zu schaffen machten. Es ist mir gelungen, einige Kulturen des Strahlenpilzes voll zu entwickeln. Jetzt gehe ich daran, unsere geheimnisvollen ›Mikrobentöter‹ zu isolieren. Wenn ich genug von dem ›Aktinstoff‹ habe, mehr als damals bei Deinem unglücklichen Selbstversuch, dann werde auch ich einen Selbstversuch machen. Ich bin sicher, daß es diesmal gelingen wird und daß wir damals nur zu wenig davon gehabt haben, um eine wirksame Therapie durchzuführen. Ich bin sicher, daß es Dir gelungen ist, ein wirksames Mittel gegen die Infektionserreger zu finden, denen besonders jetzt im Krieg Zehn-

oder Hunderttausende von Menschen erliegen müssen. Daran glaube ich nicht nur, weil ich Dich liebe. Das wäre falsch. In dieser Hinsicht bin ich unbestechlich. Aber je länger ich darüber nachdenke, desto mehr bin ich davon überzeugt, daß wir auf dem richtigen Wege waren. Wenn mein Selbstversuch gelingt, dann wird man Dich nicht mehr festhalten können.

Sonst ist es hier so wie immer: Bombenangriffe, Furcht, lange Schlangen vor den Lebensmittelläden, eingefallene, hungrige Gesichter, Hoffnungslosigkeit und sehr, sehr wenig von dem ›Siegeswillen‹, von dem unser ›deutsches Volk‹ beseelt sein soll. Es ist ein großer Widerspruch zwischen der Wirklichkeit und dem, was man im Radio hört oder in den Zeitungen liest. Und auch bei mir: Sehnsucht, Sehnsucht und Liebe. Ich denke an Dich, Ernsti, immer. Ich will an Dich denken, denn die Gedanken an Dich halten mich aufrecht und helfen mir über die Mutlosigkeit und Verzweiflung hinweg, die mich so oft überwältigen wollen. Wärst Du nur hier, könnte ich doch nur mit der Hand über Dein Gesicht fahren . . . Jetzt würde ich sogar meine Wange an Deinem Stoppelbart reiben, also das, was ich früher nie tun wollte, weil Du ja so schrecklich aussahst mit den harten, roten Bartstoppeln . . . Du bräuchtest Dich nie mehr zu rasieren. Du könntest Deine Sachen überall in der Wohnung verstreuen, die leeren Tassen mitten im Zimmer auf dem Boden stehen lassen. Du könntest alles das tun, worüber ich mich früher so geärgert habe, wärst Du nur hier, wärst du nur hier, Ernsti . . . Gute Nacht!«

Acht Tage nach der Ankunft des Strafbataillons kam auch das Lazarett in Orscha an. Jakob Kronenberg bildete mit vier Mann die Vorausabteilung und begab sich in Orscha auf die Suche nach Ernst Deutschmann, bis er erfuhr, daß dieser mit der 2. Kompanie bei Gorki lag. Hauptmann Barth, bei dem er sich meldete, versetzte ihm gleich einen Schreck, als er sagte: »Gut, daß die Medizinmänner da sind! Das Lazarett kommt nach Barssdowka am Dnjepr. Dort kann es vom ganzen Bataillonsbereich die Verwundeten aufnehmen. Bisher hatten wir siebzehn Tote und sechsunddreißig Verwundete.«

Der Sanitäter verließ den Bataillonsgefechtsstand in ziemlich düsterer Stimmung. Die Begrüßung mit der Nachricht, daß für das Lazarett des Bataillons eine sehr windige Ecke ausgesucht worden war, empfand er beunruhigend. Er hatte zwar etwas Ähnliches erwartet – dafür war es ja auch ein Strafbataillon – aber wie üblich, hatte auch er ein unbehagliches Gefühl im Magen, nachdem er sich vor vollendete Tatsachen gestellt sah. Er meldete seine Bedenken auch gleich dem Stabsarzt Dr. Bergen weiter, als er frühmorgens mit einem behelfsmäßigen Lazarettzug in Orscha eintraf und auf die versprochenen Lastwagen wartete, die die Medikamente, die Betten und die sonstige Lazarettausrüstung transportieren sollten.

Dr. Bergen hatte einen Assistenten bekommen, einen jungen Unterarzt. Er war Chirurg, hatte keinerlei Fronterfahrung und war bisher Assistent in einem Warschauer Reservelazarett gewesen. Er sah unscheinbar aus, schmalbrüstig, zartgliedrig, fast mädchenhaft. Die langen Wimpern und sein schüchternes Wesen verstärkten noch den Eindruck der Hilflosigkeit, den er auf Dr. Bergen machte. Fast unmerkbar hatte er sich in den Lazarettbetrieb eingelebt. Nur einmal war er aus seiner grauen Anonymität hervorgetreten. Während der Fahrt zur Front hatten sie einen Tag Aufenthalt in Borissow. An einer Straßenkreuzung der Rollbahn erlebten sie einen Unfall: Ein Muniwagen war mit einem kleinen Kübelwagen zusammengeprallt. Aus dem Schrotthaufen hatte man einen jungen Leutnant gezerrt, dessen linkes Bein oberhalb des Knies nur noch an ein paar Fetzen hing. Aus der zerrissenen Schlagader schoß in rhythmischen Schlägen das Blut. Noch auf der Straße, neben dem Trümmerhaufen des Kübelwagens, hatte der Unterarzt das Bein amputiert. Seit diesem Tag empfand Dr. Bergen eine stille Hochachtung für den unscheinbaren jungen Mann.

Jakob Kronenberg kam von der Suche nach den Lastwagen zum Bahnhof von Orscha zurück. Der behelfsmäßige Lazarettzug stand noch immer auf einem Nebengleis. Unterarzt Dr. Hansen hatte in einem Viehwagen eine Ambulanz eingerichtet und behandelte einige Unfälle, die sich auf dem Bahngelände ereignet hatten. Stabsarzt Dr. Bergen dagegen suchte bei der Bahnverwaltung den verantwortlichen Transportoffizier. Er hatte sich vorgenommen, entgegen seiner sonst ruhigen Art, energisch nach dem Rechten zu sehen. Schließlich war man jetzt an der Front ...

»Haben Sie die Wagen?« fragte Dr. Hansen. Er verband eine gequetschte Hand und sah während der Arbeit zu Kronenberg hinab, der neben den Geleisen stand und trotz seines offenen Pelzes schwitzte.

»Sie kommen bei Einbruch der Dunkelheit, Herr Unterarzt. Der Kommandeur sagt, bei Tage sei es unmöglich, durch die paar Kilometer zu fahren, die der Iwan einsieht – auch mit dem Roten Kreuz nicht. Die schießen auf alles, was sich über den Schnee bewegt.« Kronenberg setzte sich auf eine leere Tonne und wischte sich über das Gesicht. »Drecknest!« sagte er voller Verachtung.

Über die zarten, mädchenhaften Züge des Unterarztes glitt ein Lächeln. »Und ich dachte, Sie würden sich wohl fühlen, wenn wir in Rußland sind, Kronenberg?«

»Wieso?«

»Sie sind doch – was man ein altes Frontschwein nennt. Wie oft waren Sie in Rußland?«

»Jetzt bin ich zum viertenmal hier.«

»Es heißt doch, daß sich der deutsche Landser, der einmal an der Front war, in der Etappe nicht wohl fühlt. Sobald er dann die HKL wittert, wird er lebendig und blüht auf. Ein moderner Landsknecht. Stimmt das?«

Jakob Kronenberg steckte sich eine Zigarette an. Er sah dem Soldaten eines Baubataillons nach, der mit seiner verbundenen Hand über die Geleise trottete und zurück zu den Kolonnen ging, die die durch Granaten zerfetzten Schienen auswechselten und Weichen reparierten.

»Weiß nicht«, sagte er. »Vor dem Gedanken, wieder nach Rußland zu kommen, hat jeder einen Bammel. Aber wenn man dann wieder hier ist, dann denkt man doch irgendwie, wieder zu Hause zu sein. Klingt blöd, was? Rußland und zu Hause?«

»Warum nicht?«

»Na ja – dieses trostlose Land und dann die Menschen,

die am Tage unsere Munition auf die Lastwagen schleppen und in der Nacht dieselben Wagen in die Luft jagen?«

»Aber alle können doch nicht Partisanen sein!«

»Alle nicht, aber 'ne Menge. Mehr als wir denken.« Kronenberg behielt beim Sprechen die Zigarette im Mund.

»Wir kommen nach Barssdowka«, sagte der Kommandeur, »das Nest liegt am Dnjepr, das armseligste Kaff im Mittelabschnitt, das man sich vorstellen kann!« Er schnippte die Zigarettenkippe weg und erhob sich von seiner Tonne. Der scharfe Schneewind zog in einem langen Stoß über die Ebene. Er knöpfte seinen Lammpelz zu. »Sie kommen aus Warschau, Herr Unterarzt. Sie wissen noch nicht, was es heißt ... na ja, Sie werden's ja merken! Unsere Leute kommen mir vor wie Tontauben, mit denen die Russen schießen lernen. Es wird 'ne Menge Arbeit geben.«

»Aber wir schießen ja auch, Kronenberg, oder?«

Kronenberg sah den Unterarzt verwundert an. »Na ja, sicher«, sagte er, »dafür ist eben Krieg. Wir wollen die Bolschewiken vernichten, und die Bolschewiken wollen die Nationalsozialisten vernichten, und beide behaupten, sie hätten recht ...«

»Und wer hat recht?«

Kronenberg spuckte aus und sagte abschließend: »Wir natürlich, Herr Unterarzt, wer denn sonst?«

Stabsarzt Dr. Bergen kletterte über einen Haufen Schienen und stapfte zu dem Lazarettzug zurück. Dr. Hansen sprang aus seinem Waggon und ging ihm entgegen.

»Haben Sie etwas erreicht, Herr Stabsarzt?«

Dr. Bergen nickte grimmig. »Ich habe festgestellt, daß

wir hier eine mustergültige, fast friedensmäßige Verwaltung haben. Ich meine insofern, daß nämlich niemand zuständig ist. Ein Haufen Offiziere, ein Haufen Dienststellen . . .« Dr. Bergen winkte mit einer müden Handbewegung ab.

»Hauptmann Barth hat Lastwagen für die Nacht versprochen.« Dr. Hansen zog den Ohrenschützer herunter. »Ein scharfer Wind«, sagte er. »Wenn alles gut geht, sind wir übermorgen in Barssdowka aufnahmebereit.«

Sie warteten bis zum Einbruch der Dunkelheit. Als der fahle Himmel grau wurde und schließlich stumpf-schwarz, klapperten ein paar Lastwagen über das Bahngelände und hielten vor dem Lazarettzug. Ein Oberfeldwebel meldete sich beim Stabsarzt.

Dr. Bergen betrachtete die alten Beutewagen. »Mit diesen Wracks wollen Sie fahren?«

»Warum nicht? Mit den Klapperkästen haben wir schon ganz andere Sachen transportiert!«

Kronenberg nahm den Oberfeldwebel zur Seite:

»Er ist zum erstenmal in Rußland. Halt die Schnauze und mach, was du für richtig hältst. Am Ende wundert er sich, wie gut wir in Barssdowka landen.«

»Wenn sie uns nicht erwischen!«

»Partisanen?«

»Genau. Bei Gorki ist die Hölle los!« Der Oberfeldwebel winkte die Lastwagen zu einer Rampe, auf der jetzt Kisten mit dem Verbandsmaterial, den Medikamenten, den chirurgischen Bestecken und die zusammenklappbaren Betten aufgestapelt wurden. »Wie lange wollt ihr denn in Barssdowka bleiben?«

»Bis zum Endsieg«, grinste Kronenberg.

In Barssdowka erwarteten sie der Hilfssani Ernst Deutschmann und einige Männer der 2. Kompanie. Die Straße durch das zerschossene Dorf war vom Schnee reingefegt, die Telefonleitungen waren schon gelegt, eine große Scheune und ein zusammengeflicktes Bauernhaus waren ausgeräumt worden und dienten als Lazaretträume. Als die kleine Kolonne aus der Nacht ins Dorf fuhr und knatternd an den ersten zerstörten Häusern vorbeischaukelte, tauchte vor dem ersten Wagen ein kleiner, breitschultriger, krummbeiniger Russe auf und winkte fröhlich grinsend herauf. Er rannte vor der Kolonne her und wies ihr den Weg zu Deutschmann, der mit Handlampen und Batteriescheinwerfern die Scheune einigermaßen beleuchtet hatte.

Kronenberg kletterte durchgefroren aus seinem Wagen und machte einige Kniebeugen, um die steifen Glieder wieder zu durchbluten. Der kleine Russe hob freundlich die Hand.

»Guten Abend«, sagte er.

Kronenberg nickte. »Komm mal her, du krummer Hund! Du bist hier Hiwi?«

»Da.«

»Dann geh mal da hinten zu dem Herrn Stabsarzt und hilf abladen! Verstanden?«

»Da.«

»Hau ab!«

Lächelnd entfernte sich Pjotr Tartuchin und stapfte in seinen dicken Fellstiefeln hinüber zu Dr. Bergen, der die Wagen nahe an die Scheune dirigierte.

Die Begrüßung zwischen Deutschmann und Kronenberg war kurz. Sie klopften sich auf die Schultern und lachten sich an. Deutschmann hatte sich seit zwei Tagen nicht rasiert, sein stoppeliges Gesicht war eisverkrustet und von der Kälte gerötet.

»Wieder einmal umgekippt?« fragte Kronenberg fast ein wenig besorgt. Er griff in seinen zottigen Pelzmantel und holte die obligate Flasche Schnaps heraus.

»Nein. Die russische Luft scheint mir gut zu bekommen.«

»Das kommt davon, weil sie voll von Vitamin E ist«, grinste Kronenberg.

»Wieso?«

»Eisen«, sagte Kronenberg. Beide lachten und tranken.

»Und Krüll, der Schweinehund?«

»Kriecht kaum aus seinem Bau heraus. Alle warten darauf, daß er sich einmal in die Hosen macht.«

»Und die anderen? Bartlitz, Schwanecke, Wiedeck?«

»Bartlitz ist perfekter Koch geworden und die anderen – sie halten die Schinderei mit Schanzen besser aus, als man gedacht hatte.«

»Obermeier?«

»Ein toller Kerl!« sagte Deutschmann begeistert. »Immer vorne an der Straße beim Schanzen. Immer hat er Schnaps und verteilt ihn, obwohl das verboten ist. Ich weiß nicht, was passieren würde, wenn ihm einmal etwas zustößt . . .«

Auf der dunklen Straße brüllte Dr. Bergen nach Kronenberg. Der Sanitäter wies mit dem Daumen in die Richtung aus der das Gebrüll herüberscholl, grinste spöttisch und trank schnell noch einen Schluck Schnaps: »Da hörst du's selber. Wenn ich nicht da bin, ist der Alte hilflos wie ein Säugling!«

Dr. Bergen stand vor einer Kiste, die Tartuchin hatte hinfallen lassen.

»Schwerr!« sagte der kleine Mongole und hob die Schultern bedauernd hoch. Aus seinen Augenspalten betrachtete er die Verbandspäckchen, die aus der geplatzten Kiste in den Schnee gerollt waren. Verbände, Watte, Zellstoff ... und weiß der Teufel, was alles in den anderen Kisten war ... Lauter Sachen, die sie im Wald von Gorki gebrauchen könnten. Dort verbanden sie sich mit alten Hemdfetzen und schrien in ihren Erdhöhlen vor Schmerz und Wundfieber.

Kronenberg erschien bei der Gruppe und jagte Tartuchin weg. »Hau ab, das ist nichts für dich!« sagte er laut. Und zu den anderen: »Die Kisten in das Bauernhaus, die Betten und Strohsäcke in die Scheune. Paßt auf beim zweiten Wagen, da ist Glas drin!«

Unter dem Licht der Taschenlampe wurden die Transporter entladen. In dem Bauernhaus wurde ein behelfsmäßiger Operationsraum eingerichtet. Dr. Hansen stellte selbst den zusammenklappbaren Operationstisch auf, half beim Zusammensetzen eines Instrumentenschrankes und richtete das Zimmer so ein, daß leichte und mittlere Operationen vorgenommen werden konnten. An einer Schwebeleitung wurde unter der Decke eine große Lampe montiert, deren Schein den Operationstisch in blendendes Licht hüllte. Die beiden Fenster des Raumes mußten deshalb mit je zwei Decken verdunkelt werden, damit der Lichtschein nicht nach draußen fiel und die leichten russischen Bomber, die »Nähmaschinen«, anlockte.

Auf der Straße von Gorki her nahte ein helles Brummen, als die Wagen bereits abgeladen und die Soldaten mit der Inneneinrichtung fast fertig waren. Kronenberg, der mit Deutschmann und Tartuchin vor dem Eingang der Scheune stand, steckte sich in der hohlen Hand eine Zigarette an.

»Was ist das? Ein Schlitten?«

Deutschmann nickte. »Von der zweiten Kompanie. Holz, damit man hier Schränke und Tragen zimmern kann.«

Aus der Nacht schälten sich die Umrisse eines großen Motorschlittens. Wie eine riesige Spinne kroch er durch den Schnee, machte einen Bogen um die Lastwagen und hielt kreischend vor der Scheune. Aus dem geschlossenen Führerhaus sprang eine vermummte Gestalt, eine Maschinenpistole in der Hand. Sie schwenkte sie durch die Luft und rannte auf Kronenberg zu.

»Altes Rindvieh!« schrie sie.

Kronenberg lachte breit. »Mensch, Schwanecke, lebst du noch?«

»Mich bringt keiner so bald um!« grinste Schwanecke.

Tartuchin stand abseits, an die Scheunenwand gelehnt. Durch seinen Körper liefen lange Schauer. Sein breites gelbes Gesicht erschien plötzlich tot und unbeweglich, wie aus Stein gemeißelt. Seine zerschossene linke Hand verbarg er im weiten Pelzärmel seines Mantels. Die Zähne hatte er zusammengebissen, daß ihm die Kiefer wehtaten. Aber er spürte es nicht. In diesen Augenblicken hätte man ihn in Stücke schneiden können, ohne daß er etwas gespürt hätte.

Schwanecke heißt er, überlegte Tartuchin. Langsam schloß er die kleinen schwarzen Augen. Heilige Mutter von Kasan, dachte er, es ist wie ein heißer Wind, der mir den

Atem nimmt! Ich darf es nicht zeigen, ich darf es nicht zeigen! Ich werde erst wieder atmen und leben können, wenn er tot ist. Er ist ein großer, hungriger Wolf. Ich weiß: Wenn ich ihn töte, wird Rußland weiterleben. Seine Gedanken waren wie trunken, er fühlte seine Knie zittern, und er fürchtete, daß sein grenzenloser Haß – warum haßte er ihn eigentlich so furchtbar, war es nur wegen der Wunde an der Hand oder war es etwas anderes? – aus seinen Augen leuchten würde, wenn er sie aufmachte.

Ein Fausthieb in seinen Magen schreckte ihn auf. Schwanecke stand vor ihm, ganz nah, das unrasierte Gesicht im Widerschein einer Taschenlampe, die Kronenberg hielt. Tartuchin sah: ein wildes, erbarmungsloses, brutales Gesicht. Das Gesicht der Vernichtung. Kleine, stechende Augen, in denen sich Tartuchin wiederzufinden glaubte, und ein breites weißes Grinsen ohne Fröhlichkeit. Tartuchin atmete schnell. Er mußte sich mit der ganzen Kraft, deren er fähig war, zusammennehmen, um nicht vorzuspringen und Schwaneckes kurzen Hals zu würgen, bis dieses Grinsen in dem Gesicht des Mannes vor ihm zu einem Grinsen des Todes wurde. Seine Finger spreizten sich auseinander und zogen sich wieder zusammen.

»Hör mal zu, du gelber Affe!« sagte Schwanecke. »Geh zum Schlitten und lade das Holz ab. Los, mach weiter!« Er packte Tartuchin am Pelzkragen, riß ihn von der Scheunenwand und trat ihm ins Gesäß. Mit einem Satz flog der Mongole über die Straße und stürzte auf den Schlitten zu. Geschmeidig, katzengleich fing er sich auf und ging dann schnell, wortlos, mit halbgeschlossenen Augen zu der Ladefläche des Schlittens. Er dachte: Ich werde ihn kriegen.

Ich werde kein Mensch mehr sein oder gerade ein Mensch, wenn ich ihn kriege. Wenn es einen Gott gibt, wird er mir verzeihen. Das waren die schlimmsten Stunden in Tartuchins Leben.

Schwanecke lachte breit, als der Mongole über die Straße schoß. Kronenberg knipste die Taschenlampe aus.

»Der wird nie dein Freund sein!« meinte er trocken.

»Wer ist schon mein Freund?« Schwanecke entkorkte die Flasche Schnaps, die der Sanitäter aus dem Mantel zog, und nahm einen tiefen Schluck. »Woher kommt er eigentlich?« Er betrachtete Tartuchin, der vom Schlitten die Bretter ablud und in den Schnee warf. Sein feiner Instinkt witterte die Feindschaft und den Haß, die der kleine Mongole ausstrahlte. Deutschmann schüttelte den Kopf.

»Ein Hiwi, wie alle anderen. Er hat sich überrollen lassen, wohnt hier in einer alten Hütte, schimpft auf Stalin und die Sowjets genauso wie auf uns und träumt von einem vollen Topf Kapusta. Er weiß nicht, warum er auf der Welt ist, alle treten ihn in den Hintern – genauso wie du.«

»Na, du mußt es ja wissen, du bist ein alter Soldat, was?« spottete Schwanecke. »Übrigens muß ich dich nachher mitnehmen. Bei uns ist allerhand los, Doktorchen.«

»Wann?« fragte Deutschmann.

»Tagsüber geht's nicht. Da kommen wir nicht durch.«

Schwanecke meldete sich bei Dr. Bergen und Dr. Hansen und half mit, das Lazarett einzurichten. Der Morgen dämmerte fahl im Osten herauf, die Wipfel der Bäume wurden heller und schälten sich aus dem Schwarz der Nacht heraus. Am Tage war es ganz unmöglich, nach Gorki zurückzufahren; eine Strecke von sieben Kilometern wurde eingesehen und lag unter ständigem Feindbeschuß, sobald sich etwas über das weite Schneefeld bewegte. Die russische Artillerie war gut eingeschossen. So blieb Schwanecke den ganzen Tag über im neuen Lazarett, trieb sich mit Kronenberg im zerschossenen Dorf herum, untersuchte die Bauernhäuser nach Dingen, die er brauchen könnte – und kam auch zu der kleinen Klitsche, die Tartuchin bewohnte.

Es war eine dicke Blockhütte mit einer Scheune und einem Ziehbrunnen, dessen Hebebalken halb verfault war. Mit dem Stiefel trat Schwanecke die Tür ein – und sah sich plötzlich Tartuchin gegenüber, der zusammengekauert neben dem Ofen saß und eine Zigarette rauchte. Er rührte sich nicht, als Schwanecke in den niedrigen Raum polterte, dessen Decke er fast mit seiner Pelzmütze berührte. Es war, als hätte der Mongole den Deutschen erwartet. Mit glitzernden Augen sah er ihm entgegen, als er mitten im Raum stehenblieb.

»Machorka?« fragte Schwanecke.

»Da.«

»Mit Prawda?«

»Njet, nix Prawda. Das hier deutsche Zeitung. Prawda bessär.«

Schwanecke schlug die Tür mit dem Stiefelabsatz zu, ohne den Blick von Tartuchin zu lassen. »Deutsche Zeitung nix gut, was? Deutsch überhaupt nix gut, was? Deutsche treten euch in den Hintern, was?«

Tartuchin hob die Hand und lächelte, und es war, als ob aus seinem Lächeln das Geheimnis Asiens Schwanecke angeweht hätte. Er spürte es kalt um sein Herz werden. Der grinst noch, dachte er, der grinst noch, obwohl ich ihn in den Hintern getreten habe! Wie kann er das? Und dann sah er aus Tartuchins Augen plötzlich den tödlichen Haß strahlen: Es war nicht nur der Haß eines russischen Soldaten gegen einen deutschen. Es war nicht nur der Haß eines getretenen Menschen, der seine Heimat liebte, gegen den Mann, der einer Armee angehörte, die sein Land überfallen hatte. Es war vor allem ein ganz persönlicher Haß. Ein tödlicher, unbarmherziger Haß, der nicht eher gelöscht sein würde, bis er, dieser gelbe Mongole, oder er, Schwanecke . . .

Schwanecke trat unwillkürlich einen Schritt zurück, winkelte die Arme an und beugte sich vor, als ob er zum Sprung ansetzte.

»Du verstehst?« fragte Tartuchin.

»Ja«, sagte Schwanecke.

Schweigen.

»Na los!« zischte Schwanecke. »Ich weiß, was du willst.«

»Nicht so, njet«, sagte Tartuchin. »Jetzt – du wirst mich töten.«

»Stimmt, ich werde es tun«, sagte Schwanecke.

Tartuchin lächelte. Sein Gesicht bewahrte sein Lächeln auch später, es wich nicht von ihm, als wäre es in seine Züge gemeißelt worden wie in die Züge alter chinesischer Götzen. »Warum, Briderrchen?« fragte er leise. »Ich bin arm, ich bin müde, ich bin nichts . . .«

»Das stimmt! Du bist arm, du bist müde, du bist ein Dreck, aber du bist nicht ein Nichts.«

Tartuchin erhob sich von seiner Ofenbank. Mit kleinen, fast trippelnden Schritten ging er durch das Zimmer. Schwanecke senkte seine Maschinenpistole. Jetzt, dachte er, jetzt kann ich ihn umlegen. Wenn mich jemand fragt, kann ich sagen, daß er mich angreifen wollte.

Er sprang von der Ofenbank und stürzte sich auf mich, es war Notwehr, aber es wird keiner fragen, niemand wird's wissen. Einer weniger, einer von den verfluchten Partisanen, ich weiß ganz genau: Er ist einer! Man wird sagen: Gut so, Schwanecke! Sie bewähren sich gut, Schwanecke! Legen Sie noch mehr von diesen Hunden um, Schwanecke!

Tartuchin war an den Tisch getreten und hielt einen Tabaksbeutel in der Hand. Er reichte ihn Schwanecke. »Warum schießt du nicht?« fragte er.

Schwanecke schwieg.

»Tabak?« fragte Tartuchin.

»Gib her!«

Bedächtig, ohne den Mongolen aus den Augen zu lassen, rollte sich Schwanecke eine Zigarette. Er leckte das Zeitungspapier an, franste es mit den Zähnen aus und klebte es zusammen. Dann warf er den Beutel zu Tartuchin und wartete, bis auch er sich eine neue Zigarette gerollt hatte. Zwischen ihnen stand der Tisch und wirkte wie eine Barrikade.

Sie rauchten.

In der schmutzigen, dunklen Hütte breitete sich Schweigen aus. Trockener, beißender Rauch und der Geruch nach verbranntem Zeitungspapier zog durch den Raum. Warum schieße ich nicht, verflucht, warum schieße ich nicht? – dachte Schwanecke. Wenn ich's jetzt nicht tue, dann wird er es eines Tages tun, und er sieht aus, als ob er treffen könnte. Sicher trifft er immer. Warum schieße ich nicht auf den Hundesohn?

Doch: Obwohl Schwanecke wußte, daß der Mann gegenüber sein Todfeind war, zu dem es keinen anderen Berührungspunkt gab als den Kampf bis zur Vernichtung des einen oder des anderen – oder beider, obwohl er wußte, daß er von nun an keine ruhige Minute mehr haben würde – in dieser Gegend –, solange dieser kleine, breitschultrige, schlitzäugige Mongole lebte, schoß er nicht. Etwas Unerklärliches und ihm Unverständliches hielt ihn davon ab. War es Tartuchins Gleichgültigkeit oder nur scheinbare Gleichgültigkeit gegenüber dem Tod, die ihn, Schwanecke, hinderte, den Finger am Abzugshebel zu krümmen und eine kurze Garbe in den anderen hineinzujagen? War es der Fatalismus, den Tartuchin ausstrahlte, sein ergebener Gleichmut, die in sich selbst versunkene Ruhe, mit der er vor ihm stand und gleichmütig die nächste Minute erwartete, die ihn vielleicht tot oder sterbend sehen würde? Schwanecke schoß nicht, obwohl es für ihn leicht gewesen wäre, den Mongolen zu töten. Und plötzlich merkte er, wie die Hand, mit der er die Zigarette hielt, zitterte. Wütend über sich selbst und über seine Ohnmacht, über die unerklärliche Lähmung, die ihn befallen hatte, wütend über seine zitternde Hand, drückte er die Zigarette zusammen und warf die Mischung von Papier und glühendem Machorka mit einem funkensprühenden Schwung in die Ofenecke.

»Geh!« sagte er dann hart zu Tartuchin.

»Gehen? – Wohin?« In Tartuchins leblosen Augen glomm es auf.

»Wie soll ich das wissen? Verschwinde, woher du gekommen bist, zu den Deinen . . .«

»Meinen?«

»Stell dich nicht dumm!« sagte Schwanecke böse. »Glaubst du, ich weiß nicht, wer du bist und wohin du gehörst?«

»Du weißt!« sagte Tartuchin bestätigend. »Und warum du mich nicht tötest?«

»Ich tu's, bei Gott, ich tu's! Aber nicht hier!«

Blitzschnell griff Schwanecke über den Tisch, packte Tartuchin an der Brust, zog ihn mit übermenschlicher Kraft über den Tisch zu sich und schleuderte ihn gegen die Tür. »Geh!« schrie er, »hörst du? Wir treffen uns wieder, hau ab!«

Der Mongole fiel auf den Lehmboden neben der Tür. Stumm erhob er sich, ohne zu dem anderen zurückzuschauen, öffnete die Bohlentür und trat hinaus in den Schnee. Kälte wehte in den Raum und ergriff Schwanecke, der bleich am Tisch lehnte. Er sah noch, wie sich Tartuchin Schneeschuhe an die Pelzstiefel schnallte – breite, geflochtene, fast kreisrunde Treter, wie sie die Mongolen Innerasiens tragen, wenn der Schneesturm über den Himalaja und den Pamir heult und die Steppen zu einem eisigen Meer werden. Dann hörte er die knirschenden Tritte, die sich schnell entfernten.

Kronenberg war es, der Schwanecke wie aus einem Traum weckte. Polternd kam er in die Blockhütte, einen Sack Kartoffeln nach sich ziehend, den er in einem der Bauernhäuser unter Stroh versteckt gefunden hatte.

»Mensch, Karl, was is'n los?« rief er. Schwanecke schreckte empor und starrte Kronenberg abwesend an. »Was hast du mit dem Iwan gemacht? Der Kerl läuft wie'n

Mondsüchtiger an mir vorbei, gibt keine Antwort und zokkelt über die Steppe, als wollte er zu Fuß nach Moskau.« Er legte den Sack neben die Tür und kam in den niedrigen Raum. Der Geruch der Machorkazigaretten lag noch in der Hütte, beißend, streng, zum Husten reizend. Kronenberg schnupperte. »Geraucht habt ihr auch? Friedenspfeifchen, was?«

Schwanecke stieß sich vom Tisch ab, ging wortlos an Kronenberg vorbei, trat den Kartoffelsack, der den Eingang versperrte, zur Seite und stand dann in der kalten, niedrigen Nachmittagssonne. Der Schnee blendete. Wenn man die Augen schloß und die Lider nur einen kleinen Spalt öffnete und durch die Wimpern über den Schnee blickte, schimmerte er fast blau. Im Dorf wurden die Lastwagen hinter die Scheunen gefahren, über das Schneefeld außerhalb des Dorfes kam ein kleiner, geheizter Motorschlitten gefegt. Wahrscheinlich Verwundete für das neue Lazarett.

Kronenberg schleifte seinen Kartoffelsack hinter sich durch den Schnee und versuchte keuchend, Schwanecke auf den Fersen zu bleiben. »Was ist denn los mit dir?« fragte er. »Hast du die melancholische Tour?«

Ohne sich umzudrehen, stieß Schwanecke zwischen den Zähnen die zur damaligen Zeit häufigste Redensart aus, verlängerte seine Schritte und verschwand hinter einer Kate.

»Der wird nie ein feiner Mann«, sagte Kronenberg seufzend und wischte sich über die Stirn. »Auch nicht, wenn er klassische Dichter zitiert . . .«

Im Lazarett stand Dr. Hansen am Operationstisch.

Deutschmann assistierte ihm. Sie arbeiteten schweigend, schnell, als wären sie bereits jahrelang aufeinander eingespielt. Nachdem der letzte Verwundete »aufgearbeitet« war, wie es in der Sprache der Kriegsärzte hieß – eine tiefe Oberschenkelwunde mit einem zackigen Granatwerfersplitter knapp neben dem Knochen –, machten sie eine Zigarettenpause. Mit ausgestreckten Beinen und zusammengesunkenen Oberkörpern saßen sie eine ganze Weile schweigend auf zwei Kisten und pafften die Tabakwölkchen vor sich hin.

Dr. Hansen nahm ein paarmal Anlauf, um den älteren, stillen Mann mit dem schmalen, bleichen Gesicht etwas zu fragen, aber seine angeborene Schüchternheit ließ ihn nicht sprechen.

»Es gibt doch etwas, was Sie wissen möchten, Herr Unterarzt?« half ihm Deutschmann endlich lächelnd.

»Ja – allerdings – Sie sind doch . . .«

»Arzt«, sagte Deutschmann trocken.

»Ja. Und – wie – wie kommen Sie eigentlich hierher?«

»Befehlen Sie mir zu antworten?« fragte Deutschmann.

»Nein – natürlich nicht«, sagte Dr. Hansen verwirrt.

»Dann lassen wir es dabei, daß ich eben hier bin, Herr Unterarzt.«

Sie schwiegen.

»Und jetzt sind Sie – Hilfssani . . .«, sagte Dr. Hansen schließlich.

»Ja.«

Wenn Sie wollen – ich meine, es wäre bestimmt am besten für uns, für das Lazarett – könnte ich mit Dr. Bergen sprechen und Sie anfordern . . . Wir haben ganz wunderbar zusammengearbeitet . . . Was meinen Sie?« sprach Dr. Hansen eifrig und sah dabei Deutschmann fast bittend an. »Sie könnten hier bestimmt mehr leisten als dort vorne . . . Ich würde mich sehr freuen . . .«

»Ich danke Ihnen«, sagte Deutschmann langsam. »Aber ich glaube, es ist besser, wenn ich bleibe, wo ich bin. Seien Sie mir nicht böse. Ich bin kein Chirurg, Kronenberg ist bestimmt anstellig genug – ich denke, daß ich dorthin gehöre . . .« Mit dem Kinn deutete er gegen das kleine schmutzige Fenster und gegen das entfernte Donnern und Rollen eines plötzlichen Feuerüberfalls der russischen Artillerie. Seine Stimme war bestimmt und trotzig. Er wußte selbst nicht, warum er dieses Angebot ausschlug. Hier, im »Lazarett«, hätte er sicher viel mehr Chancen durchzukommen als vorne bei der Truppe. Doch plötzlich erschien ihm das irgendwie gleichgültig. Er fragte sich leicht verwundert, was ihn wohl zu diesem Verzicht getrieben hatte. Es gab nichts, was dagegen sprach. Und trotzdem . . .

»Nein, nein, lassen Sie's, es ist wahrscheinlich falsch, was ich tue, aber auch nur bedingt falsch. Da draußen sind meine Kameraden . . . Aber es ist nicht nur deswegen . . .«, suchte er nach richtigen Worten, unfähig, sie zu finden.

»Ich glaube – ich verstehe«, sagte Dr. Hansen nachdenklich.

»Na, dann ist es ja gut«, lächelte Deutschmann den Jüngeren an. Sie verstanden sich, und Deutschmann wußte plötzlich, daß er hier einen neuen Freund gefunden hatte, auf den er sich verlassen konnte. Er stand auf und begann den »Operationssal« von Blut und Fleischfetzen zu säubern.

Draußen im Schnee, am Rande von Barssdowka, stand Schwanecke und sah hinüber zu dem kleinen schwarzen Punkt, der langsam über das Schneefeld kroch, den Wäldern am Horizont entgegen, die bereits in Dämmerung zu versinken begannen: Tartuchin. Der Punkt wurde immer kleiner und verschwand schließlich in einer Senke, als wäre er von der Welt aufgesaugt worden. Schwanecke spuckte aus, drehte sich um und stapfte entschlossen zurück ins Dorf. Es war Zeit, an Aufbruch zu denken.

Vor dem Bauernhaus, in dem der »Operationssaal« eingerichtet worden war, traf er auf Deutschmann. Er lehnte an der Tür, bleich, mager, abwesend. Sein Mund war fest zusammengekniffen. Obwohl er keinen Mantel trug, schien er die bissige Kälte nicht zu spüren.

»Es wird Zeit, daß wir abhauen«, sagte Schwanecke.

Deutschmann nickte, rührte sich aber nicht von der Stelle.

»Ist was passiert?« fragte Schwanecke.

»Nein.«

»Du denkst zuviel, Kumpel«, sagte Schwanecke grinsend, »viel zuviel. Das tut nicht gut. Abschalten, sag' ich dir!«

»Drei sind gestorben und zweien mußten wir die Beine amputieren«, sagte Deutschmann.

Schwanecke hob die Schultern. »Was ist schon dabei? Als wir Orel stürmten, lief einer neben mir, ein Granatsplitter hatte ihm den halben Kopf abgerissen, und er lief neben mir weiter und brüllte ›Hurra‹, Gehirn und Blut spritzten herum, er war schon tot, aber er lief immer noch und brüllte. Dann kippte er um, aus. Wir haben keine Zeit gehabt zum Kotzen. Wir stürmten. Keine Zeit zum Denken. Abschalten, Kumpel!«

»Kann man das immer?«

»Ich sag' dir was: Du warst noch nicht an der Front, und deshalb ist dir das nahegegangen, obwohl du ein Arzt bist und so etwas gewöhnt sein müßtest. Aber es ist was anderes, hier an der Front, als in einem Krankenhaus, ich verstehe. Nur glaube mir, wenn ich anfinge zu denken, würde ich mir auf der Stelle in den Mund schießen! Vor ein paar Minuten habe ich nachgedacht. Es war schlimmer als das schlimmste Trommelfeuer. Ich hab' mir vorgenommen, nie wieder zu denken, Kumpel! Komm, zieh dich jetzt an, wir wollen abhauen, nach Hause sozusagen . . .«

Grinsend ging er über die Dorfstraße zu seinem Schlitten. Untersetzt, breit, in seinem Pelz noch massiger wirkend. Deutschmann sah ihm nach. Ein kleines, zaghaftes Lächeln huschte über sein Gesicht. Nach Hause . . . dachte er. Wenn ich zu Julia ging, dann sagte ich: Ich gehe nach Hause. Jetzt gehe ich zum Krüll und sage: nach Hause. Zuviel denken . . . Abschalten. Wie kann man das? Ein Mann läuft mit einem halb abgerissenen Kopf und brüllt »Hurra«. Oder er denkt, daß er immer noch »Hurra« brüllt. Schwanecke hatte gedacht, und es war schlimmer als ein Trommelfeuer. Wie werden die Leute leben ohne Beine? Wie kann man leben, wenn man nicht mehr gehen kann, wohin man möchte? Nach Hause gehen, zu Julia, zu Krüll. Unsinn.

Er drehte sich um und ging ins Haus, um sich für die Fahrt »nach Hause« fertig zu machen.

Oberfeldwebel Krüll war in großer Fahrt.

Auf dem Tisch vor ihm lagen genaue Streckenpläne der auszuhebenden Gräben, und er war dabei, die ausgeschanzten Stücke in Rot einzutragen. Die Karte hatte er im Maßstab 1 : 2000 gezeichnet und nach längerer Anstrengung ausgerechnet, daß die 2. Kompanie mehr als fünfzig Meter zuwenig ausgeschanzt hatte. Das Soll war nicht erfüllt worden, trotz Spitzhacken, Sprengladungen und zehnstündiger Arbeitszeit. Für Krüll bedeutete dies ein schweres militärisches Versagen, das einzig und allein ihm in die Schuhe geschoben würde. Fünfzig Meter zu wenig! Er rechnete noch einmal nach, doch die fünfzig Meter wurden nicht weniger. Es war anzunehmen, daß Oberleutnant Obermeier dies noch nicht wußte. Und Krüll sann darüber nach, wie er dieses Debakel dem Kompaniechef beibringen konnte.

Zunächst nahm er den Weg aller Hauptfeldwebel und befahl die Gruppenführer zu sich in die Schreibstube. Weil er aber zugleich beschlossen hatte, gegen die nun immer mehr um sich greifende Disziplinlosigkeit und militärische Nachlässigkeit vorzugehen, tat er es kasernenmäßig: Dienstanzug, umgeschnallt, mit Stahlhelm.

Unteroffizier Peter Hefe tippte sich an die Stirn, bevor er mit den Unteroffizieren Kentrop und Bortke eintrat: »Der hat 'nen Stich, Jungs! Paßt auf, er hat wieder was ausgeknobelt, von dem wir uns nur auf der Latrine befreien können!«

Sie traten in die Schreibstube, bauten unlustig ihre Männchen und sahen auf Krüll, der hinter seinem improvisierten Schreibtisch hockte, die Streckenpläne deutlich sichtbar vor sich.

»Aha!« sagte Kentrop laut. Krüll fuhr empor.

»Jawohl! Aha! Die 2. Kompanie scheint mir ein Altersheim für gebrechliche Pensionäre zu sein. Immer langsam voran. Die Russen werden schon warten, bis die Herren fertig sind. Hier ...«, schlug er mit der Faust auf den Tisch, »hier habe ich ausgerechnet, daß fünfzig Meter Graben fehlen!«

»Hast du dich auch nicht verrechnet?« fragte Bortke sanft.

Oberfeldwebel Krüll wurde rot. »Wir sind im Dienst, Unteroffizier Bortke! Ich verlange ...«

»Halt 'n Rand!« Peter Hefe nahm seinen Stahlhelm ab, das Theater widerte ihn an. Er setzte sich auf eine Kiste und nahm sich den Streckenabschnitt von Krülls Schreibtisch. »Das ist die Strecke, die nur nachts gegraben werden kann. Am Tage ist Feindeinsicht, die Russen sehn hier jede Maus, die herumkriecht.«

»Na und?« Krüll riß Hefe das Blatt aus der Hand. »In der HKL leben die anderen unter ständiger Feindeinsicht, ohne sich in die Hosen zu machen!«

»Dort stecken sie in der Erde. Wir aber stehen obendrauf und müssen graben.«

»Dafür sind wir auch kein Kegelklub.«

»Nein, sondern glatte Zielscheiben, wenn wir am Tage schanzen.« Bortke machte es Hefe nach und nahm den Helm ab. »Vielleicht kommst du mal mit 'raus und siehst dir die Sache an. Wie wär's?«

»Wie bitte?« Oberfeldwebel Krüll lehnte sich zurück. »Verantwortlich sind die Gruppenführer«, sagte er, sanfter gestimmt. Bortkes Antrag ließ ihn vorsichtiger werden.

»Wenn dem Bataillon gemeldet wird, daß die Schanzarbeiten zu langsam vorangehen, ist der Teufel los!«

»Dann soll sich das Bataillon den Mist da vorne mal ansehen«, sagte Hefe mißlaunig.

»Wir reden alle ziemlich viel Unsinn«, meinte Unteroffizier Kentrop. »Wann hat sich ein Bataillon so etwas schon angesehen? Was hast du für Vorschläge?« fragte er Krüll. Er war der einzige, der noch stand und der seinen Helm aufbehalten hatte. Korrekt, sehr ruhig, sah er den Oberfeldwebel an. Vor seinem kalten, leidenschaftslosen Blick hatte Krüll Respekt; Kentrop war ihm unheimlich mit seiner Ruhe und Gelassenheit. Auch jetzt sah Krüll nur kurz zu Kentrop und wandte sich dann wieder an Hefe:

»Wir müssen versuchen, auch am Tage zu schanzen. Die fehlenden fünfzig Meter müssen wir herausholen. Wenn vorne unsere Kameraden den Kopf hinhalten, können wir hier nicht Versteck spielen!«

»Ganz richtig!« Oberleutnant Obermeier war eingetreten. Er kam durch die zweite Tür, die eine Verbindung zu den zerstörten Stellen herstellte. Als die Unteroffiziere aufspringen wollten, winkte er ab, trat zum Tisch und nahm die Zeichnungen. »Saubere Arbeit, Oberfeldwebel.«

»Mit genauen Maßstäben, Herr Oberleutnant. Wir können damit den Fortgang der Arbeit täglich gut kontrollieren.«

»Können Sie das wirklich?«

»Jawohl, Herr Oberleutnant.«

»Hier vom Schreibtisch aus?« Oberleutnant Obermeier legte die Pläne vor Krüll hin. »Sie haben die Streckenkarte nicht an Ort und Stelle gezeichnet. Wer garantiert Ihnen, daß Ihre fünfzig Meter nicht auf einen Rechen- oder Zeichenfehler zurückzuführen sind? Am besten ist, Oberfeldwebel, Sie überzeugen sich morgen am Ort von der Richtigkeit Ihrer Berechnungen. Rücken Sie mit der Kompanie aus und messen Sie mit dem Bandmaß die Gräben aus. Das tragen Sie dann noch einmal in Ihre Pläne ein. Von besonderem Interesse sind natürlich diese vom Feind eingesehenen Stellen.«

Krüll wagte nicht zu antworten. Das hatte er nicht erwartet. Sein Herz fing heftig und schwer zu pochen an. Er fühlte, daß er sehr blaß aussehen mußte, und die andern, die Unteroffiziere, starrten ihn an und grinsten unverschämt.

»Alles klar, Oberfeldwebel?«

»Jawohl, Herr Oberleutnant.« Krüll atmete tief. Die Angst in seinen Knochen konnte nicht größer sein als die Disziplin.

»Morgen früh also. Wann rückt Ihre Gruppe aus, Hefe?«

»Um halb sechs, Herr Oberleutnant.«

»Sie nehmen den Oberfeldwebel mit.«

»Mit Vergnügen, Herr Oberleutnant!«

Obermeier fuhr herum: »Unterlassen Sie diese dämlichen Bemerkungen! Der Krieg ist kein Vergnügen, das war er noch nie! Stellen Sie sich vor, Sie werden beschossen und dem Oberfeldwebel passiert etwas. Oder können Sie mir garantieren, daß nichts passieren wird?«

»Nein, Herr Oberleutnant!«

»Na also!« wandte sich Obermeier zum Telefon. Krüll hatte diesen Wortwechsel wie aus weiter Ferne gehört, ohne ihn richtig zu begreifen. Über seine Beine empor kroch eine flaue Schwäche. Er hielt sich an der Tischkante fest und stierte auf die Pläne, ohne etwas zu sehen. Und dann hörte er Kentrops Stimme:

»Sie können sicher sein, Herr Oberleutnant, daß wir alle unser Leben einsetzen werden, um Herrn Oberfeldwebel wieder herauszuholen, wenn etwas passiert. Wenn es nicht sofort gelingt, dann wird er höchstenfalls bis zur Nacht warten müssen.«

Obermeier antwortete nicht. Er sah zur Wand, drehte an der Kurbel und rief die 1. Kompanie an.

Krüll sah langsam hoch in die hämisch grinsenden Gesichter seiner Unteroffiziere. »Gut«, sagte er mühsam, »ich gehe heute nacht mit ’raus. Dann bin ich am Morgen in den Stellungen und kann sie tagsüber ausmessen. Und . . .«, jetzt wurde seine Stimme sicherer, ». . . der Teufel holt euch, wenn es sich herausstellt, daß wirklich fünfzig Meter fehlen!« Er wandte sich ab und verließ schnell die Schreibstube. Hefe sah erstaunt auf die beiden anderen. Kentrop und Bortke schwiegen betroffen. Zum erstenmal hatte Krüll vor ihren Augen einen Kampf gegen sich selbst ausgefochten – und gewonnen. Er hatte ihren Hohn geschlagen.

Obermeier drehte sich herum: »Was steht ihr noch da? Von Babinitschi kommen gleich neue Verschalungsbretter.«

Verlegen und kleinlaut verließen die Unteroffiziere den Raum. Vor dem Haus blieben sie stehen und sahen Krüll zu, der einige Leute anbrüllte, die zu langsam einen Schlitten abluden.

»Er ist wieder ganz der alte«, sagte Unteroffizier Hefe.

»Mensch, das hätte ich nicht von ihm gedacht«, sagte Bortke.

»Macht euch nichts vor«, sagte Kentrop. »Oder wollt ihr etwa behaupten, daß ihr keine Angst habt?«

»Niemand behauptet das«, knurrte Hefe. »Wer hat schon keine volle Hose? Bei Krüll stank es nur mehr als bei den anderen. Bis jetzt jedenfalls. Wir werden ja sehen, ob's wirklich anders geworden ist.«

Erich Wiedeck und Schütze Katzorki, das Rattengesicht, krochen in einem kurzen, neuen Grabenstück herum und verschalten die kleinen Bunker, die alle 50 Meter als Stützpunkt in das Verteidigungssystem eingestreut waren, als Ernst Deutschmann mit eingezogenem Kopf durch den Graben gelaufen kam und sich neben ihnen schweratmend an die hartgefrorene Grabenwand lehnte.

»Schau mal einer an – wir haben hohen Besuch bekommen«, sagte das Rattengesicht und grinste schief mit seinen schwarzen Zahnstummeln.

»Ist was los!« fragte Wiedeck.

Deutschmann zuckte mit den Schultern. »Nichts«, sagte er. »Ich muß warten, bis irgendwas los ist.«

»Da wirst du nicht lange warten müssen«, sagte das Rattengesicht. Die Bretter für die Bunker hatte man nachts durch den Schnee herangeschleift. Als der Morgen graute, machte man sich daran, die nachts ausgehobenen Bunker zu verschalen. In den Gräben blieb jedoch immer nur ein Drittel der Kompanie, der Rest rückte mit dem anbrechenden Tag ab.

Ab und zu zuckte die Erde auf und schüttelte die Männer

durcheinander. In kurzen Abständen heulte es durch die eisige Luft heran, tiefer und tiefer wurde der Orgelton, so wie ein Brummkreisel kurz vor dem Umfallen. Dann warfen sich die Männer an die Grabenwand, steckten den Kopf in den Schnee und lauschten mit vor Furcht verzerrten Gesichtern auf das Krachen der Einschläge. Zwei-, fünf-, sieben-, zehn-, zwölfmal donnerte es um sie herum, der Luftdruck drückte sie gegen die Erde oder hob sie fast vom Boden, Fontänen von Steinen, Eis und Erde spritzten auf und prasselten auf ihren Rücken. Und zwischendurch hörten sie das helle, surrende Pfeifen der glühenden Splitter, die zischend in den Schnee fuhren.

»Verdammt nah!« sagte Wiedeck.

»Hoffentlich kommt's nicht noch näher«, sagte das Rattengesicht. Seine Stimme zitterte.

Nach dem Ende des Feuerschlages erhoben sie sich und rannten geduckt zu dem nächsten Bunker. Atemlos stolperten sie die Stufen hinab und setzten sich auf die gestapelten Bretter und Grundbohlen. Wiedeck steckte sich eine Zigarette an und gab auch Deutschmann die Packung. Das Rattengesicht rauchte nicht; er betrieb mit den wenigen gefaßten Zigaretten einen schwungvollen Handel um Brot, Butter und Wurst.

»Wenn das so weitergeht, zerhämmern sie die neue Stellung, noch ehe sie fertig ist«, sagte Wiedeck.

»Das ist so wie mit dieser blödsinnigen Näherin, die nachts auftrennte, was sie tagsüber genäht hatte«, sagte das Rattengesicht.

»Nicht ganz«, sagte Deutschmann.

»Oder wie mit diesem alten Germanen, der einen Stein

auf den Berg rollte«, spann das Rattengesicht den Faden weiter.

»Er war ein korinthischer König und hieß Sisyphus«, sagte Deutschmann.

»Du hast in der Schule immer gut aufgepaßt«, sagte das Rattengesicht.

»Man sollte das Grabensystem weiter nach Westen legen.« Deutschmann lehnte sich gegen die kalte Erdwand. Sein unrasiertes Gesicht war noch spitzer und schmaler geworden. Er trug keine Rot-Kreuz-Binde mehr; in Rußland war es nicht üblich, und wenn sie jemand trug, dann hatte das meistens keinen Einfluß auf den Gegner; man beschoß gegenseitig die Sanitäter mit oder ohne Binde. »Was nutzt ein Auffanggraben, der kaum tausend Meter hinter der HKL liegt? Wenn die Offensive rollt, sind die tausend Meter völlig ohne Bedeutung.«

»Du hättest General werden müssen«, sagte das Rattengesicht. Wiedeck rauchte mit hastigen, tiefen Zügen. Seit der Geburt des Kindes hatte er nichts mehr von seiner Frau gehört. Seine Briefe blieben unbeantwortet, er wußte nicht einmal, ob sie weitergegeben wurden. Man wußte überhaupt nur das, was man sehen konnte. Und außerdem wußten sie alle, daß sie kein Recht hatten: kein Recht auf Postabgang und Postempfang. Kein Recht auf Pakete und Karten. Kein Recht zur üblichen Truppenverpflegung und kein Recht auf Marketenderwaren. Sie waren Ausgestoßene, Verbrecher, Todgeweihte, in grauen, abgetragenen und geflickten Uniformen, deren Arbeitskraft man so lange ausnutzte, bis sie wertlos war. Daran konnte niemand was ändern, auch nicht Oberleutnant Obermeier oder Hauptmann Barth. Obermeier hatte einmal bei Barth angerufen und nach Post gefragt. »Post?« wunderte sich Barth. »Ja, Obermeier, erwarten Sie denn Post?«

»Ich nicht allein. Meine Männer wissen nicht, was in der Heimat los ist, besonders die Verheirateten sind übel dran.«

»Die Glücklichen! Sagen Sie Ihren Leuten, daß sie froh sein können, wenn sie nicht wissen, was in der Heimat los ist. So leben sie glücklicher, mein Lieber. Im übrigen geht die Post über das Stammbataillon in Posen. Dort ist ein Major Kratzner Chef des Ersatzhaufens. Ich habe gehört, daß er das goldene Parteiabzeichen besitzt. Zuletzt war er Lehrer an einer Nationalsozialistischen Erziehungsanstalt. Zur Zeit ist es auch in Posen ziemlich kalt. Kratzner wird sich an den Briefen die Hände wärmen, wenn er sie in den Ofen steckt.«

»Abwarten!« Das war alles, was Wiedeck von Obermeier erfahren konnte. Nach und nach verfiel auch er, ähnlich wie die andern, in eine Art stumpfsinnigen Fatalismus, den nichts mehr erschüttern konnte. Artilleriefeuer? Na denn! Tote? Im Krieg gibt's immer Tote. Arbeit? Bin ich gewohnt. Das Leben? Kotzt mich an. Jetzt sagte er: »Ob tausend oder zehntausend Meter, ist egal. Wir schanzen.«

»Amen«, sagte das Rattengesicht.

»Draufgehen werden wir sowieso alle«, sagte Wiedeck.

«Muß nicht sein«, sagte Deutschmann.

»Glaubst du?« Wiedeck sah auf und lächelte Deutschmann schief an. »Mensch, glaubst du das wirklich? Frontbewährung? Begnadigung; Schwanecke vielleicht, oder dieser da«, mit dem Kinn zeigte er gegen das Rattengesicht, »diese beiden vielleicht, das sind Kriminelle.«

»Na, hört mal!« sagte das Rattengesicht.

». . . die werden vielleicht begnadigt, um später einmal aufgehängt zu werden. Ich hab' vielleicht auch eine Chance durchzukommen. Ich bin ja bloß ein blöder Bauer. Aber du, oder der Oberst Bartlitz, oder die anderen Politischen? Die werden begnadigt, wenn sie ins Gras beißen.«

»Ich komm' bald 'raus«, sagte das Rattengesicht.

»Niemand kommt 'raus«, sagte Wiedeck.

»Ich pfeif' auf euch Schwarzseher«, sagte das Rattengesicht, stand auf und ging zum Bunkerausgang. »Und ich sage dir, ich komme 'raus. Es wird nicht lange dauern, und ich bin wieder in Berlin. Wetten? Wenn ich bei Kranzler ganz nobel Kaffee trinke, schreibe ich euch eine Postkarte.« Er grinste über die Schulter zurück und kletterte in den Graben.

»Bei dem glaube ich's am Ende selbst«, sagte Wiedeck.

Deutschmann sah aus dem Bunker hinaus auf das kleine Stück Schneewall, das im Eingang sichtbar war. Draußen tastete die leichte Artillerie das Feld ab. Streufeuer.

»Hast du schon einmal deine Frau betrogen?« fragte er zögernd.

»Was?« Wiedeck sah Deutschmann verblüfft an.

»Ob du deine Frau betrogen hast?«

»Komische Frage! Warum sollte ich sie betrügen?«

»Hast du sie?«

»Nein.«

»Nicht mal in Gedanken?«

»Blödsinn. Wer tut das nicht? Warum fragst du?«

»Nur so.«

»Und du?«

»Bis jetzt nicht mal in Gedanken. Bis vor kurzem.«

»Mensch – du hast Nerven!«

»Ich habe sie verraten«, sagte Deutschmann schwer.

»Verraten? Wieso? Mit wem? Etwa mit einer – Russin? Wo nimmst du eine Russin her?«

»In Orscha«, sagte Deutschmann.

»Mensch – gibt's das überhaupt? Ich dachte, das denken sich nur manche aus.«

»Das gibt es«, sagte Deutschmann. »Sie sagte, ich solle hier bleiben. Sie sagte, ich soll nicht mehr nach Hause gehen, und ich weiß plötzlich nicht mehr, was ich tun würde, wenn – wenn...« Er machte mit der Hand eine hilflose Gebärde, als wüßte er selbst nicht ganz genau, was hinter diesem Wenn stand. Vielleicht: Wenn es plötzlich Frieden gäbe und man bleiben könnte, wo man wollte; wenn er sich über alles selbst im klaren wäre und über seine Sehnsucht, die ihn zugleich zu Julia und zu Tanja; wenn... »Ein Verrat«, sagte er, »ich habe es getan. Ich weiß nicht, was ich tun soll. Ich weiß überhaupt nicht, was ich tun soll . . . Dieses hier, Strafbataillon, Julia, Tanja, die Erinnerung... Ich habe nie sehr gut geschlafen, jetzt kann ich es fast überhaupt nicht mehr.«

Draußen hämmerten einige Maschinengewehre. Dazwischen hörte man hell die Abschüsse der leichten Minenwerfer und das dumpfe Krepieren der Gewehrgranaten.

»Es geht wieder los«, sagte Wiedeck. Und: »Wenn du richtig müde bist, wirst du auch schlafen können.« Durch die Luft heulte es hell und kurz auf, und dann krepierten in ihrer Nähe die Granaten der russischen Artillerie. Deutschmann fand sich auf dem Boden liegend, einige Erdbrocken polterten von der Bunkerdecke auf seinen Rücken. Und durch das Sausen und Klingen in seinen Ohren hörte er draußen plötzlich eine menschliche Stimme. Sie kam ihm bekannt vor, aber er wußte nicht, woher er sie kannte; denn es war eigentlich keine menschliche Stimme mehr, es waren Laute, die auch ein Tier formen könnte, nicht formen, sondern ausstoßen, ein Tier, das in schrecklicher Angst und Furcht plötzlich die Sprache gefunden hatte, um seine Qual allen verständlich herauszuschreien. »Jesus Maria ...«, sagte die Stimme, wimmerte sie, seufzte, schrie, flüsterte, und alles das zusammen oder nichts davon, »Jesus Maria – was – was ...?« fragte sie, und dann wieder: »Jesus Maria ...«

»Das Rattengesicht!« rief Wiedeck, sprang über den liegenden Deutschmann und kroch aus dem Bunker. Deutschmann sah seine beschlagenen Sohlen, er sah ganz genau, daß viele Nägel fehlten, und dann verschwanden die Sohlen, er stemmte sich hoch, sprang zum Ausgang, fiel auf die Knie und kroch heraus. Seine Tasche war ihm im Wege, sie hing zwischen seinen Beinen und schleifte am Boden; mit einer wütenden, kurzen Bewegung schleuderte er sie auf den Rükken, und dann war er draußen, und das Wimmern war jetzt ganz nah.

An der Grabenwand lehnte das Rattengesicht. Sein Gesicht war grau verfallen, die Nase stach spitz und gelb heraus. Die Lippen waren wie im Krampf von den schwarzen Zahnstummeln zurückgezogen, und aus seinem Mund kamen, ohne daß sich die Lippen bewegten, die gepreßten, wimmernden Laute: »Jesus Maria – Jesus Maria ...« Seine Augen stierten auf etwas Blutiges, das vor ihm lag.

Und erst jetzt sah Deutschmann, daß der linke Arm des Rattengesichts auf der ihm abgekehrten Seite an seiner Wurzel abgerissen war. Aus der zerfetzten, riesigen Wunde schwappte Blut, lief die Uniform herunter, färbte den schmutzigen Schnee rot und bildete auf dem gefrorenen Grasboden um Rattengesichts Stiefel eine kleine, schnell größer werdende Pfütze. Rattengesichts Knie gaben nach, er rutschte die Grabenwand herab und blieb auf dem Boden, mitten in der Blutlache sitzen. Dabei starrte er immer noch auf den abgerissenen Arm, der mit abwärtsgekehrter Handfläche und gekrümmten Fingern vor ihm lag. Er hob die rechte Hand empor, als wollte er nach irgend etwas greifen oder auch Halt suchen, aber sein Arm sank kraftlos herab, und er kippte seitwärts um. Dabei sagte er immer noch und nur das: »Jesus Maria – Jesus Maria . . .«

Deutschmann schob den erstarrten, leichenblassen Wiedeck zur Seite und beugte sich über das Rattengesicht. Mit fliegenden Händen machte er die Tasche auf und kramte sinnlos in ihr herum, ohne den Blick von Rattengesicht zu wenden. Doch dann verharrte er mitten in der Bewegung.

Es war sinnlos.

Er sah, wie sich über das Gesicht des Verwundeten der Tod ausbreitete.

Hinter einer Kate, in der Nähe des Kompaniegefechtsstandes der 2. Kompanie des Strafbataillons, wurde Schütze Werner Katzorki, das Rattengesicht, begraben. Sein Grab lag etwas abseits der zwei Reihen schiefer, schneeverwehter Birkenkreuze; am Tage, als er gefallen war, schlug eine verirrte Granate zwischen sie und riß eine flache Mulde in das steinhart gefrorene Erdreich: Eine willkommene Hilfe für die zwei Hiwis, die Gräber auszuheben hatten.

Das Rattengesicht wurde ohne viel Aufhebens beerdigt. Es war Nacht, und die Kompanie arbeitete vorne an den Ausschachtungen. Nur einige wenige von denen, die am Tage draußen waren, standen etwas hilflos um die flache Mulde, die Katzorkis Grab werden sollte. Der Tote war schon steif gefroren: Mit weit offenem, grinsendem Mund lag er auf einer Zeltplane neben dem Loch. Auf seinem Bauch lag der abgerissene Arm, die riesige Wunde schimmerte rosig durch den weißen Reif, der sich auf ihr niedergeschlagen hatte.

»Na denn«, sagte Wiedeck zu den beiden Hiwis, die teilnahmslos danebenstanden, »macht weiter.«

Die Hiwis packten die Zeltplane auf einer Seite, hoben sie an und rollten den steifen Körper in die Grube; es war verboten worden, die Toten mit Zeltplanen zu begraben. Zeltplanen waren rar, Lebende konnten sie gut gebrauchen, Tote aber brauchten keine mehr.

Vorne, an der Front, blitzte es unausgesetzt. Das Krachen des Artilleriefeuerüberfalls rollte dumpf über die Ebene, dazwischen hörte man das rasende Rattern der deutschen Maschinengewehre und das bedächtigere Tacken der russischen. Ein Hiwi stieg in das Loch und bettete Katzorki so, daß sein Gesicht gegen den stumpfschwarzen, nie ganz dunklen Himmel sah.

Dann buddelten sie ihn zu.

Es wurde keine Rede gehalten und keine Salve geschossen. Bevor der Tote noch ganz zugedeckt war, verließen die Soldaten das Grab. Das einzige, was man für den Toten tun konnte, hatte Deutschmann getan: Auf ein rohes, auf das Birkenkreuz genageltes Brettchen hatte er mit Tintenstift geschrieben:

Soldat Werner Katzorki

* 1912 † 1943

und darunter klein und flüchtig:

Vielleicht hat er es jetzt besser.

Wieder einmal tauchte in Babinitschi Oberleutnant Bevern auf. Was er dort wollte, wußten weder Wernher noch Obermeier, der schnell angerufen wurde – in dem Augenblick, in dem Bevern aus dem Schlitten kletterte, den Mantel zuknöpfte, die Meldung entgegennahm, einen Unteroffizier freundschaftlich-leutselig tadelte, weil er keinen Stahlhelm trug, und Wanda, Wernhers Dolmetscherin, nachblickte, die an ihm vorbeiging. Trotz des unförmigen dicken Mantels und der Filzstiefel, die sie trug, konnte man unmöglich übersehen, daß sie verteufelt hübsch war.

»Weibsstück!« knurrte der Adjudant erbittert, als er Wanda nachsah – und dachte im gleichen Augenblick an einen Vortrag, den er beim nächsten Schulungsabend halten wollte: Die Unterwanderung der Moral des deutschen Soldaten durch die russische Frau.

Wernher legte den Telefonhörer wieder auf, betrachtete vom Fenster her Bevern und grinste vor sich hin. »Der wird heute nacht schlecht schlafen«, sagte er zu seinem Spieß. »Wenn der Kerl nicht aus Ton ist, muß Wanda zumindest einen Gedanken bei ihm hinterlassen haben.«

»Es dürfte kaum anzunehmen sein, Herr Oberleutnant«, murmelte der Spieß, bevor er den Raum verließ. Er trug eine Brille, hatte ein gelehrtes Aussehen und sprach – wenn er nicht gerade wütend war – sehr gewählt.

Bevern und Wernher schüttelten sich die Hände.

»Bin wieder im Lande, Herr Wernher! Wundern Sie sich darüber?«

Wernher hob die Schultern.

»Wundern? Nein – warum?« antwortete er gleichmütig. »Im Krieg muß man immer mit unangenehmen Überraschungen rechnen.«

»Danke.« Bevern bekam ein steifes Kreuz. Doch dann überlegte er, daß er sich zusammennehmen und den ersten Schritt zu einer Versöhnung tun mußte oder wenigstens zum guten Einvernehmen, denn Versöhnen mußten sie sich ja eigentlich nicht, da sie ja nie gestritten hatten. Das Offizierskorps mußte zusammenhalten wie Pech und Schwefel, in guten wie in schlechten Zeiten, besonders in schlechten oder – schwierigen. »Warum sind Sie eigentlich so abweisend?« fragte er beschwichtigend. »Sie tun geradeso, als ob ich auf der Welt wäre, nur um Sie zu ärgern. Wir müssen zusammenhalten, wir sitzen ja doch alle zusammen in einem Boot.«

»Nur, daß Sie verkehrt rudern«, brummte Wernher mißmutig.

»Sie sind ungerecht. Ich tue nur meine Pflicht.«

Wernher setzte sich. »Aha«, sagte er, »nur Ihre Pflicht. Gut, gut. Vor drei Tagen zum Beispiel haben Sie die Urlauber aus dem Lazarett oder dem Truppenverbandsplatz Barssdowka in Orscha gesammelt und haben mit ihnen einen Ausmarsch gemacht. Das war Ihre – Pflicht, was, Herr Bevern?« Den letzten Satz sagte er langsam und betonte jede Silbe. »Verwundete, die bei jeder regulären Truppe für sechs Wochen nach Hause geschickt würden. Ich weiß, ich weiß ...«, winkte er ab, als Bevern etwas entgegnen wollte, »wir sind keine reguläre Truppe, bei uns gibt es keinen Urlaub. Bei uns gibt es nur eine Erholung in der Etappe. Erholung in Orscha. Daß ich nicht lache! Und dort, in dieser ›Erholung‹ – da stehen Sie, sammeln die Männer, die zum Teil noch halb offene Wunden haben und marschieren mit ihnen hinaus. Drei-vier, ein Lied! Sie lassen sie durchs Gelände robben, Sie veranstalten Kasernenhofdrill, machen Grußübungen, Parademarsch, Gewehrkloppen und Nachtmärsche – und das mit Leuten, die sich kaum auf den Beinen halten können!«

Oberleutnant Bevern sah aus dem Fenster. Sein junges Gesicht war hochmütig und verschlossen.

»Abhärtung!« sagte er schließlich. »Militär und Krieg sind keine Ausflugsfahrt ins Blaue. Bewegung hat noch nie jemandem geschadet.«

»Das fragen Sie mal jemanden, der mehr davon versteht. Zum Beispiel einen Arzt.«

»Ach was!« sagte Bevern wegwerfend.

»So was nennt man Sadismus, Herr Bevern.«

»Nennen Sie es, wie Sie wollen. Nirgendwo steht, daß Rekonvaleszenten unmilitärisch behandelt werden sollen. Gesund oder – weniger gesund, sie bleiben Soldaten! Ja – verstehen Sie denn nicht, Herr Wernher, wir brauchen Soldaten, ganze Kerle, hart und unnachgiebig gegen sich selbst. Nur dann werden auch sie hart, unnachgiebig und mitleidlos gegen unsere Feinde sein. Sie sind doch Offizier, das müßten Sie verstehen! Hören Sie, Herr Wernher, wir müssen einen verdammt schweren Kampf ausfechten, vielleicht ist es noch ein langer Weg zum Endsieg . . .«

»Hören Sie damit auf! Wenn ich das höre, denke ich an eine Schallplatte mit einem Sprung, die immer dasselbe leiert: hart – hart – hart – Endsieg – Endsieg – Endsieg . . .«

Bevern fuhr herum. Sein Gesicht und seine ganze angespannte Gestalt drückten einen einzigen Gedanken aus: Jetzt hab' ich dich.

»Sie glauben etwa nicht daran?« fragte er leise, lauernd.

»Wieso?« Wernher sah den andern treuherzig an. Mein Gott, wie dumm du bist, dachte er, wie entsetzlich dumm! Und ausgerechnet du glaubst, mich zu erwischen!

»Ihre Äußerung . . .«

»Hören Sie, Bevern, dafür könnte ich Sie belangen. Sie wollen mir Worte in den Mund legen, die ich nicht einmal im Traum sagen würde. Es spricht nicht für Ihre intellektuellen Fähigkeiten, wenn Sie das, was ich damit sagen wollte, nicht verstehen können, nämlich: Warum soll man immer ein Wort wiederholen, von dem man ohnehin weiß, daß es wahr ist und daß es nichts anderes geben kann. Sie wissen ja: Ein Wort kann durch allzu häufige Wiederholung nur entweiht werden. Und das Wort ›Endsieg‹ muß uns allen heilig sein.«

Bevern schwieg verblüfft. Alles andere hätte er erwartet, nur das nicht. Er ballte die Fäuste in den Manteltaschen und sagte schließlich hilflos, nur um etwas zu sagen:

»Wenn – wenn wir uns darüber klar sind – warum dann diese Distanz zwischen uns?«

Wernher erhob sich. Er trat einen Schritt vor und sah Bevern kalt an:

»Unsere Weltanschauung beinhaltet zugleich Achtung vor einem Menschen, Herr Bevern. Sie sind ein schlechter Nationalsozialist. Ich bin nicht in der Partei, und doch würde ich mir Sachen, die Sie tun, niemals erlauben. Ich verabscheue Sie. Was Sie mit den Leuten machen, die endlich einige Tage Ruhe haben sollen, weil sie verwundet sind, weil sie für Deutschland geblutet haben – auch wenn sie in einem Strafbataillon sind, ist gelinde gesagt hundsgemein. Ich schäme mich, mit Ihnen die gleiche Offiziersuniform zu tragen. Sie sind nicht nur ein schlechter Nationalsozialist. Sie sind auch ein Schwein, ein sadistisches Schwein!«

Oberleutnant Bevern verließ wortlos die Bauernhütte. Leichenblaß, wie betäubt, blieb er einige Augenblicke auf der Straße stehen. War das noch Wernher – der zwar spöttische, aber doch verträgliche Wernher? Er sprach wie Obermeier, er sprach wie alle Feiglinge, denen es die deutsche Wehrmacht zu verdanken hatte, daß sie nicht mehr die durchschlagende, unbesiegbare Kraft der ersten Jahre hatte. Bröckelte das Offizierskorps auseinander? Was hat er gesagt? Ein schlechter Nationalsozialist! Und das mir! Ausgerechnet mir! Ein schlechter Nationalsozialist! Weil ich diese Höllenbrut in Orscha durcheinanderjagte, weil ich jede Minute meines Lebens für die Idee opfere, weil ich ... diese Distanz zwischen uns?

Langsam, niedergeschlagen ging er zu seinem Schlitten. Und in ihm reifte der Entschluß, trotz allen Widerständen noch mehr als bisher sein Leben der Idee zu weihen. Er wußte, daß er nicht allein war, daß hinter ihm noch andere Männer standen, und er war bereit, sein ganzes Sein in die Waagschale zu werfen für den Sieg; für den wirklichen, endgültigen Sieg, nicht nur über die Feinde draußen, auch gegen die, die sich in den eigenen Reihen eingeschlichen haben.

»Abfahren, zum Bataillon!« rief er dem Fahrer mit scharfer, überkippender Stimme zu.

Wernher rief schnell Obermeier an und erzählte ihm, was in seiner Hütte vorgefallen war. Obermeier schwieg eine Weile, und dann kam seine Stimme dünn und verzerrt durch den Draht:

»Du bist wahnsinnig, Wernher!«

»Ich habe es satt, Fritz!«

»Hör mal – ich – wir müssen den Kopf oben behalten, Wernher, wir dürfen uns nicht hinreißen lassen. Was soll aus unseren Leuten werden, wenn wir plötzlich . . . wenn wir etwa genauso wie viele von ihnen als Schützen irgendwo in einer Strafeinheit landen?«

»Man kann nicht immer daran denken«, sagte Wernher mit mühsam verhaltener Stimme.

»Aber man muß es versuchen.«

»Ich mußte mich zurückhalten, um nicht seine Fresse zu zerschlagen.«

»Das kann ich dir bei Gott nachfühlen. Halt dich zurück . . . Kommst du heute 'rüber?«

»Ich werd's versuchen.«

»Also bis dann. Wir müssen irgend etwas finden. Es dürfte doch nicht so schwer sein, diesen Scheißkerl unschädlich zu machen!«

Wernher legte den Hörer auf und sah nachdenklich durch das Fenster dem Schlitten nach, der schon weit draußen über die Steppe glitt.

Durch die Nacht rumpelte der Schlitten.

Es schneite. In dicken, trägen Flocken rieselte der Schnee aus dem Grauschwarz des Himmels. Lautlos deckte er das Land zu. Vor den Kufen des Schlittens wirbelte der Neuschnee in Wolken auf und stäubte über die vermummte Gestalt, die das Fahrzeug lenkte. Durch den Vorhang aus weißen Perlenschnüren hob sich die schwarze Wand des Waldes nur unklar gegen den Horizont ab. Auf der rechten Seite der Straße stachen in weiten Abständen einige runde Pfähle aus dem Schnee hervor, an denen sich der verwehte Neuschnee immer höher emporhob: Die Kennzeichen der verlegten Telefonkabel, die täglich von den Störtrupps abgegangen wurden.

Schwanecke hielt sich mit beiden Händen fest. Ab und zu fluchte er. Der Schlitten sprang über vereiste Schneebukkel, immer wieder wurde er hochgeschleudert und elend durcheinandergeschüttelt. Die Maschinenpistole, die er sich um den Hals gehängt hatte, schlug ihm in die Magengrube. Der kleine Motor unter seinem Sitz heulte hoch und durchdringend. Ob er diese dauernde Überbelastung aushielt?

Plötzlich sah Schwanecke auf der Straße eine Gestalt aus dem Schneetreiben auftauchen. Eine kleine, zottlige Gestalt in einem dicken Pelz, genauso vermummt wie er selbst. Einsam, verloren stand sie inmitten der grauweißen Weite. Als der Schlitten herankam, hob sie die Hand, ohne sich zu rühren.

Schwanecke trat auf die Bremsen. Der Schlitten rutschte noch etwas, schleuderte, dann stand er. Er stellte den Motor ab und kletterte von seinem Sitz. Den Riemen der Maschinenpistole hob er über seinen Kopf und nahm die Waffe in die Hand. Langsam ging er gegen die stumm wartende Gestalt.

Dann erkannte er ihn, blieb wie angewurzelt stehen, beugte sich vor und hob die Mündung der Maschinenpistole an.

Pjotr Sabajew Tartuchin hob beide Hände zum Zeichen, daß er keine Waffen trug. Aus zusammengekniffenen Augen, deren Pupillen man überhaupt nicht mehr wahrnehmen konnte, starrte er Schwanecke an, schweigend einige lange Augenblicke, bis er schließlich den Mund öffnete und mit steifen Lippen sagte:

»Da bist du!«

Über Schwaneckes Rücken lief ein eisiger Schauer. Sein Blick löste sich von Tartuchin und glitt schnell sichernd über die schneebedeckte Steppe. Tartuchin lächelte schwach.

»Wir sind ganz allein, Briderrchen . . .« Er machte eine weitausholende Handbewegung, die die ganze Unendlichkeit einschloß, die sich um sie und über ihnen ausbreitete. »Niemand sieht zu . . .«

Schwanecke nickte. »Gut.« Seine Stimme war ihm selbst fremd. Er wußte, daß er kämpfen mußte, und er wollte kämpfen, obwohl er mit einem einzigen Feuerstoß aus seiner Maschinenpistole den andern von der Straße wegfegen konnte. Aber das war zu leicht. Das war nicht das Richtige. Es war zu einfach, abzudrücken, er wollte mehr, und er ahnte, daß sich dieses Mehr genau mit Tartuchins Absichten deckte. »Na los, mach weiter!« sagte er, und in seiner Stimme schwang ein kleines, unlustiges, triumphierendes Lachen.

Tartuchin griff in die Tasche seines Pelzes und hielt Schwanecke zwei kurze, leicht gebogene Dolche entgegen. Sogar jetzt, in der Dunkelheit, konnte Schwanecke sehen, daß ihre Griffe reich verziert waren.

»Schön – verkaufst du sie?«

»Du oder ich!« sagte Tartuchin.

»Machst du's nicht billiger?«

Tartuchins Lächeln gefror.

»Such dir eins, sie sind gleich.«

Schwanecke zog seinen Handschuh aus und tippte mit dem Zeigefinger gegen die Schneide eines Dolches. Der Dolch war scharf wie ein Rasiermesser.

»Nicht schlecht . . .«

Tartuchin nickte: »Er muß durch den Pelz . . .«

Schwanecke nahm einen Dolch, wog ihn in der Hand, warf ihn empor, fing ihn geschickt wieder auf und trat dann zwei Schritte zurück.

»Warum Pelz, du gelber Affe?« Er knöpfte seinen dicken Lammfellmantel auf, zog ihn aus und warf ihn in den Schnee hinter sich. Dann sicherte er die Maschinenpistole und warf sie auf den Mantel. »Wir brauchen keinen Pelz in der Hölle, mach weiter!«

Tartuchin zögerte kurz. Dann schälte auch er sich aus seinem zottligen Pelz und warf ihn in den Schnee. Zitternd vor Kälte und Erregung standen sie sich gegenüber. Im Osten, über den verschwommenen Wäldern wurde der Himmel fahl.

»Mach schon, du Mißgeburt!« zischte Schwanecke, duckte sich und streckte die Hand mit dem Dolch leicht vor.

Tartuchin federte in den Knien. Die Schneide seines Dolches schimmerte matt.

So standen sie sich gegenüber. Keiner dachte mehr. Und plötzlich schnellte Tartuchin mit einem ächzenden Laut vor, stieß mit der Hand blitzschnell zu, doch Schwanecke wich aus, zog das Knie an und trat Tartuchin gegen den Unterleib.

Der Mongole brüllte auf. Tierisch, wie ein angeschossener Wolf. Sein Körper klappte zusammen, doch sein Gesicht blieb aufwärts gekehrt. Schwanecke stürzte vor und stieß die Faust mit dem Dolch gegen dieses Gesicht, in die verzerrte Fratze, die wie ein Irrwisch vor ihm hin und her huschte.

Tartuchin wich dem Stoß aus. Er drehte sich um seine eigene Achse und stieß zu, als Schwanecke an ihm vorbei, hinter seinem eigenen Stoß herfiel.

Schwanecke konnte nicht ausweichen, er sah eigentlich den blitzschnellen Stoß des Mongolen gar nicht. Ein heißer, stechender Schmerz in der rechten Hüfte durchjagte ihn. Und fast zugleich fühlte er etwas Warmes über seinen Schenkel fließen.

»Hund, du verfluchter!« keuchte er, sprang zur Seite und stolperte. Das rechte Bein wurde leblos, er konnte sich nicht mehr darauf stützen.

Tartuchin umkreiste ihn. Er warf einen kurzen, schnellen Blick auf die Schneide seines Dolches, sah, daß sie blutig war und begann zu grinsen. Ein wilder Taumel ergriff ihn. Blut! Blut! Sein Blut! »Ich werde dich töten!« keuchte er. Und wieder: »Ich werde dich töten!« keuchte er. Und wieder: »Ich werde dich töten – ich werde dich töten!«

Schwanecke schwieg. Sein rechter Schenkel brannte wie

Feuer. Er haßte den andern nicht mehr. In ihm war ein kalter, eisiger Wille zum Töten. Er war ruhig. Und der Schmerz nicht sein eigener Schmerz. Er war außer ihm, denn nichts, was nicht töten hieß, hatte mehr Platz in seinem Körper. Er sah das gelbe, verzerrte Gesicht um sich kreisen und bewegte sich mit, immer um sich selbst, den Dolch in der vorgestreckten Faust. Und dann plötzlich warf er sich wie von einer Sehne abgeschnellt auf die kleine, zusammengebückte Gestalt des Mongolen. Sein Sprung kam so plötzlich, lautlos und unvorbereitet, mit einer eiskalten, berechnenden Wildheit, daß Tartuchin nicht mehr ausweichen konnte. Er ließ sich nur in den Schnee fallen und stieß die Faust mit dem Dolch nach oben. Aber er traf Schwanecke nicht. Er sah Schwaneckes Gesicht über sich, ganz nah, jedes Barthaar erkennend: Ein kaltes, regungsloses, erstarrtes Gesicht, das sich nicht einmal verzog, als Tartuchin weitausholend zustach und Schwanecke in den Rücken traf.

Da brach in Tartuchin eine Welt zusammen. Er spürte die kurze Dolchklinge in seinen Körper dringen, einmal – noch einmal – und er fing grell, um sich schlagend, zu schreien an. In seiner Stimme waren Angst, Grauen, Verzweiflung über den Tod, der auf ihm hockte – und Sehnsucht nach dem Leben. Mit einem verzweifelten Aufheulen schleuderte er Schwanecke zur Seite, rollte abseits und sprang zugleich mit Schwanecke wieder auf. Und dann sah er die Hand des Deutschen mit dem Dolch wieder vorzucken.

Da verlor Tartuchin die Kraft und sein Gesicht.

Er wandte sich ab und rannte schreiend die Straße entlang, durch den wirbelnden Schnee laufend, sich vorwerfend, nur weiter, so weit wie möglich von diesem Dämon, in die fahle Dämmerung, die über die Wälder kroch und die Spitzen der Bäume aus dem Schwarz des Himmels hob. Hinter sich hörte er lautes, irres Lachen. Mit blutendem Gesicht, den brennenden Körper voller Wunden, taumelte er voran. Er weinte.

Er keuchte und sprach – aber wahrscheinlich dachte er nur, daß er es laut sagte, denn die Worte sprangen ihn von überall her an, er war voll von ihnen: »Er ist stärker als ich, er ist viel stärker – ich habe Angst – ich habe Angst, er ist der große, einsame und furchtbare Wolf . . .«

Er merkte nicht einmal, daß er in den Schnee fiel und auf allen vieren dem Wald entgegenkroch. Hinter sich zog er einen roten Streifen wie eine dünne Schnur, die sich von seinem Körper abspulte. Er dachte: Laß mich sterben – laß mich sterben – er hat mir die Kraft genommen, den Mut und die Seele . . . Aber er kroch weiter, richtete sich auf und taumelte dem Wald zu. Mit der Hand schöpfte er etwas Schnee hoch und drückte ihn auf die brennenden Wunden im Gesicht.

Schwanecke fiel in die Knie, als Tartuchin hinter dem Schneevorhang untergetaucht war. Er lachte immer noch, aber sein Lachen hatte sich gewandelt. Der Triumph war aus ihm verschwunden und machte der Verzweiflung über den rasenden Schmerz Platz. Seine rechte Seite war wie abgestorben, und die Wunde im Rücken brannte, als habe jemand Salz hineingestreut. Mit dem Kopf sank er in den Schnee und fühlte die eisige Kälte dankbar auf seiner Stirn. Doch er durfte nicht – durfte nicht . . . Auf den Knien rutschte er über die Straße, zog sich wimmernd an dem Schlitten empor, auf den Sitz und fiel über das Steuerrad.

Er mußte weiter. Jede verlorene Minute brachte ihn näher an den Tod, und er wollte nicht sterben. Er mußte weiter, weiter ... er tastete nach dem Zündschlüssel, drehte ihn herum, gab Gas, der Motor sprang an: klappernd, kalt geworden, rumpelnd. Der Sitz schüttelte.

Und dann schoß der Schlitten heulend davon, von der Straße weg, in einem Bogen über das Feld, zurück zur Straße und mit höchster Geschwindigkeit auf Barssdowka zu.

Schwanecke lag über dem Steuerrad. Er fuhr durch eine nebelhafte Traumwelt, in der nur seine Schmerzen wirklich waren. So kam er in Barssdowka an: ein heulender Schlitten, der wie betrunken von einer Straßenseite zu anderen fuhr und vor dem Verbandsplatz schleudernd in einen hohen Schneehaufen raste.

Langsam, als wollte er auch jetzt noch nicht nachgeben, fiel Schwanecke auf die Seite, versuchte sich festzuhalten und rollte dann zusammengekrümmt in den Schnee.

Kurz darauf fand ihn Jakob Kronenberg ohnmächtig im Schnee liegen.

Berlin:

Dr. Franz Wissek, Chirurg an der Charité, behauptete von sich, er sei ein Glückspilz. Dies läßt sich nur aus seinem Wesen erklären; ein anderer an seiner Stelle hätte von sich gesagt, er sei ein Pechvogel: Dr. Wissek hatte nämlich nur ein Bein und auch sonst am Körper einige tiefe Narben, die ihm das Jahr 1941 geschlagen hatte.

Doch hatte seine private Philosophie – aus der Nähe gesehen – einiges für sich. Als hoffnungsvoller junger Chirurg wurde er 1939 eingezogen und arbeitete in Polen – Frankreich – auf dem Balkan – und dann im Rußlandfeldzug an ungezählten Truppenverbandsplätzen. 1941 wurde bei einem Gegenangriff der Russen sein Verbandsplatz überrollt. Die deutschen Truppen fanden ihn nach dem Gegenangriff in einem Loch liegen; sein halb abgerissenes Bein hatte er, so gut es ging, selbst abgebunden. Noch am gleichen Tage wurde es ihm amputiert. Er hätte also allen Grund zur Niedergeschlagenheit. Aber Niedergeschlagenheit paßte nicht zu Wissek, und so sagte er, die meisten seiner Kameraden wären bei dem russischen Artillerieüberfall gefallen, er aber blieb am Leben. Zudem fielen jeden Tag soundso viele junge Menschen. Er aber lebte noch. Ist das etwa kein Grund zu behaupten, man sei ein Glückspilz? Ob mit oder ohne Bein, das bleibt sich gleich. Mit einem Bein kann man genausogut operieren wie mit zwei, zumal seine Kollegen Orthopäden so verteufelt gute künstliche Beine zu bauen verstünden. Die Sonne scheint auch für die Menschen mit einem Bein, sagte er. Und weiter – und das, was man so über ihn hörte, schien ihm recht zu geben – es gäbe auch 'ne Menge hübscher Frauen, denen es überhaupt nichts ausmachte.

Genauso unbekümmert wie gegen seine eigenen Leiden – bei den langen »Stehsitzungen« im Operationssaal hatte er oft unerträgliche Schmerzen –, war er auch gegen Vorurteile jener Zeit, und was noch wichtiger war, gegen wirkliche oder vermeintliche Gefahren, die aus ihr erwuchsen. Er war früher, bevor Deutschmann zum Strafbataillon kam, sein und Julias Freund gewesen. Er blieb es auch weiterhin.

Und so kam es, daß Julia zu ihm ging, als sie alle Vorarbeiten für den Selbstversuch beendet hatte und darangehen konnte, ihn durchzuführen.

Groß, etwas vornübergebeugt, sich schwer auf sein gesundes Bein stützend, mit lachenden grauen Augen und einem dunklen, wirren Haarschopf über der Stirn, begrüßte er Julia in einem Gang der Charité.

»Ich hab' dich lange nicht gesehen, Mädchen«, sagte er, und Julia, die in den letzten Wochen und Monaten sehr empfindlich geworden war, bemerkte, daß er sich wirklich freute, sie zu sehen. Es wurde ihr warm ums Herz, und sie fragte sich, warum sie nicht schon eher zu ihm gegangen war – irgendwann, um eine oder zwei Stunden mit ihm in einem Lokal zu sitzen oder draußen auf dem Wannsee zu segeln. Aber dann sagte sie sich, daß es so sicher besser war: Es hatte eine Zeit gegeben, wo sie nahe daran war, ihr Herz an den großen, unbekümmerten Jungen zu verlieren – genauso wie ein paar Dutzend Mädchen und Frauen vor ihr und nach ihr. Er hatte damals sogar vom Heiraten gesprochen, aber Julia hatte den begründeten Verdacht, daß er desgleichen öfter sagte. Nun ja, vielleicht hätte sie ihn heiraten können, aber sie war nicht bereit, mit einem Mann zu leben, der bewundernd hinter jedem Paar hübscher Mädchenbeine herblickte. Dann lernte sie Ernst kennen, und danach gab es keine Frage mehr, ob sie »Franzl«, wie sie ihn alle nannten, doch noch nehmen sollte.

»Ich brauch' was von dir«, sagte sie, »du kannst mir bestimmt helfen.«

Der junge Arzt hakte sie unter und zog sie den Gang entlang. »Du weißt, Mädchen, daß du von mir alles haben kannst. Komm, gehen wir in meine Bude, ich habe jetzt ein bißchen frei, wir können ein Glas Schnaps trinken und von alten Zeiten reden. Es war doch schön, oder?«

»Sehr«, sagte Julia.

Sein künstliches Bein schlug hart gegen den glänzenden Fußbodenbelag, und Julia dachte einen kurzen Augenblick daran, wie schwer es diesem jungen, gesunden Menschen, Hansdampf in allen Gassen, sportbegeisterten Schwerenöter doch sein mußte mit seinem Gebrechen – trotz aller zur Schau getragenen Unbekümmertheit und Wurstigkeit. Aber dann dachte sie wieder an das, was sie von ihm haben wollte, und daran, ob es ihr gelingen würde, es auch zu bekommen.

Trotz Überfüllung der Charité hatte es Dr. Wissek fertiggebracht, eine kleine Kammer im obersten Geschoß für sich zu bekommen, obwohl er eine hübsche Villenwohnung in Berlin-Dahlem hatte. »Hin und wieder braucht man eine Schmollecke – bei den ekligen Chefs«, sagte er, als er mit Julia im Aufzug nach oben fuhr. »Außerdem muß man ab und zu in Ruhe meditieren können . . .« Allerdings war es in der Klinik allgemein bekannt, daß er gar nicht so selten zu zweit meditierte.

Oben angelangt, bot er Julia den einzigen Stuhl an, setzte sich selbst auf das einfache Feldbett und holte aus einem Schränkchen eine Flasche Kognak und zwei Wassergläser. »So läßt sich's leichter reden«, lächelte er Julia an, während er einschenkte; und genauso wie früher, konnte sie auch in diesem Augenblick verstehen, daß es wenige Frauen gab, die diesem netten Windhund widerstehen konnten.

Sie tranken, und er schenkte gleich wieder ein.

»Nicht doch, oder willst du unbedingt ein Saufgelage veranstalten?« fragte sie. Der Kognak wärmte sie und überzog ihr Gesicht mit einer leichten Röte.

»Hübsch bist du – viel hübscher noch als damals«, sagte er leise, während er sie bewundernd anblickte.

»Laß uns über ernste Sachen sprechen«, sagte sie abweisend – aber es tat ihr wohl, daß er es gesagt hatte, es tat ihr gut, hier zu sitzen und mit ihm Kognak zu trinken – auch wenn es aus einem Wasserglas war, aus dem schon weiß Gott wie viele vor ihr Kognak getrunken hatten.

»Schieß los, was gibt's?«

»Du weißt, daß sich Ernst mit Aktinomyzessarten beschäftigte, mit Strahlenpilzen . . . Er war schon ziemlich weit, als diese – diese . . .«

»Schweinerei passierte. Sprich's ruhig aus«, sagte der Arzt kurz.

»Ja. Wir hatten zu wenig Zeit, um die Versuchsreihe zu beenden. Aber wir waren überzeugt, auf dem richtigen Wege zu sein.«

»Wie ich Ernst kenne . . . wird es wahrscheinlich stimmen.«

»Kurz – wir hätten noch ein bißchen Zeit haben sollen, dann wären wir soweit, es mit Streptokokken, Staphylokokken, vielleicht auch mit Typhuserregern aufzunehmen. Es ist eine ganz neue Sache – es ist uns gelungen, einen Stoff zu isolieren, der in kürzester Zeit diese Mikroben tötet, sie einfach verschwinden läßt, du hättest das sehen müssen . . .« Sie hatte sich in Erregung geredet, der Arzt beugte sich gespannt vor, sprang dann auf und sagte:

»Moment mal, was hast du gesagt, einen Stoff abgesondert, der diese Biester einfach verschwinden läßt ... aus Strahlenpilzen?«

»Ja.«

»Weißt du auch, was du da sagst?«

»Natürlich weiß ich das!«

»Aber das ist ja – das ist ja großartig! Wenn das wirklich stimmt, Mädchen, das ist ja mehr als großartig! Wenn du wüßtest, wie schwer wir es mit diesen alten, eiternden, jauchenden Wunden haben ... na ... warte einmal, ich muß mich zusammennehmen, erzähl weiter!«

Er setzte sich wieder, trank seinen Kognak in einem Zug aus und schenkte sich gleich wieder ein.

»Du kennst mich – jedenfalls gut genug, um zu wissen, daß ich nie etwas zuviel gesagt habe ...«, sagte Julia.

»Das stimmt. Viel zu wenig«, grinste der Arzt.

»Bleib bitte ernst. Also wir haben diesen Stoff isoliert, und dann machte Ernst einen Selbstversuch.« Jetzt sprach sie sehr langsam und überlegt weiter. Sie durfte keinen Fehler machen. Sie mußte das bekommen, was sie von ihm wollte – und wenn sie lügen mußte.

»Das war falsch, er hätte es nicht machen sollen, es war noch zu früh. Nun ist er weg, ich bin ganz allein – und was sollte ich schon tun? Ich habe an der Sache weitergearbeitet. Ich habe wieder etwas von diesem Stoff hergestellt – ‚Aktinstoff' nannten wir ihn – und möchte ein paar Tierversuche machen. Was ich von dir brauche, ist Eiter von einem Patienten, der eine Staphylokokken-Infektion hat, am liebsten hätte ich Staphylokokkus aureus. Du wirst doch hier irgend etwas Ähnliches haben, eine Pyodermie, eine Furunkulose ...«

»Für einen Tierversuch?« Der Arzt sah sie fragend, forschend und zweifelnd an.

»Ja«, sagte sie und erwiderte seinen Blick. Ihr Herz klopfte langsam und schwer. Und mit gespielter Leichtigkeit – wie gut können doch Frauen spielen, wenn sie etwas erreichen wollen – setzte sie hinzu: »Natürlich, was denn sonst? Du hast doch sicher solche Patienten?«

Der Arzt Dr. Franz Wissek kannte Julia von früher her als eine umsichtige, zielstrebige Ärztin, die ihre Absichten immer sehr energisch in die Tat umsetzte. Gewiß war die Arbeit, mit der sie sich jetzt befaßte, nicht ungefährlich. Aber er war sicher, daß sie genau wußte, was sie tat und was sie wollte. Warum sollte er ihre selbstgestellte Aufgabe erschweren? Es gab keinen Grund dazu. Andererseits verschaffte es ihm eine gewisse Befriedigung, gerade Julia zu helfen – nicht nur deswegen, weil er früher einmal geglaubt hatte, sie würde seine Frau werden, sondern auch, weil sie die Frau des verpönten Dr. Deutschmann war, des Mannes, dessen Namen einige seiner Kollegen nicht einmal mehr auszusprechen wagten, obwohl sie früher stolz behaupteten, seine Freunde zu sein.

»Nun ja«, sagte er, »wenn's so ist – mit diesen Biestern kann ich dir immer dienen. Ich habe hier einen sehr hübschen Fall. Einen Mann mit einem mächtigen Gesichtsfurunkel. Ich bin nicht sicher, daß wir ihn durchkriegen.«

»Genau das Richtige. Komm, laß uns gehen.«

»He, so schnell schießen die Preußen nicht! Trink zuerst deinen Kognak aus. Aber mir scheint, du hast gar nicht gemerkt, was für ein tolles Gesöff das ist. Ich hab' ein paar Flaschen von einem Parteibonzen bekommen, den ich von einer sehr unangenehmen Krankheit geheilt habe.« Er grinste breit. »Das gibt's auch noch, ob du's glaubst oder nicht.«

»Hast du auch Privatpatienten?«

»Das darf man ja nicht – aber kannst du mir verraten, wie man auf Lebensmittelkarten satt wird? Ab und zu kommt jemand zu mir, meistens hohe Herren und ihre Damen . . . man muß mitnehmen, was sich einem bietet.«

»Das ist eine der häufigsten Redensarten, die man in diesen Tagen hört. Aber du hast dich auch schon früher daran gehalten . . . Komm, gehen wir jetzt.«

»Also gut«, sagte der Arzt und stand auf.

Der Patient, ein Mann von etwa vierzig Jahren, trug einen Verband, der das ganze Gesicht bedeckte. Schweigend, mit schnellen, geschickten Fingern nahm Dr. Wissek den Verband ab. Julia zuckte zusammen, als sie das Gesicht des Kranken sah: Es war verschwollen, die Augen waren hinter den dicken Wülsten kaum zu sehen, die Lippen waren eitrig verkrustet, und an einem Nasenflügel saß ein großes Geschwür, aus dem Eiter hervordrang.

»Sieht schon besser aus«, sagte der Chirurg, und Julia wußte, daß diese Worte für den Patienten gedacht waren, nicht für sie. Der Kranke bewegte die Lippen, doch aus seinem Mund kam nur ein unverständliches Lallen. Er mußte gräßliche Schmerzen haben.

»Nur ruhig«, sagte der Arzt. »Wir wollen eine kleine Eiterprobe entnehmen – immerhin haben Sie einen ganz schönen Furunkel, der wert ist, näher untersucht zu werden. So, mit dem Laboratorium und dem ganzen Drum und Dran.« Seine Stimme war sanft, plaudernd, sie beruhigte den Patienten, und Julia dachte, daß er der geborene Arzt war: Ein Mann, der wußte, was Schmerzen waren, der sie selbst erleiden und immer wieder von neuem besiegen mußte, ein Mann, dessen Stimme und dessen Hände verrieten, daß er allein um zu helfen da war, um zu helfen und zu trösten.

Mit einem Spatel strich er vorsichtig etwas Eiter ab und schmierte ihn in eine kleine flache Schale. »Das wird genügen«, sagte er später, als er mit Julia wieder auf dem Gang stand. »Ein paar hundert Millionen Staphylokokken sind sicher drin. Unser Bakteriologe hat gesagt, es sei einwandfrei der Staphylokokkus aureus. Deine Viecher werden es nicht leicht haben. Arbeitest du mit Mäusen?«

»Ja.«

»Kann ich einmal vorbeikommen?«

»Sicher kannst du das. Aber nicht, bevor ich etwas Endgültiges weiß!«

»Und wann wird das sein? Du kannst dir ja denken, daß mich die Geschichte ungeheuer interessiert.«

»In einigen Tagen. Ich denke, vielleicht fünf, sechs Tage. Ich werde dich anrufen.«

»Tue das. Ich werde warten.«

Erich Wiedeck saß in einem halbfertigen, abgestützten Bunker und rauchte eine Zigarette – die letzte aus seiner Zuteilung – als sich der schmale Eingang verdunkelte und sich eine breite Gestalt in den Bunker schob. Wiedeck blieb die Zigarette auf halbem Weg zum Mund in der Luft hängen. Zuerst dachte er, er irrte sich – doch es stimmte:

Krüll.

»Da wirst du doch verrückt«, murmelte er fassungslos, während er langsam aufstand.

»Na, ihr Schlappschwänze? Schon Feierabend? Ach ja – da ist ja nur einer drin. Wo sind die anderen?«

»Wer?« fragte Wiedeck.

»Na – die anderen. Oder baust du etwa den Bunker allein?«

»Ich hab' da noch etwas zu tun gehabt«, sagte Wiedeck. Es stimmte nicht ganz. Er hatte sich in diesem Bunker eine halbe Stunde vor der Ablösung versteckt; er wollte Ruhe haben, er war hundemüde, und im Bunker war es einigermaßen warm. Jedenfalls wärmer als draußen, wo dieser verdammte Wind über die Ebene zog und die Schneekristalle wie Nadeln ins Gesicht stachen.

»Na, ich weiß nicht«, polterte Krüll. »Scheint ganz gemütlich hier zu sein. Soldatenspielen – welche Wonne! Jetzt weiß ich auch, warum die fünfzig Meter Graben fehlen. Statt zu schanzen, sitzt ihr hier herum. Es war Zeit, daß ich einmal selbst nach dem Rechten sehe!«

Erich Wiedeck drückte die Zigarette bedächtig aus, verwahrte die Kippe in der Brusttasche und setzte sich wieder. Krüll starrte ihn entgeistert an und brüllte dann laut:

»Hopp, hopp – 'raus aus dem Bunker und 'ran an die Spitzhacke.«

»Nee«, sagte Wiedeck, »Ablösung ist bereits fällig. Ich bin schon seit zehn Stunden – die ganze Nacht – hier. Und die ganze Zeit hab' ich nichts zu fressen gekriegt und keine Ruhe gehabt. Feierabend!«

»Ruhe? Ist die Wehrmacht etwa ein Sanatorium?« schrie

Krüll. Er kam sich sehr stark vor. Mit Hefe und Kentrop war er mit vier Schlitten von Gorki an die Schanzstellen gefahren, in der Morgendämmerung, bei Feindeinsicht, ohne daß die Russen auf sie reagiert hätten. Das ließ in Krüll den Verdacht aufkeimen, daß alle Meldungen von den Sowjets, die auf jeden Punkt schossen, der sich über das Schneefeld bewegte, weit übertrieben seien und nur dazu dienten, eine ruhige Kugel zu schieben. Allein, das blieb noch rätselhaft, woher die große Zahl der Verwundeten und Toten kam. Aber darüber machte er sich jetzt keine Gedanken. Wahrscheinlich gab's 'ne Menge Selbstverstümmelungen. Himmel, man wird besser aufpassen müssen!

Gleich nachdem er in den ausgehobenen Gräben angelangt war, beschloß er, einen Erkundungsgang zu machen – und anstatt hart arbeitender Männer fand er müde, in den Bunkern und auf den Grabenböden hockende Gestalten, die auf Ablösung warteten. So kam er auch zu dem kleinen, vorgeschobenen SMG-Bunker, in dem Wiedeck hockte.

Es sah gar nicht so schlecht aus, in solch einem Bunker. Harte Erdrinde, Holzbretterverschalungen, dicke Abstützbalken, ein paar Nischen, in denen man Bretterbetten mit Strohsäcken aufstellen konnte. Richtig komfortabel. Aber er hatte noch Zeit, er konnte sich später umsehen, zunächst einmal mußte er diesen widerspenstigen Wiedeck zum Teufel fahren lassen. Er machte den Mund auf, um loszubrüllen, doch ein gefährliches, entferntes Donnern ließ ihn innehalten. Gleich darauf heulte es durch die Luft, vier-, sechs- und achtmal krachte es, der Boden und die Bunkerwände vibrierten leicht, als ginge durch sie ein Fieberschauer. Krüll hielt sich an einem Abstützbalken fest und zog den Kopf tief ein. Sein dickes Gesicht war blaß geworden, und auf seiner Stirn standen trotz eisiger Kälte plötzlich Schweißtropfen.

»Was is'n los?« fragte er, als der Feuerüberfall vorbei war.

»Russen«, sagte Wiedeck lakonisch. Er hatte sich von seinem Bretterstapel nicht gerührt. Zusammengesunken, die Ellenbogen auf die Knie gestützt, saß er da und sah Krüll an.

»Russen? War das ...«

»Artillerie. Ich dachte, Sie wüßten das, oder waren Sie noch nie draußen?«

»Schnauze!« bellte Krüll. Wiedeck hatte eines seiner tiefsten Geheimnisse angerührt. Seinen Papieren nach hatte er bereits Fronteinsatz hinter sich – 1939 in Polen und 1940 in Frankreich. Daß seine Einheit durchweg als Reserve eingeteilt war, die viele Kilometer hinter der vorstürmenden Truppe marschierte, den Kanonendonner nur von weitem hörte, sich aber sonst vornehmlich mit Hühnchen, Eiern, Wein und anderen Annehmlichkeiten eines Vormarsches beschäftigte, das brauchte ja niemand zu wissen. Später machte er Dienst in der Etappe, wo er Rekruten und danach den Soldaten des Strafbataillons beizubringen hatte, wie sie sich im feindlichen Feuer verhalten sollten. Die Einschläge der leichten russischen Artillerie rund um den Bunker waren die ersten, die er in seiner langen soldatischen Laufbahn aus solcher Nähe erlebte.

»Geht das oft so?« fragte er, kleinlaut geworden.

»Die Russen haben Sie kommen sehen. Jetzt lassen sie

Sie nicht mehr 'raus«, sagte Wiedeck gleichgültig. »Sind Sie mit der Ablösung gekommen?«

»Ja, natürlich, mit wem denn sonst.«

»Oh, verdammt, dann muß ich mich ja beeilen!« Wiedeck erhob sich, schnallte die Feldflasche ans Koppel und setzte den Helm auf. Während er die Kapuze seines Tarnanzuges über den Helm zog und unter dem Kinn mit dem Zugband befestigte, schielte er zu Krüll hinüber, der immer noch den Pfosten umklammerte. »Bleiben Sie noch hier, Herr Oberfeld?«

»Ja, natürlich!« Doch Krülls Stimme war nicht mehr so entschlossen. Er hatte vergessen, daß sich Wiedeck vorhin eine ungeheuerliche Disziplinlosigkeit erlaubt hatte, für die er ihn zur Rede stellen wollte. Er beneidete den Abgelösten und suchte nach einer Möglichkeit, sich ihm anzuschließen. Aber wie? Der Kompaniechef hatte ihm befohlen, die Gräben auszumessen, und er selbst hatte gesagt, es am hellichten Tag tun zu wollen. Ich bin ein hirnverbrannter Idiot, dachte er, wie konnte ich nur . . . wie konnte ich nur? Aber allein bleiben wollte er hier nicht. Das konnte keiner von ihm verlangen. Er würde mit Wiedeck zurückgehen, zu den anderen, da wird man schon weitersehen. Nur nicht allein bleiben! Eine einzelne Granate heulte hoch über den Bunker hinweg und schlug krachend ins Hinterland. Nur nicht allein bleiben . . .!

»Wo wollen Sie hin, Wiedeck?« fragte er heiser.

»Zur Sammelstelle. Die warten auf mich.«

Er trat hinaus aus dem Bunker, und Krüll ging hinter ihm her. Draußen herrschte die lange russische Dämmerung, vor einem trüben, grauen, schneeverhangenen Tag.

»Höchste Zeit – hoffentlich sind sie nicht ohne mich weg«, murmelte Wiedeck. Er hatte Angst, die Ablösung verdöst zu haben, er mußte sich beeilen, sonst konnte ihm passieren, daß er den ganzen Tag hier festgenagelt war. Tagsüber konnte man nicht über das Schneefeld.

Und dann kam es.

Von den russischen Linien gab es einen Riß durch den Himmel. Und dann rauschte es, pfiff, heulte, orgelte es durch die Luft, eine blitzende, schwarze Feuerwand stieg vorne aus der Erde, dort, wo die deutsche HKL lag.

Wiedeck sah über den Grabenrand, drehte sich dann nach dem wie ein Häufchen Elend zusammengekauerten Krüll um und schrie: »Los jetzt – wenn Sie mitkommen wollen! Jetzt geht's noch, dann nicht mehr. Dann schießen die Russen Sperrfeuer, und wir können uns nicht mehr rühren.«

Es war ein gewöhnlicher trommelfeuerartiger Überfall der schweren russischen Artillerie vor einem Angriff der Panzer und der Infanterie in der frühen Morgendämmerung. Ein vorbereitender Feuerüberfall, wie er zu dieser Zeit, und bestimmt auch zu dieser Minute, an Hunderten von Stellen der Ostfront losbrach, und einen Tag einleitete, der so voll Sterben, Qualen und tödlicher Angst war wie ungezählte Tage vor ihm und nach ihm.

Es war kein besonders starker Feuerüberfall. Jedenfalls erreichte er nicht die vernichtende, wütende Zerstörungskraft anderer Feuerüberfälle, die Großoffensiven einzuleiten pflegten. Aber für Soldaten, die ihn über sich ergehen lassen mußten und nichts andres tun konnten, als sich in die gefrorene Erde zu krallen und auf den

Schlag zu warten, der sie auslöschen würde, war es die Hölle auf Erden.

Hölle für die Infanteristen in der HKL. Ein Vorgeschmack auf die Hölle, die bald kommen mußte, für die Soldaten des Strafbataillons dahinter. Und eine Hölle für Krüll, der sich plötzlich einer Situation gegenübersah, die er sich bis jetzt nicht vorstellen konnte. Wohl wußte er, daß man im Krieg sterben konnte. Aber dieser Tod hatte für ihn immer etwas Glorienumwobenes, Schmerzloses – ein tapferer, großartiger Soldatentod, von dem er überdies annahm, daß er ihn nie treffen würde. Das aber, was jetzt geschah, war etwas ganz anderes. Das, was jetzt riesengroß vor ihm aufstand, hatte keine Ähnlichkeit mit dem Soldatentod aus den Büchern. Es war ein elendes, anonymes, unpersönliches, angstvolles Krepieren. Es kam auf ihn zu, es drohte ihn zu umschlingen, unter sich zu begraben und machte ihn zu einem furchtgepeinigten Häufchen Mensch, der sonst nichts tun wollte, der keinen Wunsch mehr hatte, als den, zu leben. Am Leben zu bleiben.

Und als einige russische Granaten kurz vor dem Graben krepierten, in dem Wiedeck und er hockten, und als er sah, daß Wiedeck wirklich weglaufen wollte, der einzige Mensch außer ihm in dieser grauenhaften, von detonierenden Granaten zerrissenen Weite, verlor er das letzte Fünkchen Selbstbeherrschung. Er wollte nicht, er konnte nicht weiter und noch weniger konnte er allein bleiben. So umklammerte er Wiedecks Arm und schrie: »Sie bleiben ... Sie bleiben ... nicht weggehen, nicht!«

»Zum Teufel, lassen Sie mich los!« schrie Wiedeck zurück und versuchte ihn abzuschütteln. Aber Krüll klammerte sich wie eine Klette an ihn und zog ihn herab. »Loslassen!« schrie Wiedeck und duckte sich vor einer heranzischenden und in der Nähe krepierenden Granate.

»Ich kann nicht allein – ich kann nicht hierbleiben!«

»Dann kommen Sie doch mit!«

»Wiedeck . . .«, keuchte Krüll, »Wiedeck, Mensch, wir sind doch Kameraden, bleib hier und hilf mir beim Ausmessen, hörst du?«

»Ich bin doch nicht verrückt!«

»Wiedeck – Erich . . .«

»Scheiß drauf!« Er riß sich los, aber Krüll gab nicht nach. Er sprang hinter ihm her und riß ihn zurück. Halb hockend klebten sie eng aneinandergepreßt an der Grabenwand.

»Ich sag' dir zum letztenmal – laß mich los. Du sollst mich loslassen, sonst schlag' ich dir den Schädel ein!« sagte Wiedeck kalt und beherrscht. Aber er wußte, daß er sich nicht mehr lange würde beherrschen können. Es war nicht das erste Mal, daß er einen Mann zusammenbrechen sah. Aber alle vor Krüll waren seine Kameraden gewesen. Dieser aber hier, dieses Schwein, der Schinder mit dem großen Maul . . . er mußte ihn loslassen, sonst . . .

»Du kannst doch nicht deinen Kameraden allein lassen – sie schießen!« stammelte Krüll mit grauem, eingefallenem Gesicht. Über sein Kinn lief der Speichel. Ein Bild unmenschlicher, widerlicher Angst. Und genau das war es, was Krüll nicht hätte sagen dürfen. Jeder andere, ja, aber nicht Krüll. Wiedeck hob die Hand und schlug dem Oberfeldwebel mit ganzer Kraft ins Gesicht und noch einmal und zum drittenmal. Krüll sank in sich zusammen, aber Wiedeck hob seinen Kopf empor und schlug immer wieder in diese widerliche, verzerrte Fratze. »Kamerad«, zischte er, »du und ein Kamerad! Ja, sie schießen. Es ist ja Krieg. Scheiß in die Hosen, du Kamerad, und dann stirb den Heldentod, du erbärmlicher Hund! Du elender, erbärmlicher Hund! Ich schlag' dich tot!«

Doch plötzlich ekelte ihn dieses Häufchen Elend an. Es wurde ihm gleichgültig. Er schlug noch einmal und wie abschließend zu, daß Krülls Kopf gegen die Grabenwand donnerte. Dann rannte er, den Kopf eingezogen, durch den Graben, warf sich hin, als eine Granate heranheulte und etwa dreißig Meter vor ihm einschlug, sprang wieder auf und lief weiter, der Sammelstelle zu.

Als er um die Ecke des Grabensystems flitzte, war der Platz leer. Der Schnee war zertreten von vielen Stiefeln, eine einsame Schaufel lehnte an der Grabenwand. Ziemlich weit weg hörte er schanzen – das wird die Ablösung sein, die tagsüber arbeitete. Ab und zu sah er das Blatt eines Spatens über den Grabenrand blitzen, den kurzen Strahl einer geschwungenen Spitzhacke. Erd- und Schneehaufen quollen aus der Erde, als würde ein riesiger Maulwurf das Land zerwühlen. Die russische Artillerie schoß jetzt Sperrfeuer hinter die deutsche HKL. Nicht lange und das Feuer würde zurückverlegt werden – und dann war er mitten drin.

Wiedeck wischte sich den Schweiß von der Stirn. Die anderen waren abgerückt. Er war für den ganzen Tag hier festgenagelt. Und er mußte sich beeilen. Der beste Bunker war eigentlich der, aus dem er jetzt gekommen war. Aber dort war Krüll . . .

Wiedeck lief zurück.

Er fand Krüll immer noch an der Stelle, wo er ihn stehengelassen hatte; zusammengesunken, voll Erde und Dreck hockte er auf dem Grabenboden und sah ängstlich und dankbar zugleich empor, als Wiedeck mit der Stiefelspitze gegen ihn stieß.

»Bist du wieder zurück?« fragte er mit kleiner, gebrochener Stimme, als ob er nicht glauben wollte, daß er nicht mehr allein sei, nicht mehr allein in diesem schrecklichen Graben, mitten in einer schrecklichen, drohenden Welt, die es darauf anzulegen schien, ihn zu vernichten.

»Die andern sind abgehauen, ich bin zu spät gekommen, weil du mich festgehalten hast, du Scheißkerl. Jetzt können wir den ganzen Tag hier hockenbleiben. Los, komm jetzt mit in den Bunker.«

Wiedeck spürte keinen Haß mehr gegen Krüll, seine Wut war verflogen, und zurück blieben nur Gleichgültigkeit und eine Spur von geringschätzigem Mitleid.

»Den ganzen Tag«, murmelte Krüll, als er hinter Wiedeck in den Bunker kroch. Er wußte, daß er sich elend benommen hatte. Aber er schämte sich dessen nicht; es war ihm gleichgültig. Man konnte Heldentum nicht befehlen. Er war kein Held. Warum sollte er das verbergen? Mit zitternder Hand holte er aus seiner Tasche eine Packung Zigaretten, brach sie auf und hielt sie Wiedeck hin.

Wiedeck nahm eine Zigarette, ohne Krüll anzusehen. Er konnte diesen erbärmlichen Anblick kaum ertragen. »Solltest du nicht die Gräben ausmessen?« fragte er spöttisch. »Es fehlen noch fünfzig Meter, erzählte mir Hefe, und du hättest das herausbekommen. Du hast das doch genau berechnet. Paß mal auf – ich mach' dir einen Vorschlag: Wenn die Iwans sich beruhigt haben, gehen wir hinaus und messen nach. Du mißt, und ich schreibe auf – wenn wir bis dahin nicht abgekratzt sind.«

»Wie meinst du das?«

»Ja, hörst du blöder Hund nicht, daß die Russen angreifen? Mach deine Ohren auf!«

Ganz deutlich hörte man von vorne, von der HKL, das rasende Rattern der Maschinengewehre, das Gedröhn der Granatwerfer – und dann ein paarmal hintereinander das helle trockene Krachen der Handgranaten. Und dahinter war noch ein Geräusch; kaum hörbares, manchmal lauter aufdröhnendes Gebrumm schwerer Motoren.

»Panzer«, sagte Wiedeck. »Hoffentlich brechen sie nicht durch.«

Krüll sah ihn mit großen, erschrockenen Augen an. Es war jetzt etwas Kindliches in ihnen, ein Staunen und Nichtbegreifen, das seinem grauen, nicht mehr ganz so aufgedunsenen Gesicht den Schein einer nahezu rührenden Hilflosigkeit gab. Aber Wiedeck sah es nicht. Und hätte er es gesehen, so würde es keinen Eindruck auf ihn gemacht haben.

»Wir wollen hoffen«, sagte er dann, »daß die Kumpels vorne durchhalten. Und dann gehen wir messen. Obermeier hat es doch befohlen, oder?«

»Obermeier kann mich kreuzweise«, sagte Krüll.

»Ach nee!« meinte Wiedeck spöttisch. »Wer hat denn immer von der Disziplin gequatscht? Warst du es, oder war ich das?«

Rruuums, schlug es ganz in der Nähe ein.

»Das war knapp«, sagte Wiedeck ruhig.

Krüll hockte auf der Erde. Sein Mund war voller Gallensaft, bitter, in der Kehle brennend. Er konnte es hier drinnen nicht mehr aushalten. Er konnte nicht mehr hier sitzenbleiben und auf das Ende warten, das mit einer tödlichen Sicherheit auf ihn zukam. Er mußte etwas tun, etwas unternehmen, er mußte ’raus, weg von hier, so weit wie möglich, nur weg aus dieser Rattenfalle! Er sprang plötzlich auf und taumelte gegen den Ausgang des Bunkers.

»Halt! Wohin?« Wiedeck bekam ihn an der Tarnjacke zu fassen und riß ihn zurück. »Wo willst du hin, du Idiot?«

»Laß mich!« schrie Krüll. »Laß mich los. Ich will ’raus!« Mit geballten Fäusten schlug er um sich, sein Gesicht hatte die hilflose Kindlichkeit verloren und war erschreckend drohend und verzerrt. »Ich will weg von hier«, brüllte er. »Die Panzer . . . ich will weg!«

Es war nicht sehr leicht, ihn zu überwältigen. Wiedeck atmete schwer, als Krüll endlich auf einem Bretterstapel lag und nur noch leise vor sich hin wimmerte. »Reiß dich endlich zusammen!« sagte er kalt, »du benimmst dich ja schlimmer als ein Weib!«

»Ich will ’raus hier – ich will ’raus!« wimmerte Krüll und dann sah Wiedeck, wie er an seiner Pistolentasche nestelte. Doch bevor er die 08 aus dem Futteral reißen konnte, schlug ihn Wiedeck mit einigen harten, wuchtigen Schlägen nieder und nahm ihm die Pistole weg.

Draußen heulte es laut und durchdringend durch die Luft, und dann schlug es langanhaltend donnernd in die Erde, viele Explosionen, die wie eine einzige klangen.

Stalinorgeln.

Wiedeck sah nach, ob eine Kugel im Lauf der Pistole

war. Dann sicherte er die Waffe wieder. »Wo hast du die Munition?«

»Warum?« fragte Krüll störrisch.

»Los, gib schon her!«

Krüll gab ihm vier Munitionsstreifen. Das war so gut wie nichts. Aber wenn die Russen tatsächlich durchbrachen, wollte Wiedeck wenigstens nicht ohne Waffe in der Hand zum Teufel gehen.

Er schob die Pistole hinter das Koppel.

»Los, Krüll, 'raus jetzt!«

»Wohin denn?«

»An die frische Luft. Los doch!«

Durch die dichten Explosionen rannte Wiedeck Krüll voraus. Er brauchte sich nicht umzusehen, er wußte, daß Krüll ihm wie ein Schatten folgte. In weiten Sprüngen hetzte er der Senke zu, wo der Auffanggraben endete. Krüll keuchte ihm nach. Den Helm hatte er verloren, er warf sich hin, wenn Wiedeck sich in den Schnee warf und sprang auf, wenn Wiedeck wie ein gehetzter Hase durch die Einschläge jagte.

In den Minuten ihrer Flucht nach hinten bestand Oberfeldwebel Krüll seine Feuerprobe. Er machte eine Wandlung durch wie vor ihm schon unzählige Soldaten. Nicht daß er ein anderer geworden wäre – er blieb der alte, rücksichtslose, beschränkte Oberfeldwebel, der er bis dahin gewesen war. Aber die hündische, wimmernde Angst fiel von ihm nach und nach ab. Er gewann wieder Selbstsicherheit zurück, und die Welt um ihn rückte wieder in ihre gewohnten Dimensionen. Das heißt, es war die Welt, die er bis dahin kannte, verändert nur durch das brüllende Inferno um ihn, durch Granateinschläge, spritzende Erde, surrende Splitter... Sicherlich blieb in ihm immer noch Angst zurück; aber es war die normale Angst aller Soldaten, die in ihren Gräben weiter aushielten und gegen die Angreifer ankämpften. Wiedecks Angst oder Hefes oder Kentrops oder Deutschmanns . . .

So war Krüll nach langen Jahren des Uniformtragens doch noch ein Soldat geworden, der mit einem Male verstand, daß es gerade die entsetzliche panische Angst vor dem Tode ist, die viele blind in ihren Untergang rennen läßt. Wie vorhin in dem Bunker, als er herauslaufen wollte und ihn Wiedeck niederschlagen mußte, damit er es nicht wirklich tat und mitten in die krepierenden russischen Granaten lief. Genaugenommen hatte ihm also Wiedeck das Leben gerettet. Aber auch darüber machte sich Krüll keine großen Gedanken; auch nicht später. Wiedeck hatte nur das getan, was er, Krüll, in Zukunft auch tun würde. Jedem gegenüber, der die gleiche Uniform trug und mit dem er sozusagen in einem Boot saß.

Aus dem anmaßenden, selbstsüchtigen Einzelgänger Krüll wurde jetzt ein Mann, der keine dieser Eigenschaften verlor und dennoch in eine Gemeinschaft gefunden hatte, wie sie nur Männer kennen, die gemeinsam lange Zeit hindurch auf Leben und Tod verbunden waren.

In einem gut ausgebauten Bunker weiter rückwärts warteten sie das Ende des russischen Feuerüberfalls ab. Die HKL hatte dem russischen Angriff wieder einmal standgehalten. Und als der Feuerzauber vorbei war, ging Krüll hinaus, um Obermeiers Befehl auszuführen und die Gräben auszumessen. Wiedeck befahl er, im Bunker zu bleiben. Und als eine halbe Stunde später ein Mann mit warmem Kaffee, einem Kanten Brot und etwas Schnaps erschien und es Wiedeck gab, mit der Bemerkung, die Sachen schicke Oberfeldwebel Krüll, fragte sich Wiedeck verblüfft, was mit dem Spieß geschehen sei. Doch während er die dünne schwarze Brühe trank und an dem Brotkanten kaute, begann er zu verstehen. Er war ein alter Frontsoldat, und oft schon hatte er Ähnliches erlebt.

Hoffentlich legt es Krüll jetzt nicht darauf an, das EK zu verdienen, dachte er. Wahrscheinlich wäre er jetzt imstande, Dinge zu drehen, wie man sie von »heldenhaften deutschen Soldaten« in den Zeitungen liest. Und so ein Krüll, dachte Wiedeck schläfrig, wäre noch gefährlicher als der alte . . .

Der Schlitten schüttelte und rumpelte durch die Nacht, Orscha entgegen. Deutschmann saß, gegen den Schlaf ankämpfend, neben dem Fahrer auf dem Bock. Dr. Bergen hatte ihn nach Orscha geschickt, um Sanitätsmaterial zu holen. Kronenberg und die anderen Sanitäter des Bataillons waren unabkömmlich, es gab zu viele Verwundete, die man versorgen mußte, bevor sie zurückgeschickt werden konnten. Die 2. Kompanie betreute während der Abwesenheit Deutschmanns ein anderer Hilfssani – das heißt, er organisierte den Transport der Verwundeten nach Barssdowka. »Sie verstehen etwas davon, von diesen Medikamenten und dem ganzen Krempel, den wir brauchen«, hatte Dr. Bergen zu Deutschmann gesagt. »Gehen Sie hin, hier haben Sie eine Liste, und schlagen Sie sich mit diesen Etappenhengsten herum. Aber lassen Sie sich nicht abfertigen, bevor Sie nicht alles haben. Ich weiß genau, daß die Magazine voll sind.«

Vor diesem Auftrag hatte Deutschmann Angst. Er fürchtete sich, nach Orscha zu fahren, denn er wußte nicht, ob er stark genug sein würde, der Begegnung mit Tanja auszuweichen. Ob er stark genug sein würde, nicht in das kleine Blockhaus in der Nähe der Brücke über den Dnjepr zu gehen. Denn er sehnte sich nach dieser Begegnung, er sehnte sich nach Tanja, nach ihrem schmalen, weichen Gesicht, nach ihrem feingliedrigen Körper, nach dem Blick ihrer graugrünen Augen, nach der Wärme und Hingabe, die sie ausstrahlte.

Die Straße war aufgewühlt und vereist. Der Schlitten rumpelte über die Buckel wie verrückt. Deutschmann hielt sich fest und stemmte die Stiefel gegen das Schutzblech. Der Fahrer neben ihm, ein alter Obergefreiter der Transportkompanie, rauchte eine Hängepfeife, die er mit Machorka gestopft hatte. Er stank, der Rauch biß Deutschmann in die Augen. Er wandte den Kopf ab und starrte über das Schneefeld und das wie ausgestorben daliegende Kusselgelände, durch das sich der vereiste Dnjepr zog.

Der Obergefreite stieß Deutschmann mit dem Ellbogen in die Seite. »He, du!«

»Ja?«

»Du bist doch von 999? Ist ein Sauhaufen, was?«

»Na ja«, sagte Deutschmann.

»Kriegt ihr überhaupt etwas zu fressen?«

»Es geht.«

»Aber satt davon werdet ihr nicht?«

»Wirst du etwa immer satt?«

»Nee – da hast du recht. Stimmt's, daß ihr alle zum Tode verurteilt seid und dann begnadigt? Oder wie geht das?«

»Einige waren's.«

»Du auch?«

»Ich auch.«

Der Obergefreite schwieg. Er rauchte hastig und blies den ätzenden Qualm vor sich her.

»Was hast du denn angestellt?« fragte er nach einer Weile.

»Das ist doch unwichtig.«

»Na ja, man ist halt neugierig«, sagte der Obergefreite. Er schien ein bißchen eingeschnappt, und es dauerte eine ganze Weile, bevor er wieder begann:

»Ein Vetter von mir ist auch in so einem Haufen«, sagte er.

»Er hat mal die Schnauze aufgemacht, wo es besser gewesen wäre zu schweigen.«

»Dann weißt du ja Bescheid.«

Der Obergefreite schwieg und spuckte in den Schnee. Dnjepr. Vor ihnen tauchte die Silhouette der Stadt auf. Am Fluß, hinter der großen Holzbrücke, Tanjas Haus. Dünner Rauch stand über dem Dach. Deutschmanns Herz klopfte langsam und schwer. Er könnte jetzt aussteigen und hinuntergehen, sie war zu Hause, er würde an die Tür klopfen und eintreten, oder vielleicht würde er gar nicht anklopfen, sondern ganz leise den steilen Pfad hinuntergehen und einfach eintreten, sie würde am Herd stehen und ihn nicht kommen hören, und er würde von hinten die Hände über ihre Augen legen und nichts sagen. Sonst wüßte sie sofort, wer er ist, und dann würde sie sich umdrehen, und er würde sie ganz fest an sich drücken ...

»Jetzt sind wir gleich da«, sagte der Obergefreite.

»Wann fahren wir zurück?« fragte Deutschmann.

»Morgen früh.«

»Heute können wir nicht mehr zurück?«

»Ich möchte den Idioten sehen, der nachts durch das Partisanengebiet fährt!«

Erst morgen früh, dachte Deutschmann, dann bleibe ich die ganze Nacht hier. Ich könnte zu ihr gehen und bei ihr bleiben. Ich könnte ...

Sie fuhren zwischen die armseligen dunklen Hütten der Randgebiete der Stadt.

»Ist es weit?« fragte Deutschmann.

»Nein – noch um fünf, sechs Ecken, dann sind wir da.«

Es dauerte einige Stunden, bevor Deutschmann mit dem ganzen Papierkram und dem Verladen des Schlittens fertig war. Es ging nicht ganz leicht, das Strafbataillon schien nicht in den Listen der Zahlmeister und des Apothekers zu sein. Erst nachdem Deutschmann mit dem Schreiber des Bataillonskommandeurs Hauptmann Barth und dieser wiederum mit dem Hauptmann selber sprach, und schließlich der Hauptmann einige saftige Flüche durch die Telefonleitung schickte, klappte es.

»Ich geh' ins Soldatenheim«, sagte der Obergefreite, als sie mit der Arbeit fertig waren. »Kommst du mit?«

»Nein«, sagte Deutschmann.

»Komm nur, du gehst ja mit mir. Es sind ein paar tolle Puppen dort, und Bier haben sie auch.«

»Nein, vielen Dank. Wir trinken unser Bier ein anderes Mal.« Deutschmann hatte sich entschieden. Das heißt – er brauchte sich gar nicht zu entscheiden: Er wußte von allem Anfang an, daß seine Sehnsucht nach Tanja größer war als die Furcht vor einer Begegnung mit ihr. Er wollte zu ihr gehen, und als er immer schneller durch die nachtdunklen, verlassenen Straßen Orschas gegen die Dnjeprbrücke ging, wurde seine Sehnsucht immer größer und brennender, bis er schließlich beinahe lief.

Es war kurz nach elf Uhr abends, als Deutschmann endlich vor der Bohlentür der Hütte stand, in der Tanja wohnte. Aus dem Schornstein kräuselte dünner Rauch gegen den klaren Nachthimmel; das Feuer in der Hütte ging nie aus. Es war kalt. Die Kälte stach Deutschmann ins Gesicht, kroch unter seinen Mantel, zwickte ihn in die Füße.

Er zögerte. Die Hütte war dunkel, und Tanja schlief sicher schon. Das Ufer war menschenleer. Das Eis auf dem Dnjepr schloß sich wieder. Am Morgen werden die Pioniere wieder sprengen müssen. Schließlich drückte er gegen die Tür. Sie war nicht verschlossen; einen kurzen Augenblick dachte er daran, daß man in Rußland selten verschlossene Türen fand, und daran, daß sich dies kaum mit den Vorstellungen deckte, die man zu Hause, in Deutschland, über dieses große, grenzenlose Land hatte.

Die Tür bewegte sich knarrend in die vom Feuerschein rötlich gefärbte Dunkelheit hinein. Auf dem offenen Herd glimmten knisternd dicke Holzscheite, manchmal züngelte ein Flämmchen empor, tauchte den Raum in ein huschendes

Licht und versank wieder in der Glut. Die Tür zu Tanjas Kammer war offen.

Deutschmann schloß die Tür hinter sich und blieb tiefatmend in der warmen rötlichen Dämmerung stehen – und dann, plötzlich, hörte er durch das leise Knistern des Feuers Tanjas Atem.

Die Bohlen knackten unter seinen Füßen, als er langsam durch den Raum gegen die dunkle Öffnung schritt, aus der das leise, tiefe Atmen der Schlafenden kam. Dann blieb er stehen, legte den Mantel, die Mütze und die Handschuhe ab, ohne den Blick von der offenen Tür in die Schlafkammer zu wenden. Die Wärme im Haus umgab ihn weich.

Vor Tanjas Bett blieb er stehen. Langsam, als hätte er Angst, die Schlafende zu wecken, den tiefen Rhythmus ihres Atems zu stören und waches Bewußtsein auf ihr gelöstes, in der warmen Dunkelheit kaum sichtbares Gesicht kommen zu lassen, ließ er sich auf die Knie nieder und brachte sein Gesicht ganz nahe an ihres. Ihr Mund war leicht geöffnet, ihr Haar lag schwarz und seidig auf dem Kissen.

Sie bewegte sich und wachte auf.

»Tanja...« flüsterte er.

Ihre Augen waren weit offen, groß und schwarz. Um ihre Lippen spielte ein leichtes Lächeln, die Andeutung eines Lächelns nur. Oder irrte er sich? Bildete er sich nur ein, Glück herauszulesen, Glück darüber, daß er gekommen war? Doch dann hörte er ihre Stimme und wußte, daß er sich nicht geirrt hatte.

»Michael . . .«, flüsterte sie, ihre nackten Arme kamen unter der Decke hervor, sie umarmte ihn und zog seinen Kopf zu sich herab.

Als Deutschmann erwachte, sah er zuerst auf die Uhr. Es war kurz vor sechs.

»Ich muß bald gehen«, sagte Deutschmann.

»Wann?« fragte Tanja.

»In einer Stunde.«

»Mußt du wirklich?«

»Natürlich. Soll ich etwa hierbleiben? Sie würden mich sehr bald holen.«

»Du könntest hierbleiben . . . ich würde dich verstecken . . . du könntest immer hierbleiben, und einmal wird Frieden.« Sie klammerte sich an ihn, als fürchtete sie sich, daß sie ihn unwiederbringlich verlieren würde, wenn sie ihn nur für einen kleinen Augenblick losließ. »Ich liebe dich – ich liebe dich sehr – ich liebe dich mehr als Rußland, mehr als meine Mutter, mehr als meinen Vater, mehr als alles, alles . . . ich weiß nicht, wie das kommt, ich weiß es nicht . . . ich liebe dich so sehr!« Und dann, nach einer Weile, in der Deutschmann erschrocken und betroffen über ihren Gefühlsausbruch schwieg, sagte sie, als ob sie träumen würde und sich bereits in einer Zukunft befand, die es für die beiden nicht gab, nicht geben konnte, wie Deutschmann genau wußte: »Wenn der Krieg gestorben ist, werden wir weiterleben, Michael, ich werde mit dir gehen, wohin du gehst . . . ich liebe mein Land, aber du wirst mein Land sein, überall . . .«

Als sich Deutschmann anzog, sprang ihn ein Gefühl der Unwirklichkeit an. Das alles konnte nicht möglich sein. Wie kam er in diese Hütte? Was war geschehen? Wie konnte es möglich sein, daß ihn dieses wunderschöne Mädchen liebte? Mein Gott, wie konnte das alles geschehen? Es war ein Irrtum, das Reale, das Wirkliche war die Uniform, war das Strafbataillon, war Obermeier, Krüll, Schwanecke, Wiedeck, waren die blutigen zerfetzten Leiber und die ewige Angst vor dem Sterben. Alles andere war ein Traum, einer von jenen Träumen, die man als Soldat irgendwo in einem dreckigen, kalten Loch oder in einem dunklen, stinkenden Bunker träumte, während draußen der Tod umging. Und wahr blieb der Gedanke an Julia und seine und Julias gemeinsame Vergangenheit, obwohl auch die manchmal in unwirkliche Ferne versank, als hätte es sie nie gegeben, genausowenig wie es diese vergangene Nacht gab.

Tanja kochte Tee. Sie frühstückten schweigsam, jeder in seine eigenen Gedanken verloren – und doch fühlte Deutschmann – und wußte zugleich, daß auch Tanja dasselbe fühlte, daß sie sich so nah waren, wie es nur zwei Menschen sein können. Und wieder fragte er sich, wie es dazu kam und wie das möglich sein konnte. Vielleicht deswegen, weil es für sie nur Augenblicke in der Gegenwart gab und keinen einzigen in der Zukunft? Vielleicht deswegen, weil sie die Vergangenheit und alle ihre versäumten Stunden und Minuten und die ganze Zukunft in eine einzige Nacht und in den grauen, heraufdämmernden Morgen zu pressen versuchten?

»Iß, Michael«, sagte Tanja weich und lächelte ihn an, und in ihren einfachen alltäglichen Worten und in ihrem Lächeln verbarg sich eine Welt voll Liebe und bedingungsloser Hingabe.

Sergej Petrowitsch Denkow stieß die Tür auf und trat in die Hütte, ohne daß sie seine Schritte draußen gehört hatten. Seine Mütze, sein Pelz, seine Augenbrauen waren voll weißen Reifs. Mit der Ferse stieß er die Tür wieder zu und sah wortlos die beiden an. Seine Augen waren weit offen und seltsam leer. Ohne den Blick zu wenden, nahm er seine hohe Fellmütze vom Kopf und warf sie auf einen leeren Stuhl. Dann lächelte er, und Deutschmann überlief es kalt: Es war ein drohendes, verbissenes Lächeln eines Menschen, dem nicht nach Lachen zumute war, und der hinter dem Lächeln irgend etwas verbergen wollte.

»Guten Tag«, sagte Deutschmann zögernd.

»Gutten Tagg«, antwortete Sergej. Seine Stimme war leise und heiser. Sein Blick glitt von Deutschmanns Gesicht herab über die Uniform. Keine Rangabzeichen, keine Schulterstücke, keine Waffen. Damals, als die neue Truppe in Orscha ankam, hatte er dies nach Moskau gefunkt, und von dort hatte man geantwortet, daß es sich um ein Strafbataillon handele. Sergej kannte die Strafbataillone in der russischen Armee. Schurken, Mörder, Verbrecher, Feinde des Sozialismus. In der sibirischen Taiga schlugen sie Holz aus den Urwäldern, arbeiteten in Bergwerken – wenn es Frieden war. Im Krieg mußten sie andere Sachen tun, wenn sie stark genug waren, die Strapazen vor dem Sterben zu überstehen.

Und dann sah er Tanja an. In ihrem blassen Gesicht brannten die Augen. Er verstand, was sie sagten. Er sah die schwarzen Schatten unter ihnen, und sein Lächeln versteifte sich zu einer drohenden Maske. Er brauchte nicht zu fragen. Er wußte, was geschehen war. Er wußte es genau . . .

Tanja stand auf. »Das ist Sergej«, sagte sie mit kleiner, gebrochener Stimme. »Ein Bauer aus Babinitschi.« Und zu Sergej gewandt laut und deutlich: »Das ist Michael.«

Sergej sah sie einige Sekunden schweigend an und sagte dann mit einer gewöhnlichen und gerade deswegen um so kälter und verachtungsvoller wirkenden Stimme auf russisch – ohne zu wissen, daß es Deutschmann verstand: »Hündin!«

Dann drehte er sich um und trat zur Tür.

Deutschmann sprang auf. Die Lähmung, die ihn beim Anblick des jungen fremden Mannes befallen hatte, wich von ihm. »Halt«, sagte er. Jetzt hatte er nur noch wenig Ähnlichkeit mit dem weichen, unentschlossenen und hilflos wirkenden Deutschmann von früher. Langsam ging er um den Tisch und stellte sich vor Sergej, der sich umgedreht hatte und ihn kalt ansah.

»Warum?«

»Wer bist du?« fragte Deutschmann.

Sergej lächelte. »Warum?« fragte er wieder.

»Wo lebst du?«

»Im Wald«, sagte Sergej langsam.

»Ich habe es gewußt«, sagte Deutschmann leise.

»Was?«

»Du bist . . .«

»Was?«

Sie sahen sich einige Sekunden wortlos an, und dann nickte Sergej. »Da. Ein Partisan.«

Deutschmann hörte hinter sich Tanja leise aufschreien. Aber er wandte sich nicht um. Er sah in Sergejs harte Augen. Wie war es möglich, daß er, dieser Russe, sich nicht scheute, ihm, dem deutschen Soldaten, zu sagen, er sei ein Partisan?

Was wurde hier gespielt? Und das mitten unter deutschen Truppen – oder war es nicht so? War er, Deutschmann, in eine Falle geraten? Warteten draußen noch mehr von dieser Sorte auf ein Zeichen? Aber das war völlig ausgeschlossen – vom Dnjepr her hörte er die Pioniere sprengen. Der Morgen graute, auf den Straßen und auf der Brücke erwachte das Leben. Nachschubkolonnen polterten dumpf über die Holzbohlen – überall wimmelte es von deutschen Soldaten. Und doch stand hier ein Partisan und bekannte sich furchtlos dazu.

»Ein Offizier«, sagte Sergej. Und dann, nach einer Weile, als Deutschmann nichts erwiderte, sprach er in einem fast fehlerfreien Deutsch weiter:

»Ich wollte Tanja besuchen, meine Braut. Aber die reine Jungfrau von früher ist eine Hündin geworden. Sie läßt sich mit einem verfluchten Feind ein, während ich kämpfe.« Seine Stimme klang leidenschaftslos, so als erzählte er eine ganz belanglose Geschichte. Dann drehte er sich wieder zu Tanja und zischte, doch jetzt auf russisch: »Hure«.

Später konnte sich Deutschmann nicht erklären, was ihn dazu getrieben hatte. Bis dahin hatte er es noch nie getan, nicht einmal als Junge. Aber jetzt hob er die Hand und schlug Sergej ins Gesicht. Mit der flachen Hand, weitausholend, klatschend. Sergej wich nicht zurück. Er rührte sich nicht. Er nahm die Schläge hin, und was das Schrecklichste daran war, er zählte sie mit einer harten, leidenschaftslosen Stimme: »Eins – zwei – drei – vier – fünf –.«

»Sechs«, schrie Deutschmann, und schlug noch einmal zu.

Sergej nickte. »Sechs. Für jeden Schlag ein deutscher Soldat.«

Deutschmann trat zurück, und wieder überfiel ihn das Gefühl der Unwirklichkeit. Tanja stand neben der Wand, das Gesicht hatte sie gegen die Mauer gelegt, ihr schmaler Rücken zuckte. Sie weinte. Deutschmann blickte wieder zu Sergej, der langsam zu sprechen begann:

»Ich hasse sie. Sie ist keinen Tritt wert. Sie trägt jetzt fremdes Blut in sich und du – du wirst mich jetzt gehen lassen. Ich weiß genau, was du denkst. Aber du wirst es nicht tun. Du wirst mich nicht den Gendarmen übergeben. Du hast Angst. Was tust du hier bei einer Russin, bei einer Partisanin? Du bist ein Mann aus dem Strafbataillon. Auch du bist ein Verräter!«

Dann drehte er sich um, nahm seine Mütze und ging.

»Ich muß jetzt gehen«, sagte Deutschmann etwas später und versuchte, sich aus Tanjas Umarmung zu lösen. »Ich komme wieder«, flüsterte er, »ganz sicher, ich komme wieder.«

»Ich habe Angst!«

»Ich weiß – was soll ich tun?«

»Du kannst nichts tun.«

»Ich komme wieder«, sagte Deutschmann und kam sich sehr erbärmlich vor. Sicher, er konnte nichts für sie tun, und dennoch . . . Sie war nun schutzlos der Rache ihrer Landsleute ausgeliefert. »Es wird alles gut werden«, flüsterte er und wußte, daß er log. Nichts würde gut werden. Es gab nichts Gutes mehr für sie. Die Nacht, die hinter ihnen lag, hatte einen Abgrund vor ihnen geöffnet, in dem Verzweiflung und Hoffnungslosigkeit der kommenden Tage lauerten.

Er ging.

Zuerst langsam und dann immer schneller stapfte er über den Hang gegen die Stadt, wo ihn der Fahrer mit dem beladenen Schlitten erwartete. Er hatte sich schon verspätet. Die Posten an der Brückenauffahrt pendelten hin und her, ein Feldwebel der Feldgendarmerie schrie mit einem Lkw-Fahrer herum, der mitten auf der Straße einen Achsenbruch hatte und den ganzen Nachschubverkehr aufhielt. Dann lief er durch die engen, nun belebten Straßen der Stadt, die Hütte, Tanja und Sergej blieben hinter ihm und vor ihm ein neuer Tag im Strafbataillon.

Sergej Petrowitsch Denkow hatte hinter einem Lattenzaun gewartet, bis er Deutschmann weggehen sah. Dann ging er langsam zu Tanjas Hütte.

Tanja stand immer noch mitten im Zimmer. Als sie Sergej sah, hob sie die Hände erschrocken zum Mund und machte einen schnellen Schritt gegen den Herd – zur Wandvertiefung, in der sie die Pistole versteckt hatte.

»Laß sie liegen«, sagte er. »Ich müßte dich töten, wenn du sie herausnimmst.«

»Was willst du?« flüsterte Tanja.

»Das fragst du noch?«

»Was willst du tun – geh! Geh!« Die letzten Worte schrie sie voll tödlicher Angst vor dem großen, in seinen unförmigen Pelz gehüllten Mann, der sie mit einer kalten, drohenden Überlegenheit ansah.

»Ich gehe«, sagte er, »ich werde nicht wiederkommen – bis wir die Deutschen verjagt haben. Aber dann, wenn wir sie hinausgejagt haben, werde ich wiederkommen und dich töten. Das wollte ich dir sagen. Du wirst mir nicht entkommen. Versuche nicht zu fliehen. Es würde dir nichts nützen. Wir werden aufpassen. Und wenn ich dich getötet habe, werde ich alle holen und zu ihnen sagen: ›Seht, das ist Tanja Sossnowskaja. Vielmehr – das war sie. Jetzt ist sie nur noch ein Kadaver. Früher einmal war sie eine von uns. Aber dann machte sie sich an einen Deutschen heran. Sie hat uns verraten. So wird es jedem gehen, der uns verrät . . .‹«

Tanja lehnte gegen die Lehmwand. Ihre Hand, mit der sie an den Hals griff, zitterte. »Geh«, stöhnte sie. »Du bist ein Teufel!«

»Bin ich das – bin ich das? Ein Teufel und eine Dirne – wie das gut zusammenpaßt! Paßt das gut zusammen?« Während er sprach, kam er langsam näher, griff mit der Hand unter ihr Kinn und hob ihr Gesicht empor. »Sieh mich an, du Dirne, los sieh mich an! Was hast du getan? Hast du alles vergessen? Hast du uns alle vergessen?«

»Ich liebe ihn«, flüsterte sie.

»Hündin!« schrie er voller Wut und Schmerz, trat einen Schritt zurück und schlug auf sie ein. Wortlos, verbissen, ein Schlag nach dem anderen. Sie fiel neben dem Ofen auf den Boden, er beugte sich und schlug weiter auf die Kniende ein. Sie hatte die Arme schützend über den Kopf gelegt, wehrte sich nicht und schrie nicht. Mit geschlossenen Augen ertrug sie die Schläge, ein Bündel schuldbewußter, armseliger Mensch, bis es ihr schwarz vor den Augen wurde.

Sergej richtete sich wieder auf, drehte mit dem Stiefel die Ohnmächtige auf den Rücken und wartete geduldig, reglos, bis sie wieder zu sich kam und die Augen öffnete. Als er sicher war, daß sie ihn sah und wiedererkannte, sagte er:

»Ich komme wieder. Ich werde dich töten!«

Dann trat er aus dem Haus, schloß die Tür sorgfältig hinter sich zu und nickte freundlich einigen Pionieren zu, die mit langen Eisenstangen die gesprengten Eisschollen vom Ufer stießen. Nach allen Seiten demütig grüßend, ging er die Uferstraße entlang und verschwand in dem Gewirr halbzerstörter Häuser und Schuppen am Rande von Orscha.

In einer erhalten gebliebenen Banja erst fiel die Demut von ihm ab wie der Pelz, den er auszog und in die Ecke warf. Einen Augenblick stand er wie versteinert da, doch dann konnte er es nicht mehr ertragen. Mit den Fäusten und der Stirn schlug er gegen die Wand, und aus seiner Brust entrang sich ein entsetzlich anzuhörendes Schluchzen:

»Gib mir die Kraft, das zu ertragen!« schrie er. »O Gott, laß mich nicht verrückt werden – laß mich nicht verrückt werden!«

Es war das erstemal in seinem Leben, daß er Gott anrief. Aber er merkte es nicht. In ihm war sonst nichts als ein schrecklicher, brennender, unerträglicher Schmerz.

Zu derselben Stunde, als Deutschmann den Schlitten bestieg, ohne sich um den fluchenden Fahrer zu kümmern, der bereits eine halbe Stunde in der bitteren Kälte gewartet hatte, tauchte bei der 2. Kompanie im vorderen Grabenabschnitt eine dickvermummte und dennoch zackig aussehende Gestalt auf, die allgemeines Verwundern erregte: Oberleutnant Bevern. Er kam von der 1. Kompanie Oberleutnant Wernhers herüber, um die Schanzarbeiten der 2. Kompanie zu kontrollieren.

Der erste Soldat, auf den Bevern stieß, war Wiedeck. Er lehnte die Spitzhacke, mit der er vergeblich gegen den steinhart gefrorenen Boden ankämpfte, bedächtig gegen die Grabenwand, baute ein nachlässiges Männchen und meldete:

»Schütze Wiedeck bei den Schanzarbeiten. Keine besonderen Vorkommnisse.«

»Welche Kompanie?« schnauzte Bevern. »Ist das eine Meldung? Schanzen Sie etwa für Latrinenreiniger?«

»Jawohl, Herr Oberleutnant!«

Bevern riß die Augen auf. »Was soll das heißen?«

»Jawohl, Herr Oberleutnant!«

Was sollte Bevern tun? Gegen dieses „Jawohl« – und er wußte, daß dieser sture Soldat auf alle seine weiteren Fragen nur Jawohl sagen würde – konnte er nichts ausrichten, wenigstens nicht hier im Graben. So sagte er nur: »Wir sprechen uns noch, Wiedeck, wir sprechen uns noch!«

Wütend stapfte er weiter, den Graben entlang, vorbei an einigen Soldaten, die ebenfalls stramm grüßten und ihre Meldung so laut hinausbrüllten, daß die nächsten und übernächsten bereits gewarnt waren, bevor Bevern bei ihnen auftauchte.

In den halbfertigen Bunkern lagen die anderen Männer der 2. Kompanie und schliefen erschöpft. Sie hatten die ganze Nacht gearbeitet, jetzt tagsüber durften sie ausruhen. Seit zwei Tagen mußten sie in den Stellungen bleiben. Es wurde befohlen, daß die Arbeit beschleunigt zu beenden sei. Aber sie waren ganz glücklich darüber, denn durch die

Linien waren einige russische Scharfschützen gesickert und schossen vom nahen Wald aus auf alles, was sich in den Gräben bewegte. Sie waren so gut getarnt, daß man sie nicht ausmachen konnte. Ein deutscher Zug, der eingesetzt wurde, um sie aufzustöbern und zu liquidieren, war unverrichteterdinge zurückgekommen. Es war nichts zu machen. Der Wald war groß und dicht, und nicht nur ein einzelner Mensch konnte sich dorthin auf alle Ewigkeit verkriechen, sondern ein ganzes Bataillon oder Regiment. Zudem war durch diese Scharfschützen nicht nur die dünnbesetzte HKL bedroht, sondern auch die Männer des Strafbataillons. Und man war nicht bereit, ihretwegen die schwachbesetzte HKL noch schwächer zu machen und Leute zu Suchtrupps abzukommandieren. Der Antrag Oberleutnant Obermeiers und Hauptmann Barths, einen Zug des Strafbataillons – oder was noch besser wäre, eine ganze Kompanie – zu bewaffnen und in den Wald zu schicken, war bis jetzt unbeantwortet geblieben. So waren im Laufe von drei Tagen sechs Mann bei Obermeier und fünf bei Wernher durch Kopfschüsse ausgefallen.

Um wenigstens einigermaßen die Weiterarbeit zu sichern, hatten Obermeier und Wernher einige gegen den Wald vorgeschobene Posten aufgestellt, die mit ihren MGs auf jede verdächtige Bewegung schießen sollten. Allerdings waren diese Posten auf dem besten Wege, als erste abgeschossen zu werden. Bereits am ersten Tag fand die Ablösung zwei Tote hinter den Maschinengewehren; ihre Stahlhelme wiesen knapp über den Augen ein kleines, rundes Loch auf.

»Eine Saubande«, murmelte Bevern, als er einige Bunker

besichtigt hatte. »Pennen wie die Ratten, ist das noch ein Krieg?« Tief gebückt – auch er wußte natürlich von der Gefahr, die von den Scharfschützen drohte, obwohl er eigentlich nicht so recht daran glaubte – ging er durch einen Laufgraben weiter nach hinten, um einen der Posten zu kontrollieren. Das letzte Stück Weges mußte er auf allen vieren kriechen, bis er zu einem Loch kam, in dem zusammengekauert ein Soldat – schlief.

Nein, es war kein Irrtum: Der Posten schlief.

Den breiten Kragen des Lammfellmantels hatte er hochgeschlagen, so daß nur der obere Teil des Stahlhelms heraussah, sein Gesicht war im Pelz vergraben, und in seinen regelmäßigen Atemstößen zitterten die dünnen Reiffäden, die sich rundum gebildet hatten. Die Hände hatte er in die Ärmel gesteckt und die Füße in Filzstiefeln unter den Mantel gezogen.

Das war ungefähr das Schlimmste, was Bevern passieren konnte. Ein schlafender Posten! Und als er kniend und unbeweglich auf den Schlafenden sah, erfüllte ihn fast triumphierende Befriedigung: Hier hatte er einen erwischt. Nur ganz kurz bedauerte er, daß er keinen Zeugen hatte. Aber das würde ja nicht notwendig sein. Sein Offizierswort würde bei der Verhandlung genügen, und die exemplarische Strafe, die nur Tod durch Erschießen heißen konnte, würde auf alle anderen in diesem verfluchten Haufen sehr erzieherisch wirken.

Sein Blick glitt langsam empor zu den Sandsäcken, die im Halbkreis, gegen den Wald sichernd, rund um das MG-Nest aufgebaut waren. Mitten darin befand sich eine schmale Scharte, davor stand das MG. Wenn er den Mann aufweckte, wollte er es nicht kniend tun, in einer, wie es ihm schien, lächerlichen Haltung, sondern so, wie sich's gehörte: Hochaufgerichtet, auf ihn herabblickend. Langsam, jedes unnötige Geräusch vermeidend, rutschte er ins Loch und richtete sich auf – dabei immer zu den Sandsäcken aufschauend. Ob sie wohl genügend Schutz boten? Natürlich, sagte er sich, durch die kann keine Kugel durchdringen – und außerdem konnte ihn ja niemand sehen, wenn er den Kopf nicht herausstreckte. Dabei entging ihm, daß sich die unbewegliche Gestalt des Postens rührte. Als er wieder hinuntersah, den Mund bereits offen, um loszubrüllen, schaute er in zusammengekniffene, spöttische Augen – Schwaneckkes.

Seine Verletzungen aus dem Messerkampf mit Tartuchin waren schmerzhaft, aber nicht gefährlich gewesen. Nachdem ihn Kronenberg gefunden und seine Stichwunden versorgt hatte, blieb Schwanecke noch ein paar Tage im Lazarett. Dann hatte ihn Bevern aufgestöbert. »Der Mann ist doch nicht krank«, hatte er zu Kronenberg gesagt. »Zum Faulenzen ist die Zeit zu ernst. Sorgen Sie dafür, daß sich Schwanecke morgen wieder dienstfähig bei seiner Einheit meldet . . .«

Schwanecke hatte vor Wut gekocht.

»Aufwachen!« schrie Bevern und dachte nicht daran, daß es lächerlich war, »Aufwachen!« zu brüllen; und auch die einzige folgerichtige Antwort Schwaneckes ging an ihm vorbei, als hätte er sie gar nicht gehört. Er dachte nur daran, daß er ihn jetzt hatte. Jetzt gab es keine Ausflüchte und Mätzchen mehr. Der Mann war schon so gut wie tot. Und das war richtig so. Es war das Beste, was geschehen konnte, daß es gerade Schwanecke war, den er hier erwischt hatte.

»Warum? Ich bin ja schon wach«, sagte Schwanecke.

»Stehen Sie auf!«

Schwanecke stand langsam und sich reckend auf. Dann gähnte er. »Sie kommen immer in einem unrichtigen Augenblick«, sagte er, zum zweitenmal gähnend. »Ich habe gerade ...«

»Sie haben geschlafen!«

»Das wollte ich Ihnen ja sagen. Ich habe gerade geträumt, ich wäre in Hamburg mit so 'ner hübschen Blonden ... Sie können gar nicht glauben, was für tolle Hüften sie hatte. Und nun kommen Sie ...«

»Sie haben geschlafen – und Sie geben es zu?«

»Na klar«, sagte Schwanecke. »Allerdings habe ich Sie schon bei der dritten Krümmung von hier ab gehört. Sie haben auf der Kriegsschule nicht aufgepaßt, Herr Oberleutnant! So darf man sich an der Front nicht anschleichen!« Sein Gesicht grinste, seine Stimme grinste – nur seine Augen waren kalt, leblos wie zwei Glaskugeln.

»Wissen Sie, was das bedeutet?« fragte Bevern lauernd.

»Nee. Was denn?«

Bevern sagte langsam: »Schlafen auf Posten in unmittelbarer Nähe des Feindes ...«

»Ach so – das meinen Sie! Und wie geht's weiter?«

»Kriegsgericht«, sagte Bevern ruhig. »Und das wird gleich hier bei uns erledigt. Packen Sie Ihre Siebensachen, Sie kommen mit.« Er war ruhig, Schwaneckes dreckige Antworten prallten wirkungslos an ihm ab. Warum sollte er sich noch darüber aufregen, der Mann war sowieso erledigt.

»Darf ich nicht – bevor nicht die Ablösung kommt«, sagte Schwanecke. »Leisten Sie mir so lange Gesellschaft, Herr Oberleutnant? Wir könnten uns – wir könnten uns aussprechen, Herr Oberleutnant. Was meinen Sie? . . . Wir sind ja ganz allein hier, und wir bleiben noch eine ganze Weile allein. Es ist doch eine Gelegenheit . . . ein Wort unter Männern . . .«

Die kalte, überlegene Ruhe fiel langsam von Bevern ab. Schwaneckes Worte drangen nur nach und nach in sein Bewußtsein, doch dann verstand er. Über seinen Rücken kroch es eisig, und er machte einen Schritt zurück, als wollte er in den Laufgraben entweichen. Doch Schwanecke streckte ganz langsam den Arm aus, packte ihn an den Mantelaufschlägen, zog ihn zu sich und drehte sich dabei selbst so, daß er den Rückweg versperrte.

Bevern war unfähig, sich zu widersetzen. Es war zu ungeheuerlich, was jetzt geschah, es war unmöglich. Doch als er in Schwaneckes Gesicht sah, stürzte die Wirklichkeit über ihn: Es blieb wahr. Und dann sah er, wie sich Schwaneckes grinsender Mund öffnete und wie aus ihm langsam Worte kamen und wie Lebewesen in ihn drangen und von ihm Besitz ergriffen, bis jede Zelle seines Körpers von ihnen durchdrungen war:

»Vors Kriegsgericht, sagst du? Erschießen, sagst du? Puff-puff – und weg ist Schwanecke, meinst du? Das würde dir so gefallen, was? Schwanecke tot und Bevern – oder wie du schon heißt – freut sich wie ein Schneekönig . . .«

»Lassen Sie mich vorbei!« zischte Bevern.

»Aber, aber, sachte, sachte! Ich habe gesagt, wir wollen ein Wort unter Männern sprechen, du Schwein! Kannst du dich erinnern? Wir haben über viele Sachen zu sprechen. Nicht doch, nicht die Pistole, was willst du damit? Ich müßte dir auf das Pfötchen schlagen – weg die Hände!«

Bevern ließ ab von der Pistolentasche. »Was wollen Sie – wissen Sie, was das bedeutet? Behinderung eines Vorgesetzten ...«

»Halt's Maul!« Schwanecke wischte sich über die Augen. Kleine Eisstückchen klebten an den Wimpern, jetzt grinste er nicht mehr, und Bevern hatte plötzlich das Empfinden, daß er weit, weit weg war von hier, wie ein Mann, der angestrengt über irgend etwas nachdachte. Und dann kam er wieder zurück, und als er weitersprach, grinste er nicht mehr:

»Du bist ein verdammtes Schwein – und ich werde dich jetzt erledigen. Was glaubst du, wie sich die andern freuen werden, wenn du ein toter Mann bist? Das wird ein Feiertag für das ganze Bataillon. Kriegsgericht – meinst du? Nicht ich werde ins Gras beißen – das kannst du mit mir nicht machen!«

»Sie – Sie –!« schrie Bevern mit einer hohen, fistelnden Stimme, sein Gesicht war verzerrt, und aus seinen Augen schrie unsinnige Angst. Und dann rief er um Hilfe, aber seine Stimme ertrank in der weißen Weite umher, und er wußte, daß ihn hier niemand hören würde. Es war umsonst, der Mann vor ihm war der Tod. Es gab keine Hilfe. Das wußte Bevern, und er schrie seine Angst hinaus, aber er schrie nicht nach Hilfe anderer Soldaten, sondern nach Hilfe jener Frau, nach der so viele tödlich verwundete Männer schrien, wenn sie ihr Leben mit dem Blut, das aus ihnen rann, mitten in Schmerzen entweichen fühlten. Er schrie

»Hilfe!«, aber er meinte die Mutter: jene stille, bescheidene Frau, die er früher verachten zu müssen glaubte, weil sie sich nichts aus seinem Glauben machte und aus seinen Idealen; und er meinte nicht nur diese bestimmte Frau, die seine Mutter war, sondern alle Welten, die sich hinter diesem Wort verbergen, und die aus ihrem Schoß entspringen, und alle Mütter, die schützend die Hände um die weinenden Kinder legen: die letzte Instanz der Hilflosen und Sterbenden.

Mitten in diesen Schrei schlug Schwanecke zu.

Bevern sank betäubt zu Boden.

Nun handelte Schwanecke schnell und sicher, als hätte er es schon hundertmal durchexerziert.

Ohne den Blick von Bevern zu wenden, jagte er aus dem Maschinengewehr zwei, drei Feuerstöße gegen den Wald, in dem sich, wie er genau wußte, mindestens drei Scharfschützen verbargen. Dann schlug er mit der Handkante gegen Beverns Halsschlagader, packte ihn unter den Armen, hob den schweren, schlaffen Körper ächzend hoch, trug ihn hinter das Maschinengewehr und schob den Ohnmächtigen langsam empor.

Er brauchte nicht lange zu warten.

Schon nach zwei oder drei Minuten hörte und fühlte er einen dumpfen Schlag gegen Beverns Körper, und gleich darauf hörte er drüben im Wald einen Abschuß.

Er ließ den Körper fallen und beugte sich über ihn.

An der Nasenwurzel des leicht erstaunten, ein wenig verzerrten Gesichtes saß ein kleiner, runder, sauberer Einschuß. Der Stahlhelm wies hinten ein gezacktes Loch auf. Ein glatter Durchschuß. Manchmal ist der Krieg doch zu etwas nütze, dachte Schwanecke grimmig, und schießen können die Brüder, verdammt noch mal . . .

Dann richtete er sich wieder auf, drehte sich um und jagte eine ganze Serie wütender, langer Feuerstöße gegen den Wald. Immer wieder drückte er auf den Abzug, bis der Gurt leer war. Dann legte er einen neuen ein und jagte auch diesen durch den Lauf, und ein wilder, düsterer Triumph erfüllte ihn, als er das rüttelnde Stoßen des Maschinengewehrs in seiner Schulter spürte und die rasenden Garben den Schnee von den Zweigen im Wald gegenüber peitschten. Seine Augen waren voll flackernden Irrsinns.

»So«, sagte er, als auch der zweite Gurt leergeschossen war. »Das genügt.«

Der Tod Oberleutnant Beverns war keine große Sensation.

Er wurde registriert, in Listen aufgenommen, in Wehrstammrollen eingetragen. Hauptmann Barth sagte am Telefon zu Obermeier: »Er war ein irregeleiteter Junge – es gibt 'ne ganze Menge davon.« Und Wernher, der seine Probleme, die Bevern betrafen, so plötzlich und einfach gelöst sah, sagte: »Armer Kerl – stirbt, ohne je ein Mädchen geliebt zu haben . . .« Nur Krüll war recht nachdenklich und still. Daß dem schneidigen Bevern niemand eine Träne nachweinte, im Gegenteil, daß es aussah, als ginge ein Aufatmen durch das ganze Bataillon, vor allem aber durch die rückwärtigen Dienste, die Bevern mit Vorliebe unsicher gemacht hatte, machte ihn ängstlich oder gab ihm zumindest zu denken. Er wußte, daß er nicht weniger verhaßt war als

Bevern. Wenn er auch ein wenig zahmer geworden war, nach seinem Erlebnis im Graben, wenn er auch fühlte, daß er etwas mehr in die Gemeinschaft der Soldaten gefunden hatte, war er sich seiner Untergebenen nicht sehr sicher – zumal er immer noch der Überzeugung war, daß ein Spieß im Strafbataillon vornehmlich dazu da war, um den Soldaten die Freude am Leben zu vergällen.

Für Schwanecke allerdings war die Sache mit Beverns Begräbnis hinter den Häusern von Babinitschi nicht zu Ende.

Als erster, im Graben noch, hatte ihn Unteroffizier Hefe ausgefragt.

»Bevern ist von den Scharfschützen geknackt worden!« hatte Schwanecke keuchend erzählt, wie ein geborener Schauspieler darauf achtend, daß in seiner Stimme das richtige Maß von Bestürzung war.

»Wo?«

»Bei mir, ganz vorne.«

»Ach . . .« Unteroffizier Hefe hatte Schwanecke schief angesehen. »Besser konnte der Affe ja nicht fallen. Wer war dabei?«

»Keiner. Nur ich.«

»Also bist du der einzige Zeuge?«

»Na klar.«

»Und warum hast du nicht verhindert, daß der Idiot über den Graben guckt?«

»Kann ich einem Offizier befehlen?«

»Hast du ihn gewarnt?«

»Aber ja.«

Mit Obermeier war es dann schon schwieriger. Der Oberleutnant ließ ihn heranholen und verhörte ihn eingehend.

»Wie lange waren Sie mit dem Oberleutnant zusammen?«

Schwanecke sah gegen die Decke des Blockhauses. »Vielleicht – na, vielleicht fünf Minuten.«

»Und was sagte Oberleutnant Bevern?«

»Als er mich sah, sagte er: ›Da bist du ja, Sauhund!‹«

Obermeier sah auf seine Hände. Wenn er auch kein Mitleid mit Bevern empfand, so kam ihm der Heldentod des verhaßten Adjutanten doch verdächtig vor, und seine Pflicht als Offizier war – und nicht nur die als Offizier –, daß dieser Tod restlos geklärt wurde. An jeder anderen Stelle hätte man Bevern den unglücklichen Schuß geglaubt und die Sache zu den Akten gelegt. Aber ausgerechnet bei Schwanecke, allein, ohne Zeugen. Das wird eine Situation gewesen sein, dachte er, wie sich Schwanecke eine ähnliche nur erträumen konnte. Die Konsequenzen, die aus diesen Überlegungen erwuchsen, waren ungeheuerlich. Sie waren zu abwegig, um weiter untersucht zu werden, und doch ... und doch: bei Schwanecke hatte man es nicht mit einem gewöhnlichen Soldaten zu tun. Er war ein Krimineller, und man brauchte nur in seine Augen zu sehen, um zu wissen, daß er auch ein Mörder sein konnte.

»Wie ist das passiert?«

»Ich sage: ›Obacht, Herr Oberleutnant, da drüben liegen sibirische Scharfschützen‹, und er sagt: ›Haben Sie Angst, Sie Flasche?‹ Ich sage: ›Nein, aber die schießen verdammt genau!‹ Und er sagt: ›Blödsinn!‹ guckt über den Rand, und da macht's bumm, und er kippt um. Aus war's. Es ging alles sehr schnell, Herr Oberleutnant, er wollte ja immer beweisen, daß ...«

Obermeier winkte ab. »Schon gut, gehen Sie jetzt, Melden Sie sich beim Oberfeldwebel Krüll.«

Aufatmend verließ Schwanecke den nachdenklichen Obermeier. Er bummelte hinüber zur Schreibstube, begrüßte ein paar alte Bekannte und trat dann bei Krüll ein. Er glaubte, die Sache nun endgültig hinter sich zu haben. Bevern war tot, was konnte ihm, Schwanecke, schon passieren? Er starb den Heldentod, dachte er böse, und dabei wollte er mich vors Kriegsgericht bringen, erschießen, das Erschießungskommando selbst leiten – bums, weg ist der Schwanecke. Aber dabei hat's bums gemacht, und weg war der Bevern, und keine Spur mehr vom Kriegsgericht ...

Jetzt hat dich der Teufel geholt, dachte er, ich hab's dir gesagt: Nicht mit mir. Mit allen anderen, aber nicht mit mir ...!

Oberfeldwebel Krüll sah auf, als Schwanecke ohne anzuklopfen eintrat. Er lehnte sich zurück, verschränkte gelassen die Arme und nickte ein paarmal.

»Natürlich, wer denn sonst. Der Mann ohne Kinderstube. Der beinahe perfekte Sittlichkeitsverbrecher und Räuber!«

»Lassen Sie man das ›beinahe‹ weg«, grinste Schwanecke.

»Und Mörder? Wie wär's mit dem ›beinahe perfekten Mörder‹?«

Schwanecke kniff die Augen zusammen. Sein Gesicht verzog sich zu einer häßlichen Grimasse. Heiße Wut zuckte in ihm empor und überspülte für einen Moment seine lauernde, fast immer wache Vernunft.

»Sie kommen auch noch dran!« zischte er. Krüll fuhr auf.

»Was heißt – auch?« schrie er.

»Auch – heißt, daß Sie drankommen, wie wir alle drankommen werden«, sagte Schwanecke, wieder vorsichtig geworden.

»Auch – das kann mehr heißen! Halt mich nicht für dumm!«

Krülls Stimme war plötzlich heiser. Er hatte Angst vor dem klobigen Mann, der mächtig und ungebändigt vor ihm stand und ihn aus seinen kalten Fischaugen anstarrte.

»Kann es«, sagte Schwanecke ungerührt.

Krüll fühlte, wie über seinen Körper ein langes Zittern lief, wie sich seine Wut auf einmal entladen wollte.

»Ich weise es dir nach, mein Junge . . . ich weise es dir nach, darauf kannst du Gift nehmen.« Sein dicker Kopf pendelte hin und her, wie immer, wenn er scharf nachdenken oder irgend etwas überlegen mußte. »Und wenn sie dir die Rübe abhacken, ziehe ich meine Sonntagsuniform an und saufe mich voll!«

Schwanecke gab keine Antwort. Doch er konnte es nicht unterlassen, in die Ecke des Raumes zu spucken, bevor er die Schreibstube verließ . . .

Eine Stunde später trat Stabsarzt Dr. Bergen in das Haus, wo Obermeier seinen »Gefechtsstand« eingerichtet hatte.

»Wenigstens für acht Tage haben wir jetzt Lazarettmaterial«, sagte er müde. »Ihr Deutschmann hat einiges organisiert. Nächste Woche soll er wieder nach Orscha gehen . . . Die Heeresapotheke bekommt neues Material. Als ob etwas in der Luft liegt . . .«

»Mich wundert's ja schon lange, daß der Iwan so still ist. Die Felder sind steinhart gefroren, es gibt nicht allzuviel Schnee . . . die Russen können sich kein besseres Rollfeld für ihre Panzer wünschen. Ich glaube, es wird nicht mehr lange dauern, dann knallt es.«

»Malen Sie den Teufel nicht an die Wand, Obermeier!« Dr. Bergen setzte sich und trank schnell einen Schluck Schnaps, den ihm Obermeier im Deckel seines Kochgeschirres reichte. »Aber ich komme nicht deswegen . . . wenn's losgeht, werden wir es früh genug wissen. Ich bin zwar kein alter Frontsoldat, aber man müßte aus Holz sein, um nicht zu spüren, daß dies – eh – wie man so sagt, die Ruhe vor dem Sturm ist. Was ich sagen wollte . . . Dr. Hansen hat da etwas entdeckt, was er mir erst heute gesagt hat. Er hat darüber ein Protokoll angefertigt . . . es geht um Bevern. Aber lesen Sie selbst, bitte.« Er reichte Obermeier einige Blätter Papier und trank noch einen Schluck Schnaps.

»Daß ihr Ärzte auch kein Deutsch schreiben könnt«, sagte Obermeier nach einer Weile seufzend.

»Also ich will's Ihnen erklären: An der Leiche von Oberleutnant Bevern wurde neben dem Einschuß im Kopf noch eine Schwellung am Kinn und, was wichtiger ist, eine am Kehlkopf seitlich, mit einem kleinen Bluterguß, festgestellt. Das bedeutet, daß diese Schwellungen schon da waren, bevor Bevern durch den Kopfschuß getötet wurde. Können Sie sich das erklären?«

»Was meinen Sie damit?«

»Passen Sie auf: Es ist möglich, daß Bevern bei seinem Inspektionsgang durch die Gräben ausgerutscht und hingefallen ist. Das könnte die Schwellung am Kinn erklären. Oder glauben Sie, daß er etwa in eine Schlägerei verwickelt wär?«

»Kaum anzunehmen«, sagte Obermeier.

»Also, das wäre die Schwellung am Kinn. Aber wie erklären Sie sich die Schwellung und den Bluterguß am Hals? Diese können durch keinen Sturz entstehen. Ich war eine Zeitlang – es ist schon lange Jahre her – Polizeiarzt. Solche Schwellungen am Hals entstehen nur, wenn man mit einem stumpfen Gegenstand dagegenschlägt. Etwa mit einem dikken Stock oder . . .« Dr. Bergen schlug mit gestreckter Hand durch die Luft.

»Sie meinen – Handkantenschlag?« fragte Obermeier fassungslos.

»Kann sein . . .« Dr. Bergen zuckte mit den Schultern. »Solche Schläge können, wenn sie mit großer Wucht ausgeführt werden, tödlich sein.«

»Und Sie meinen . . .«

Dr. Bergen winkte ab. »Nein, nein. Beverns Tod ist eindeutig durch ein Infanteriegeschoß verursacht worden. Vorne 'rein, hinten 'raus – und Sie wissen ja, daß die modernen Infanteriegeschosse mit ihrer Rasanz bei Kopfdurchschüssen verheerende Wirkungen haben können. Und das ist bei Bevern geschehen. Aber – und das ist, worüber Sie sich Gedanken machen müssen: Der Schlag gegen Beverns Kehlkopf genügte, um ihn bewußtlos zu machen. Und das muß kurz vor dem Tode gewesen sein. Ich bin kein Detektiv – und Sie wahrscheinlich auch nicht. Aber Sie sind der Kompaniechef. Bei Ihnen ist das passiert . . .«

Schweigen.

Nach einer Weile sagte Obermeier langsam und schwer: »Wenn ich Sie recht verstanden habe, hat irgend jemand – wir wollen jetzt keinen Namen nennen – Bevern niedergeschlagen und ihn dann erschossen.«

Dr. Bergen trank wieder. »Hansen hat festgestellt, daß der Schuß nicht aus unmittelbarer Nähe abgefeuert wurde. Sie wissen ja, wir Mediziner können das. Wahrscheinlich war's doch ein russischer Scharfschütze. Ich möchte mich nicht festlegen . . . aber das, was Sie vorher gesagt haben, dürfte meiner Meinung nach der Wahrheit ziemlich nahekommen.«

»Also sprechen wir es aus: Schwanecke – niemand anders kann es gewesen sein – hatte Bevern zuerst k. o. geschlagen, ihn mit einem Handkantschlag noch tiefer betäubt und am Ende erschossen – oder von einem russischen Scharfschützen erschießen lassen. So etwas kann man arrangieren – wenn man Bescheid weiß . . .«

»Es war Bevern, aber . . .«

»Sie meinen – aber es wird mir nichts anderes übrigbleiben, als diesen Bericht an Hauptmann Barth weiterzugeben«, beendete Obermeier.

»So ist es.« Dr. Bergen trank den restlichen Schnaps aus. Auch wenn er widerlich schmeckte, war es doch ein Gesöff, das ihm half, das Ganze zu ertragen. Alles, was sich hier abspielte, war ungeheuerlich, zu ungeheuerlich, um es mit wachen Sinnen und klarem Verstand ertragen zu können. »Auch wenn Bevern ein Schwein war . . . Mord bleibt Mord, ganz gleich, an wem er verübt wurde.«

»Ich werde gleich – ich werde nachher Schwanecke festnehmen lassen und ihn noch einmal verhören.«

Dr. Kukill hatte vergeblich versucht, Julia Deutschmann telefonisch zu erreichen. Da nach dem letzten Angriff britischer Bomberverbände die Leitungen zerstört waren, fuhr er hinaus nach Dahlem, getrieben von einer ihm bis dahin unbekannten Sorge und Ungewißheit, die sich immer mehr in Furcht wandelte. je länger er daran dachte, daß Julia den wahnwitzigen Plan ausführen könnte, Deutschmanns Versuche an sich selbst zu wiederholen.

Die Villa in Dahlem war verschlossen. Er schellte umsonst. Die Jalousien, durch Bombenabwürfe in der Umgebung zum Teil aus dem Rahmen gerissen, waren so weit heruntergelassen, wie es möglich war.

Dr. Kukill wartete eine Weile, dann öffnete er die kleine Vorgartentür und ging um das Haus herum. Nichts rührte sich. Das Haus sah grau, verlassen und leblos aus. Die Küchentür, die nach hinten in den Garten führte, war verschlossen. Julia war offensichtlich verreist. Doch merkwürdig – sie hatte ihm nie etwas davon gesagt. Aber dann sagte er sich, mit einer plötzlich aufkeimenden Bitterkeit, daß sie ihm, gerade ihm, sicher nie etwas sagen würde. Weder daß sie verreisen wollte noch irgend etwas anderes. Sie haßte ihn. Wie konnte er solch ein Narr gewesen sein, zu glauben, sie würde Deutschmann vergessen und seinen Wünschen entgegenkommen? Wohin konnte sie gegangen sein? Er wußte, daß sie keine Angehörigen mehr hatte. Ist vielleicht etwas mit Dr. Deutschmann vorgefallen? Vielleicht ist er in Rußland gefallen?

Dieser Gedanke, mit dem er in der letzten Zeit sehr oft gespielt hatte, war ihm nicht unangenehm. Und doch war da ein Unterschied zu früher, ein seltsames, bohrendes Gefühl der Unsicherheit – oder der Schuld? – wie er es früher nicht gekannt hatte. Früher war alles klar und einfach: Er begehrte Julia, er wollte sie haben, und er traute sich zu, sie zu gewinnen. Er mußte sie haben; ihr Widerstand reizte ihn nur und machte das Begehren oder das Besitzen zu einer fixen Idee. Er hatte bis jetzt alles bekommen, was er haben wollte. Warum sollte es mit Julia anders sein? Das schwierigste Hindernis war allerdings der lebende Dr. Deutschmann. Wenn er tot war, dann mußte ihm nach einer Weile des Trauerns Julia wie eine reife Frucht in den Schoß fallen. Was er dann mit ihr tun würde, wie es nachher weitergehen sollte, darüber macht er sich keine Gedanken.

Doch neuerdings war das alles nicht mehr so klar. Nach wie vor wollte er Julia für sich haben, aber anders als früher. Und er war nicht mehr ganz so sicher, ob er wirklich noch Deutschmanns Tod wünschte. Die Grenzen hatten sich verwischt, seine Empfindungen wurden seltsam kompliziert – ein Zustand, den er bislang nicht gekannt hatte. War das etwa – Liebe? Wenn es das war, dann war Liebe eine seltsame Angelegenheit ...

Bevor er wieder zu seinem Wagen ging, stand er noch eine ganze Weile im Garten und betrachtete das Haus. Irgend etwas in seiner Brust tat ihm weh, es stieg ihm in den Hals, es war fast ein physischer Schmerz. In diesen Augenblicken hätte er vielleicht seine ganze Karriere und alles das, was er war und was er vorstellte, darum gegeben, wenn die Tür plötzlich aufgegangen wäre und Julia mit ausgebreiteten Armen auf ihn zukommen würde. Aber die Tür blieb verschlossen, das Haus war still und verlassen. So ging er wieder weg und fuhr davon. Am nächsten Tag wollte er wiederkommen, und er wußte schon, daß er immer wiederkommen würde – bis er sie fand. Er wollte sie suchen, er mußte sie finden, und sei es nur, um mit ihr über Belanglosigkeiten zu sprechen oder in ihrer Nähe zu schweigen.

Hinter einer schiefhängenden Jalousie, seitlich verborgen von der Gardine, sah ihm Julia aus dem Wohnzimmer nach.

Das war ein anderer Kukill als der, den sie bis dahin gekannt hatte. Nicht mehr der eiskalte, selbstsichere Gerichtsarzt, der gesuchte Sachverständige, ein Liebling der Partei und der Frauen. Jetzt erinnerte er sie an den Kukill, der sagte, seine Nächte seien lang und seine Träume selten schön. Und noch etwas anderes war da, das ihn umgab und das in seiner Haltung zu lesen war. Aber sie konnte es nicht ergründen, und nachdem er weggefahren war, wollte sie es auch nicht mehr. Sie zwang sich, nicht mehr an ihn zu denken, als sie sich hinter Ernsts Schreibtisch setzte. Dr. Kukill war einstweilen nebensächlich. Später, wenn der Selbstversuch gelungen war, mußte er die Revision des Verfahrens einleiten. Später – wenn alles gut ging.

Ein Berg von Kladden, Berichten über Versuchsreihen und eigenen Experimenten bedeckte die Tischplatte. Sie schob das Papier achtlos beiseite und begann auf ein großes Blatt zu schreiben:

»Mein Liebster!

Es wird ein kurzer Brief sein, denn es ist möglich, daß er der letzte ist. Man soll beim Abschied nicht zu viele Worte sagen, sie machen das Weggehen nur noch schwerer, und, was beinahe schlimmer ist – sie drohen, den Mut wegzunehmen, das bißchen Mut, den ich habe, um das zu tun, wovor mir bangt. Aber nein, ich will nicht so schwarz sehen. Ich glaube, ich bin ein bißchen übermüdet, und wenn man müde ist, dann erscheint einem Notwendiges sinnlos, Schweres noch schwerer.

Unlängst habe ich mich dabei ertappt, eitel zu sein. Fast mit Stolz habe ich daran gedacht, daß es doch eine Menge ist, was ich tue. Für Dich tue. Das kann, so sagte ich mir befriedigt, nur eine Frau tun, die fähig ist, sehr stark zu lieben. Ich kam mir wie eine kleine Heldin vor. Oder eine große? Du siehst, Liebster, selbst in diesen Situationen kann man sich von gewissen Eigenschaften und Schwächen, die uns mit auf den Lebensweg gegeben wurden, nicht befreien. Dann, etwas später, fragte ich mich, wie oft wohl Menschen aus Eitelkeit – gut waren, um sich selbst sagen zu können oder es von anderen zu hören, sie wären gut gewesen oder hätten eine gute Tat vollbracht. Ich fragte mich, wieviel von Eitelkeit oder sogar Selbstsucht in Menschen steckt, die – nennen wir es so – eine Heldentat vollbracht haben, die nach außen hin als völlige Aufgabe ihrer selbst und die Negation des angeborenen, notwendigen Egoismus oder des Selbsterhaltungstriebes erscheint? Dies und jenes ging und geht mir durch den Kopf ... Aber ich sagte ja, ich will nicht einen sehr langen Brief schreiben. Nur das noch: Wie die Zeit auch sei, in der ich leben muß, wie schwer es auch manchmal oder fast immer ist, ich habe viele neue Ansichten gewonnen und viele Einblicke. Ich bin eine andere geworden, doch nicht in dem Sinn, wie man so leichthin sagt: Du bist nicht mehr die alte. Was ich früher ahnte, weiß ich heute, und ich ahne jetzt, was mir früher ein Buch mit sieben Siegeln war. Das nennt man wohl – Entwicklung.

Wenn ich mit diesem Brief fertig bin, werde ich das Experiment wagen. Oh, Liebster, ich habe Angst! Vielleicht wird dieser Brief doch nicht so kurz werden – denn jede Zeile, jedes Wort, das ich schreibe, ist ein kleiner Aufschub.

Das alles wirst Du wahrscheinlich nie erfahren. Zumindest wirst Du es nicht wissen, wenn der Versuch mißlingt. Wenn es schiefgehen sollte, werde ich nicht mehr sein, um es Dir zu erzählen. Aber auch wenn ich am Leben bleibe, so glaube ich nicht, daß Du je heimkommen würdest, denn dieser Krieg wird noch lange dauern, und er verschlingt Menschen wie eine ewig hungrige, riesenhafte Bestie – und sicher vor allem Menschen, die verurteilt sind, in Einheiten wie dem Strafbataillon zu leben. Wir werden dann zwei von den Millionen Opfern des Krieges sein, zwei Namenlose, deren Schicksal niemand aufrütteln wird, denn es wird untergehen in vielen, vielen anderen Schicksalen, die nicht minder schwer sind. Übrigbleiben wird der geschichtliche Begriff: Krieg. Übrigbleiben wird dieses schreckliche Wort, dessen Tragweite niemand ermessen kann, der nicht gerade zu der Zeit gelebt hatte, als er wütete, und alle anonymen, tausendfachen Schicksale werden in diesem Sammelbegriff verschwinden.

In wenigen Minuten ist es soweit. Und in zehn oder zwölf Stunden werde ich wissen, ob wir recht hatten mit unserem Aktinstoff oder ob wir uns getäuscht haben. Ich verspreche Dir, tapfer zu sein . . . ich werde es versuchen. Auf alle Fälle aber laß mich Abschied nehmen von Dir. Ich versuche zu lächeln, während ich das schreibe, nicht zu weinen. Ich versuche an die unzähligen schönen, glückhaften Stunden zu denken, die wir zusammen verlebt haben, und nicht an das Bittere, das danach kam. Wenn ich Lebewohl sage, dann will ich zugleich sagen: Ich habe ein erfülltes Leben hinter mir, obwohl es so kurz war.

Und ich will daran glauben, daß wir uns wiedersehen werden, daß wir beide jetzt nur durch eine tiefe, lange Nacht gehen, hinter der ein Morgen kommen muß. Ich küsse Dich in Gedanken, wie damals, als Du mir sagtest: Gott hat die Welt erschaffen, damit es auch dich gibt. Damals war ich Dir dankbar für diese Worte, aber nicht so wie heute. Heute würde ich auch Dir dasselbe sagen.

Deine Julia.«

Sie legte den Brief, ohne ihn noch einmal zu überlesen, zu den anderen nicht abgeschickten Briefen, klappte die Ledermappe zu, in der sie die Schreiben aufbewahrte, und steckte sie in einen Koffer, den sie sorgfältig verschloß. Dann ging sie ins Labor und trat zu einem hölzernen Ständer, auf dem zwei kleine Phiolen mit leicht trüber Flüssigkeit standen.

Ohne mit der Hand zu zittern, zog sie zwei Spritzen mit der Flüssigkeit auf. Ihre Bewegungen waren knapp und ruhig.

Es war 11.17 Uhr vormittags.

Sie klappte eine Kladde auf und trug die Zeit mit dem Datum als Kopf des Berichtes ein, den sie über sich selbst schreiben wollte.

Sie schrieb:

11.19 Uhr. Erste Injektion mit 2ccm Staphylokokkus aureus intramuskulär, in den musculus vastus lateralis.

Sie hatte die Einstichstelle am Oberschenkel vorher mit Alkohol gereinigt. Hinterher mußte sie darüber lächeln. Wie selbstverständlich waren ihr die einzelnen Handgriffe geworden! Sie reinigte die Einstichstelle, in die sie Eiter injizieren wollte! Über diese Widersinnigkeit lächelte sie noch, als sie mit der dünnen Hohlnadel in den Muskel stach, die Flüssigkeit schnell in das Fleisch drückte und die Nadel wieder mit einem Ruck herauszog.

Die zweite Spritze injizierte sie sich in den Unterarm. Anschließend trug sie in die Kladde ein:

11.22 Uhr: Injektion Nr. 2 in den musculus flexor digitorum profundus. Ich unterbreche hier den Versuch und warte die Wirkung ab.

Sie stellte den Wecker auf 21.00 Uhr und legte sich auf das alte Ledersofa. Hier hatte Ernst oft gegen Morgen, erschöpft von der durchwachten Nacht, ein oder zwei Stunden geschlafen. Die Vorhänge vor den beiden Fenstern waren zugezogen, es herrschte eine fahle Dämmerung, in der alle Gegenstände um sie unwirklich wurden. Neben dem Sofa stand auf einem Tischchen das Telefon. Daneben lag ein Zettel mit den Rufnummern Dr. Wisseks in der Charité und in seiner Wohnung.

Sie hatte versucht, an alles zu denken, bevor sie mit dem Experiment begann. Ihre Notizen wiesen auch die geringste Einzelheit auf. Kühl und überlegt ordnete sie, was zu ordnen war, wie ein alter, müder und über seinen Tod hinaus korrekter Mann, der mit seinem Leben abschloß, weil er das nahende Ende fühlte. Sie hatte sogar einen Brief an Dr. Kukill geschrieben, der – ohne daß sie es wollte – mit den bitteren Worten begann: »Wären Sie als gerichtlicher

Sachverständiger mehr Ihrem Gewissen oder auch Ihrer Einsicht gefolgt und nicht den Vorurteilen des sogenannten ›Gebotes der Stunde‹, dann wäre es nie so weit gekommen, daß Sie diesen Brief lesen müssen . . .«

Es war vollbracht. Ruhig, als habe sie eine leichte Dosis Schlafmittel genommen, lag sie auf dem alten Ledersofa. Ihr Gesicht war sehr bleich und ihre Augen geschlossen. Sie dachte an Ernst. Sie dachte an den grausamen russischen Winter, von dem sie so viel gehört hatte. Ob er wohl einen Mantel hatte? Ob er wohl ihr Päckchen bekommen hatte mit den dicken Wollhandschuhen, Socken und Schal und dem Kuchen und zwei Schachteln Zigaretten und anderen Kleinigkeiten? Ob er Filzstiefel besaß? Oder sogar Pelzstiefel? Es waren kleine, vorbeifließende, zärtliche Gedanken einer Frau, die sich Sorgen um ihren Mann machte oder einer Mutter um ihren Sohn.

Am frühen Nachmittag – sie sah auf die Uhr: 14.16 – hörte sie, wie ein Wagen draußen vorfuhr. Am Motorengeräusch erkannte sie, daß es Dr. Kukills Auto war. Eine Weile war es still, dann gingen leise, über den Kies knirschende Schritte um das Haus. Dann klingelte es an der Eingangstür zweimal – dreimal – fünfmal. Einen Augenblick lang mußte sie mit aller Macht gegen den Wunsch ankämpfen, aufzustehen, zur Tür zu laufen, aufzuschließen und ihm alles zu erzählen, um Hilfe zu bitten, bevor es zu spät war. Doch sie blieb liegen, preßte die Hände gegen die Ohren und drehte den Kopf zur Wand. Und wieder nach einer langen Weile hörte sie, nun kaum vernehmbar, den Motor des Wagens anspringen. Dann entfernte sich das Geräusch schnell und erstarb.

Dr. Kukill war wieder fortgefahren.

Die Ruhe des leeren Hauses, die Dämmerung des Labors schläferten Julia ein. Sie schreckte hoch, als neben ihrem Kopf das Telefon schrill klingelte. Aber sie hob den Hörer nicht ab. Es war sicher wieder Dr. Kukill, und sie wollte ihn nicht sprechen.

18.47 Uhr: Sie sah auf die Einstichstellen. Um die am Oberschenkel hatte sich ein kleiner roter Kreis gebildet. Am Unterarm zeigten sich keinerlei Symptome. Sie trug diese Beobachtungen gewissenhaft in die Kladde ein, maß ihre Temperatur und stellte am Oberschenkel eine leichte Druckempfindlichkeit fest.

Gegen 20.30 Uhr rief sie Dr. Wissek in der Charité an, noch bevor der Wecker zu klingeln begann, getrieben von einer starken Unruhe, der sie nicht Herr werden konnte und die ihr das Gefühl gab, als bekäme sie zu wenig Luft.

»Tag, Mädchen, wie geht's? Was kann ich für dich tun?« hörte sie die Stimme des Freundes wie durch das Rauschen einer Brandung. Sie fühlte ihre Stirn und zuckte zurück. Die Haut war glühend heiß und feucht.

»Und du, wie geht es dir?« fragte sie mit Mühe. »Hast du viel zu tun?«

»Wie immer. Der Operationssaal ist beinahe mein Schlafzimmer geworden.«

»Ich habe eine Bitte, Franzl . . .«

»Schieß los. Schon erfüllt!«

»Ich brauche ein Bett.«

»Hier in der Charité? Ausgeschlossen! Aber Julchen – wie stellst du dir das vor?« versuchte Dr. Wissek seine schroffe Absage zu mildern. »Wir haben die Patienten schon im Luftschutzkeller übereinander liegen. Hast du etwa auch – Privatpatienten?«

»Nein, ich brauche das Bett dringend, sonst würde ich nicht anrufen.«

»Um was handelt es sich denn?«

»Staphylokokkus aureus. Infektion. Unterarm und Oberschenkel«, sprach Julia langsam, schwer atmend.

»Schwer?«

»Ziemlich.«

»Also voraussichtlich Amputation. Wer ist es denn?«

»Ich«, sagte Julia.

Einen Augenblick war es auf der anderen Seite still. Dann kam aus dem Hörer ein zischendes Geräusch, als hätte der Mann am anderen Ende die Luft tief und krampfhaft eingeatmet, und dann hörte sie wieder seine Stimme, doch jetzt hoch, verändert, fassungslos: »Julia – Julia – was machst du, was ist geschehen?«

»Ich habe Ernsts Versuch wiederholt.« Julia zwang sich ruhig und klar zu sprechen, obwohl das Zimmer um sie zu tanzen begann und sie sich wie betrunken fühlte. »Die einzige Möglichkeit ist . . . mit Ernsts Aktinstoff . . . Hör zu, Franzl: Du kannst mich jetzt abholen. Ich liege im Labor auf dem Sofa. Auf dem Tisch wirst du den Aktinstoff finden und die Gebrauchsanweisung.« Bei dem letzten Wort nahm sie dreimal Anlauf, bevor sie es mit der trockenen, wie Glaspapier rauhen Zunge bilden konnte. »Halt dich daran, sonst ist alles umsonst. Hast du mich verstanden?«

»Ja – aber . . .«

»Ich kann jetzt nicht mehr weitersprechen. Mach's gut, Franzl und . . .« Sie wollte »Auf Wiedersehen« sagen, aber sie brachte die Worte nicht sogleich heraus, und dann vergaß sie, was sie ihm sagen wollte. Mühselig legte sie den Hörer wieder auf und sank dann zurück. Es geht weiter, dachte sie sinnlos, immer weiter und hundert Millionen kleine Biester . . . eine Milliarde . . .

Oberfeldwebel Krüll schien an seinen Streifzügen durch die fertigen und halbfertigen Gräben Spaß gefunden zu haben. Die überraschten Gesichter der Männer, vor denen er plötzlich auftauchte, verschafften ihm eine tiefe Befriedigung, die größer war als seine Furcht vor russischem Artilleriefeuer. Zudem war es seit einigen Tagen an der Front merkwürdig still – eine Stille, die alte Soldaten nichts Gutes ahnen ließ – und so erschien ihm das Risiko der Besichtigungen nicht allzu groß. Möglich auch, daß er sich nach seinem ersten Erlebnis im Graben selbst beweisen wollte, er wäre nach der Feuertaufe ein furchtloser Krieger geworden. Jedenfalls fuhr er eines Abends zum drittenmal zu den Gräben. Doch diesmal lief es nicht so glimpflich ab. Als der Bautrupp am Waldrand entlangfuhr, wurde er plötzlich von Partisanen beschossen. Es war kein starker Feuerüberfall, eigentlich kaum der Rede wert, und niemand hätte ein Wort darüber verloren – wenn nicht ausgerechnet Krüll etwas abbekommen hätte.

Auf dem Verbandsplatz in Barssdowka fiel Kronenberg aus allen Wolken, als sich die Tür der Scheune öffnete und Oberfeldwebel Krüll eintrat.

Kronenberg warf seine Verbände hin und schob sich zwischen den Betten auf den Gang, den Krüll entlangkam. Erst jetzt sah er, daß sich der Oberfeldwebel auf einen Stock stützte und anscheinend nur mühsam gehen konnte.

»Das ist doch nicht möglich . . .«

»Was denn, mein Sohn?«

»Sie – Sie sind doch nicht verwundet?«

»Wenn es Sie beruhigt – ja, mich hat's erwischt. Schuß in den Hintern!«

»Wo – wohin?« Kronenberg schluckte. Das war einer der schönsten Augenblicke seines Lebens. »Was haben Sie gesagt? In den . . .?«

»So ist es – genau in die linke Backe. Ich habe sie eine Zehntelsekunde zu langsam herunterbekommen.«

»Und da machte es bumm?«

Krüll verzog den Mund. Er hatte offensichtlich Schmerzen, und es war ihm nicht mehr zum Scherzen zumute. »Kronenberg«, sagte er langsam, »wenn Sie, dämliche Mißgeburt, denken, mit mir einen Zirkus zu veranstalten, dann haben Sie sich schwer getäuscht! Welches Bett?«

»Über die Einweisung ins Lazarett entscheidet der Herr Stabsarzt. Ob Sie ein Bett bekommen, Herr Oberfeldwebel, hängt davon ab, wie groß das Loch da hinten ist . . . Vielleicht genügt ambulante Behandlung. Es wäre nicht das erstemal.« Kronenberg ging um Krüll herum. »Man sieht ja gar nichts – !«

»Als anständiger Mensch habe ich die Hosen gewechselt.«

»Wieder einmal – nach einem Jahr!« schrie einer aus der Tiefe der Scheune. Brüllendes Gelächter folgte. Kronenberg grinste diskret.

»Sie dürfen nicht auf sie hören, Herr Oberfeldwebel«, sagte er wie entschuldigend. »Sie wissen ja – jede Abwechslung . . .«

»Idioten!« schrie Krüll laut und verächtlich.

In der Tür erschien Dr. Hansen. Er trug einen weißen Chirurgenkittel und eine lange, blutbespritzte Gummischürze. Krüll meldete sich, immer noch stramm. Blaß, sichtlich von Schmerzen gepeinigt, aber mit Haltung den Spott um sich herum schluckend, stand er zwischen den grinsenden Gesichtern. Dr. Hansen empfand fast Mitleid mit ihm. Er legte ihm die Hand auf die Schulter.

»Kommen Sie mit, Oberfeldwebel, ich werde Sie untersuchen. Schon eine Tetanusspritze bekommen?«

»Jawohl, von Sanitäter Deutschmann.«

Krüll dachte an diese Situation nicht gern zurück. Nachdem ihn Wiedeck und Hefe nach dem Feuerüberfall in den Schlitten geschleift und nach Gorki gebracht hatten, setzte sich Deutschmann neben ihn und begann Mullbinden zu zählen.

»Nur noch 17 Stück«, sagte er bedauernd. »Herr Oberfeldwebel haben von Verschwendung gesprochen, als ich Schütze Siemsburg mit vier Binden verband. Bei Ihnen muß es jetzt wohl mit zwei gehen . . .«

»Machen Sie keinen Quatsch, Deutschmann!« stöhnte Krüll. Die Wunde brannte. Sein linkes Bein war gefühllos. Ich sterbe langsam ab, dachte er entsetzt.

»Zuerst die Spritze!« Deutschmann schnitt ihm die Hose auf. Als er die blutverkrusteten Fetzen der Unterhose mit einem Ruck von dem Einschuß riß, schrie Krüll auf. Es war nicht sehr viel zu sehen. Eine einfache Fleischwunde: Die kleinkalibrige Kugel einer Maschinenpistole hatte den Muskel nicht tief unter der Haut glatt durchschlagen.

»Oh, oh, oh – der halbe Hintern ist weg!« sagte Deutschmann voll spöttischen Mitleids.

»Halten Sie den Mund und geben Sie die Spritze!«

»Sofort!« Deutschmann holte die Spritze, suchte eine besonders stumpfe Nadel aus, die er eigentlich schon zurückgeben wollte, zog aus der Ampulle das Serum und klopfte Krüll väterlich auf das nackte Gesäß. »Nur ein bißchen Geduld – jetzt macht der Onkel Doktor pik, und dann ist alles vorbei!«

»Ich – jei!« schrie Krüll hell auf. Deutschmann hatte die Nadel langsamer als erlaubt in das Fleisch hineingedrückt und drückte nun das Serum nicht minder langsam in den Muskel. Als er die Nadel wieder herauszog, konnte er dem tiefen Wunsch, noch einmal anzufangen, kaum widerstehen.

»Fertig?« stöhnte Krüll.

»Aber nein, ich muß die Wunde noch säubern und verbinden.«

»Macht man das nicht hinten?«

»Ab und zu kann man's auch hier machen. Sie wissen ja, ich bin immerhin ein Gelernter.«

»Machen Sie's mit – Betäubung?«

»Aber, aber! Bei Ihnen doch nicht. Sie sind doch nicht wehleidig, oder?«

»Und dann?«

»Mal sehen, was der Herr Oberleutnant sagt.«

»Wann bringen Sie mich zurück nach Barssdowka?«

»Ich glaube nicht, daß dies so dringend notwendig ist.

Dort kommen nur schwere Fälle hin, wissen Sie, Sie haben das ja selbst befürwortet . . .«

»Aber Sie sagten doch . . . es ist eine große Wunde . . . das kann Gasbrand geben . . .«

»Und dann eine große Narbe. Sie sind doch keine Schönheitstänzerin, Herr Oberfeldwebel, da macht es ja nichts.«

Das Verbinden war für Krüll nicht weniger schmerzhaft als die Tetanusspritze. So hatte er mit zusammengebissenen Zähnen beschlossen, sich an Deutschmann bei erster sich bietender Gelegenheit zu rächen. Nachts wurde er dann nach Barssdowka gebracht. Die ganze dienstfreie Kompanie war versammelt, als er zu dem Schlitten humpelte und mit schmerzhaft verzogenem Gesicht hinaufkletterte. Als er abfuhr, sangen einige Stimmen: »Muß i denn, muß i denn, zum Städtele hinaus . . .« Krüll verkroch sich in seinen dikken Pelz. Er hätte vor Wut weinen können, vor Wut und vor der plötzlichen Erkenntnis, daß er ganz allein war, daß alle gegen ihn standen und sicherlich wünschten, seine Verwundung wäre viel schwerer – oder sogar tödlich gewesen . . .

Gegen 23 Uhr erschien Dr. Kukill wieder vor der Villa Dr. Deutschmanns in Dahlem. Seitdem er einige Male versucht hatte, Julia telefonisch zu erreichen, konnte er es nicht mehr aushalten. Einige Sätze und hingeworfene Worte Julias fielen ihm wieder ein, Worte, die er damals, als sie gesprochen wurden, nicht besonders ernst genommen hatte, die aber jetzt einen unheimlichen, bedeutungsschweren Sinn erhielten:

»Von meinem Selbstversuch wird niemand etwas erfahren, bis es soweit ist«, sagte Julia einmal.

Oder: »Auch Sie werden mich nicht zurückhalten können.« Oder: »Ich werde allen beweisen, daß man Ernst unrecht getan hatte.«

Diesmal begnügte sich Dr. Kukill jedoch nicht damit, um das Haus herumzugehen und in die Fenster zu sehen, ob er irgendwo einen Lichtschein bemerkte, das Bewegen einer Gardine, ein Geräusch wahrnahm, das ihm verraten würde, daß Julia zu Hause war. Er rannte sogleich auf die Rückseite des Hauses, klopfte einige Male gegen die Küchentür und drückte schließlich das Fenster ein.

Die Küche war peinlich genau aufgeräumt. Nur auf dem Herd stand ein Topf voll Bohnensuppe.

»Julia!« rief Dr. Kukill. »Julia – wo sind Sie? Warum verstecken Sie sich vor mir?«

Keine Antwort. Seine Stimme hallte durch das stille Haus, und Dr. Kukill wußte plötzlich, daß er umsonst rief. Das Haus war leer. Er rannte weiter – durch die Diele – in das Wohnzimmer – in das Arbeitszimmer.

Als er die schwere Tür des Labors aufriß, blieb er wie festgenagelt stehen. In dem großen, sorgfältig verdunkelten Raum brannten alle Lampen. Auf dem Ledersofa in der Ecke lag eine zusammengeknüllte Decke. Das Telefon stand auf einem Beistelltisch neben dem Sofa und neben dem Telefon ein weißes Viereck: ein Brief.

Langsam, wie unter einem Zwang ging er hin. Der Brief war an ihn adressiert. Sein Blick blieb an einem Zettel hängen, der halb unter das Telefon geschoben war: Dr. Franz Wissek, Charité, und dann die Nummer. Ohne den Blick von dem Zettel zu lösen, riß er das Kuvert auf.

Dann las er:

»Wären Sie als gerichtlicher Sachverständiger mehr Ihrem Gewissen oder auch Ihrer Einsicht gefolgt und nicht den Vorurteilen des sogenannten ›Gebotes der Stunde‹, dann wäre es nie soweit gekommen, daß Sie diesen Brief lesen müssen.

Ich werde den Selbstversuch unternehmen. Und wenn Sie diese Zeilen lesen, werde ich entweder nicht mehr am Leben sein oder – den Beweis erbracht haben, daß die Verurteilung meines Mannes ein Irrtum war.

Vermuten Sie in mir keine Heldin. Ich habe entsetzliche Angst. Aber es ist der einzige Weg, Ernst zu rehabilitieren und das Werk fortzusetzen, von dem er überzeugt war und an das auch ich glaube ...«

Er zwang sich, den Brief Zeile für Zeile, Wort für Wort durchzulesen. Und gerade, weil Julia nicht anklagte, sondern kühl und sachlich mitteilte, empfand er seine Schuld um so tiefer. Es stimmte genau, was Julia im ersten Satz schrieb. Doch – wo war sie jetzt?

Vielleicht half ihm der Zettel mit der Telefonnummer weiter? Charité – natürlich! Sie wird dort irgend jemanden, nein – diesen Dr. Wissek angerufen haben ... sicher war sie jetzt dort ...

Es war, als hätte eine Welle fieberhaften Lebens Dr. Kukill erfaßt und ihn emporgehoben. Seine Hände zitterten, als er den Telefonhörer von der Gabel riß und die Nummer wählte, die auf dem Zettel angegeben war.

Es dauerte eine ganze Weile, bis er die Verbindung bekam.

Kukill trommelte mit den Fingern nervös auf die Tischplatte, und dann hörte er Schritte, die näherkamen, und eine männliche Stimme:

»Dr. Wissek.«

»Ist Julia – Frau Julia Deutschmann bei Ihnen?« Dr. Kukill zwang sich mit aller Macht zur Ruhe.

»Wer spricht dort?«

»Kukill – Dr. Kukill – antworten Sie mir, Mann! Ist Frau Julia bei Ihnen?«

»Ja. Warum wollen Sie denn das wissen?«

»Herrgott – fragen Sie nicht – was ist los?«

»Es sieht schlecht aus . . . eine allgemeine Infektion . . .«

»Schlecht?«

»Sehr.«

Es war Dr. Wissek, als höre er ein leises, unterdrücktes Schluchzen. Aber das war völlig unmöglich, er mußte sich getäuscht haben. Der junge Arzt kannte Dr. Kukill – wer kannte ihn nicht? –, und es schien ihm unvorstellbar, daß Dr. Kukill weinen könnte. Es war völlig absurd, und doch . . .

»Ich komme sofort!« hörte Dr. Wissek nach einer Weile Kukill sagen. Und dann, wie der Hörer am anderen Ende aufgelegt wurde. Einige Sekunden stand er noch ratlos da, schüttelte den Kopf, legte selbst auf und sagte zur Telefonistin: »Wenn mich nicht alles täuscht, hat es jetzt jemanden schwer erwischt!«

In einem abseits liegenden kleinen Zimmer lag Julia und rang mit dem Tode. Verzweifelt und hilflos standen die Ärzte um ihr Bett und sahen zu, wie Professor Dr. Burger, den Dr. Wissek aus dem Bett geholt hatte, die dritte Injektion mit dem von Dr. Deutschmann entwickelten Aktinstoff machte. Er injizierte das Serum in die Armvene, damit es schneller wirken sollte.

Julia lag im Koma. Ihre Haut war fahl, blaß, mit kaltem Schweiß überzogen, ihre Fingerkuppen waren weißlich, und die Nase stach erschreckend hart aus dem verfallenen Gesicht.

»Ich weiß nicht, ob es viel Sinn hat«, sagte Professor Dr. Burger, als er die Spritze leergedrückt hatte. »Bei einer solch irrsinnigen Infektion versagen alle konventionellen Mittel. Und an diesen Aktinstoff glaube ich nicht. Ich habe mir abgewöhnt, an Märchen zu glauben.«

Dr. Wissek nickte. Dann sagte er unvermittelt: »Dr. Kukill hat angerufen, daß er hierherkommen will.«

»Was will denn der hier?« Professor Burger sah überrascht auf. Seine hellen Augen im faltigen Gesicht unter dem schlohweißen Haar waren müde.

Dr. Wissek erwiderte: »Er war sehr aufgeregt . . .«

»Ach so, ach so. Nun – das kann ich mir ja denken . . . schließlich hat er ja . . . Sie kennen doch die Geschichte?«

»Es war eine Schweinerei«, sagte Dr. Wissek hart.

Professor Burger antwortete nicht. Er schob Julias Lider hoch und sah auf die Augäpfel. Sie waren starr, gläsern.

»Hat sie Cardiazol bekommen?«

»Ja.«

Der Professor stand auf. »Sie sind ja hier, bleiben Sie bei ihr. Wenn irgend etwas geschehen sollte, rufen Sie mich.«

Dr. Wissek nickte. Er konnte jetzt nichts sagen. In seinem Hals saß ein Kloß, er fürchtete sich, zu sprechen.

»Ich möchte nicht diesen – diesen Kukill sehen«, sagte Professor Burger und ging dann wortlos hinaus.

Dr. Wissek zog einen Stuhl zum Bett und setzte sich hin. Seine straffe, jugendliche Gestalt sank in sich zusammen. Er hatte den ganzen Tag gearbeitet. Mechanisch griff er nach Julias Arm und fühlte den Puls.

So fand ihn Dr. Kukill.

Es war ein anderer Dr. Kukill, dieser Mann, der ins Zimmer gestürmt kam, mit wirren Haaren, ohne Mantel, mit einem heruntergerutschten Schlips und schweißnassem Gesicht, als derjenige, den Dr. Wissek in Erinnerung hatte: von einigen Gesellschaften her, Empfängen, zuletzt vom Prozeß gegen Ernst. Er war um Jahre gealtert, und seine kühle und spöttische Selbstsicherheit schienen verpufft. Ohne sich um Wissek zu kümmern, kniete er vor Julias Bett nieder.

»Warum hat sie das bloß getan?« fragte er heiser, und Dr. Wissek hatte den Eindruck, daß er ihn nicht fragte, sondern sich selbst oder einfach fragte, wie schon so viele vor ihm, denen gesagt werden mußte, daß ein Mensch, den sie liebten, gestorben sei: Warum? Warum mußte das geschehen?

»Guten Abend, Kollege Kukill«, sagte Dr. Wissek leise. In seiner Stimme schwang bitterer Sarkasmus.

»Was?« Kukill sah verständnislos zu ihm auf und blickte dann wieder auf Julia. »Wieviel Aktinstoff haben Sie injiziert?«

»Zweimal 5 ccm.«

»Mein Gott – ist das nicht zuviel?«

»Was kann hier noch passieren?« sagte Dr. Wissek.

»Und sonst? Haben Sie sonst nichts unternommen? Sulfonamide?«

»Wir haben alles getan.«

Dr. Kukill prüfte Julias Puls, zog – genauso wie Professor Burger vor ihm – ihre Lider hoch, blieb noch eine Weile knien, stand dann langsam, sich auf das Bett stützend, auf. »Und Sie meinen?« fragte er dann, ohne den Blick von Julias Gesicht zu wenden. Er erwartete keine Antwort, denn er wußte selbst: Hier schien nichts mehr zu helfen. Dann drehte er sich um und ging langsam hinaus, als ob er sich zu jedem Schritt zwingen mußte.

Dr. Wissek sah hinter ihm her und fühlte jetzt keinen Zorn mehr gegen diesen Mann.

In Barssdowka war der Teufel los.

Nicht allein, daß Oberfeldwebel Krüll mit seinem Hinternschuß Mittelpunkt des Feldlazaretts wurde, mit Kronenberg erregte Diskussionen beim Verbandwechseln führte und sich auch sonst bemerkbar machte, auch Schwanecke sorgte für Abwechslung.

Das zweite und das dritte Verhör durch Oberleutnant Obermeier waren genauso ergebnislos verlaufen wie das erste. Schwanecke leugnete, irgend etwas mit Beverns Tod zu tun zu haben. Er machte es sehr geschickt und überzeugte Obermeier beinahe, daß alle Verdächtigungen gegen ihn gegenstandslos seien. So sagte er zum Beispiel: »Klar, ich hab' manchmal daran gedacht, den Herrn Oberleutnant ... Sie verstehen schon. Aber welcher Rekrut tut das nicht?

Und sagen Sie mir, Herr Oberleutnant, welcher Landser hat solche Gedanken nicht, wenn ein Vorgesetzter ... na ja, Sie wissen schon! Aber das zu tun? Um Gottes willen! Und Sie sagen selbst, das Ganze soll sehr gut vorbereitet gewesen sein. Ach, du liebe Zeit, und wann hätt' ich die Zeit, das vorzubereiten? Zuerst lag ich hier im Lazarett, und dann mußte ich Wache schieben ... wie sollte ich wissen, wann Herr Oberleutnant zur Inspektion und daß er ausgerechnet zu mir kommen würde? Es war genau, wie ich es erzählt habe. Ich sagte: ›Da drüben sind Scharfschützen, da muß man aufpassen!‹ Und der Herr Oberleutnant sagte: ›Haben Sie etwa Angst, Sie Scheißkerl?‹ Und guckte 'rüber, und da hat's schon geknallt. Genauso war's!«

Obermeier gab das Protokoll der Verhöre mit dem Bericht Dr. Hansens an Hauptmann Barth weiter und sprach selbst mit ihm über das Telefon, das ausnahmsweise einmal intakt war.

»Es sind doch alles Vermutungen ...«, sagte Barth. »Sie können dem Kerl ja nichts beweisen. Niemand hat irgend etwas gesehen ...«

»Was soll ich mit ihm machen? Festsetzen?«

»Nein, warum?«

»Er könnte immerhin ...«

»Sie meinen – fliehen? Wohin soll er gehen? Zu den Partisanen? Er weiß ganz genau, daß die keine Gefangenen machen. Und über die HKL wird er kaum kommen. Nein, nein, halten Sie ihn in greifbarer Nähe. Irgendwo beim Stab, er ist ja recht brauchbar. Und lassen Sie ihn nicht fühlen, daß Sie weiterhin Verdacht gegen ihn haben, damit er nicht kopfscheu wird. Ach – was ich noch fragen wollte ... warum bemühen Sie sich eigentlich so sehr um die Aufklärung des angeblichen Mordes? Wenn ich mich nicht irre, mochten Sie Bevern nie so recht.«

»Es geht ums Prinzip, Herr Hauptmann.«

»Mein lieber Junge, Sie werden an einem Ihrer Prinzipien noch einmal ersticken. Lassen Sie sich das gesagt sein von einem, der es wissen muß . . .«

So kam es, daß Schwanecke in Barssdowka blieb und beim Stab Dienst machte. Doch allen, die ihn von früher her kannten, fiel sein verändertes Wesen auf. Er war noch mürrischer und verschlossener geworden, und seine Antworten auf neugierige Fragen bestanden meist aus Flüchen. Er schien keine Ruhe zu finden und gönnte sich kaum Schlaf. Wie ein gefangenes Raubtier strich er, wenn er nur konnte, um Barssdowka herum. Er wanderte ruhelos durch den Schnee, die Straße nach Babinitschi hinab, die Straße nach Gorki oder nach Orscha . . .

Er suchte Tartuchin.

Über Bevern machte er sich keine Gedanken. Die Sache war für ihn erledigt. Für ihn – aber nicht für die anderen. Und er wußte nicht, daß zwischen Orscha und dem Stammlager in Posen, zwischen Posen und Frankfurt/Oder und wieder zurück Schriftstücke, Meldungen und Telefongespräche gewechselt wurden, die sich mit ihm befaßten, mit ihm und Oberleutnant Bevern. Man hatte zwar keine Beweise für Schwaneckes Schuld, aber man kannte sein Vorleben. Und selbst wenn sein Vorleben weiß wie neugefallener Schnee gewesen wäre, so war er verdächtig. Und verdächtig sein konnte zu jener Zeit nicht nur den Soldaten eines Bewährungsbataillons den Kopf kosten.

Für Deutschmann kam wieder der Tag, an dem er von Stabsarzt Dr. Bergen nach Orscha geschickt wurde.

»Sie kennen ja diesen Apotheker«, sagte der Arzt, als er Deutschmann eine lange Liste in die Hand drückte. »Wenn Sie nur ein Viertel von diesem Zeug mitbringen, das ich hier aufgeschrieben habe, dann sind wir glücklich.«

Je näher der Schlitten Orscha und dem Dnjepr kam, um so unruhiger wurde Deutschmann. Er wußte, daß er Zeit genug haben würde, Tanja wiederzusehen. Er würde sie im Schlaf überraschen, wie das letztemal . . . er würde neben ihrem Lager knien und ihren Kopf zwischen seine Hände nehmen, und dann würde er wieder jenseits der Vergangenheit und der Gegenwart sein, auch jenseits jeglicher Erinnerung: An Julia, an Berlin, an Dr. Ernst Deutschmann aus Dahlem, an das Leben, aus dem man ihn herausgerissen hatte. Er würde weiter nichts sein als der Landser Deutschmann, ein Schütze der 2. Kompanie des Strafbataillons, der Hilfssani, der Verbände, Morphium, Cardiazol, Tetanusserum und Evipan holen mußte. Weiter nichts: Eine Nummer in einer Wehrstammrolle, ein Name wie alle anderen Namen. Und: Ein glücklicher Mann. Ein Mann ohne Reue und ohne Gewissensbisse und in den Augenblicken des Vergessens ohne den Gedanken, daß er Verrat an einer anderen Frau übte – einer Frau, die so weit weg von seinem jetzigen Leben war, so unerreichbar, daß sie ihm wie ein schönes Bild erschien, das er einmal vor langer Zeit betrachtete, bewundert und besessen hatte.

An der hölzernen Dnjeprbrücke kontrollierten Feldgendarmen die Urlaubsscheine und Marschbefehle.

Während die Gespräche und die vielfältigen Geräusche

an seine Ohren plätscherten, sah Deutschmann hinab auf die kleine Hütte am Dnjeprufer. Dort hatte sich nichts verändert. Die Holzstapel waren noch da, die Stalltür hing schief in ihrer Angel, ein schmaler schmutzig-weißer Pfad zog sich durch den Schnee zur verschlossenen Bohlentür...

Die Ausgabe des Sanitätsmaterials ging schneller vonstatten als das letztemal. Der Apotheker war nicht da, und ein stiller, freundlicher Sanitäter holte zusammen, was Deutschmann verlangte. Er bekam zwar nicht alles, aber es war mehr als ein Viertel ... Er konnte sich das zufriedene Gesicht Dr. Bergens genau vorstellen. Doch alles dies, die Stadt, die von Soldaten wimmelte, der freundliche, hilfsbereite Sanitäter, seine eigene Zufriedenheit über den gut erfüllten Auftrag, all dies berührte ihn nicht, als ginge es ihn nichts an. Alle seine Gedanken und sein Sehnen waren in der kleinen Hütte am Dnjepr.

Die Nacht war sehr dunkel. Deutschmann tastete sich den Hang hinunter und öffnete leise die Tür zu Tanjas Kate, nur so weit, daß er hineinschlüpfen konnte.

Als er in der warmen Dunkelheit des Raumes stand, war es ihm, als habe er eine neue Welt betreten, die allein ihm gehörte, eine Welt ohne Krüll, ohne Schwanecke, ohne Obermeier, ohne Dr. Bergen, ohne Krieg ... Es war seine Welt, und sie war zugleich sein Traum und sein Vergessen.

»Es wird kein Ende nehmen ...«, sagte Tanja gegen Morgen.

»Was?«

»Das Glück.«

»Wir müssen daran glauben. Dann wird es vielleicht bleiben.«

»Es ist schwer, immer zu glauben.«

»Dann kannst du es nicht zurückhalten, Tanja.«

»Ich würde sterben, Michael. Aber trotzdem – nur der Tod kann mein Glück beenden.«

»Es ist Krieg, Tanjascha.«

»Kann man den Krieg nicht besiegen – durch Liebe?«

»Nicht wir beide allein. Ich fürchte . . .«

»Was?« Sie hob den Kopf ein wenig und blickte ihn an. Er starrte gegen die Decke. Sein Gesicht war kantig, schmal, fremd. »Du darfst nicht wieder weggehen, Michael«, sagte sie beschwörend, »du darfst nicht!«

»Ich werde es wohl müssen.«

»Wann?«

»Wie kann ich das wissen? Das weiß nur Gott allein.«

»Glaubst du an Gott?«

»Ja. Und du?«

»Ich bin bei den Komsomolzen groß geworden, verstehst du? Ich habe gelernt, daß es keinen Gott gibt, nur Stalin und Lenin, die Partei und den Sozialismus. Meine Mutter . . . ich kann mich erinnern, sie sprach oft von Gott. Meine gute, arme Mamuschka, sie ist gestorben, als ich noch ein ganz kleines Mädchen war.«

»Und dein Vater?«

»Er wurde verschleppt. Ich weiß nicht wohin, ich habe nie mehr von ihm gehört. Und ich kam in ein Komsomolzenheim.« Jetzt sah sie gegen das verhangene, gegen die Kälte mit Papier an den Seiten verklebte Fenster. Der Morgen dämmerte . . . der schreckliche Morgen mit dem letzten Kuß und mit dem schrecklichen Wort »Auf Wiedersehen«.

»Woran denkst du?« fragte er und zog ihren Kopf wieder zu sich herab.

»Warum bleibst du nicht bei mir?«

»Ich kann nicht.«

Vor der Hütte, am Ufer des Dnjeprs, fingen Motoren an zu dröhnen. Über die Holzbrücke polterten die Lastwagen des Nachschubs. Stimmen schrien dünn und kaum hörbar durch den eisigen Morgen. Weiter oben zerbarst das Eis unter den Sprengladungen der Pioniere. Als Deutschmann aufstehen wollte, hielt sie ihn fest. Sie klammerte sich an ihn wie eine Ertrinkende.

»Bleib! Nur noch eine Stunde, eine einzige Stunde!«

»Es geht nicht. Ich muß weg.«

»Ich sehe dich nie wieder!« schrie sie grell. »Ich weiß es, ich weiß es ganz genau. Du bist gekommen, und du warst hier. Jetzt gehst du und wirst nie mehr wiederkommen. Ich liebe dich ... Du darfst nie gehen, du darfst nicht!«

Er nahm den Krug mit Krimwein, den Tanja am Abend, als er gekommen war, aus einem Versteck geholt hatte, und trank einen langen Schluck.

»Ich töte dich, wenn du gehst«, sagte Tanja leise.

Deutschmann schwieg.

»Du bleibst hier, Michael!« sagte sie, noch leiser geworden, während sie zum Ofen ging.

Er schüttelte den Kopf. »Sei doch vernünftig, Tanja. Wir müssen vernünftig sein.«

»Die Welt ist verrückt, sie zerreißt sich, geht unter, und du sagst – vernünftig sein! Immer – vernünftig. Du – Deutscher! Bleib doch hier. Du kannst später bei uns leben, ich werde dich jetzt verstecken, und wenn ihr ... wenn es keine deutschen Soldaten mehr hier gibt, werde ich hintreten und sagen: ›Das ist Michael, Michael, den ich liebe.‹ Bleib hier!«

»Und deine Leute werden uns an die Wand stellen und erschießen, was?«

»Michael!«

Deutschmann sah zu ihr und erschrak. Sie hatte eine russische Pistole in der Hand und zielte auf ihn.

»Mach keine Dummheiten«, sagte er dumpf und fast ein wenig überdrüssig.

»Ich töte dich, wenn du gehst!«

Er sah sie an und bemerkte in ihren Augen einen erschreckenden, kalten Funken, der ihren Willen, das Angedrohte auch wirklich zu tun, auszudrücken schien. Er beugte sich vor, als wollte er nach dem Stiefel greifen und stürzte sich dann überraschend auf sie, drückte sie gegen die Wand und preßte die Knöchel ihrer Hand, daß sie aufschrie und die Pistole zur Erde fallen ließ. Er trat die Waffe gegen die Tür und versuchte, sich gegen ihre Hände und Arme, die nach ihm schlugen, zu wehren.

»Hund«, schrie sie und hieb mit ihren Fäusten in sein Gesicht. »Oh – du Hund, du Hund . . .! Ich hasse dich! Ich hasse dich, ich will dich töten . . . töten!«

Doch plötzlich sank sie weinend in sich zusammen. »Bitte laß mich!« bat sie und warf sich auf das Bett. Deutschmann wußte nicht, was er tun sollte. Alles Trösten war hier umsonst. So stand er noch eine Weile da, trat dann zu ihr, strich ihr hilflos über die Schulter und ging. Bevor er die Hütte verließ, hob er die Pistole auf und legte sie auf den Tisch.

»Tanja!«

Sie antwortete nicht. Sie lag auf dem Bett, und ihr ganzer Körper zitterte. Aber sie weinte nicht mehr laut.

»Tanja!«

»Geh!« sagte sie müde.

»Du sollst wissen, daß . . . ich liebe dich, du hast mir eine neue Welt gezeigt . . . ich werde dich nie vergessen . . .«

»Geh!«

»Ja, ich gehe schon. Und versteck das«, sagte er und sah auf die Pistole. »Wenn sie dich damit erwischen, dann erschießen sie dich.«

Sie antwortete nicht, und er wandte sich ab und verließ die Hütte. Die Tür zog er hinter sich zu wie einen Vorhang nach einem Stück, das man nur einmal spielen konnte; er würde es nie wieder sehen auf der Bühne des Lebens.

In der kleinen Hütte am Dnjeprufer lag Tanja wie ausgebrannt auf den Decken und vergrub ihr Gesicht in den Kissen – dorthin, wo sich noch die kleine Mulde von Deutschmanns Kopf abzeichnete.

»Michael«, wimmerte sie, »oh, Michael . . . ich liebe dich . . . ich hasse alle – alle . . .«

Berlin:

Draußen schneite es. Dicke, nasse Schneeflocken fielen aus dem dunklen Himmel und zerschmolzen auf den Steinen der Terrasse. Dr. Kukill stand am Fenster und starrte in den trostlos aussehenden, kahlen Garten, der in der langen grauen Morgendämmerung versank. Sein Raubvogelgesicht war bleich, eingefallen und ruhig. Seine Augen waren weit offen, aber sie sahen nicht in den Garten. Abwesend, seltsam leblos starrten sie vor sich hin, als konzentrierte sich der Mann auf einen unsichtbaren Punkt. Schließlich drehte er sich um, zog die schweren Vorhänge zu, ging fröstelnd zu seinem Schreibtisch, setzte sich und fing zu schreiben an:

»Sehr geehrter Herr Kollege Dr. Deutschmann!

Wenn Sie dieses Schreiben erhalten, ist es aller Wahrscheinlichkeit nach bereits zu spät. In Erfüllung einer Liebe, vor der man sich nur in Ehrfurcht beugen kann und die einem Menschen wie mir unverständlich und unfaßbar ist und, ich fürchte auch bleiben wird, hat Ihre Frau Julia an sich selbst den Versuch wiederholt, dessentwegen man Sie als Selbstverstümmler verurteilt hatte. Sie wollte beweisen, daß Sie recht gehabt hatten, und daß Ihr eigener Versuch nur mißlungen war, weil Ihr Gegenserum zu schwach wirkte. Allem Anschein nach hat sie sich mit einer zu großen Dosis des Staphylokokkus aureus infiziert; Professor Dr. Burger, Dr. Wissek und auch ich sind der Meinung, daß es für sie keine Rettung mehr gibt.

Damals, bei meinem Gerichtsgutachten, habe ich nach dem Stand der heutigen Medizin geurteilt und mich nicht auf das spekulative Gebiet der Möglichkeiten gewagt, weil das, was Sie an sich versuchten und was Ihre Frau gegen meinen Rat und trotz meines Widerstandes wiederholte, so phantastisch war, so unglaubwürdig, daß der nüchterne Verstand sich sträubte, es einzusehen. Jetzt allerdings ist mir klar, daß ich mich geirrt habe. Wir hatten Nachrichten aus England, nach denen es den dortigen Wissenschaftlern bereits gelungen ist, das zu vollbringen, was Sie versucht hatten. Aber das ist ja jetzt in dieser Stunde unwichtig. Ich weiß, wie schrecklich Sie diese Nachricht über Julia treffen muß, noch viel mehr, wo Sie selbst nichts tun können. Glauben Sie mir, ich empfinde mit Ihnen, ich weiß, was Sie mit ihr verlieren, denn auch ich – ich gestehe es – habe sie sehr achten und verehren gelernt.

Jetzt, da ihr Leben an ihrer großen Liebe zerbrochen ist, verspreche ich Ihnen, alles zu tun, was in meiner Macht steht, um Sie aus dem Strafbataillon herauszuholen. Ich weiß, daß Ihre Arbeit Ihr einziger Trost sein wird, und ich werde Sie dabei mit allen meinen Kräften unterstützen. Sie werden in ein paar Tagen von mir hören; ich bin überzeugt, daß es nicht allzu lange dauern wird, bis Sie wieder in Berlin eintreffen.

Ich gebe meinen Irrtum zu. Wie glücklich wäre ich doch, wenn dies auch Ihre Frau retten könnte!

Ich stehe immer in Ihrer Schuld.

Dr. A. Kukill«

Den Brief legte er sofort in den Umschlag, schrieb die Adresse und versiegelte ihn. Dann stand er auf, blieb einige Augenblicke nachdenklich stehen und ging dann hinaus.

Noch am selben Vormittag trug er das Schreiben zum OKW in der Bendlerstraße. Seine weiten Verbindungen bewährten sich auch diesmal: Der Brief ging als wichtige Dienstsache in Richtung Orscha.

Gegen Mittag rief Dr. Kukill wieder in der Charité an. Noch bleicher als zuvor und mit versteinertem Gesicht verlangte er Professor Dr. Burger.

»Wie geht es Julia?« fragte er knapp, ohne Umschweife.

»Ist Dr. Kukill dort?«

»Ja. Wie geht es Julia Deutschmann? Ist der Exitus . . .«

»Nein, nein. Warten Sie, ich gebe Ihnen Dr. Wissek, er hat die ganze Nacht bei ihr gewacht.«

Dr. Kukill wartete. Und dann, nach endlos erscheinenden Minuten, meldete sich die müde, übernächtigte Stimme Dr. Wisseks.

»Wie geht es ihr?« fragte Kukill wieder.

»Etwas besser. Puls nicht mehr so flach. Die Atmung ist kräftiger. Wir geben Sauerstoff. Aber immer noch tiefes Koma . . .«

»Atmung kräftiger?« Kukill mußte sich auf den Tisch aufstützen. Er fühlte plötzlich eine flaue Schwäche von seinen Beinen empor über den Körper kriechen. »Kräftiger«, wiederholte er, »es geht ihr besser?« Das letzte schrie er fast.

»Es läßt sich noch nichts Bestimmtes sagen. Aber es scheint, daß dieser Aktinstoff zu wirken begonnen hat. Wir haben noch einmal 5 ccm gespritzt . . .«

»So viel?«

»Wir müssen alles versuchen . . .«

»Ja, natürlich, natürlich . . . wir müssen alles versuchen

... Warten Sie, ich komme hin, mein Gott, vielleicht ...«, stotterte Dr. Kukill sinnlos, legte den Hörer wieder auf und fuhr sich mit beiden Händen über das naßgewordene Gesicht. »Vielleicht«, murmelte er, »Julia ... wenn das stimmt ... ich hol' ihn heraus, wenn das ... wenn das nur stimmt!«

Er hatte schon den Mantel angezogen, als ihm der Brief an Deutschmann einfiel. Für einen Moment blieb er unschlüssig – die Hand auf der Türklinke – stehen, überlegte – dann ging er mit großen Schritten zum Telefon und ließ sich mit dem Kurier-Offizier, dem er vormittags den Brief persönlich übergeben hatte, verbinden.

Die Blässe war aus seinem Gesicht verschwunden; seine gewohnten, energischen Züge kamen wieder zum Vorschein. In kurzen, abgehackten Sätzen forderte er den Brief wieder zurück.

Aber Dr. Kukill kam zu spät. Der Brief war schon seit einer halben Stunde mit der planmäßigen Kuriermaschine nach Orscha unterwegs ...

In Barssdowka ging ein Gerücht durch die Reihen der 2. Kompanie. Oberleutnant Obermeier war zu Hauptmann Barth nach Babinitschi befohlen worden.

»Es liegt eine Sauerei in der Luft«, sagte Wiedeck. »Beim Furier soll Schnaps angekommen sein. Das kenne ich ... wenn es Schnaps gibt, liegt Rabatz in der Luft.«

»In einer normalen Truppe – allerdings.« Bartlitz zerteilte sein Stück Brot in kleine Brocken, die er mit billiger Marmelade bestrich und einen nach dem andern aß. Bei ihm sah es aus, als diniere er das feinste Hors d'œuvre. »Sie glauben doch nicht im Ernst, daß wir hier Schnaps bekommen?«

»Warum nicht? Es geschehen noch Wunder«, sagte Deutschmann.

»Hat sich was, mit dem Wunder! Wunder gibt's keine«, sagte Wiedeck. »Wenn wir Schnaps bekommen, dann kommt gleich danach ein Befehl . . . du weißt schon, was ich meine. Ein Befehl, verstehst du, bei dem man besoffen sein muß, um ihn überhaupt durchzuführen. Himmelfahrtskommando. Ist doch so. Oder?«

»Möglich«, sagte Bartlitz. »Allerdings muß ich sagen, daß sich diese Art von Kriegsführung sehr weit davon entfernt hat von der, wie wir einen Krieg führen wollten.«

»Wolltet ihr das?« fragte Deutschmann.

»Nein, ich wollte sagen – wie wir es gelernt haben.«

»Gelernt oder nicht, das ist scheißegal«, sagte Wiedeck. »Ich glaube nicht, daß man einen Krieg so führen kann – wie ihr es gelernt habt. Das ist jetzt unwichtig. Ich sage nur eins: Es stinkt!«

Aber Genaueres wußte niemand. Alle warteten darauf, daß Oberleutnant Obermeier aus Babinitschi zurückkam. Außerdem sollte er auch Post mitbringen – die erste Post nach langen Wochen. Und die war noch wichtiger als Schnaps oder eine Sonderration glitschigen Brotes.

Der Motorschlitten rumpelte durch die weiße Nacht. Oberleutnant Obermeier saß neben dem Fahrer, einem altgedienten Gefreiten, und döste vor sich hin.

Plötzlich wurde das Motorengebrumm tiefer, und der Schlitten fuhr langsamer. Obermeier schreckte aus seinen Gedanken hoch und sah den Gefreiten an, der auf die Straße vor sich spähte.

Am Rand der Straße lag ein Pferd.

Ein kleines, braunes, struppiges Panjepferd. Seine Augen schienen fast zugefroren, das Fell war weiß überkrustet. Es rührte sich nicht, und vom Schlitten aus sah es so aus, als wäre es vom Schnee halb zugedeckt. Eine Räumkolonne der 1. und 4. Kompanie hatte die Straße am Abend zuvor frei gemacht und die Schneeberge einfach gegen die Telegraphenmasten gedrückt, die wie einsame, dürre Zeigefinger aus der Ebene ragten.

Seitlich von dem Panjepferd lag hinter einer Schneeverwehung Oberleutnant Sergej Petrowitsch Denkow. Er hatte die Maschinenpistole mit dem großen, runden Magazin auf dem Unterarm liegen und sah hinüber zu dem hoppelnden Schlitten, der aus der Nacht gefahren kam.

»Was ist das?« fragte Obermeier.

Der Gefreite fuhr langsam gegen den dunklen Haufen im Schnee.

»Ich glaube, es ist ein Pferd, Herr Oberleutnant.«

»Sie träumen wohl, wie soll ein Pferd hierherkommen?« Doch dann sah auch Obermeier, daß der Gefreite recht hatte. Anscheinend war es tot. So wenigstens dachte Obermeier. Doch der Gefreite sagte:

»Wahrscheinlich erschöpft. Wer hat es wohl hier liegen lassen? Darf ich anhalten?« In ihm regte sich der westfälische Bauer – und wo gibt es einen Bauern, der an einem leidenden Pferd vorbeifahren und es seinem Schicksal überlassen könnte? Ohne auf Obermeiers Antwort zu warten, bremste er den Schlitten ab.

Sergej drückte den Sicherungsflügel seiner Maschinenpistole herunter. Zugleich schob er den Lauf der Waffe etwas höher. Nur zwei dachte er. Aber heute zwei und morgen zwei und übermorgen zwei . . . solange es auf der Welt Deutsche gibt . . . Er biß sich auf die Lippen, sein Zeigefinger legte sich um den Abzug.

»Sehen Sie nach«, sagte Obermeier.

Der Gefreite kletterte vom Schlitten und ging auf das Pferd zu – direkt in Sergejs Schußrichtung.

Nun kletterte auch Obermeier vom Bock. Er war mitten in der Bewegung, als das Panjepferd mit einem plötzlichen, wilden Satz aufsprang, als habe es die Witterung der fremden Männer erschreckt. Auch Sergej zuckte vor dem plötzlich aufjagenden Schatten zusammen, und zugleich schoß er.

»Deckung«, brüllte Obermeier und ließ sich in den Schnee neben dem Schlitten fallen. Der Gefreite blieb einen Augenblick ratlos stehen, warf sich dann nach vorn – und erhielt mitten im Sprung einen donnernden Schlag gegen die Stirn. Er warf die Arme empor, die Nacht war für den Bruchteil einer Sekunde rot und grell, dann schlug er der Länge nach in den Schnee, seine Hände scharrten sinnlos herum, und seine Füße trampelten auf den Boden, daß die Eisstückchen herumspritzten. Dann streckte sich sein Körper lang aus und blieb regungslos liegen.

Das Pferd galoppierte die Straße entlang. Mit fliegender Mähne, wirbelnden Beinen und weit vorgestrecktem Hals. Der Schaum stand ihm vor dem Maul.

Sergej kroch nach rückwärts, dann seitwärts, hinter einen Telegraphenmast und sah vorsichtig über den Schneehaufen gegen den Schlitten. Ein dünner Knall zerriß die dumpfe Stille, und neben seinem Kopf stäubte der Schnee auf. Der

Gegner schoß. Er wechselte wiederum die Stellung; diesmal kroch er etwas weiter, und als er wieder über den Schnee sah, blieb alles still. Doch auch er konnte von hier aus den Gegner, der hinter dem Schlitten lag, nicht sehen. Alles blieb still und ruhig, der Schlitten stand, etwa 30 Meter weit von ihm entfernt, mitten auf der Straße, und davor lag die dunkle, ausgestreckte Gestalt des Toten.

Sergej wartete.

Er wird kommen, sagte er zu sich. Ich habe Geduld. Er wird kommen. Er ist ein Deutscher. Er will ein Held sein. Alle deutschen Helden sind ungeduldig, darum überleben sie gewöhnlich ihre Heldentaten nicht.

Er wartete – und er wußte nicht, daß Obermeier kein Held sein wollte, sondern nur ein Mensch in Uniform war, der genauso warten konnte wie Sergej. Warten, um zu töten.

Fast eine Stunde lagen sie sich stumm gegenüber.

Als die Nacht langsam, unmerklich einer fahlen Dämmerung wich, wußte Sergej, daß er sein Opfer nicht bekommen würde. Er konnte nicht länger warten. Bald schon mußten Deutsche die Straße entlangkommen, eine Patrouille vielleicht oder eine Nachschubkolonne. Wenn sie ihn hier erwischten, war er erledigt. Und bald schon würde es zu hell sein, um fliehen zu können. Der andere würde ihn sehen, bevor er zwischen den Büschen des nahen Waldes verschwand. Ich habe einen getötet, sagte er sich, als er steifgefroren, zähneklappernd zurückkroch und gebückt hinter dem Schneewall neben der Straße vom Schlitten weglief. Es war einer, morgen werden es zwei sein, oder drei, oder vielleicht mehrere . . . Einer ist zu wenig . . .

Als er glaubte, weit genug zu sein, bog er nach rechts ab und lief über das freie Feld gegen den Wald. Zwischen den Büschen verschwand er, ein lautloser, verschwommener Schatten.

Obermeier sah ihn, aber er schoß nicht. Es war zu weit. Aber auch wenn Sergej näher gewesen wäre, so wäre Obermeier kaum imstande gewesen zu schießen: Er fror jämmerlich, sein Körper war steif, seine Hände und Füße gefühllos. Langsam, ächzend stand er auf, sah einige Augenblicke dem verschwundenen Gegner nach und begann dann wie verrückt um den Schlitten zu laufen. Es dauerte eine ganze Weile, bis in seinen Körper wieder Gefühl zurückkam. Als es in seinen Füßen und Händen scharf zu kribbeln begann, trug er den Toten zum Schlitten und bettete ihn auf den Rücksitz. Doch bevor er abfuhr, sah er noch einige Sekunden in die Weite des Landes, über die langsam ein neuer Wintertag anbrach. Dieses Land war unersättlich wie ein Riesenschwamm. In ihm hätte die ganze Menschheit Platz, dachte er, und auch dann wäre es nicht zu voll.

Es begann zu schneien. Lautlos, in kleinen kalten Flokken.

Der Schlitten fuhr an und entfernte sich immer schneller.

In Barssdowka empfing Stabsarzt Dr. Bergen den Oberleutnant. Etwas abseits stand Oberfeldwebel Krüll. Seit zwei Stunden hatten sie auf den Schlitten gewartet und sprachen bereits davon, daß sie einen Erkundungstrupp gegen Babinitschi schicken wollten. Nun standen sie wortlos neben dem Schlitten, als Obermeier mit steifgefrorenen Gliedern herunterkletterte.

»Tot?« fragte Stabsarzt Dr. Bergen und zeigte mit dem Kinn gegen den Gefreiten auf dem Rücksitz. Es war eine sinnlose Frage: Jedermann konnte sehen, daß der Mann tot war. So konnte nur ein Toter daliegen.

»Wer?« fragte Oberfeldwebel Krüll. In seiner Kehle saß ein dicker Kloß. Er fror, aber es war nicht nur die Kälte, die ihn zittern ließ.

»Gefreiter Lohmann. Lassen Sie ihn wegschaffen«, befahl Obermeier kurz.

»Kommen Sie, ein Schnaps wird Ihnen guttun«, sagte Stabsarzt Dr. Bergen.

Die beiden Offiziere gingen schweigend zu Dr. Bergens Unterkunft und ließen den Oberfeldwebel zurück, der wortlos, mit weitaufgerissenen Augen den Toten anstarrte.

Der Tod des Gefreiten Lohmann wurde zur Kenntnis genommen und beflucht – und trat sogleich zurück vor der Kunde, daß Oberleutnant Obermeier tatsächlich Post mitgebracht hatte.

Bis hinaus zu den Schanzkommandos drang diese Nachricht. Der mürrisch gewordene, schweigsame Wiedeck verwandelte sich in einen aufgeregten Jungen vor der Weihnachtsbescherung. Ruhelos lief er umher, verharrte plötzlich still, fragte immerzu, wie spät es sei, und fing erstmals nach langen Wochen von seiner Frau und den Kindern zu reden an.

»Erna hat todsicher geschrieben«, sagte er. »Ich möchte nur wissen, wie es dem Kleinen geht. Nimmt denn dieser Tag überhaupt kein Ende?«

Der ehemalige Oberst Bartlitz, der bei der Küche von

einem Leichtverwundeten abgelöst worden war, saß still und nachdenklich in einer Ecke des halbfertigen Bunkers, schlürfte heißes Wasser, das sie Tee nannten und über einem Knüppelfeuer in den Kochgeschirren wärmten, und träumte vor sich hin. Was würde wohl Brigitte schreiben! Obwohl sie die Tochter eines Generals war, der im Ersten Weltkrieg fiel, war sie auch dann tapfer geblieben, als er wegen Befehlsverweigerung degradiert und in dieses Bataillon geschickt worden war. Einmal durfte sie ihn besuchen, als er noch in Untersuchungshaft war, und sagte über den Besuchstisch hinweg, sehr ruhig und besonnen: »Kopf hoch, Liebster! Denk an Napoleon... es wird nicht allzu lange dauern!« Es war ein Glück, daß der wachhabende Feldwebel nicht wußte, wer Napoleon war . . .

Als Bartlitz an diese kleine Szene zurückdachte, lächelte er kaum merklich. Brigitte hat ganz bestimmt geschrieben – und nicht nur einen einzigen Brief. Wenn kein Brief da war, dann mußte irgend etwas geschehen sein. Und wie so oft in den letzten Wochen und Monaten, fing er schweigend zu beten an: Gott, laß sie gesund bleiben, laß sie nicht umkommen bei den Luftangriffen, laß sie am Leben bleiben, laß mich zurückkommen zu ihr, laß mich sie finden, wenn ich zurückkomme . . .

Zusammengekauert, mit grauem, eingefallenem Gesicht, das Kochgeschirr in der leicht zitternden Hand, mit abwesenden Augen saß er da, trank und betete.

Im Hauptverbandsplatz Barssdowka hatte Oberfeldwebel Krüll die Post bereits gesichtet und einige Briefe aussortiert. Es waren Briefe an Schwanecke, Deutschmann,

Kronenberg und an einige andere »Lieblinge« des Oberfeldwebels. Vor allem der Brief an Deutschmann ärgerte ihn.

Auf dem Umschlag stand: Herrn Dr. Ernst Deutschmann – und das war es, was ihm gegen den Strich ging. So nahm er einen Rotstift, strich alles durch und schrieb mit klobigen Buchstaben hin: Schütze E. Deutschmann.

Dann nahm er die ganze Post, ging damit zu Obermeier, der in Dr. Bergens Zimmer saß und legte sie vor.

»Auch für Schwanecke ist was dabei«, sagte er. »Soll ihm der Brief wirklich ausgehändigt werden, Herr Oberleutnant? Ohne Kontrolle?«

Obermeier nickte. »Geben Sie mir den Brief. Ich werde ihn selbst aushändigen.«

»Und Schütze Deutschmann?«

»Warum fragen Sie? Haben Sie nicht gesehen, daß der Brief als dringliche Dienstsache eingestuft ist? Fragen Sie nicht so dumm, gehen Sie schon und verteilen Sie die Post, an die, die hier sind. Los, ab!«

Wütend verließ Krüll Dr. Bergens Unterkunft. Immer diese Ausnahmen, dachte er bitter. Dringliche Dienstsache, was hat dieser Viertelsoldat für dringliche Dienstsachen zu bekommen! Aber die halten zusammen! Die halten immer zusammen, auch wenn einer ein Offizier ist und der andere nur ein Schütze. Die halten zusammen, wenn dieser Scheißschütze so'n lausiges Abitur hat und noch mehr, wenn er'n Doktor ist. Was heißt hier schon – Doktor!?

»Da, Herr Doktor!« sagte Krüll mit bissigem Spott, als er in der Lazarettbaracke Deutschmann fand. »Ein Brieflein aus der Heimat – dringliche Dienstsache für Herrn Doktor.

Los – auffangen!« Er warf den Brief Deutschmann zu, aber er warf ihn absichtlich zu kurz.

Deutschmann sagte nichts. Er bückte sich wortlos, hob den Brief auf und steckte ihn in die Tasche.

Enttäuscht ging Krüll weg. Kein Rückgrat, diese Intellektuellen, dachte er grimmig, kein Mumm in den Knochen. Schwanecke hätte wenigstens: »Leck mich ...« gesagt. Aber dieser Viertelsoldat! Zu vornehm, viel zu vornehm.

In seiner Kammer neben der Scheune setzte sich Deutschmann auf einen Hocker und wog den Brief in der Hand. Er dachte zunächst, er wäre von Julia, und ein heißes Schamgefühl und nahezu Angst vor dem Schreiben drückten ihm das Herz zusammen. Als er dann aber sah, daß nicht Julia, sondern Dr. Kukill geschrieben hatte, war er doch enttäuscht. Warum schrieb Julia nicht? War etwas geschehen? Vielleicht – Bombenangriff? Warum schrieb ihm dieser Dr. Kukill? Was wollte er jetzt auf einmal? War es etwa – wegen Julia? Aber das war doch unmöglich!

Langsam, zögernd riß er den Rand des Umschlages auf, faltete den Bogen auseinander und begann zu lesen.

Nach den ersten Sätzen wurde sein Gesicht hart, aber je weiter er las, um so mehr verfiel es, bis es gegen Ende zu das Aussehen eines Todkranken bekam. Mit übermenschlicher Energie zwang er sich, den Brief Satz für Satz, Wort für Wort zu Ende zu lesen. Und als er fertig war, glättete er den Bogen sorgfältig auf den Knien, faltete ihn langsam zusammen, steckte ihn zurück in den Umschlag und schob ihn in die Tasche. Dann saß er noch eine ganze Weile da: Zusammengesunken, unnatürlich ruhig, ein Mann, den eine schreckliche Wahrheit, die schlimmer war als der Tod, unter sich begraben hatte: ein Mann, der sich plötzlich entblößt und erbärmlich selbst sah, ein Mann, der sich sagen mußte, daß er um eines kurzen Abenteuers willen sein ganzes bisheriges Leben verraten und weggeworfen hatte. Und was noch schlimmer war: Ein Mann, der plötzlich erkennen mußte, daß ein Mensch für ihn das Höchste geopfert hatte, was es zu opfern geben konnte, während er selber nicht wert war, daß man ihn ansah. Und als wollte er seine Qualen noch vergrößern, wiederholte er in Gedanken immer wieder: Sie hat es getan, während ich sie verraten habe.

An diesem gleichen Morgen stand Karl Schwanecke vor Oberleutnant Obermeier.

Er stand sehr stramm da, die Hände an der Hosennaht, das Kinn heruntergezogen, das Kreuz hohl, die Brust heraus. Ein Mann wie aus einer Dienstvorschrift! So steht der deutsche Soldat still.

»Sie haben Post bekommen, Schwanecke.«

Über Schwaneckes Gesicht zog ein ungläubiges Staunen.

»Post, Herr Oberleutnant? Ich habe noch nie Post bekommen.«

»Doch.«

»Dann ist es sicher nichts Gutes, Herr Oberleutnant.«

»Wie kommen Sie darauf?«

»Wie kann ich schon etwas Gutes bekommen . . . ich meine . . . wenn ich einen Brief bekomme . . .« Er stockte, machte mit der Hand eine hilflose Gebärde und legte sie dann wieder an die Hosennaht.

»Was ist dann? Erwarten Sie etwas Unangenehmes?«

»Nein . . . das heißt . . . meine Mutter, in Hamburg, Herr Oberleutnant, verstehen Sie? Jeden Tag Luftangriffe . . .

aber sie hat mir bis jetzt noch nie geschrieben, von ihr kann es nicht sein . . . Irgendwer wird mir geschrieben haben, daß sie, ich meine, die Mutter . . . schließlich ist sie ja meine Mutter, auch wenn . . . verstehen Sie?« Er hob wieder den Blick, sah in die erstaunten Augen des Oberleutnants und begann zu grinsen. Aber sein Lachen ließ ihn noch hilfloser und verwirrter erscheinen.

»Nein, das verstehen Sie nicht, Herr Oberleutnant«, sagte er. »Meine Mutter sagte immer zu mir: ›Ich habe keinen Sohn mehr. Du bist ein Lump, ein Verbrecher.‹ So ist das bei uns, Herr Oberleutnant. Man wächst auf wie eine Ratte – bis man abgeschossen wird wie eine Ratte. So ist das, Herr Oberleutnant.«

»Ihre Mutter hat Ihnen geschrieben«, sagte Obermeier mit trockener Kehle.

»Meine Mutter?« Schwanecke streckte die Hand vor und riß sie sogleich wieder zurück. »Mutter?« wiederholte er. Und jetzt sah Obermeier etwas, was er nie geglaubt hätte, wenn es ihm ein anderer erzählen würde: Über Schwaneckes hartes, verschlossenes Gesicht zog ein weiches, warmes Lächeln, und aus seinen sonst leblosen, zwei Glaskugeln ähnlichen Augen leuchtete mit einem Male kindliche Freude. »Stimmt das, Herr Oberleutnant? Nehmen Sie mich nicht auf den Arm . . .? Entschuldigen Sie, Herr Oberleutnant, aber . . .« Mit seiner schweren, klobigen Hand fuhr er sich schnell über das Gesicht, als wollte er irgend etwas Störendes wegwischen.

»Es stimmt. Hier«, sagte Obermeier und nahm den Brief vom Tisch hinter sich. Ein einfaches blaues Kuvert, darauf eine große, ungelenke Schrift. Schwanecke wischte sich die

Hand an der Hose ab und streckte sie zögernd aus. »Na, los, nehmen Sie schon!« sagte Oberleutnant Obermeier. »Gehen Sie jetzt, und lesen Sie den Brief in Ruhe!«

Schwanecke ging hinüber zu der großen Scheune und setzte sich auf sein Bett. Kronenberg und Krüll, die ihn beobachteten, wie er den Brief sinnend in der Hand hielt, schlenderten näher.

»Briefchen von Liesl, Anni, Gretchen – oder von wem?« fragte Kronenberg.

»Von der Mutti!« grinste Krüll.

Schwanecke fuhr hoch. »Haut ab!«

»He, Sie – Sie haben immer noch nicht gelernt, wie Sie sich zu benehmen haben, wenn Sie mit einem Vorgesetzten sprechen!« sagte Krüll.

»Jawohl!« sagte Schwanecke leise und stand langsam auf. Krüll sah in seine Augen und entfernte sich wieder.

»Du auch!« sagte Schwanecke zu Kronenberg sehr ruhig und wartete, bis auch dieser ging. Dann setzte er sich wieder und riß den Umschlag mit dem Fingernagel langsam und behutsam auf.

Nach fünf Jahren der erste Brief! Sie hatte nicht geschrieben, als er in Untersuchungshaft saß, sie hatte ihn verleugnet, als er ins Zuchthaus kam, sie hatte geschwiegen, als die SS ihn aus dem Zuchthaus holte und in das KZ Buchenwald brachte. Sie hatte ihn vergessen, als er in den thüringischen Steinbrüchen schuftete, als er mit bloßen Händen zentnerschwere Steinbrocken schleppte und den harten Basalt mit der Spitzhacke aus dem Berg brach. Und sie hatte geschwiegen, als er nach Rußland kam zu diesem verfluchten Bataillon der Verlorenen.

Aber nun schrieb sie!

Man mochte zu der Mutter stehen, wie man wollte, man mochte sie tausendmal verflucht haben, daß sie einen zur Welt gebracht hatte – aber Mutter blieb sie doch. Und wenn so ein Brief kam, dann war alles vergessen, dann fühlte man sich wie ein kleiner Junge, der gerade von irgend jemandem verdroschen worden war und nun zu seiner Mutter ging, um zu hören, daß es gar nicht so schlimm sei. Und ihre Hand auf dem Kopf zu spüren und noch ein bißchen zu heulen, aber dann war es ja wirklich nicht mehr so schlimm, nicht mehr, wenn sie es sagte und wenn sie einem über das Haar strich.

»Soldat Karl Schwanecke«, stand auf dem Briefumschlag.

Soldat!

»Scheiße!« sagte Schwanecke laut. Aber es klang so, als hätte er gesagt: Mach dir nichts draus, Mutter, ich bin ein Soldat, das ist eine verfluchte Sache, aber die andern sind's auch, und das ist gar nicht so schlimm. Ich komm' schon durch. Soldat hin oder her – unwichtig! Hauptsache, du hast endlich geschrieben!

Der Brief lautete:

»Lieber Karl!

Am Donnerstag vor 14 Tagen haben uns die Terrorflieger ausgebombt, alles ist kaputt, das Haus und die Möbel und Deine Schwester Irene war drin als die Bombe fiel. Sie war nicht sofort tot und hatte große Schmerzen und man hörte sie schreien aber sie war schon tot als man sie ausgebuddelt hat. Es ist eine schreckliche Zeit womit haben wir das verdient??? Jetzt geben sie mir keine neue Wohnung weil alles so voll ist und die Leute auf dem Bahnhof schlafen müssen aber der Bahnhof ist auch kaputt. Und sie sagen ihr Sohn ist ein Volksschädling und Gewaltverbrecher, sie bekommen keine Wohnung und was soll ich machen? Ich verfluche den Tag wo ich dich geboren habe und wenn ich daran denke wie schwer du auf die Welt kamst!!! Jetzt lebe ich draußen in einer Bretterbude es ist sehr kalt und es gibt keine Kohle und immer die Flieger ach, wäre schon dieses verfluchte Leben vorbei! Alles wegen Dir! Für Irene habe ich keinen Sarg bekommen, weil sie Schwanecke heißt und das ist wie der Teufel! Aber mir ist das alles jetzt egal. Das Leben ist sowieso nichts mehr, ich möchte auch Ruhe haben, vielleicht werde ich es dann haben, wenn ich tot bin. Es grüßt dich Deine Mutter

Herta Schwanecke«

Schwanecke las den Brief langsam, ganz langsam, Wort für Wort. Und als er fertig war, begann er noch einmal von vorne, als wollte er die Zeilen auswendig lernen. Beim Lesen bewegten sich seine Lippen langsam wie bei einem ins Gebet versunkenen Mann, der aus dem Gebetbuch buchstabierte. Und je länger er ihn las, desto fahler wurde sein Gesicht, farblos, eingefallen, knochig, grau.

Als er endlich fertig war, aufsah und über den Brief hinweg ins Leere starrte, brannten seine Augen tief unter den buschigen Brauen.

»Mensch – was hat er denn jetzt?« fragte Kronenberg leise.

»Was schreibt denn die Mutti?« schrie Krüll vom anderen Ende der Scheune.

Schwanecke hörte es nicht. Ein Brief nach fünf langen Jahren. Was hatte sie geschrieben? Ausgebombt . . . und der Name Schwanecke ist wie ein Teufel . . . sie möchte lieber tot sein . . .

»Schweine!« schrie er plötzlich auf. Er sprang hoch, den Kopf in den Nacken geworfen, den Mund weit offen, als könnte er keine Luft bekommen. »Schweine!« brüllte er grell, nur das eine Wort immer wieder. Dann zerknüllte er den Brief, schleuderte ihn in die Dunkelheit des Raumes und stampfte wie ein Irrer auf. »Mutter!« schrie er jetzt. »Mutter . . . alle sind Schweine! Alle!«

Krüll und Kronenberg stürzten zu ihm hin. Sie erreichten das Bett, als Schwanecke begann, mit Händen und Füßen seine Liege zu zerstören, brüllend, um sich schlagend, mit erschreckend verzerrtem Gesicht und irrsinnigen Augen.

»Weg!« schrie er. »Weg von hier! Ich bringe euch um, ich bringe alle um, alle!«

Kronenberg und Krüll wechselten einen schnellen Blick. Der Fall war klar: Schwanecke hatte einen Koller. Sie warfen sich auf den Tobenden, aber es mußten noch drei kommen, bis sie ihn endlich überwältigten, ihn in das halbzerstörte Bett legen und festbinden konnten.

Stabsarzt Dr. Bergen, Dr. Hansen und Obermeier kamen in die Scheune gerannt.

Kronenberg klopfte sich die Hände ab, als hätte er einen Mehlsack getragen. Sein linkes Auge fing an, anzuschwellen. »Er schläft«, sagte er trocken. »War ein kleiner Schock für ihn. Vielleicht hat er in den Jahren das Lesen verlernt und ärgerte sich darüber.«

»Halten Sie Ihr dummes Mundwerk, Kronenberg!«

schnauzte ihn Obermeier an. Er trat an das Bett heran und blickte auf das anschwellende, zerschlagene Gesicht Schwaneckes. »Ich nehme ihn mit nach Gorki – und Sie kommen auch mit, Krüll.«

»Aber meine Verwundung, Herr Oberleutnant ...«, stotterte Krüll.

»Ich hab' mir sagen lassen, daß Ihr Hintern wieder gut ist. Im übrigen brauche ich nicht Ihr Gesäß, sondern Ihre Hände, und die sind, wie man sieht, wieder vollkommen in Ordnung. Oder haben Sie etwa mit dem Hintern auf Schwanecke eingeschlagen?«

»Nein, Herr Oberleutnant.«

»Also: Heute nacht um ein Uhr vor der Operationsbaracke.«

»Jawohl!«

»Und die Partisanen?« fragte Dr. Bergen.

»Machen Sie sich nichts draus, Herr Doktor, wir müssen zurück.«

Krüll schlich zu seinem Bett. Wieder an die Front, dachte er. Wieder zurück in diesen Dreck: Feindeinsicht, Feuerüberfälle, Partisanen. Mist.

Dr. Bergen gab Schwanecke eine Morphiumspritze.

»Wird er sich beruhigen?« fragte ihn Obermeier.

»Bis heute nacht schläft er. Ich hoffe, daß es dann vorbei ist.«

»Was war eigentlich los?« wandte sich Obermeier an Kronenberg.

»Der Brief ...«

»Wo ist er?«

Kronenberg suchte den zerknüllten Brief und gab ihn

dem Oberleutnant, der ihn glättete und las. Als er fertig war, faltete er ihn sorgfältig zusammen, steckte ihn in die Tasche und verließ schweigend den Raum.

»Was muß da bloß drinstehen, der war ja auch ganz belämmert?« sagte Kronenberg.

»Wer weiß. Es gibt Briefe, die man nie abschicken sollte«, sagte Dr. Hansen, bevor er ging.

Um ein Uhr nachts standen Krüll und Schwanecke vor der Operationsbaracke. Schwanecke lehnte, finster vor sich hinblickend, an der Wand. Als er aufgewacht war und sich auf das Bett gefesselt sah, lachte er zuerst lange und hysterisch. »Ich haue euch schon nicht ab, ihr Idioten!« sagte er dann, vom Lachen geschüttelt. »Wo soll ich denn hin in diesem Mistland?«

»Man kann's nie wissen, du hast einen ganz schönen Koller gekriegt, und man weiß ja, daß Leute mit Koller allerlei Dummheiten machen.« Kronenberg saß am Fußende und hielt hinter dem Rücken eine neue Spritze bereit, falls Schwanecke wieder zu toben beginnen würde. »Dich wird ja einmal doch die SS schnappen und aufhängen. Dabei hättest du als Überläufer beim Iwan die größte Chance.«

Krüll trat Kronenberg auf den Fuß und zu Schwanecke sagte er grob: »Dir schießen sie die Rippen einzeln 'raus, wenn du abhaust.« Nachdem selbst Stabsarzt Dr. Bergen, Krülls letzte Hoffnung, ihn k.v. geschrieben und damit bestätigt hatte, daß sein Schuß in den Hintern kein Hindernis wäre auf dem Weg zum Heldentum, hatte sich Krüll den Gegebenheiten schnell angepaßt. Dies wurde schon eine Viertelstunde nach der Untersuchung und endgültigen Entscheidung bekannt, als Krüll in der Lazarettscheune einen Leichtverletzten strammstehen ließ und ihn durch den Mittelgang hin und her jagte, weil er, wie er sagte, im warmen Bett verlernt hätte, anständig die Vorgesetzten zu grüßen. »Euch werde ich helfen«, schrie er durch die Lazarettscheune, »Ihr Simulanten wärmt euch hier den Bauch, während wir draußen im Schnee liegen und Eis kauen! Alle Lazarettrückkehrer werde ich in Zukunft selbst nachbehandeln!«

»Sauhund!«

Krüll fuhr herum. In den Betten lagen die Schwerverletzten. Auf den Pritschen und Strohsäcken lümmelten sich die Gehfähigen und grinsten.

»Wer war das?«

Aus der Dunkelheit im Hintergrund kam leise und klar: »Der Wind, der Wind, das himmlische Kind . . .«

Kronenberg kicherte. Aber mit den Sanitätern wollte es sich Krüll nicht mehr verderben. So schwieg er und ballte die Fäuste. »Es wird auch wieder eine andere Zeit kommen!« drohte er, und Kronenberg nickte heftig.

»Hoffentlich! Darauf warten wir ja alle . . .«

»Wie meinen Sie das?«

»Genauso, wie Sie gesagt haben, Herr Oberfeldwebel.«

So war der Abend vergangen. Doch in der Nacht, als sie vor der Baracke standen und froren, war Krüll stiller geworden, in sich gekehrt und sehr nachdenklich. Die Front kam wieder näher, er dachte an die Partisanen, durch deren

Gebiet sie gleich fahren mußten, an das Grabensystem mit seinen Granatwerferüberfällen, den nächtlichen Feuerstößen, dem Artilleriefeuer. Und er dachte an die undefinierbare Drohung der nahen Zukunft, an die ungreifbare und doch überall gegenwärtige und immer eindringlicher werdende Ahnung einer nahenden Katastrophe.

Was es war, und woher er dieses Wissen oder diese Ahnung des Unheils hatte, wußte Krüll nicht. Es war zu ihm gekommen, genauso wie es zu den anderen gekommen war, leise, schleichend, eindringlich.

Als er so an der Hauswand stand und gegen das kalte Holz lehnte, kümmerte er sich nicht um Schwanecke, der neben ihm stand, und es wäre ihm wahrscheinlich auch gleichgültig gewesen, wenn nach und nach eine Kompanie Landser an ihm vorbeigegangen wäre, ohne ihn zu grüßen.

Schließlich kam Oberleutnant Obermeier. Unter der Fellmütze hatte er einen Schal um den Kopf gebunden und sah aus wie ein Zahnkranker, der seine geschwollene Backe schützte.

»Alles klar, Oberfeldwebel?«

»Jawohl, Herr Oberleutnant!«

»Wir nehmen auch Deutschmann mit. Er muß gleich kommen.«

»Was macht er denn noch?« fragte Schwanecke respektlos.

»Dr. Hansen muß ihm noch einiges Material zusammenpacken«, antwortete Obermeier, aber dann schien er sich plötzlich zu erinnern, wer es gefragt hatte und wie – wollte aufbrausen – und unterließ es. Schweigend und nachdenklich betrachtete er Schwanecke, der seinen Blick mit einer dumpfen Gleichgültigkeit erwiderte.

»Schwanecke ...«

»Ich weiß, Herr Oberleutnant. Sie brauchen es gar nicht zu sagen: Bei Fluchtversuch wird sofort geschossen. Habe ich jetzt schon hundertmal gehört. Es hängt mir zum Hals heraus!«

»Vergessen Sie es nur nicht. Sie werden übermorgen nach Orscha überstellt.«

»Warum denn?«

»Sie wissen Bescheid.«

»Wenn's sein muß ...«

Ein Schlitten mit zwei Panjepferdchen kam die Dorfstraße herunter und hielt vor der Scheune an. Ein Landser, vermummt wie ein Nordpolfahrer, unkenntlich wie ein Wesen von einem anderen Stern, hockte auf dem Bock. Er legte lässig die Hand an die Fellmütze, die er einem russischen Muschik abgenommen hatte und statt der Feldmütze trug. Jetzt kam von der Lazarettbaracke her auch Deutschmann, langsam, wie schlafwandlerisch, nach vorn gebeugt, mit stillen, leeren Augen.

Obermeier musterte ihn kurz und fragte sich heute schon zum zweitenmal, was diesem Mann geschehen war, daß er sich so verwandelt hatte. Deutschmann war ja nie laut und gesprächig gewesen, doch hatte er sich allem Anschein nach an die Uniform gewöhnt und auch an die Einheit, in der er dienen mußte. Von ihm ging eine stille, gelassene Ruhe aus, die Einsicht eines Mannes, der sich mit den Gegebenheiten abgefunden hatte. Seit heute morgen aber, als er, Obermeier, ihm den Brief aus Deutschland gegeben hatte, war es damit vorbei: Es schien, als wäre alles Leben von Deutschmann gewichen und als bewege sich hier ein lebender Toter nur noch unter dem Zwang äußerlicher Einflüsse, der wie ein Automat sprach und auf Fragen antwortete, ohne wirklich dabeizusein.

Krüll stieg als erster ein. Er zog Schwanecke hinter sich her und postierte sich neben ihm, so daß er jede seiner Bewegungen sehen konnte. Deutschmann beachtete er nicht.

Stabsarzt Dr. Bergen kam aus seiner Baracke gelaufen und rief Obermeier zu:

»Jetzt gerade rief Wernher an. Bei Witebsk ist der Russe auf einer Breite von über dreißig Kilometern durchgebrochen. Er nimmt an, daß der nächste Stoß hier bei uns erfolgen wird.« Er stockte und trat dann ganz nahe an Obermeier heran: »Wenn wir uns nicht mehr sehen sollten, nehmen Sie mit auf den Weg: Sie sind einer der letzten anständigen Kerle hier, und ich – ich ...« Er wandte sich schroff ab und eilte durch den Schnee zurück in die Operationsbaracke. Obermeier sah hinter ihm her, schüttelte den Kopf, ging zum Schlitten und setzte sich neben Krüll.

»Abfahren!«

Krüll blickte ihn erschrocken an.

»Der Russe ist durchgebrochen?«

»Es scheint so.«

»Und jetzt – bei uns?«

»Wahrscheinlich.«

Krüll schluckte. »Was sollen wir nur machen, wenn es hier losgeht, Herr Oberleutnant? Wir haben doch nichts. Für die ganze Kompanie nur drei MGs, vier Maschinenpistolen, zehn Karabiner, fünf Pistolen. Das ist alles. Damit können wir den Russen doch nicht aufhalten!«

»Sie haben wieder einmal recht, Krüll.«

Schwanecke grinste breit. »Gleich stinkt's, Herr Oberleutnant. Rücken Sie ab – er scheißt in die Hosen . . .«

Aber Krüll beachtete ihn nicht. Mit weit offenen Augen sah er den Oberleutnant an. »Sie werden uns abknallen wie die Hasen«, sagte er, »wir können uns doch nicht so einfach abknallen lassen!«

»Warum eigentlich nicht?«

Obermeier rieb sich die klammen Hände. »Was glauben Sie denn, warum wir hier sind?«

Der Morgen graute, als der Pferdeschlitten in Gorki einfuhr und vor dem Kompaniegefechtsstand hielt. Jens Kentrop, der in Abwesenheit Obermeiers und Krülls die Kompaniegeschäfte führte, kam aus der Hütte gelaufen und machte Meldung. Die Unteroffiziere Peter Hefe und Hans Bortke waren mit den Schanzkolonnen draußen im Grabensystem und hatten mit dem in der vergangenen Nacht verlegten Feldtelefon durchgegeben, daß eine russische Patrouille hinter der deutschen HKL eine Arbeitskolonne beschossen habe. Da nur drei Karabiner und zwei Pistolen zur Verteidigung vorhanden waren, hatte die Kompanie schwere Verluste: sieben Tote und dreizehn Verwundete. Erst nachdem die Verstärkung mit einem MG und zwei Maschinenpistolen kam, zogen sich die Russen zurück und ließen drei Tote liegen.

Oberfeldwebel Krüll, der diese Meldung beim Aussteigen mitanhörte, hatte das Gefühl, die Welt würde über ihm einstürzen. Jetzt war es da, was er befürchtet hatte.

Obermeier schwieg. Er nickte Kentrop zu und ging mit gesenktem Kopf in die Hütte. Kentrop drehte sich zu Krüll um und sagte mißmutig:

»Es stinkt gewaltig. Und das ist nur der Anfang. Bei der 1. Kompanie hat es in dieser Nacht ganz fürchterlich gebumst.«

Deutschmann hatte diese Gespräche wie durch einen dikken Wattebausch vernommen. Er kümmerte sich nicht um die anderen. Mit abwesendem, starrem Blick, der in seine Augen gekommen war, nachdem er Dr. Kukills Brief gelesen hatte, setzte sich Deutschmann auf seine Pritsche in der winzigen Kammer, wo er schlief. Der verhängnisvolle Brief knisterte in seiner linken Brusttasche. Auf der ganzen Fahrt von Barssdowka nach Gorki hatte er kein Wort gesprochen, weder mit Obermeier, der ihn in Ruhe ließ, noch mit Krüll oder Schwanecke, die einige Male ein Gespräch beginnen wollten und immer wieder aufhörten, da er keine Antwort gab.

Julia ist tot. Das hatte er zwischen den Zeilen herausgelesen. Dr. Kukill hatte sie sterben sehen, sie hatte sich für ihn, Deutschmann, geopfert. Sie hatte beweisen wollen, daß er unschuldig war. Sie hatte an ihn geglaubt, an ihn und an seine Arbeit, sie hatte ihm vertraut – doch der Aktinstoff hatte auch bei ihr versagt. Was bedeutete es, daß Kukill ihn jetzt bat, Zusammensetzungen, Formeln, Versuchserfahrungen zu schicken, daß er schrieb, er glaube an die Möglichkeit eines Aktinstoffes, daß er beteuerte, er wolle ihn rehabilitieren? Das alles war nebensächlich, unwichtig gegen die Tatsache, daß Julia gestorben war, während er mit Tanja . . .

Es gab keinen Ausweg aus seiner Qual. Es gab keinen Ausweg vor den Selbstvorwürfen und der Selbstanprangerung. Und während er auf der Pritsche saß und vor sich hinstarrte, hatte er das Gefühl, er wäre schuld an Julias Tod, er allein. Niemand konnte ihm diese Schuld abnehmen, nie mehr würde er frei von ihr sein. Er nahm den Brief aus der Tasche und zerriß ihn in ganz kleine Teile, die er auf den Boden streute und mit den Stiefelsohlen in den Lehm rieb.

Oder – eine unsinnige Hoffnung regte sich in ihm – oder war Julia gar nicht gestorben? Kukill schrieb doch nur, daß sie sehr schwer krank sei, aber von ihrem Tod stand kein Wort in dem Brief. Vielleicht – vielleicht würde sie durchkommen, genauso wie er selbst durchgekommen war ... vielleicht ...

Unsinn!

Er wischte mit der Handfläche über sein Gesicht. Es war unsinnig, sich einer Hoffnung hinzugeben. Es gab keine mehr. Julia war tot.

Er zog seinen Mantel aus, legte ihn über die Pritsche, hielt mitten in der Bewegung inne und sah mit einem irren Blick um sich, als würde er etwas suchen. Es war irgend etwas, was er hatte tun wollen, es gab irgend etwas, was er erledigen mußte ... nicht nur er war schuld an Julias Tod, nicht nur er ... warum war er eigentlich hier? Warum mußte er hier sitzen in dieser elenden Kammer, verdreckt, verlaust ... warum das alles? Wie kam es zu dem Abenteuer mit Tanja? Warum kam es dazu? Es war ein Abenteuer, es war ein Mittel, um zu vergessen, und das alles wäre nicht geschehen – wenn nicht dieser Mann gewesen wäre, der ihm geschrieben hatte: Dr. Kukill. Er war schuld. Wäre er nicht gewesen, so würde er, Deutschmann, immer noch in Berlin leben, arbeiten – zusammen mit Julia. Mit einer gesunden, schönen Julia, seiner Frau, seiner wunderbaren Frau, die nicht nur Ehefrau war, sondern eine Freundin, Mitarbeiterin . . .

Hastig, mit nervösen, fliegenden Händen riß er einen Pappkarton unter seinem Bett hervor, nahm einen Schreibblock und einen Bleistift heraus, legte den Block auf die Knie und begann zu schreiben:

»Dr. Kukill, ich habe Ihren Brief erhalten. Es dürfte Sie kaum interessieren, wie sehr mich Ihr wehleidiges Stottern angeekelt hat. Ich sage es Ihnen trotzdem. Ich sage es Ihnen vor allem, um endgültig klarzustellen, was ich glaubte, zwischen den Zeilen Ihres Briefes herauszulesen: Sie empfinden ein gewisses Gefühl der Schuld. Aber das ist zu wenig, Herr Dr. Kukill. Ich kann mir vorstellen, daß Sie sich darüber keine grauen Haare werden wachsen lassen; wie ich Sie kenne, liegt es Ihnen fern, sich je über das Leid Ihrer Mitmenschen, das Sie verursacht haben, Gedanken zu machen. Wenn ich könnte – und gebe Gott, daß es mir einmal möglich sein wird –, würde ich Ihnen jetzt und immer wieder ins Gesicht schlagen und so laut brüllen, daß Sie es hören müßten: Sie sind schuld! Sie sind schuld! Sie sind schuld, daß ich hier bin, Sie sind schuld, daß Julia tot ist, Sie sind schuld! Julia ist tot – und das haben Sie . . . das haben Sie . . .Sie sind schuld! Julia ist tot – tot!«

Er ließ den Bleistift kraftlos auf das Papier fallen. Mit trockenen, heißen Augen stierte er auf den Boden vor sich, lange Minuten, ohne sich zu rühren. Er dachte: Ich möchte weinen. Ich möchte es tun. Aber ich kann es nicht. Mein Gott, wenn ich ihn nur hier hätte! Wenn ich ihn nur hier hätte! Und er sah nicht auf, als die Tür aufging und jemand zu ihm in den kleinen Raum kam.

Es war Schwanecke.

»Was is'n eigentlich mit dir los?« fragte er, während er sich auf die Pritsche setzte und Deutschmann prüfend ansah.

»Nichts. Was machst du hier?« fragte Deutschmann.

»Ich suche Gesellschaft, Professor, verstehst du? Bevor sie mich köpfen ...«

Deutschmann schwieg, und erst nach und nach drangen Schwaneckes Worte in sein Bewußtsein.

»Dich – was?« fragte er.

»Köpfen, habe ich gesagt, Professor. Eins, zwei, drei – der Kopf ist ab, und Schwanecke war einmal.«

»Du bist verrückt!«

»Ich nicht, aber die anderen. Die werden mir schon einen Strick drehen, darauf kannst du dich verlassen. Zuerst stekken sie mich hier 'rein ins Strafbataillon und sagen: Bewähre dich, mein Junge, wenn du genug Russen totmachst, biste wieder'n feiner Maxe. Aber dann kam die blödsinnige Geschichte mit diesem Idioten ...«

»Bevern?«

»Na klar.«

»Aber du hast ihn doch nicht umgelegt, und sie können dir ja gar nichts beweisen!«

»Vielleicht hab' ich ihn doch umgelegt ...« Schwanecke grinste breit.

Deutschmann wich zurück. Erschrocken starrte er auf

den Sitzenden, der ihn verschlagen blinzelnd von unten her anstarrte. »Du – du hast ihn . . .?«

»Ach wo, nichts habe ich. Aber die Sache ist so, verstehst du: Wenn sie einmal einen in der Mache haben, dann kommt er nicht davon. Der Verdacht genügt. Und mit so einem Verdacht ist es eine verdammte Sache. Paß gut auf: Der erste sagt – der war mit ihm allein im Graben. Der zweite sagt – der hätte ihn aber gut umlegen können. Und der dritte sagt – der hat ihn umgelegt! und der vierte sagt – klar, es gibt nichts anderes, das ist mal todsicher. Kein anderer konnte Bevern umlegen als Schwanecke! Und das kommt dann zu dem ganzen Re . . . Re . . . – na, wie heißt das schon?«

»Vorstrafenregister«, sagte Deutschmann.

»Genau. Und das ist bei mir nicht von Pappe, sage ich dir. Klar, daß nicht jedermann glaubt, ich hätte ihn wirklich umgebracht. Schade, daß ich es nicht getan habe . . .!«

»Vielleicht hast du es doch?«

»Ach wo. Jetzt geht's mir an den Kragen. Nix Bewährung! Ein Volksschädling! Fallbeil! Sssss – Rübe ab. Das deutsche Volk kann erleichtert aufatmen. Schwanecke ist nicht mehr. Verstehst du . . .«

»Das ist ja furchtbar«, sagte Deutschmann leise.

»Furchtbar? Ach wo. Wenn so viele Leute ins Gras beißen müssen . . . Und jetzt muß ich dir etwas sagen, was ich noch keinem Menschen gesagt habe: Vielleicht haben die sogar recht. Ich meine . . . verstehst du . . . ich meine, ich war wirklich ein Schwein. Ich kannte nichts. Hab' ich ein Mädchen gesehen – los, 'ran! Hab' ich einen Tresor gesehen – nischt wie knacken! Ich kann schon verstehen, daß die anderen genug haben von mir. Aber, verstehst du, jetzt hab' ich's ja eingesehen, ich glaube, vielleicht ... man kann ja nie was versprechen ... aber vielleicht könnte das anders werden ... ich habe dich kennengelernt, Professor, und Wiedeck und Bartlitz, ihr seid alle in Ordnung, verdammt noch mal, ihr seid wirklich in Ordnung, ich glaube ... sie müßten mir noch eine Chance geben ... aber jetzt ist's aus, verdammt noch mal, jetzt ist's aus ...!«

Er legte den Kopf in die Hände und weinte.

Es war ungeheuerlich. Deutschmann hätte alles andere erwartet, als daß Schwanecke einmal weinen könnte. Er war unfähig, sich zu rühren, unfähig, ihm etwas zu sagen. Doch dann konnte er es nicht mehr länger ertragen. Er streckte die Hand langsam vor und legte sie auf die Schulter des Weinenden.

»Vielleicht – vielleicht ist es nicht so schlimm«, sagte er, »vielleicht ...«

»Ach was!« sagte Schwanecke und sah auf. Seine Augen waren blutunterlaufen, flackernd, und vor seinem Blick wich Deutschmann zurück. »Da gibt's kein Vielleicht! Ich muß mir selbst helfen, das ist alles.«

»Wie meinst du das?«

»Wie ich das meine? Eine blödsinnige Frage! Ich werde abhauen!«

»Abhauen? Etwa – desertieren?«

»Na klar.«

Deutschmanns Gesicht war fahl. »Du bist ja verrückt! Wenn sie dich schnappen, stellt dich selbst Obermeier an die Wand, und wir müssen auf dich schießen!«

»Wer spricht da von schnappen? Sie werden mich nicht

schnappen! Kein Mensch kann mich hier schnappen, wenn ich nicht will.«

»Wie willst du durch die HKL kommen?«

»Mensch, du vergißt, daß ich ein uralter Hase bin. Ich kenne alle Schliche, mir kann keiner was vormachen. Und ich sage dir noch etwas, halt dich fest!« Er stand langsam auf und sah Deutschmann gerade in die Augen. »Du warst immer ein anständiger Kerl, Professor. Du bist ein Doktor, Mensch, was machst du denn noch hier? Die Schweine haben dich zur Sau gemacht, warum hockst du noch hier? Wenn du willst, nehme ich dich mit. Ehrenwort!«

Deutschmann schüttelte den Kopf.

Schwaneckes Stimme wurde drängend: »Sei nicht dumm, Professor, wenn du mit mir gehst, kommst du durch. Das garantiere ich dir. Du nimmst deine Rote-Kreuz-Fahne mit und so 'ne Armbinde und gibst mir auch eine. Dann wird man auf beiden Seiten denken, wir suchen nach Verwundeten – und ab durch die Mitte!«

»Das kann ich nicht!«

»Warum nicht?«

»Es wäre eine Schweinerei. Ich meine, das mit dem Roten Kreuz . . .«

»Du bist vielleicht ein blöder Hund! Ich möcht' bloß wissen, was in deinem Kopf vorgeht. Die Sache ist doch sonnenklar. Der ganze Krieg ist eine Schweinerei. Und ich werde dir etwas sagen: Diese Rote-Kreuz-Fahne ist dazu da, um Menschen – du verstehst schon . . . ich meine, um Menschen durchzubringen. Sie wird auch uns durchbringen – warum soll das dann eine Schweinerei sein? Andererseits

– wenn du hier bleibst, gehst du beim nächsten Angriff der Russen todsicher drauf. Womit willst du dich wehren? Wir werden wie Zielscheiben durch den Schnee hoppeln, und die werden ein Übungsschießen auf uns veranstalten, und ich garantiere dir, daß das bald kommt, ich spüre es in allen Knochen. Und du redest noch von Schweinerei, und vom Roten Kreuz und so. Bleibst du hier, kommst du um, kommst du mit, bleibst du am Leben – und das Rote Kreuz hat genau das getan, was es zu tun hat!«

»Und – die anderen?«

»Wer?«

»Ich meine die anderen, unsere Kameraden.«

»Was ist mit denen?«

»Was werden die machen?«

»Ich kann dir genau sagen, was die machen werden. Sie werden sagen: Verdammt noch mal, endlich zweie, die nicht auf den Kopf gefallen sind. Hoffentlich kommen sie durch, wir halten ihnen alle Daumen. Genau das werden sie sagen. Mensch, wach doch auf! Siehst du denn nicht, was hier gespielt wird? Wir werden abgeschlachtet wie eine Viehherde. Es wird nicht mehr lange dauern, und dann krepierst du auch. Kannst du denn das nicht begreifen? Da drüben haben wir eine Chance. Ich weiß, es ist kein Spaß, bei den Russen einen Gefangenen zu spielen, sie werden uns feste drannehmen, aber unsere Chance ist mindestens 50:50, daß wir durchkommen. Wenn du hierbleibst, hast du vielleicht eine Chance 1:100. Hier bist du der letzte Dreck, wenn du im Strafbataillon bist. Aber da drüben wird man vielleicht sagen: Das sind Märtyrer, die haben gegen Hitler gekämpft, es lebe hoch der Schwanecke, heil dem Deutschmann. Wollt ihr zu fressen haben, was wollt ihr saufen? Gib dir einen Stoß, komm mit!«

»Nein!«

»Mit der Armbinde und der Fahne kommen wir durch wie nichts!«

»Und die Minenfelder?«

»Du hast noch immer nicht kapiert, daß ich den Dreh 'raushabe. Ich rieche eine Mine auf 50 Meter! Und du willst ein Intellektueller sein? Ich weiß gar nicht, warum du dagegen bist. Ich muß weg. Ich kann mir keine Masche aussuchen, wie Hilfssani und so, mir hacken sie die Rübe ab, und ich wär' schön blöd, wenn ich warten würde.«

»Aber laß mich dabei aus dem Spiel!«

Schwanecke drehte sich um, trat an das winzige Fenster und sah hinaus auf die Dorfstraße. Krüll stand im hohen Schnee, den Mantelkragen emporgeklappt, und schrie auf einen Soldaten ein. Es war der schmächtige, halbverhungerte Professor, den man nur zu leichten Arbeiten innerhalb der Kompanie einsetzen konnte. Er hatte die Straße vom Schnee freigefegt und sich einige Augenblicke erschöpft auf den Stiel seines Drahtbesens gestützt. So traf ihn Oberfeldwebel Krüll an, als er einen Rundgang durch das Dorf machte. An ihm konnte er seine Wut vor der eigenen Angst auslassen. Während er ihn hin und her jagte, konnte er wenigstens eine Zeitlang vergessen, wo er war, und die Ahnungen niederdrücken, die ihn ruhelos herumhetzten und vor denen er nirgends sicher war.

»Sie akademischer Schlappschwanz!« brüllte er, »das Abitur machen, den Hintern auf den Universitätssitzen weichrutschen, große Fresse haben über dußlige Philosophen – das kann er, aber 'ne Straße fegen, da geht der Kerl in die Knie! Hopphopphopp, Herr Professor, dreimal um die Schreibstube herum, marsch, marsch!«

Der Professor nahm seinen Besen wie einen Speer in die Hand und rannte los. Keuchend, mit vorquellenden Augen, taumelnd, die linke Hand auf das Herz gepreßt. Krüll stand auf der Straße und kommandierte:

»Schneller! Schneller! Beine müssen fliegen! Kopf hoch! Mehr Haltung, Sie philosophischer Knülch. Denken Sie an Sokrates, das war doch einer von Ihrer Sorte. Denken Sie an Kant, nehmen Sie sich ein Beispiel an ihm, er schlief in einem Faß, in der frischen Luft! Hier haben Sie frische Luft! Noch eine Runde! Hopphopp!«

Der Professor taumelte, stolperte, warf den Stahlbesen weg, schlug mit den Armen um sich und fiel vornüber in den Schnee. Mit dem Gesicht auf dem Eis lag er mitten auf der Dorfstraße, ein lebloses Bündel Kleider, aus denen ein schmaler grauhaariger Kopf sah.

Krüll sah verblüfft auf den Liegenden und schüttelte den Kopf. »Na, so was«, sagte er, drehte sich herum und schrie: »Deutschmann! Deutschmann! Herkommen!«

Schwanecke drehte sich böse grinsend vom Fenster. »Geh 'raus«, sagte er. »Deine Freunde haben den Professor zur Sau gemacht. Geh nur, bald bist du dran!« Ohne Deutschmann weiter zu beachten, ging er an ihm vorbei. Deutschmann lief hinterher.

Krüll stand breitbeinig neben dem Ohnmächtigen. Als Deutschmann mit der Medizintasche in der Hand näher gelaufen kam, fragte er, jetzt doch ein bißchen nervös geworden: »Gibt's auch dafür eine Spritze?«

»Mal sehen.« Deutschmann kniete in den Schnee und drehte den Liegenden herum. Über die Stirn des Professors zog sich ein tiefer Schnitt. Das Blut gefror in der Kälte. Als Deutschmann die Lider des Ohnmächtigen hob, waren die Augen verdreht und glanzlos.

»Ist er etwa – verreckt?« fragte Krüll.

»Noch nicht. Herzkollaps.«

»Sprechen Sie deutsch mit mir!« Krüll tippte mit der Stiefelspitze in die Seite des Mannes, der bewußtlos auf dem Boden lag. »Was hat er?« »Masern!« sagte Deutschmann wütend und kümmerte sich nicht mehr um den verdatterten Oberfeldwebel. Er sah sich hilfesuchend um und bemerkte Schwanecke, der an der Hauswand lehnte und ausdruckslos hinüberstarrte. »Komm her – hilf mir!« rief Deutschmann und packte den Ohnmächtigen unter den Armen.

Schwanecke schlenderte langsam näher. »Laß das«, sagte er, hob den Professor auf seine Arme und trug ihn hinüber zum Revier. Sie betteten den leblosen Körper auf einen Strohsack, Deutschmann knöpfte die Uniform auf und massierte die schmale Brust, aus der die Rippen ragten wie die Sprossen einer Leiter. Der Professor kam langsam zu sich, sein Mund öffnete und schloß sich, und kaum verständlich röchelte er: »Luft – Luft – Luft!« Doch dann wurde er wieder ohnmächtig.

»Wasser!« rief Deutschmann.

Schwanecke rannte in eine Ecke, füllte einen Kochgeschirrdeckel mit Wasser, kam zurück und begann die Brust des Professors zu massieren. Deutschmann klopfte mit der flachen Hand die Herzgegend ab.

»Gib ihm doch ein Herzmittel!« sagte Schwanecke.

»Ich habe nichts hier, nur Sympathol!«

»Dann gib's ihm doch!«

»Das hilft nicht.«

»Das ist doch wurscht. Vielleicht hilft's doch. Wir müssen den Kerl durchkriegen. Er ist in Ordnung. Krüll – dieses Schwein – dieses verfluchte Schwein!«

Deutschmann nahm aus einer Sanitätstasche ein kleines Fläschchen heraus und träufelte fünfzehn Tropfen auf einen Löffel. Schwanecke schob seinen dicken Zeigefinger zwischen die verkrampften Lippen des Ohnmächtigen und drückte den Mund auf. Vorsichtig schüttete Deutschmann die Tropfen hinein. Dann massierten sie wieder die Brust und die Herzgegend.

»Soll ich Schnaps besorgen?« fragte Schwanecke.

»Nein, das hat keinen Zweck.«

»Er muß durchkommen«, sagte Schwanecke wieder, »Krüll, dieses Schwein, dieses verfluchte Schwein! Wenn ich den einmal erwische ...«

»Er wird durchkommen – jedenfalls scheint es mir so«, sagte Deutschmann schwitzend, als der Professor regelmäßiger zu atmen und leise zu stöhnen begann. Aber er war immer noch ohnmächtig.

»Na, kommst du nun mit oder nicht?« fragte Schwanecke.

Deutschmann schwieg.

»Willst du wirklich hier verrecken? So wie der da? Auch wenn er durchkommt, wird er irgendwann verrecken – spätestens dann, wenn ihn die Russen umlegen!«

»Halt den Mund!« sagte Deutschmann.

»Jaja, ist schon gut. Meinetwegen verrecke. Mir ist's gleich.«

Sie arbeiteten schweigend weiter. Als es den Anschein hatte, daß es nichts mehr zu tun gab, deckten sie den Professor mit zwei Decken zu. Dann setzten sie sich zu beiden Seiten des Schlafenden und stierten vor sich hin auf den Boden. Sie hatten sich nichts mehr zu sagen. Oder doch? Hatte Schwanecke am Ende doch recht, fragte sich Deutschmann. War es wirklich so, wie er sagte? Was hielt ihn noch hier zurück? Warum griff er nicht mit beiden Händen zu? Denn es war eine Chance durchzukommen, während hier?

Als Obermeier plötzlich eintrat, erhoben sie sich nicht. Sie bemerkten ihn erst, als er am Bett stand.

»Krüll?« fragte der Oberleutnant.

Deutschmann nickte. »Irgend etwas muß er ja tun.«

Wortlos, mit einem bleichen, böse-verbissenen Gesicht verließ Obermeier das Revier.

In der darauffolgenden Nacht tobte Krüll wie ein wildgewordener Stier im Dorf herum – und dann wieder schlich er bedrückt durch die Straße von Haus zu Haus, aus einer Unterkunft in die andere. Oberleutnant Obermeier hatte ihm wegen des Professors eine fürchterliche Zigarre verpaßt. Aber die Zigarre allein wäre nicht so schlimm gewesen: In seiner langjährigen militärischen Laufbahn hatte er gelernt, die Maßregelungen der Vorgesetzten gleichgültig von sich abzuschütteln wie ein nasser Hund das Wasser. Doch weitaus unangenehmer war die Tatsache, daß ihm Obermeier befohlen hatte, wieder hinaus in die Gräben zu gehen, um die Arbeit dort zu beaufsichtigen und vor allem die fertiggestellten Grabenstücke auszumessen.

»Sie haben sich ja zu einem Fachmann im Messen entwickelt, Oberfeldwebel«, hatte Obermeier zu ihm gesagt.

»Oder stimmt es nicht?« Krüll hatte die Hacken zusammengeschlagen und heiser bestätigt:

»Jawohl, Herr Oberleutnant.«

Und dieses stumpfsinnige Jawohl tat ihm innerlich so weh, daß er aus einer Stimmung in die andere fiel, aus wütendem Toben in verbissenes, ahnungsvolles Schweigen.

Am gleichen Abend erhielt Hauptmann Barth in Orscha den Einsatzbefehl der Division.

Was Wiedeck geahnt hatte, als er die Sonderzuteilungen an Schnaps beim Furier sah, was Krüll und die anderen befürchteten, ohne zu wissen, was es eigentlich war, wovor sie Angst hatten, war mit einem kurzen Schreiben und einem Telefonanruf Wahrheit geworden. Hauptmann Barth las den Einsatzbefehl durch, las ihn zum zweitenmal, blieb eine Weile regungslos sitzen und kurbelte dann die Division an. Er verlangte den Adjutanten, einen Hauptmann, der sich sofort meldete.

»Ach, Barth – Sie sind es«, sagte er jovial. »Ich habe eben an Sie gedacht – und wenn ich ehrlich sein soll, habe ich auch Ihren Anruf erwartet.«

»Dann wissen Sie, worüber ich mit Ihnen sprechen will?«

»Aber klar.«

»Wie haben Sie sich das eigentlich vorgestellt? Warum müssen das gerade wir machen?«

»Da fragen Sie noch? Es ist zwar nicht die Regel, daß eine Einheit, wie Ihre solche heiklen Unternehmen durchführt, aber der General meint, daß es gelegentlich einen

Grund gibt, da einmal eine Ausnahme zu machen. Sehen Sie, Barth, wir wollen uns nichts vormachen: Das Unternehmen ist verdammt gefährlich. Wir wissen das auch. Aber was sollen wir machen? Bei Witebsk greifen die Russen an, nur bei uns ist es noch still. Warum? fragt man sich bei der Armee. Der Boden ist hartgefroren, das beste Panzerwetter, das man sich wünschen kann. Und doch rührt sich nichts, obwohl die Russen wissen müßten, daß ihnen der Westen offenliegt, wenn sie hier durchbrechen. Es ist alles eben, keine großen Hindernisse . . . Wir haben den starken Verdacht, daß sich dahinten bei den Russen irgend etwas zusammenbraut. Wir haben es schon mit Flugzeugaufklärung versucht, aber die Wolken hängen zu tief, und außerdem hat man schon zwei unserer Aufklärer abgeschossen. Die Frage ist: Was geht da hinten, hinter den russischen Linien, vor sich? Und um das herauszubekommen, muß Ihre zweite Kompanie, die dafür am günstigsten liegt, eingeteilt in mehrere Gruppen, durch die russischen Linien hindurchsickern und nachsehen, was da los ist.«

»Das ist genau das, was man ein Himmelfahrtskommando nennt. Ich bezweifle, daß überhaupt jemand zurückkommt«, sagte Barth langsam.

»Einer muß zurückkommen. Wenn dieser eine es schafft, hat er mehr geleistet, als ein ganzes Regiment schaffen könnte. Aber weswegen ich mit Ihnen sprechen wollte: Wir wissen beide, Barth, daß es bei Ihnen sicher eine Menge Leute gibt, die bei der ersten sich bietenden Gelegenheit überlaufen würden. Das war auch unser einziges Bedenken, Ihr Bewährungsbataillon mit dieser Aufgabe zu betrauen. Wir riskieren es trotzdem, und wir werden es schriftlich machen, daß alle diejenigen, die das Unternehmen heil überstehen und zurückkommen, in ihre alten Einheiten versetzt werden und ihren ehemaligen militärischen Rang zurückbekommen. Das dürfte ein gewaltiger Anreiz sein.«

»Ich finde ihn gar nicht so gewaltig.«

»Ich weiß, was Sie meinen. Wenn man einmal drüben ist, dann ist für einen der Krieg aus. Wir beide – und mit uns alle alten Hasen wissen aber, daß es nicht so einfach ist. Die Russen sind keine sehr guten Gastgeber, wenigstens nicht für uns. Da weiß man nie, was passieren könnte. Im Gegenteil wissen dann Ihre Leute genau, was geschehen wird, wenn sie zurückkommen.«

»Wenn jemand zurückkommt . . .«

»Seien Sie doch vernünftig, Barth . . . Wir können nicht anders, Barth, wir brauchen die regulären Truppen zum Auffangen der Offensive. Sie wissen ja, wie knapp wir mit den Leuten sind.«

»Und mein Bataillon brauchen Sie zum – bums, weg ist's!«

»Warum eigentlich dieses lange Gespräch, Barth? Es stimmt, was Sie sagen – aber andererseits ist es die Bewährung für Ihre Männer. Gelingt der Erkundungsstoß oder besser – das Spähtruppunternehmen, dann wird eine Menge ihrer Leute rehabilitiert, und das ist ja auch etwas. Ansonsten ist es eben Krieg. Wir beide haben ihn nicht gemacht.«

»Nee«, sagte Barth, »das haben wir nicht.«

»Na, denn – ich wünsche Ihnen viel Glück. Sie haben den genauen Zeitplan – er ist zwar knapp, aber er wird einzuhalten sein, wenn sich Ihre Leute beeilen. Wir warten auf Ihre Meldung. Ich wünsche Ihnen, beziehungsweise Ihrer zweiten Kompanie, viel Glück!«

»Na, denn los!« sagte Hauptmann Barth müde, als er den Telefonhörer auflegte.

Tanja war aus Orscha verschwunden. Als Sergej eines Nachts an die Tür klopfte und sie aufbrach, weil er keine Antwort erhielt, fand er die Hütte leer.

Vergeblich suchte er nach ihr. Er fragte die Bauern und die als Bauern verkleideten Partisanen, er ließ sie von Tartuchin und seinen wilden Gesellen suchen – doch sie blieb verschwunden, nirgends fand sich eine Spur von ihr. Aber er gab nicht nach: Wenn sie irgendwo in der Nähe war, wenn es ihr nicht gelungen war, sehr weit zu entschlüpfen, dann würde er sie finden. Es gab nichts, was seinen Leuten entging, kein Mensch konnte sich so verstecken, daß sie ihn nicht finden würden.

Wütend – und verzweifelt ging Sergej zurück in die Wälder, in die »Heimat der Wölfe«, wie sie von den Einheimischen genannt wurden, jetzt selber zu einem Wolf geworden, von Hunger nach Rache gepeinigt, blutgierig und gnadenlos.

Nicht weit von Barssdowka, etwas abseits liegend, standen einige niedrige, halbverfallene, windschiefe Bauernhütten. Sie wurden von alten Leuten bewohnt, die ihre Häuser nicht verlassen wollten und sich lieber mit ihnen zusammenschießen ließen, als vor der Front zu flüchten. In einer dieser Hütten wohnte auch die alte Marfa, eine

Frau von über 70 Jahren, die von der Milch und der Butter einer Ziege lebte und fast den ganzen Tag über durch das kleine, halb blinde Fenster die deutschen Soldaten und die vorbeirasselnden Nachschubkolonnen anstarrte. Nachts dann, wenn es ruhiger wurde, kamen durch den Hintereingang ab und zu dickvermummte Gestalten zu ihr, wärmten sich und verschwanden wieder, huschenden Schatten gleich, genauso leise, wie sie gekommen waren: die als Bauern verkleideten Partisanen, die durch die deutsche Front hindurchsickerten.

In einer dieser stillen, weißen, frostklirrenden Nächte kam Tanja zu der alten Marfa.

»Ach, du bist es, Tanjascha«, sagte die Alte und blinzelte das Mädchen mit ihren schwimmenden, farblosen Augen an. »Du bist es! Du warst schon eine ganze Weile nicht hier.«

»Wie geht es dir?«

»Gut, gut, Töchterchen.« Die Alte strich sich mit knorrigen, durch Gicht gekrümmten Fingern über das alte, geflickte Kleid. »Was machst du hier?«

»Ich möchte bei dir bleiben.«

Die alte Marfa nickte. Sie sprach nicht weiter darüber, und während Tanja ins Haus ging und sich auf dem Heuboden ein Lager zurechtmachte, setzte sich die Alte wieder vor das Feuer und starrte versunken in die flackernden Flammen.

Tanja war beinahe glücklich. Von einer Luke des Heubodens konnte sie hinüber nach Barssdowka sehen. Dort war Michael, dort lebte jener fremde Mensch, der ihr so vertraut geworden war wie keiner vor ihm, dem sie gehörte und dem sie folgen wollte, wohin er sie auch führen würde.

Vielleicht würde sie ihn sehen. Vielleicht auch konnte sie ihn sprechen. Sie dachte daran, was sie ihm sagen wollte, wenn sie ihn fand, sie wollte ihm erzählen, wie die Welt plötzlich einsam war ohne ihn, wie sie auf ihn gewartet, und wie sie sich entschlossen hatte, hierherzukommen, um in seiner Nähe zu sein. Und sie würde ihm sagen, daß sie sich entschlossen hatte, alles hinter sich zu lassen, was ihr lieb und teuer war, um mit ihm sein zu können . . .

Hauptmann Barth war überraschend in Barssdowka eingetroffen. Für Oberleutnant Obermeier kam er nicht unerwartet, denn Wernher hatte ihn von Babinitschi aus angekündigt.

Ohne sich um den verblüfften, stramm grüßenden Krüll zu kümmern, ging der Hauptmann in Obermeiers Unterkunft. Hier lagen auf einem ramponierten, roh zusammengezimmerten Tisch die Meßtischblätter des Schanzsektors der zweiten Kompanie, die durchzogen waren mit grünen, roten und gelben Strichen.

»Schieben Sie den ganzen Kram beiseite«, sagte Barth, nachdem sich die beiden Offiziere begrüßt und die Hände geschüttelt hatten. »Sie brauchen das Zeug nicht mehr. Wenigstens vorläufig nicht.«

»Sie meinen . . .?«

»Ganz recht. Es ist soweit. Heute nachmittag geht's los. Gestern abend hat mich der General höchst persönlich angerufen, um mir die Sache noch einmal zu erzählen. Den Herren scheint es sehr wichtig zu sein.«

»Und wir sind also endgültig dazu auserkoren, das Unternehmen durchzuführen?«

»Jawohl. Welch eine Ehre, was?«

»Na, ich weiß nicht . . .«

Hauptmann Barth holte aus der Kartentasche eine Karte der Umgebung von Gorki und breitete sie auf dem Tisch aus.

»Sehen Sie, ungefähr hier verläuft die Front. Da ist die russische Linie und – dahinter sind höchstwahrscheinlich große Panzerverbände aufgefahren und liegen in Bereitstellungsräumen. Nur ist alles unheimlich still, im Gegensatz zu Witebsk, wo der Teufel los ist. Aber der Generalstab meint, daß hier bei uns mit größter Wahrscheinlichkeit eine neue russische Großoffensive anlaufen wird. Mit der Flugzeugaufklärung ist es nicht weit her, der Himmel ist zu verhangen – und sie wissen ja, daß die Russen Meister der Tarnung sind.«

»Und ob ich das weiß!«

»Die einzige Möglichkeit, die Lage zu erkunden – ist ein großangelegtes Spähtruppunternehmen. Und jetzt wird's kritisch. Unsere HKL ist ziemlich dünn besetzt. Alle vorhandenen Truppen werden für das Auffangen der ersten sowjetischen Angriffe gebraucht. Was dann kommt, wenn die Truppen verbraucht sind, wissen wir nicht. Die Armee hat auch keine nennenswerten Reserven. Kurz und gut, man kann keinen einzigen Mann der regulären Truppen aus der Front nehmen und zu dem Spähtruppunternehmen schikken. So kommt man auf die Idee, uns zu – verwerten . . .«

»Wie sinnig!« sagte Obermeier.

»Nicht wahr? Wir haben also den Befehl, in der kommenden Nacht über die deutsche HKL hinaus und durch die russischen Linien zu schleichen, gruppenweise, unter Benutzung des Partisanenwaldes von Gorki, wo wir ebenfalls Truppenansammlungen vermuten, vor allem eine Menge Minenwerfer und leichter Feldartillerie. Sie wissen ja, wie gefährlich die russische Artillerie sein kann. Sie müssen nun mit ihrer zweiten Kompanie hinter die russischen Linien und ausspionieren, was sich da alles angesammelt hat. Das wäre alles.«

»Mir genügt's. Glauben Sie, daß noch ein Mann zurückkommt?«

»Sie meinen – oder Sie befürchten, ihre Leute könnten sich scharenweise ergeben?«

»Auch wenn sie das nicht tun . . . aber es ist ja fast aussichtslos. Die Russen werden uns der Reihe nach schnappen.«

»Einer wenigstens muß zurückkommen, ich sagte es Ihnen schon. Um der ersten Gefahr, nämlich der des Überlaufens wenigstens etwas vorzubeugen, können Sie Ihren Leuten folgendes sagen: ›Jeder, der nach dem durchgeführten Auftrag zurückkommt, wird seinen früheren Rang zurückerhalten und in seine ehemalige Einheit überstellt werden. Für ihn ist dann die Episode ›Strafbataillon‹ zu Ende. Und was das übrige betrifft . . . ich weiß, was dieser Auftrag bedeutet. Und wir beide wissen, daß die Russen nicht auf den Kopf gefallen sind. Sie sind nicht blind. Aber Sie haben einige sehr gute, alte Soldaten dabei, alte Füchse, die sich nichts vormachen lassen und die mit fast jeder Situation fertig werden. Es stimmt schon: Ein Großteil Ihrer Leute wird draufgehen. Vor allem die, die noch nie an der Front waren, die zu erschöpft sind, um solche Anstrengungen durchzustehen, und die nicht wissen, wie man sich an der Front bewegen muß. Wir können da nichts ändern. Wichtig ist, wie gesagt, daß zumindest einige zurückkommen und berichten.«

»Wenn ich daran denke, komme ich mir vor wie ein Schlächter, der eine Viehherde in die Wurstfabrik treibt.«

»Aber, aber, Obermeier! Wie können Sie Ihre Leute mit Vieh vergleichen? Ich weiß gar nicht, was Sie haben? Wir mußten doch darauf vorbereitet sein, unter anderem auch solche Aufträge durchzuführen.« Barth beugte sich wieder über dic Karte und ging mit der Bleistiftspitze die mit Rotstift eingezeichneten Linien ab.

»Das ist der Generalfahrplan, Oberleutnant. Sie teilen Ihre Kompanie in zehn Gruppen ein, die völlig selbständig operieren. Für dieses Unternehmen wird jede Gruppe vollständig bewaffnet. Sie bekommen also zehn leichte MG 42, also das Beste vom Besten, zehn Maschinenpistolen, die restlichen Leute werden mit Karabinern ausgerüstet. Dazu Handgranaten – eben das übliche. Sie haben doch genug Männer in der Kompanie, die am MG ausgebildet sind?«

Obermeier nickte.

»Also gut. Abgemacht. Sie werden mir aus Barssdowka melden, sobald jemand zurückkommt und etwas Konkretes zu berichten hat.«

»Das wird leider nicht gehen, Herr Hauptmann«, sagte Obermeier trocken. »An meiner Stelle wird Unteroffizier Wegner die Kompanie übernehmen.«

»Wegner? Kenne ich nicht. Warum Wegner?«

»Weil ich mitgehen werde.«

Barth warf seinen Bleistift auf den Tisch und starrte Obermeier an.

»Obermeier, was ist denn los mit Ihnen? Machen Sie mir keinen Unsinn. Sie bleiben hier!«

»Bitte, geben Sie mir nicht den dienstlichen Befehl, Herr Hauptmann.«

Barth sah Obermeier lange und prüfend an.

»Was steckt dahinter, Obermeier? Warum gerade Wegner? Machen Sie jetzt wieder Ihre alten, sentimentalen Touren? Wollen Sie unbedingt ein Held sein? Ist etwa dieser Wegner – ein Familienvater?«

»Das sind viele, Herr Hauptmann.«

»Wie viele Kinder hat er?«

»Fünf«, sagte Obermeier. »Aber Sie dürfen mir glauben, es ist nicht nur deswegen ... ich will beileibe auch keinen Helden spielen. Ich will nur dort sein, wo meine Kompanie ist, und das, glaube ich, ist nur in Ordnung, oder nicht?«

»Mann ... aber ich glaube, Sie haben recht. Es ist eine verdammte Sache! Aber ich brauche Sie noch ... Stellen Sie sich vor, an Ihre Stelle würde so ein Heini kommen, wie Bevern, und das ist fast mit Sicherheit anzunehmen.«

»Sie würden schon mit ihm fertig werden, Herr Hauptmann. Im übrigen bin ich durchaus nicht bereit – nicht zurückzukommen. Ich komme wieder. Darauf können Sie sich verlassen. Schließlich bin ja auch ich ein alter Fuchs.«

Hauptmann Barth nagte nachdenklich, und wie es Obermeier schien, etwas niedergeschlagen an seiner Unterlippe. Dann sah er Obermeier an – und sah gleich wieder weg. »Nun gut«, sagte er leise, »nun gut ... es tut mir leid ... wir haben uns trotz allem sehr gut verstanden ... ich mag

Sie sehr gut leiden, Obermeier . . .«, seine Gestalt straffte sich, und er lächelte Obermeier an: »Wir wollen nicht sentimental werden. Ich werde Ihnen den Befehl, daß Sie hierbleiben müssen, nicht geben . . .«

Zu gleicher Zeit, als Barth mit Obermeier in Barssdowka über den bevorstehenden Einsatz der zweiten Kompanie sprach, bemühte sich Dr. Kukill in Berlin seit vier Stunden, eine Verbindung mit Orscha zu erreichen.

Er stand in der Heeresvermittlung neben einer Steckvermittlung, begleitet von einem SS-Gruppenführer, einem sehr guten Bekannten, dem er vor kurzem aus großer Verlegenheit geholfen hatte.

»Es muß doch möglich sein, Orscha zu erreichen!« sagte der Gruppenführer zu dem Soldaten an der Vermittlung. »Ich war zwar nie dort, aber dieses Kaff hat doch eine ziemlich große Bedeutung an unserer Front.« Und dann zu Dr. Kukill, der unruhig eine Zigarette nach der anderen rauchte und mit kurzen nervösen Schritten in dem Raum mit seinen vielen summenden Geräten herumlief: »Es wird schon klappen, Herr Doktor! Alles braucht eben seine Zeit. Bedenken Sie, welche Stellen wir in die Leitung einschalten müssen, um die Sprechbrücke zu erreichen. Wir schaffen es, Doktor, keine Bange!« Gutmütig stieß er den zusammenzuckenden Arzt gegen die Rippen.

»Ich hoffe, es wird nicht zu spät sein!« murmelte Kukill unruhig, und auf seiner Stirn bildeten sich Falten. Er setzte sich neben den Obergefreiten, der an der Steckvermittlung saß und angestrengt in seine Kopfhörer lauschte. »Vier Stunden dauert das schon. Ich muß wissen. Ich muß wissen, wie die Dosierung ist . . . wir haben keine Zeit zu Experimenten ...« »Ach du liebe Zeit – so kenne ich Sie ja gar nicht, Doktor!«

»Orscha...!« sagte der Obergefreite. Kukill fuhr herum. »Geben Sie her!«

Aber der Obergefreite winkte ab. »Sie stecken weiter um – nach Babinitschi oder so ähnlich – Barssdowka. Wir müssen Geduld haben.«

»Herrgott – Geduld – Geduld – das sagen Sie schon die ganze Zeit!«

»Wenn wir Orscha erreicht haben, ist das andere halb so schlimm. Sie sehen, es klappt bei unserer Organisation!« sprach der Gruppenführer beschwichtigend.

»Da sind vier oder fünf andere in der Leitung«, sagte der Obergefreite nervös. Der verrückte Zivilist und das hohe SS-Tier gingen ihm auf die Nerven. Nun hockten sie schon seit geschlagenen vier Stunden hier und trampelten auf seiner Geduld herum, wegen diesem blödsinnigen Kaff Orscha ... Der Teufel soll sie holen! Er sagte: »Irgend jemand meldet sich ... aber es quatschen immerzu andere dazwischen!« Er rückte den Trichter näher an den Mund und brüllte hinein: »Hallo – hallo –! Hallo – Orscha! Hallo – Divisionsvermittlung Orscha! Trennen Sie die Störsprecher! Wichtige Durchsage aus Berlin. Geben Sie Babinitschi – Barssdowka – Hauptmann Barth. Trennen Sie ...«

Dr. Kukill wischte sich über die Stirn. Sie war klebrig und weiß. Der Gruppenführer zündete sich eine Zigarette an.

Sie warteten.

Und dann sagte der Obergefreite:

»Bataillon 999? Hauptmann Barth? Hallo – ist dort

Hauptmann Barth? Ist dort Barssdowka – Hauptmann Barth?« Er sah zu Kukill auf und nickte heftig. Dieser riß den zweiten Hörer an sich.

»Wer ist dort? Hauptmann Barth? Der Kommandeur? Hier ist Berlin, hier ist Berlin, hallo, Hauptmann Barth!«

In Barssdowka saß Hauptmann Barth am Telefon und preßte den Hörer des Feldfernsprechers an das Ohr.

»Berlin«, schrie er. »Wer macht hier faule Witze? Welcher Idiot ist in der Leitung? Hier ist Hauptmann Barth. Ist dort die Divisionsvermittlung, hallo – Divisionsvermittlung –!«

»Hier Dr. Kukill! Berlin!« rief in Berlin Dr. Kukill in den Apparat. »Holen Sie bitte Herrn Dr. Deutschmann an den Apparat, verstehen Sie – Dr. Deutschmann! Dr. Deutschmann! Zweite Kompanie!«

»Deutschmann?« Hauptmann Barth sah Obermeier verblüfft an. »Ist die Welt verrückt geworden? Hier wird ein Dr. Deutschmann aus Berlin verlangt. Unser Deutschmann – ich werd' verrückt!« Er preßte den Hörer ans Ohr und schrie in die Muschel: »Jawohl – Ich lasse den Schützen Deutschmann holen! Warten Sie fünf Minuten.«

Draußen, vor dem Haus, über die Straße hinweg, die Krülls Schneeschippkommando freischaufelte, gellten die Rufe: »Deutschmann zum Kommandeur! Deutschmann sofort zum Kommandeur!«

Der Ruf pflanzte sich fort und drang bis zu dem kleinen Revierbunker, in dem Deutschmann gerade einem Soldaten die Hand verband. Eine Quetschwunde.

»Deutschmann zum Kommandeur!« brüllte jemand in den Bunker. Deutschmann nickte:

»In zehn Minuten. Ich muß erst verbinden.«

»Telefon aus Berlin, du Knallkopf!«

»Aus Ber . . .« Deutschmann sprang auf. ». . . lin«, beendete er tief ausatmend. Er kümmerte sich nicht mehr um den Verletzten. »Ich bin in fünf Minuten wieder hier!« schrie er, während er hinauslief. »Berlin . . . meine Frau . . . ich komme wieder . . . halte die Binde solange . . . ich . . .«

Er stolperte über die Straße, über Schneehaufen, über Eisbuckel. Er rannte wie um sein Leben.

»Ei – guck mal an, wie er laufen kann!« kam von irgendwoher Krülls Stimme, aber er achtete nicht darauf. Berlin, dachte er, Berlin – Julia – Julia!

Atemlos stürzte er in den Kompaniegefechtsstand. Barth hielt den Hörer immer noch ans Ohr, und auch Obermeier lauschte, tief über den Tisch gebeugt.

»Herr Hauptmann!« keuchte Deutschmann atemlos. Das Zimmer, die Uniformen der Offiziere, der Tisch, die Wände drehten sich um ihn.

Barth winkte ab. »Hallo – Berlin! Berlin! Schütze Deutschmann ist hier. Wo ist Berlin? Was? Divisionsvermittlung – wo haben Sie Berlin? Weg? Sie Idiot – halten Sie die Verbindung fest!«

Er wartete. Deutschmann lehnte zitternd neben ihm am Tisch, und dann kam wieder eine kaum hörbare, quäkende Stimme, er steckte die Hand aus. Barth gab ihm den Hörer.

»Hier Deutschmann – Schütze Deutschmann!« sagte der schmale, zitternde Mann mit klangloser Stimme.

»Hier Divisionsvermittlung. Gespräch mit Berlin ist unterbrochen. Ich bekomme ihn nicht mehr 'ran. Soviel ich verstehen konnte, war ein Dr. Kilill oder Krumbill . . .«

»Dr. Kukill . . .«, sagte Deutschmann heiser.

»Richtig, das war's. Der war am Apparat. Er sagte etwas von einer Frau – Julia oder so ähnlich – und einem Serum, ich habe es nicht genau verstanden – und etwas von tot sagte er auch, es war alles sehr unklar. Kannst du damit etwas anfangen, Kumpel?«

»Können Sie mich nicht mehr verbinden?«

»Nee, geht nicht. Ist zu weit. Es ist endgültig weg. Kannst du damit etwas anfangen?«

»Ja – ich habe verstanden.«

Deutschmann legte den Hörer zurück und sagte vor sich hinstarrend noch zweimal: »Ich habe verstanden – ich habe verstanden – Julia ist tot.«

Hauptmann Barth sah hinüber zu Obermeier und zuckte mit den Schultern. Er verstand nichts von dem, was sich hier abspielte, aber soviel verstand er, daß dieser schmächtige leichenblasse Mann jetzt die Nachricht über den Tod einer Frau erhalten hatte, die Julia hieß. Und wenn er sich recht erinnerte, stand in Deutschmanns Papieren, daß er mit einer gewissen Julia verheiratet war . . .

Bitter. Aber was konnte man tun? In solchen Fällen war es – das wußte er aus Erfahrung – am besten, die Leute zu beschäftigen. Und sie sollten beschäftigt werden, diese Männer aus der 2. Kompanie, bei Gott! Er hob das Handgelenk und sah auf die Uhr.

»In einer Stunde rücken Sie zu den Ausgangsstellungen ab, Herr Oberleutnant«, sagte er dienstlich. »Und Sie, Schütze Deutschmann, haben Sie noch eine Frage?«

»Nein, Herr Hauptmann.«

»Es tut mir leid . . .«, murmelte Barth, »aufrichtig leid.

Wenn ich recht verstanden habe ... Ich möchte Ihnen mein Beileid aussprechen ...«

»Danke.«

Deutschmann ging hinaus, ohne zu grüßen, stand auf der Straße ohne Kopfbedeckung und mit offenem Uniformrock, so wie er aus dem geheizten Bunker herausgestürzt war. Von der Unterkunft her kam Schwanecke auf ihn zu. Als er Deutschmann sah, stutzte er und raffte den offenen Uniformrock vor Deutschmanns Brust zusammen.

»Mensch, du siehst aus wie eine Wasserleiche. Was ist denn los? Was wollen die aus Berlin?«

Deutschmann schwieg.

»Sind sie dir auf den Pelz gerückt? Laß uns abhauen, Kumpel!« flüsterte Schwanecke, während er sich vorsichtig umsah. »Heute nacht, verstehst du, jetzt ist's viel einfacher ... keine Rotkreuzfahne mehr ... Wir bleiben einfach hinten ... So 'n Erkundungsstoß ist genau das richtige für uns. Machst du mit?«

Deutschmann sagte immer noch nichts.

Schwanecke rüttelte ihn: »Was ist passiert? He – hörst du eigentlich? Bist du taub geworden? Was ist passiert?«

»Julia ist tot«, flüsterte Deutschmann.

»Was?« Schwanecke fuhr zurück. »Ja, dann ...«, stammelte er verwirrt, »... komm weg von hier, du holst dir den Tod. Hast du schon alles zusammengepackt? Wart mal, ich helf' dir. Ja, Mensch, wenn's so ist ...«

Willenlos, wie eine aufgezogene Puppe, ließ sich Deutschmann von Schwanecke wegführen. »So 'ne Sache, so 'ne verfluchte Sache!« murmelte Schwanecke, und in seiner heiseren Stimme schwang Mitgefühl für diesen großen, dünnen Mann, der an seiner Seite stolperte und den er, weiß der Teufel warum, verflucht gern leiden mochte.

In der ersten Abenddämmerung rückte die 2. Kompanie zur HKL ab. Es war noch Nachmittag, doch der graue Schleier der kommenden Nacht legte sich schon über die weiße, weite Ebene, mit dem dunklen Streifen des Waldes am Horizont.

Auch Oberfeldwebel Krüll war dabei – als Kompanietruppführer. Er wußte, wohin es ging, aber er dachte nicht daran. Warum auch? Es half nichts. Es half alles nichts. Jetzt war es soweit, und kein Mensch konnte etwas dagegen unternehmen. So trottete er mißmutig vor seinem Haufen her wie ein Ochse zum Schlachthof.

An diesem Nachmittag sah Tanja, wie eine Reihe deutscher Soldaten in weißen Tarnanzügen aus Barssdowka wegzog und bald danach in der Ebene untertauchte, in der Richtung gegen den Wald von Gorki. Sie ahnte nicht, daß unter ihnen auch Deutschmann war . . .

Er ging als einer der letzten aus dem Dorf, zwei schwere Verbandstaschen über die Schulter gehängt.

Wiedeck stapfte vor ihm, ein blankgeputztes MG 42 in der Hand.

»Wie in alten Zeiten«, sagte er über die Schulter weg nach hinten. »Ich hab' zwar was gegen die Sache, die wir erledigen müssen, aber nichts gegen die Spritze da. Und wenn du mich fragst, dann lieber mit so 'ner Spritze durch das Land ziehen, auch wenn's von den Rußkis wimmelt, als das sture Schanzen.«

»In fünf, sechs Stunden sprechen wir uns wieder«, brummte Schwanecke, der vor ihm ging, mit einer Maschinenpistole über der Schulter, Handgranaten hinter dem Koppel.

Aber Wiedeck hörte nicht hin. »Mensch, Ernst«, sagte er, »wenn die Sache klappt, dann ist's vorbei mit diesem Scheißhaufen. Glaubst du, daß es mir gegen den Strich geht, hier zu dienen?«

»Wem geht es nicht?« fragte Schwanecke spöttisch.

»Ich kann dich verstehen«, sagte Deutschmann, um überhaupt etwas zu sagen. Er ging wie durch einen durchsichtigen, merkwürdig klaren Nebel, in dem alles, was um ihn herum geschah, seltsam deutlich, doch auch zugleich unwirklich und fern war. Er zwang sich, nicht an Julia zu denken. Er zwang sich, Wiedeck zuzuhören und ihn zu verstehen. Ja, er konnte ihn verstehen: Wie es auch war, ein Strafbataillon war die Einheit für Menschen, die sich gegen das Gesetz vergangen hatten. So sah er es jedenfalls, Wiedeck. Und was konnte für einen rechtschaffenen, ehrlichen Bauern schlimmer sein, als zu den Menschen gezählt zu werden, die sich gegen das Gesetz vergangen hatten? Seine Kinder sollten nie sagen: Mein Vater, der Verbrecher . . . Welche Qual mußte das für ihn bedeuten! Wie konnte er noch seine Kinder Ehrlichkeit unter allen Umständen lehren, wenn er selbst . . .? Daß es hier vor allem Menschen gab, die keine Kriminellen waren – wer wußte das schon? Aber es gab auch solche wie Schwanecke, die zu Recht bestraft wurden, auch wenn Schwanecke ein toller Bursche war, auf den man sich verlassen konnte. Gaben er und ihm ähnliche nicht den Ausschlag? Eine seltsame, unverständliche Welt!

»Wenn es klappt . . .«, träumte Wiedeck weiter, »dann kommen wir zurück zu unseren Einheiten und . . .«

»Und du glaubst das?« fragte Schwanecke spöttisch.

»Warum sollte ich nicht? Glaubst du, daß Obermeier lügt?«

»Nein, er nicht«, sagte Schwanecke. »Aber was kann schon Obermeier gegen die anderen ausrichten?«

»Er hätte es nicht gesagt, wenn es nicht wahr wäre!« sagte Wiedeck mit Überzeugung. Wenn ein Offizier wie Obermeier bewußt lügen würde, dann – ja, dann ... woran konnte man dann noch glauben? Das konnte nicht sein! Wiedeck glaubte es, er glaubte, daß alles gut ausgehen würde, er glaubte, daß er zurückkommen würde und daß er dann wieder frei sein würde. Frei ... Er würde Urlaub bekommen und nach Hause fahren, plötzlich vor der Tür stehen ... mit Schulterklappen und Auszeichnungen ... wie sah wohl der Kleine aus? Und er wiederholte bei sich Obermeiers Worte, als sie auf der Straße vor der Schreibstube angetreten waren, kurz bevor sie abrückten.

»Männer«, hatte Obermeier gesagt, als er aus der Schreibstube gekommen war, einer von ihnen, genauso aussehend wie sie alle, im weißen Tarnanzug, mit einer umgehängten Maschinenpistole, Handgranaten hinter dem Koppel, »Männer, wir heißen: Bewährungsbataillon 999. Jetzt endlich ist es soweit: Wir sollen uns bewähren, und zwar über das übliche Maß hinaus. Wir machen einen Erkundungsvorstoß hinter die russischen Linien. Eine gefährliche Sache, ich weiß. Die Gruppenführer werden euch Näheres darüber sagen. Was ich jetzt noch zu sagen habe, ist folgendes: Jeder, der zurückkommt, wird sofort zu seiner alten Einheit versetzt und bekommt seinen ehemaligen

Rang und seine Auszeichnungen zurück. Dann ist es aus mit dem Bewährungsbataillon, dem Strafbataillon, wie ihr, oder seien wir ehrlich, wie wir unseren Haufen nennen. Ich weiß: Vielleicht werden wir nicht alle zurückkommen. Wir wollen uns da nichts vormachen. Aber es liegt an uns selbst, ob und wie schwer unsere Verluste sein werden. Einzig und allein an uns selbst. Ich glaube, wir verstehen uns. Ich selber wurde zu dieser Einheit kommandiert. Weil ich aber glaube, zu euch zu gehören, gibt's für mich nichts anderes, als mitzukommen. Das ist klar. Und ich komme auch zurück, darauf könnt ihr euch verlassen. Ich hoffe, übermorgen sehen wir uns alle wieder hier, so wie wir jetzt hier stehen. Und dann wollen wir einige Pullen leertrinken – auf den glücklichen Ausgang und – zum Abschied!«

»Ein toller Kerl!« sagte Wiedeck.

»Wer?«

»Obermeier.«

»Daß du dich man nicht täuschst . . .«, brummte Schwanecke, aber dann gab er sich einen Stoß und grinste über die Schulter: »Du hast schon recht. Er ist in Ordnung.« Ja, Obermeier war in Ordnung, dachte Schwanecke. Schwer in Ordnung. Wenn alle anderen so wären . . . Wenn er selbst, Schwanecke, sich mit dem Oberleutnant nicht so gut verstand, dann war das eigentlich seine, nicht Obermeiers Schuld. Und plötzlich – wie schon so oft und immer öfter in letzter Zeit, tat es Schwanecke fast schmerzhaft leid, daß er ein Außenseiter war und auch in Obermeier und anderen anständigen Leuten seine Gegner sehen mußte. Sie waren es, daran konnte man nicht rütteln – und es war ein Elend, daß es so war. Wieviel schöner wäre es, wenn sie alle am gleichen Strang ziehen würden – er, Obermeier, Wiedeck, Deutschmann. Verdammt, dachte er, es ist eine verfluchte Sache ... zu spät –!

So zog die 2. Kompanie, leise mit den Waffen klappernd, durch die heraufdämmernde Nacht, Phantomen gleich, die sich kaum von der grauweißen Fläche rundherum abhoben.

Vorneweg, neben Unteroffizier Hefe – Oberleutnant Obermeier. Mit der zweiten Gruppe Oberfeldwebel Krüll. Dann Unteroffizier Kentrop. Und andere, in einer langen, langen Reihe. Bartlitz, der ehemalige Oberst. Ein degradierter Major. Ein Musiklehrer. Ein Rechtsanwalt. Ein Taschendieb. Ein Studienrat. Ein Architekt und wieder ein Rechtsanwalt. Ein Sittlichkeitsverbrecher. Ein Zuhälter. Ein Homosexueller. Ein Bauarbeiter. Ein Metzger. Ein Oberregierungsrat. Ein Einbrecher. Ein ehemaliger Kreisleiter. Ein Arzt ...

Vor ihnen, wo die HKL lag, war die Nacht dunkel und schweigsam. Frost. Eine Leuchtkugel. Und plötzlich das Rattern eines MGs.

An ihrem Dachfenster stand Tanja und sah hinter der schweigenden Kolonne her, als sie schon lange nicht mehr zu sehen war. Und dann sah sie noch eine ganze Weile hinüber nach Barssdowka, und ein kaum sichtbares, trauriges Lächeln huschte über ihr Gesicht, als sie leise flüsterte: »Gute Nacht, Michael, schlaf gut ... schlaf gut –!«

In der HKL wechselte Obermeier mit dem jungen Leutnant der Infanterie einige Worte. Der Leutnant wußte Bescheid. Sie verglichen noch einmal ihre Uhren und sahen dann lange und schweigend zu den russischen Linien.

»Haben Sie keine Angst, daß die Hälfte Ihrer Leute überläuft?« fragte der Leutnant schließlich.

»Warum?«

»Na ja, was man so hört . . . es sind ja schließlich Verbrecher . . . Kommunisten . . .«

»Sie müssen es ja wissen«, sagte Obermeier, und der Ton seiner Stimme ließ den Leutnant verstummen.

»Noch zwanzig Sekunden«, sagte Obermeier nach einer Weile zu dem dumpf vor sich hinbrütenden Krüll. Er hatte die Uhr mit dem Leuchtzifferblatt dicht vor die Augen gehalten. »Noch 15 – 10 – 5 – 'raus!«

Über den Grabenrand kletterten lautlos die ersten Gestalten. Dann war die erste Gruppe durch. Abstand. Zweite Gruppe. Abstand. Dritte – vierte – fünfte – sechste Gruppe. »Macht's gut!« flüsterte Obermeier zu Unteroffizier Kentrop. »Aber ja!« Kentrop grinste den Oberleutnant an. Seine Zähne leuchteten weiß. Dann verschwand er und seine Leute hinter ihm. Siebente – achte – neunte Gruppe. Jetzt war Obermeier selbst dran. »Los!« gab er sich den Befehl, sah kurz zurück zu seinen schweigenden, wartenden Leuten, die zusammengedrängt im Graben standen, sagte: »Es wird schon schiefgehen!« und kletterte über den Grabenrand. Vor ihm war Dunkelheit, und er tauchte in ihr unter wie ein flüchtiger, lautloser, greifbarer Schatten.

»Wenn das man gut geht!« murmelte der Leutnant, und dann sagte er zu dem Unteroffizier, der unmittelbar neben ihm stand: »Verdammt will ich sein, wenn ich an deren Stelle sein möchte . . .«

Zu gleicher Zeit, als die Gruppen der zweiten Kompanie weitverteilt in das Niemandsland zwischen der deutschen und der russischen HKL schlichen, erfolgte ein kurzer Feuerschlag der deutschen Artillerie und ein Scheinangriff im Bereich des Nachbarregiments: die geplante Ablenkung, die die Aufmerksamkeit der Russen an eine andere Stelle lenken sollte. Die Partisanen im Walde von Gorki unter Sergej Denkow wurden alarmiert. Gleich danach zogen sie jenseits der zweiten Kompanie als Bereitschaft an den Waldrand. Der Weg für die dem Wald am nächsten liegende Gruppe der zweiten Kompanie war frei.

Obermeier mit seiner Gruppe, Krüll mit dem Kompanietrupp und Unteroffizier Hefe mit zehn Mann wateten durch den tiefen Schnee im Wald, keuchten durch Verwehungen, schwitzten trotz beißender Kälte, fluchten und gönnten sich keine Ruhepause. Die Gruppenführer blieben ab und zu stehen und sahen auf den Kompaß, um sich nicht zu verirren. Hier die Richtung zu verlieren war gleichbedeutend mit einem Todesurteil. Sie waren schon durch die russischen Linien hindurchgekommen und konnten jeden Augenblick auf feindliche Einheiten hinter der HKL stoßen, auf Reserven, die in diesen Räumen in Bereitstellungen liegen mußten.

Stunden vergingen, und die Männer waren der völligen Erschöpfung nahe – als sie plötzlich am Waldrand standen.

Obermeier sah auf die Uhr. Es war ein Uhr zwölf.

Vor ihnen lag eine Ebene, durchsetzt mit Buschgruppen und einzelnen Bäumen, dahinter konnte man im fahlen Licht des russischen Winters die dunklen Umrisse eines Dorfes erkennen. und vor ihnen, zwischen dem Waldrand und dem Dorf, standen – riesigen schwarzen Schatten gleich –

hinter den Büschen, unter den Bäumen, getarnt mit Zweigen und ganzen Buschgruppen – russische Panzer.

»Meine Fresse«, sagte Schwanecke leise. »Ne ganze Armee! T 34! Wenn die losrollen –!«

». . . dann haben wir nicht mal mehr Zeit genug, den Hintern zusammenzukneifen . . .«, beendete Wiedeck.

»Da helfen uns auch alle deine Taschen nicht mehr«, sagte Schwanecke zu Deutschmann und grinste ihn an.

»Haltet die Klappe!« sagte Hefe nervös.

»Mensch, werd' nur nicht kribbelig«, sagte Schwanecke. »Die Frage ist, was wir jetzt zu tun haben. Gesehen haben wir ja, was wir sehen sollten, oder?«

»Ungefähr«, sagte Wiedeck.

»Also, nichts wie ab«, beschloß Schwanecke. Sein Plan stand fest, jetzt war die Gelegenheit günstig. Auf dem Rückweg durch den Wald konnte er einfach zurückbleiben, unbemerkt verschwinden und dann eine passende Gelegenheit abwarten, um sich den Russen zu ergeben. Die Sache würde nicht ganz leicht auszuführen sein, denn mit einem einzelnen Gefangenen machten die Russen sehr oft keine großen Umstände. Eine Maschinenpistolengarbe war weitaus einfacher als der Rücktransport nach hinten. Andererseits dürfte es aber bestimmt auch Russen geben, die stolz sein würden, einen Gefangenen zu machen, und sehr froh, ihn zurücktransportieren zu können – möglichst weit hinter die Front. Denn auch die Deutschen schossen nicht mit Erbsen – und sie trafen sehr gut . . . Ob ein Deutscher oder Russe, hinter der Front ist es immer sicherer. Aber er hatte ja Zeit. Unter seinem Tarnanzug hatte er eine hübsche Proviantreserve, die er in weiser Voraussicht organisiert hatte, bevor sie losgezogen waren. Er konnte warten, und er war nicht gewillt, sich in unnötige Gefahr zu begeben, jetzt, kurz vor seinem Ziel, am wenigsten.

Mitten in diese Überlegungen stießen aus der Ebene eins – zwei – drei grüne Leuchtkugeln in die Luft und verzauberten den Nachthimmel zu einem riesigen, grünlichen Gewölbe, unter dem die Gesichter der Soldaten eine fahle, grünliche Leichenfarbe annahmen.

Im gleichen Augenblick kam Bewegung in die Stahlkolosse, als wären sie Ameisen, die durch einen Fußtritt aufgescheucht wurden. Ein Heulen und Donnern schwoll an, wurde lauter und durchdringender, füllte die ganze Landschaft aus, die ersten Panzer rollten träge an, mit knirschenden, vereisten Ketten und hämmernden, noch kalten Motoren, die Verkleidungen fielen, die Büsche wurden abgerissen.

Es mußten an die fünfzig oder mehr Panzer gewesen sein. Immer schneller rollten sie am Waldrand entlang, vorbei an den fassungslos starrenden deutschen Soldaten, die sich tief in die Schneemulden duckten und erschrocken den Aufmarsch der Stahlkolosse verfolgten.

»Meine Fresse«, sagte Schwanecke, »jetzt sind wir mitten im Schlamassel!«

»Wie meinst du das?« fragte Deutschmann.

»Siehst du denn nicht, die rollen jetzt bis an den Weg durch den Wald und dann gegen unsere HKL. Wenn sie durch den Wald sind, dann hauen sie unsere HKL kurz und klein. Wir sind mitten in einen Aufmarsch gestolpert.«

»Was sollen wir tun, was sollen wir tun?« fragte Peter Hefe zitternd.

»Jetzt kommt gleich die Infanterie«, sagte Schwanecke behaglich.

»Wieso?«

»Na, hinter den Panzern kommt immer die Infanterie. Wenn die uns hier erwischt, dann . . .«

»Dann gnade uns Gott«, beendete Wiedeck.

»Also, Kommandant, gib schon einen Befehl!« sagte Schwanecke zu Peter Hefe.

Doch der Unteroffizier starrte nur mit weit aufgerissenen Augen zu den vorüberrollenden Panzern. Er konnte sich nicht rühren, sein Denken war wie ausgeschaltet, er hatte ähnliches noch nie gesehen. Das war Rußland. In Frankreich war es anders, ganz anders. In Frankreich sah man nur ab und zu französische Panzer, die nichts waren im Vergleich zu diesen da, und wenn er sie gesehen hatte, waren sie meist abgeschossen und verbrannt. Aber diese hier! Von ganz fern hörte er Wiedeck sagen:

»Na, los, los!«

Nur schwer löste er seinen Blick von den Stahlkolossen, sprang auf, drehte sich um und begann zu laufen. Die anderen hinter ihm her. Jetzt mußten sie wieder den Wald durchqueren, auf dem Weg, auf dem sie gekommen waren. Das würde leichter sein, da sie auf dem einigermaßen ausgetretenen Pfad gehen konnten. Doch dafür erwartete sie auf der anderen Seite ein fast unüberwindliches Hindernis: Die russischen Panzer würden sie, auf dem Waldweg fahrend, überholen. Auf dem anderen Waldrand würden sie sicher, aus der Bewegung heraus, in einer weitauseinandergezogenen Gefechtsordnung antreten und in dieser Formation die deutsche HKL angreifen. Sie mußten also zwischen den Panzern hindurch, und nicht nur das, auch über die jetzt gewiß vollbesetzte russische HKL hinweg zu den eigenen Linien gelangen. Das war unmöglich. Und doch liefen sie, keuchend, stolpernd, den Weg, den sie gekommen waren, zurück. Was sie auf der anderen Seite des Waldes erwartete, darüber zerbrachen sie sich nicht den Kopf. Noch nicht. Genausowenig wie die anderen Gruppen der zweiten Kompanie, die in der gleichen Lage waren.

Schon vor Morgengrauen waren sie wieder an dem der deutschen HKL zugekehrten Waldrand. Und fast gleichzeitig mit der Gruppe Hefe kamen auch die anderen Gruppen an. Schweratmend, ausgepumpt, warfen sie sich in den Schnee. Es war genau das eingetroffen, was vorauszusehen war: Die russischen Panzer hatten sie überholt und standen in weiter Reihe auf der Ebene zwischen dem Waldrand und der deutschen HKL!

Oberleutnant Obermeier hockte mit Bartlitz in einer Mulde und starrte auf die Panzer. Plötzlich flammten Scheinwerfer auf und bestrichen das ganze Feld zwischen der deutschen HKL und dem Waldrand mit ihren grellen Lichtkegeln. Sie erfaßten eine Gruppe grauer Gestalten, die sich hinwarf und in den Schnee vergrub, doch nicht schnell genug ...

»Das sind unsere«, sagte Bartlitz. »Ganz bestimmt! Sie wollten 'rüber ...«

»Herrgott – warum latschen sie herum wie beim Blaubeersuchen!« Obermeier stöhnte es fast.

»Sie wissen es nicht anders«, sagte Bartlitz trocken, während beide auf den Scheinwerferkegel starrten, der dort verhielt, wo die kleine Gruppe im Schnee lag. »Wie sollen sie wissen, wie man sich in Rußland an der Front zu benehmen hat! Man hat es sie nie gelehrt.«

Jetzt kamen aus dem Wald andere dunkle Gestalten angerannt; sie arbeiteten sich schnell durch den tiefen Schnee, dick vermummt, mit Pelzmützen auf dem Kopf, Maschinenpistolen mit großen Magazinen in den Händen.

»Russen...«, sagte Bartlitz.

Man hörte das rasende Hämmern eines deutschen Maschinengewehrs, die Russen warfen sich hin, einige sackten in sich zusammen.

»Idioten – jetzt schießen sie auch noch!« sagte Obermeier.

Ein Panzer schwenkte den Turm, und das laute Tacken eines russischen Maschinengewehrs mischte sich in die kurzen Feuerstöße des deutschen, das bald darauf verstummte. Einige deutsche Soldaten, immer noch im Scheinwerferkegel, standen mit hocherhobenen Armen auf, aber das MG aus dem russischen Panzer schoß weiter, jetzt erhoben sich auch die russischen Soldaten, und man hörte das rasende Tacken einiger Maschinenpistolen. Die Deutschen sanken nach und nach in sich zusammen.

»Mein Gott, mein Gott«, stöhnte Obermeier.

»Jetzt wissen wir, was wir zu erwarten haben«, sagte Bartlitz leise. »Wir müssen es versuchen. Wir müssen weiter. Jetzt wird bald die Infanterie ausschwärmen. Dann erwischen sie uns... Sie haben es ja gesehen!«

In diesem Augenblick sagte auch Wiedeck zu Hefe, kaum fünfzig oder sechzig Schritte entfernt von Obermeier und Bartlitz: »Es hilft nichts, wir müssen 'rüber. Jetzt ist's noch dunkel, aber nicht mehr lange. Wo sind die anderen?«

»Ich weiß nicht«, sagte Hefe.

Wiedeck sah sich um. »Deutschmann, Schwanecke, Mölders ...«

»Wie soll ich das wissen?« sagte Hefe gereizt. »Sicher sind sie zurückgeblieben, weiß der Teufel ...« Es kümmerte ihn nicht, wo die anderen waren. In ihm lebte nur noch der Wunsch, aus diesem Hexenkessel herauszukommen, hinter die deutschen Linien, nur weg von hier! Aber wie?

»Soll ich vorneweg laufen?« fragte Wiedeck.

»Jaja, lauf schon. Versuch es.«

Bevor Wiedeck losrannte, sah er von links, aus Richtung Gorki, eine lange Schützenkette russischer Infanterie ankommen. Es war höchste Zeit. Und in dem gleichen Augenblick setzten sich auch die russischen Panzer wieder in Bewegung. Aus den russischen Gräben standen Infanteristen auf und begannen, laut schreiend und wild schießend, gegen die deutsche HKL zu rennen. Die Front erwachte zu einem schrecklichen Inferno. Die deutsche Artillerie schoß. Panzerkanonen bellten auf und Flammenbündel zitterten durch den Nachthimmel. Zwei – vier – sieben Panzer explodierten, brannten aus, glühend wie in einer riesigen Schmiede, aber die anderen fuhren weiter, unbeirrt, mit heulenden Motoren, aus den langen Rohren in Bewegung schießend.

Etwas tiefer im Wald, doch so, daß sie noch einigermaßen nach draußen in die Ebene sehen konnten, lagen Deutschmann und Schwanecke in einer Mulde, hinter einem dicken, gefällten Baumstamm. Hier waren sie einigermaßen sicher.

»Solange keine Infanterie kommt, passiert uns nichts«, sagte Schwanecke zu dem entsetzten Deutschmann. »Die Panzer können uns hier nichts anhaben.«

»Die sind jetzt schon in der deutschen HKL!« flüsterte Deutschmann.

»Na klar, was glaubst du sonst? So 'ne Feuerwalze können die paar Männeken bei uns nie aufhalten!«

»Was sollen wir tun?«

»Nur mit der Ruhe! Laß das den Vater Schwanecke machen. Für uns beide ist jetzt der Krieg aus. Ich habe das Gefühl, daß das unser letzter Rabatz war!«

Oberfeldwebel Krüll lag mit dem Unteroffizier Kentrop in einer flachen Mulde am Waldrand, preßte sich an den Boden und keuchte vor Angst. Das war das Ende. Wie konnte es so weit kommen? Aus!

»Mensch, Dicker, nimm dich zusammen«, sagte Kentrop tröstend.

»Aus – aus«, jammerte Krüll.

»Du sollst dich zusammennehmen! Nur hübsch abwarten!«

Aber Krüll sagte immer wieder nur: »Aus – aus – aus . . .«

Wiedeck war der erste, der aus der Mulde emporschnellte und gegen die deutsche HKL zu laufen begann.

Die Scheinwerfer waren weitergewandert, und die Dunkelheit war dick und grau wie stets kurz vor der Morgendämmerung. Wiedeck rannte wie ein Irrer. Und während er sich durch den Schnee arbeitete, dachte er an Erna, an die Kinder, und dann dachte er an nichts mehr und dann daran, daß er weitermußte, weiter, auch wenn ihm das Herz zu zerspringen drohte, weiter und dann wieder an Erna und an den Kleinen, den er nie gesehen hatte ...

Hefe sah hinter ihm her, und als er von der Dunkelheit verschluckt wurde, sprang auch er auf und begann zu rennen.

Obermeier sagte: »Halten Sie sich bei uns, Herr Bartlitz, ich springe jetzt.«

»Lassen Sie mich vorauslaufen, Herr Oberleutnant«, sagte Bartlitz.

»Nein, ich laufe vorneweg. Und ... es tut mir leid ...«

»Was?«

»Daß wir hier so ... es tut mir leid, daß Sie im Strafbataillon ... Herr Oberst ...«

»Lassen Sie das. Ich bin kein Oberst mehr, und ich glaube, ich wünsche auch nicht, wieder einer zu sein.«

»Ich habe Sie sehr schätzen gelernt ... ich bin ...«

Über Bartlitz' Antlitz huschte ein kleines, gütiges Lächeln. »Mit solchen Offizieren wie Sie wäre dies – dies alles nicht geschehen«, sagte er. »Aber Sie sagten vorhin ›Herr Oberst‹ zu mir. Meinten Sie es ernst?«

»Ja – jawohl – sicher!«

»Dann gebe ich Ihnen jetzt den Befehl, erst nach mir zu laufen. Sie wissen, wie das war in der alten Armee: die höheren Offiziere immer vorneweg. Leb wohl, mein Junge – lauf erst, wenn du glaubst, daß es richtig ist. Und vergiß nicht: Einer muß zurückkommen! Wie es auch ist: Einer muß zurückkommen!« Er legte die Hand auf Obermeiers Schulter, stieß sich dann ab, sprang aus der Mulde, rannte über das Feld, nach vorne gebückt, mit schlotternden Beinen und pendelnden Armen – ein Mann, der wußte, daß es sinnlos war, dem Schicksal zu entfliehen.

Obermeier wartete einige Minuten. Die Panzer waren jetzt über die deutschen Linien hinweggerollt. Die Partisanen und die russische Infanterie kämmten jetzt die rückwärtigen Gräben durch. Es wurden keine Gefangenen gemacht – aber es gab auch fast keinen deutschen Soldaten, den man gefangennehmen konnte, solange er noch fähig war zu laufen. Sie wußten alle zu genau, was sie erwartete, wenn sie in die Hände der Partisanen fielen.

Obermeier schnellte wie ein Sprinter über das verschneite Feld, vorbei an den Klumpen, die einmal seine Soldaten gewesen waren, vorbei an noch glühenden Panzerleibern.

Er rannte wie nie in seinem Leben. Er wußte, daß er fast keine Chance hatte, heil bei den eigenen Truppen anzukommen. Wenn, dann nur jetzt, in dieser Verwirrung, im Schutze der Dunkelheit, die sich jetzt langsam zu lichten begann. Es war eine verschwindend geringe Möglichkeit, aber er mußte es versuchen. Einer mußte zurückkommen.

Von der Seite her sah er plötzlich einen dunklen, heulenden Schatten auf sich zukommen: ein Panzer. Ein kleiner, stechend heller Scheinwerfer blitzte an der Stirnseite auf – und mitten in seinem Kegel stand Obermeier, zu einer Säule erstarrt, die Arme vorgestreckt, als wollte er ins Wasser springen.

Mit ein paar Sätzen war er außerhalb des Lichtkegels. Er rannte im Zickzack weiter, hinter sich hörte er das Hämmern des schweren MGs aus dem Panzer.

Ein Loch, dachte er, während ihm das Herz zu zerspringen drohte und ihm der Schweiß über das Gesicht rann, er mußte ein Loch finden . . . ein Schützenloch . . . einen Granattrichter . . . einen Graben.

Auch Wiedeck sah den einsamen Panzer, der als Nachhut zurückgeblieben war. Er warf sich in ein flaches Granatloch und nahm den Kopf herunter. Hier war er einigermaßen sicher – jedenfalls konnte ihn die Panzerbesatzung kaum entdecken. Den ersten Teil des Weges hatte er hinter sich, jetzt war er bereits im ehemaligen Niemandsland zwischen den russischen und deutschen Gräben. Plötzlich fiel etwas auf ihn, ein schwerer Körper preßte ihn in die Erde und umklammerte seine Schulter.

»Geh weg, du Affe!« schrie Wiedeck.

»Ich bin's, Bartlitz«, keuchte der Unbekannte auf seinem Rücken. »Rück zur Seite . . . bist du's, Wiedeck? Es reicht für uns beide.«

»Mensch, hoffentlich sieht uns der nicht!«

Wenig später fiel eine dritte Gestalt zu den beiden in den Trichter. Sie schnellte heran, wie von einem Katapult geschossen, legte sich flach über die beiden Körper und drückte Wiedecks Kopf mit beiden Händen herab, als dieser nachsehen wollte, wer es war.

»Kopf 'runter«, zischte eine Stimme.

»Herr Oberleutnant . . .«

»Ja, halt die Schnauze!«

»Also wieder zusammen . . .«, murmelte Bartlitz.

»Still!«

Sie lagen eng aneinandergepreßt in der flachen Mulde und lauschten. Ganz in der Nähe klirrte es heran, donnernd, die Ketten knirschten, der Scheinwerferstrahl aus dem Panzer irrte über sie hinweg, kam zurück – und blieb auf Obermeiers Rücken, der flach über das Loch hinausragte, stehen.

»Er hat uns entdeckt«, sagte Obermeier leise.

»Aus –«, schluchzte Wiedeck.

»Noch nicht«, sagte Obermeier. »Er schießt nicht . . . er will uns überrollen. Wenn er ganz 'rankommt . . .«

Er brach ab, die beiden anderen hatten ihn verstanden.

Jetzt war das Klirren der Panzerketten ganz nah.

»Los«, schrie Obermeier, und alle drei sprangen auf und stoben auseinander. Der Panzer rollte über die Mulde, blieb stehen, drehte sich auf der Stelle. Der Deckel auf dem Turm sprang auf, und ein Kopf sah heraus. Gleich darauf fing das Maschinengewehr zu rattern an.

Der erste, den es erwischte, war Bartlitz. Wie festgenagelt bliebe er plötzlich stehen und sank dann stumm in sich zusammen.

Dann kam Wiedeck an die Reihe. Er fiel aufs Gesicht, seine Arme und Beine zuckten noch eine Weile, sein Körper warf sich in zwei, drei Krämpfen empor – bis er still und reglos liegenblieb.

Es gab keine Deckung. Obermeier rannte und betete. Das Maschinengewehr wirbelte jetzt den Schnee um ihn auf. Er rannte. Und dann hörte das Schießen des MGs auf, und ein krachender Schlag in seiner Nähe warf ihn zur Seite. Er rappelte sich wieder hoch und lief weiter. Und wieder ein Krachen und ein dumpfer Schlag gegen seinen Arm: Die Russen schossen mit der Kanone hinter ihm her. Er war ein schönes, lebendiges Ziel, ein einzelner Mann, der mühsam und schwankend durch den Schnee watete. Eine herrliche Zielscheibe –.

Die dritte Granate war ein Volltreffer.

Berlin:

Wider aller Erwarten hatte Dr. Deutschmanns Aktinstoff gewirkt. Julia Deutschmann erholte sich langsam, ihr Herz arbeitete zusehends besser, der Blutspiegel war weniger katastrophal. Professor Burger und Dr. Wissek verfolgten mit Erstaunen und Unglauben ihre Besserung und schmiedeten bereits Pläne für die Zukunft, Pläne, die sich um Deutschmanns Aktinstoff drehten. Welch einen Segen bedeutete diese Erfindung für die ungezählten Verwundeten mit infizierten Wunden!

Dr. Kukill wich nicht von Julias Seite. Sein abgezehrtes Gesicht war das erste, was Julia sah, als sie für einige Augenblicke aus der tiefen Ohnmacht erwachte. Zuletzt war es ihm auch noch gelungen, mit Hilfe seiner weiten Verbindungen, über die Schweiz, ein neuartiges englisch-amerikanisches Präparat zu beschaffen, ein »Antibiotikum«, wie es genannt wurde, um Julias Behandlung fortzusetzen. Der Aktinstoff war ausgegangen, und in Deutschmanns Haus suchte man umsonst nach Unterlagen, nach denen man neuen herstellen konnte. Deshalb war klar, daß man Deutschmann unverzüglich wieder nach Berlin holen mußte, denn nur er selbst konnte seine Versuche fortsetzen, um schließlich die Fabrikation des »Aktinstoffes« zu sichern. Er und Julia. Aber mit Julia war noch lange nicht zu rechnen; auch wenn es gelang, sie endgültig dem Tode zu entreißen – es konnte immer noch ein Rückschlag eintreten –, war sie für lange Wochen und wahrscheinlich sogar Monate unfähig, das Bett zu verlassen.

Welch ungeahnte Möglichkeiten!

Selbst wenn es noch ein Jahr oder sogar zwei dauern

würde, bevor die Massenproduktion des »Aktinstoffes« möglich war, bedeutete dies einen ungeheueren Fortschritt in der Behandlung der infektiösen Krankheiten – vor allem aber kam es den Soldaten zugute. Man dachte in Begriffen, die sich immer wieder und fast ausschließlich um den Krieg drehten, und so war es nur verständlich, daß die ersten Gedanken der Ärzte der Wundbehandlung galten.

Als Julia aufwachte und in das über sie gebeugte Gesicht Dr. Kukills sah, kam in ihre leeren, abwesenden Augen, die wie zwei tiefe, dunkle Brunnen aussahen, erst langsam, nach und nach das Erkennen. Ihre Lippen bewegten sich, ohne daß ein Laut zu hören war. Dr. Kukill beugte sich noch tiefer. Atemlos lauschte er dem Flüstern, das schließlich ganz leise und undeutlich über ihre Lippen kam.

»Was – ist – geschehen – wo – bin – ich – – – hier . . .«

»Sie waren sehr krank«, sagte er begütend. »Jetzt geht es Ihnen wieder besser.«

»Was – ist – geschehen – mit . . .«

»Sprechen Sie nicht, Julia. Schlafen Sie. Versuchen Sie zu schlafen –!«

In ihre Augen kehrte jetzt Erinnerung zurück, ganz langsam, nach und nach, sie versuchte sich aufzurichten, aber durch ihren erschreckend abgemagerten Körper lief nur ein langes Zittern.

Sie sagte: »Selbstversuch – ist – ist – es . . .«

»Ja. Es ist gelungen. Beruhigen Sie sich, bitte –!«

»Werden Sie – werden Sie – Ernst . . .«

»Ja«, sagte Kukill, ich werde ihn herausholen. Ich verspreche es Ihnen. Ich – ich habe bereits alle notwendigen

Schritte unternommen. Haben Sie keine Angst. Und wenn Sie jetzt schlafen – dann«, er schluckte – »dann sage ich Ihnen etwas Schönes . . . es wird Sie freuen . . .«

»Was ist – es –?«

»Ich habe mit Ihrem Mann gesprochen«, log er, »nein, nein nicht so, wie Sie denken«, beschwichtigte er sie schnell, als er sie zusammenfahren sah, »er ist immer noch in Rußland, ich habe telefoniert. Es geht ihm gut, er hat es mir gesagt, und er – er freut sich natürlich sehr, daß er zurückkommt . . .«

»Weiß – er es!«

»Nein.« Und dann schnell, als bereute er seine Lüge: »Ich wollte ihn nicht beunruhigen. Es ist immer noch Zeit, es ihm zu sagen.«

»Bitte . . .«, sagte sie, schloß die Augen, und die nächsten Worte waren nur ein undeutliches, schwaches Murmeln, aber dann machte sie die Augen wieder auf und sprach sehr deutlich und klar, während ein kleines, glückliches Lächeln über ihr Gesicht huschte:

»Bitte – rufen Sie ihn noch einmal an – sagen Sie ihm – sagen Sie ihm – ich bin sehr glücklich – sehr glücklich . . .«

»Ja«, sagte er mit Überwindung, »ja, ich werde anrufen. Ich werde es tun, ich werde es ihm sagen.«

Aber sie hörte ihn schon nicht mehr. Sie schlief ein.

Diesmal ging es schneller. Dr. Kukill hatte wieder seinen Gruppenführer aufgeboten, der mit ihm zu der Fernsprechzentrale des Heeres ging. Schon nach anderthalb Stunden hatten sie die Verbindung nach Orscha. Doch hier blieben sie stecken, und erst nach langem Gerede konnten sie erfahren, daß an der Front alles drunter und drüber ging und daß sich der Divisionsstab bereits zum Aufbruch rüstete. Russen seien durchgebrochen, was, zum Teufel, wollten die in Berlin jetzt mit irgendeinem Deutschmann in irgendeinem Nest, das sicher bereits von den Russen überrollt worden war? Bewährungsbataillon 999? Was soll mit ihm sein? Warum, zum Teufel, konnten die in Berlin keine Ruhe geben? Dieses Bewährungsbataillon bestand nicht mehr. Aufgerieben. Aus. Warum viele Gedanken über seinen Verlust verschwenden – es gab noch 'ne Menge andere Bataillone, die nicht mehr bestanden! Man hatte jetzt in Orscha andere Sorgen. Jaja, aufgerieben! Nichts mehr übrig davon, Ende?

Ende!

Aufgerieben also, sagte Dr. Kukill leise vor sich hin, als er den Telefonhörer wieder auflegte. Aufgerieben – also wahrscheinlich tot oder in Gefangenschaft geraten, was soviel wie tot bedeutete. Er wußte nicht, was er darüber denken sollte. Es war klar, daß er dies Julia einstweilen verbergen mußte, bis sie außer Gefahr war. Dann konnte man weitersehen. Gut, er hatte sich alle Mühe gegeben. Er hatte alles getan, was in seiner Macht stand. Er hatte alles in die Wege geleitet, um Deutschmann wieder nach Berlin zu holen. Das war nicht gelogen. Wenn es aber so war . . . wenn Deutschmann tot war, dann war es nicht seine Schuld. Und . . . Julia wird es überwinden, sagte er sich. Vielleicht nicht so schnell, vielleicht wird sie noch ein Jahr lang trauern, vielleicht auch zwei – aber es gab keine Wunde, die mit der Zeit nicht heilte. Er mußte ihr Zeit lassen. Er mußte ihr ein guter, achtungsvoller Freund sein und sie behutsam wieder ins Leben führen. Dann – dann würde sie eines Tages erkennen, daß sie sich in ihm getäuscht hatte und dann ... dann ...

»Kommen Sie, gehen wir«, sagte er zu dem Gruppenführer, der mit ausgestreckten Beinen in glänzend polierten Stiefeln auf einem Stuhl saß.

»Was ist los?« fragte er.

Dr. Kukill zuckte mit den Schultern. »Aufgerieben. Wahrscheinlich.« Er brauchte nichts weiter zu sagen. Der andere hatte ihn verstanden.

Durch Barssdowka rollten russische Panzer.

Von der einen Seite hatten sie die deutschen Stellungen aufgerollt, von der anderen Seite, vom Wald her, strömten die Partisanenverbände Denkows, mit ihm und Tartuchin an der Spitze, in das Dorf.

Stabsarzt Dr. Bergen und Kronenberg waren mit einem Teil der Verwundeten noch rechtzeitig weggekommen. Mit den letzten Fahrzeugen waren sie nach rückwärts gerast, über die Artilleriestellungen hinaus – etwas verwirrt und beruhigt zugleich über nur geringe Anzeichen der Nervosität bei den Artilleristen. Wie oft hatten sie solche panikartigen Erscheinungen schon durchexerziert! Ein russischer Einbruch? Unangenehm – und was weiter? Von rückwärts kamen bereits die ersten, in Eile zusammengerafften Reserven, um zum Gegenstoß anzutreten.

Und als Dr. Bergen, mit seiner Kolonne an den Straßenrand gedrängt, in die grimmigen, unbeweglichen Gesichter der Soldaten eines Sturmbataillons sah, die in ihren

Kübelwagen langsam über die zerfahrene Straße in Richtung Front schaukelten, mit Maschinengewehren, Maschinenpistolen und Gewehren zwischen den Knien, abenteuerlich und gefährlich aussehend in ihren weißen Tarnjacken mit weiß gestrichenen Stahlhelmen, da fragte er sich ein bißchen beschämt, ob seine überstürzte Flucht gerechtfertigt war.

Sie war es.

Die Russen kamen zwar nicht weit über Barssdowka hinaus, doch dort und anderswo, besonders aber dort, wo die Partisanen hinkamen, verbreiteten sie grollend und vom Blutrausch besessen den eisigen Schreckenshauch des Todes.

Unterarzt Dr. Hansen war in Barssdowka geblieben, bei den nicht transportfähigen Verwundeten, in Mehrzahl Kopf- und Bauchschüsse. Zu den Verwundeten seines eigenen Bataillons hatten sich noch einige aus den Infanterie-Einheiten zugesellt, die aus ihren Stellungen geworfen worden, waren. Die Scheune war halbvoll, sie lagen still, mit großen, erschrockenen Augen gegen die Tür starrend, durch die jeden Augenblick die Russen kommen konnten. Zwischen den Betten und Strohsäcken ging Dr. Hansen hin und her, Ruhe und Zuversicht zusprechend und ausbreitend, Trost spendend und Linderung schaffend.

Über dem Eingang hing eine große Rot-Kreuz-Fahne, schwer und unbeweglich in der ruhigen, stillen Luft.

Und plötzlich hörte man sie kommen.

Schon eine ganze Weile hörten die Verwundeten die dröhnenden Panzermotoren und vereinzelte Schüsse. Jetzt aber hörten sie ihre Stimmen, kurze, heisere Ausrufe und dann ein langes, langanhaltendes, lautes Lachen.

Dr. Hansen nickte den Verwundeten zu und ging langsam zur Tür.

Tartuchin war der erste, der den Arzt in seinem weißen Kittel in der Tür stehen sah. Er verharrte einen Augenblick, hob seine Maschinenpistole und jagte eine kurze Garbe in das Tuch der Rot-Kreuz-Fahne über Hansens Kopf. Dann grinste er, doch plötzlich vereiste das Grinsen auf seinem breiten Gesicht, und er duckte sich zusammen: Hier waren noch deutsche Soldaten! Vielleicht traf er auch IHN, seinen großen Feind, unter ihnen. Verwundet? Egal, vielleicht hatte er sich unter die Verwundeten gemischt, vielleicht war er selbst verwundet, vielleicht ... und wenn er ihn nicht fand ... Gut! Hier, an diesen verfluchten Deutschen konnte er seinen Haß stillen. Nicht für immer, nicht einmal für lange Zeit, nur so lange, bis er neue fand. Was tat es, daß es Verwundete waren? Bevor sie verwundet wurden, hatten sie auf seine Brüder geschossen, hatten sie sie getötet, hatten sie ... jetzt werden sie das büßen!

Angespannt, mit vorgebeugtem Körper ging er gegen die Scheune, gegen den kleinen, schmächtigen Arzt, der mit unbewegtem Gesicht, ihm ruhig entgegenblickend, vor der Tür stand und den Weg in die Scheune versperrte.

»Idi!« Geh! sagte er, als er vor dem Arzt stand.

»Du bist ...«, begann der Arzt, der den ehemaligen Hilfswilligen erkannt hatte, aber Tartuchin unterbrach ihn ungeduldig: »Geh – geh!«

»Nein!« sagte der Arzt und rührte sich nicht von der Stelle.

»Nein?« wiederholte Tartuchin, und über sein Gesicht huschte ein schnelles, böses Lächeln. »Nein? Nein?«

Langsam, überlegend und – Dr. Hansen sah es: tödlich entschlossen hob er die Maschinenpistole, bis ihr Lauf dem Arzt genau gegen die Brust zielte.

»Nein?« sagte er wieder. »Nein?«

Es gab keinen Zweifel – Tartuchin würde schießen, wenn ihm der Arzt nicht aus dem Weg ging. Und doch rührte sich Dr. Hansen nicht.

In diesen wenigen, kurzen Augenblicken wuchs der junge, schmächtige Arzt über sich selbst hinaus. Er hatte eine tödliche, entsetzliche Angst, die sein ganzes Inneres zusammenkrampfte, die Haut auf seinem Körper zusammenzog – aber nichts davon drang nach außen. Ruhig, still, mit verschlossenem und ein bißchen hochmütig wirkendem Gesicht stand er vor Tartuchin, der jetzt wieder zu lächeln begann – ein breites Grinsen, das den Tod ankündigte.

»Stoj!« hörte man von der Straße her eine laute, befehlende Stimme. Tartuchins Grinsen erstarrte, dann wandte er den Kopf halb zur Seite und blickte über die Schulter mit bösem Blick gegen die Stimme.

Sergej Denkow kam langsam näher. Die Maschinenpistole hielt er unter den Arm geklemmt.

»Was willst du?« fragte er auf russisch, als er zu Tartuchin und Dr. Hansen kam.

Tartuchin zuckte mit den Schultern.

»Los, was willst du?« fragte Denkow wieder, und seine Stimme hatte jetzt einen scharfen Klang bekommen.

»Er will mich nicht 'rein lassen«, sagte Tartuchin.

»Und du wolltest ihn umlegen, was?«

»Er ist ein Deutscher«, sagte Tartuchin.

»Kennst du ihn länger?« fragte Denkow leise, ohne den Blick von Tartuchin zu wenden, der jetzt unbehaglich zur Seite blickte.

»Los, kennst du ihn länger?«

»Ja.«

»Was hältst du von ihm?«

»Er ist ein Deutscher!«

»Und du bist ein Schwein!« zischte Denkow. »Du bist um keinen Deut besser als die Deutschen. Was hat er dir getan? Was hat er einem von uns getan? Nichts! Er hat unsere Bauern geheilt, als sie krank waren, und wenn ich mich recht erinnere, hat er auch dich einmal verbunden. Und du willst ihn töten! Verschwinde. Los, hau schon ab!«

Tartuchin trollte sich schweigend, mit einem bösen verbissenen Gesicht davon.

»Danke«, sagte Dr. Hansen aufatmend.

»Schon gut«, sagte Denkow, noch vor Wut kochend. »Geh mir jetzt aus dem Weg.«

»Was wollen Sie tun?«

»Du sollst mir aus dem Weg gehen!«

Dr. Hansen trat beiseite und sagte: »Wenn Sie nicht gekommen wären ...«

Denkow, der an ihm vorbei in die Scheune treten wollte, blieb stehen, drehte sich zu ihm und sah ihn lange an. Dann sagte er: »Dann wären alle die ...«, mit dem Kopf zeigte er gegen die Scheunentür, hinter der die Verwundeten lagen, »... alle die tot. Ich weiß. Sehr oft kommt niemand dazu, um es zu verhindern. Es gibt solche und solche. Bei euch und bei uns. Kommen Sie mit!«

Die Verwundeten kamen in Gefangenschaft, Dr. Hansen an ihrer Spitze.

Auch das Haus der alten Marfa überrollte der Krieg. Die Panzer fuhren in einer langen, dröhnenden Kolonne daran vorbei. Tanja stand am Fenster und sah mit leeren Augen auf die Stahlkolosse. Sie haben mir meinen Michael genommen, dachte sie in grenzenloser Traurigkeit. Sie haben mir das Glück genommen . . . ich hasse sie . . . ich hasse sie!

Aber sie wußte eigentlich nicht, wen sie damit meinte. Die Deutschen? Die Russen? Den Krieg zwischen den Deutschen und Russen? Ihr Schicksal – oder ihre Schwäche und ihre Liebe dem deutschen Soldaten gegenüber?

Sie blickte sich nicht um, als sie hinter sich die Tür aufspringen hörte und ein eisiger Luftzug ins Zimmer kam. Aber auch ohne hinzusehen, wußte sie mit Sicherheit, wer gekommen war. Einen kleinen Augenblick lang hatte sie die unsinnige Hoffnung, sie würde sich irren. Aber als sie Denkows Stimme hörte, wußte sie, daß es vergeblich war zu glauben, sie könnte ihm entkommen.

»Du?« fragte Denkow heiser.

Tanja lehnte die Stirn gegen die eisige Scheibe.

»Dreh dich um!«

»Warum? Du bist gekommen, um mich zu töten. Also tu's!«

»Was tust du hier bei den Deutschen?« Denkows Stimme zitterte. Sie hörte seine Schritte näher kommen. Seine Hand riß sie herum.

»Seit wann ist Marfa eine – Deutsche?« fragte sie spöttisch.

Er starrte schweigend, mit harten, unbarmherzigen Augen in ihr Gesicht.

»Tu's schon – frag nicht soviel!« sagte sie.

»Du bist ihm nachgelaufen, was? Du hast hier mit ihm geschlafen, während wir ...« Jetzt schüttelte er sie und schrie ihr ins Gesicht: »Warum hast du das getan? Warum?«

»Ich liebe ihn«, sagte Tanja schlicht. Sie schloß die Augen und flüsterte: »Kannst du das nicht verstehen?«

Denkow zögerte. Er wußte nicht, was er tun sollte. Draußen vor der Tür und durch das eroberte Dorf stürmten johlend und lachend seine Leute. Fanatische Hasser, in diesen Augenblicken blutgierige Bestien, die nach versteckten deutschen Soldaten suchten. Jetzt haßte er sie beinahe und haßte seine Aufgabe, sie zu befehligen. Er war ein Offizier. Er war nicht einer von denen. Es stimmte: Man mußte die Deutschen hassen, wenn man sie vertreiben wollte – aber man durfte keinen Augenblick vergessen, ein Mensch zu sein. Man mußte die Schuldigen bestrafen, je härter, desto besser. Aber man durfte nicht ehrlos werden. Die Schuldigen ... dachte er. Auch Tanja war schuld!

Die Tür ging krachend auf, und der riesige Mischa Serkonowitsch Starobin stürzte in das alte Haus. Seine Augen leuchteten, als er mit breitlachendem Gesicht schrie: »Genosse Oberleutnant – die Deutschen sind erledigt! Wir haben sie vertrieben – wir können die Wälder verlassen!« Erst jetzt sah er Tanja und blieb mit offenem Mund stehen. »Du?« fragte er langgedehnt.

Ein Schauer flog über Tanjas Rücken, als sie dieses Du

hörte. Sie war bereit zu sterben, aber hinter diesem Laut verbarg sich nicht nur der Tod.

»Was willst du mit ihr machen, Genosse Oberleutnant?« fragte Starobin. Er wischte sich über das schweißnasse Gesicht.

»Was soll man mit ihr machen?« fragte Sergej.

»Sie ist eine Verräterin!« schrie Starobin, aber seine kalt abschätzenden Augen teilten die Empörung, die er spielte, nicht mit.

»Ja . . .«, sagte Denkow schwer, »ja . . .«

»Gib sie mir!« sagte Starobin.

Tanja wich langsam an die Rückwand des Zimmers. Die Blicke der vier Augen, die sich an sie hefteten, waren das Grauenhafteste, was sie je gesehen hatte. »Nein«, flüsterte sie, »– tötet mich, aber nicht das, nicht das!«

»Gibst du sie mir?« fragte Starobin wieder. »Los, gib sie mir – die Sache ist klar, sie ist eine Verräterin!«

»Ja. Die Sache ist klar«, sagte Denkow langsam, drehte sich um und ging aus dem Zimmer.

In diesem Augenblick setzte der deutsche Gegenstoß ein.

Es war ein magerer Angriff – aber er wurde geführt mit der verzweifelten Wut der Soldaten, wie sie nur aus Angst und Furcht und aus Selbsterhaltungstrieb entspringen kann. Mit leichter Flak auf Selbstfahrlafetten, mit einigen Sturmgeschützen und Panzerabwehrkanonen, mit geballten Ladungen und Handgranaten gingen die ungenügenden Reserven und die in Eile gesammelten, versprengten Verbände gegen die Russen vor. Es war klar: Wenn es den Russen gelang, hier durchzubrechen, den Einbruch zu erweitern und nach Westen vorzustoßen, dann bestand nicht nur Gefahr für Einkesselung großer deutscher Verbände, sondern auch Gefahr für die ganze deutsche Front. So schickte sogar die Luftwaffe einige Sturzkampf-, Schlacht- und Jagdflugzeuge zur Unterstützung der in schwere Kämpfe verwickelten Infanterie.

Die Sowjets gingen zurück. Einige Panzer brannten. Die restlichen walzten die alten Wege nach hinten noch einmal flach, überrollten die ehemalige deutsche Stellung und verschwanden hinter den Wäldern, von wo sie gekommen waren. Schwere Straßenkämpfe um die verlorenen Ortschaften entbrannten, oft von Haus zu Haus in verbissenen Nahkämpfen. Die fanatischen, doch unausgebildeten Partisanen des Oberleutnants Denkow hatten schwere Verluste – bis sich die restlichen wieder in die schützenden Dickichte und in die Erdbunker des Waldes von Gorki verkrochen.

Starobin und seine Gruppe blieb am Leben und schleppte Tanja mit – hinter die alten russischen Linien.

Die verlorenen deutschen Stellungen wurden wieder besetzt und von der sowjetischen Infanterie gesäubert. So war das Ganze wie ein Spuk, der aus der Dunkelheit der Nacht hervorgebrochen war, beim Einbruch der nächsten Nacht wieder zerstoben, nur die ausgebrannten russischen Panzer und einige deutsche Sturmgeschütze sowie über die Ebene verstreute Leichen zeigten, daß vor kurzem hier eine wütende Schlacht getobt hatte.

Krüll hatte Glück.

Als der deutsche Gegenangriff begann, lag er in einem flachen Granattrichter im ehemaligen Niemandsland zwischen der deutschen und der russischen HKL. Bis dorthin hatte er sich langsam, nach und nach vorarbeiten können, kriechend, Meter um Meter, immer weiter über die Ebene, die ihm keine Deckung bot. Er hatte sehr viel Umsicht und Geduld gezeigt – aber nicht aus bewußter Überlegung, sondern einfach aus Angst. Er hatte Angst, den Kopf zu heben und um sich zu sehen. Er hatte Angst aufzustehen und loszurennen, wie es die anderen getan hatten. So kroch er – und das rettete ihm das Leben.

Als die russischen Panzer und die Infanterie vor dem deutschen Angriff zurückzufluten begannen, lag er in seinem Trichter und spielte den toten Mann. Ab und zu hörte er hastende Schritte und aufgeregte Worte der Russen, die an ihm vorbeiliefen, um ihre alten Stellungen zu erreichen. Er rührte sich nicht, er rührte sich auch dann nicht, als nahe an ihm ein rasselndes, dröhnendes Ungetüm vorbeifuhr, ein Panzer, und alles in ihm vor Angst und vor Verlangen aufzuspringen und blind davonzulaufen, schrie; doch die gleiche Angst lähmte ihn, ließ ihn kaum atmen und blieb in seinen Knochen auch dann stecken, als sich das Motorengebrumm des Panzers entfernt hatte und schließlich verstummt war.

Er war ein glaubwürdiger Toter: Seine Tarnjacke war voller Blut – aber das Blut stammte nicht von ihm, sondern von Unteroffizier Kentrop. Eine deutsche Granate hatte diesem den halben Brustkorb weggerissen, als die eigene Artillerie Sperrfeuer schoß. Mit letzter Kraft hatte er sich in einen Granattrichter geschleppt – und dort fand ihn Krüll, auf seinem Kriechgang über das freie Feld. Kentrop lebte noch, aber Krüll, der Deckung suchte, schob ihn auf den

Rand des Trichters und blieb so eine Weile, halb unter dem verblutenden Kentrop verborgen liegen – bevor er wieder weiterzog.

Als die letzten Russen vorbeigezogen waren und lange, lange nichts zu hören war, wagte er endlich den Kopf zu heben.

Die Ebene schien leer zu sein, und die erste Dämmerung färbte den Schnee und den Himmel grau. Er wartete, bis es Nacht war, dann kroch er weiter. Er hatte keine Schmerzen mehr in den gefühllos gewordenen Füßen, wie noch zwei oder drei Stunden vorher. Er war ruhig, und die Angst war von ihm gewichen. Aber er stand nicht auf, um gegen die nahen deutschen Gräben zu laufen. Er kroch weiter – und als er endlich ankam und aufstehen wollte, von einigen Landsern des Sturmbataillons umringt, brachte er es nicht mehr fertig. Er sackte wieder in sich zusammen und flüsterte mit gefühllosen, harten Lippen erstaunt: »Was ist denn, was ist los?«

»Nichts ist los, du bist wieder zu Hause, Kumpel!« sagte ein Landser und gab ihm zu trinken. Schnaps. Es rann wie Feuer durch Krülls Adern, und er versuchte noch einmal aufzustehen. Aber es ging nicht. Seine Beine wollten ihn nicht tragen.

Krüll hatte eine Nacht und einen Tag in der unbarmherzigen Kälte verbracht. Als er zurück »nach Hause« kam, waren seine beiden Füße erfroren, einer mußte später amputiert werden.

Auch Deutschmann und Schwanecke entkamen dem Gemetzel.

Als die russischen Panzer in der Ferne, gegen Barssdowka verschwanden und die russische Infanterie in immer neuen Wellen hinter ihnen gegen Westen zog, krochen sie tiefer in den Wald und versteckten sich in einer Bodenmulde, die sie notdürftig vom Schnee säuberten.

»So«, sagte Schwanecke, »das hätten wir geschafft. Hier kann man es aushalten.«

»Wie lange?« fragte Deutschmann.

»Ewig.« Schwanecke zuckte mit den Schultern. »Bis die Luft rein ist. Du hast gesehen, die Russen sind durchgebrochen, und wenn sie schlau genug sind, dann rollen sie weiter, bis Berlin – – –«

»Mach dich nicht lächerlich!«

»Was glaubst du denn? Nee, nicht ganz bis Berlin«, verbesserte er sich dann, »unsere sind auch nicht dumm, und die Russen sind nicht sehr oft schlau, verstehst du? Sie sind große Krieger, aber hier oben, verstehst du –«, er zeigte gegen den Kopf, »– hapert es manchmal. Sie hauen drauflos, immer 'ran wie Blücher, boxen sich durch und fallen wie die Fliegen – wo ein schlauer General so 'ne Umgehung machen würde und einen Kessel und so, verstehst du?«

»Ich bin kein General«, sagte Deutschmann überdrüssig. Er wollte Ruhe haben, er wollte nachdenken, aber dieser Schwätzer mußte immer reden und reden . . . Warum war er eigentlich hier?

»Nee – und du wirst es auch nie werden«, sagte Schwanecke behaglich. »Du kannst höchstens ein prima Professor werden oder sonst was – aber nie ein General.«

»Das ist mir auch recht.« Deutschmann fischte in seinen Taschen nach Zigaretten, holte eine heraus und wollte sie anzünden. Doch ein heftiger Schlag auf die Hand schleuderte die Zigarette und die Streichhölzer in den Schnee, und als er überrascht aufblickte, sah er gerade in Schwaneckes böse, drohende Augen.

»Bist du verrückt – du Idiot?! Hier rauchen, was?«

»Na, hör mal . . .«, begann Deutschmann, aber Schwanecke schnitt ihm das Wort ab.

»Schnauze!« Und nach einer Weile unbehaglichen Schweigens: »Siehst du – deshalb kannst du nie ein General werden, obwohl es auch dämliche Generäle gibt, und eine Menge dazu! Wenn du hier qualmst . . . na, was glaubst du?«

»Jaja . . .«, sagte Deutschmann. Schwanecke hatte recht. »Was wollen wir jetzt machen? Was hast du vor?«

»Abwarten«, sagte Schwanecke lakonisch. »Wenn die Russen weit genug vorgestoßen sind, dann kommen die Trosse, verstehst du? Alte Knacker, die keine Wut im Bauch haben, so wie die vorne oder die Scheißpartisanen. Dann erkunden wir die Lage, und wenn sie günstig ist, heben wir die Hände hoch und ergeben uns. Was meinst du, wie so'n alter Troßsoldat stolz ist, wenn er zwei Gefangene macht?! Kennst du die Internationale?«

»Nein. Warum?«

»Ich kenn' sie, aber nicht ganz. Es wird genügen. Verstehst du: Wenn wir mit erhobenen Händen losmarschieren, singen wir die Internationale. Dann müssen die Brüder strammstehen – und können nicht schießen, ist doch klar, oder?«

Schwanecke grinste breit, und Deutschmann konnte sich eines Lächelns nicht enthalten.

Doch etwas später, gegen Nachmittag, wurde die Lage ungemütlicher. Von der Front her kam immer heftiger werdendes Schießen, das sich rasch näherte. Jetzt hörte man auch wieder Panzer, und in die alten russischen Stellungen schlugen einige deutsche Granaten.

»Ich werd' verrückt«, kommentierte Schwanecke diese veränderte Lage überrascht. »Soll das heißen, daß die Kumpels einen Gegenangriff machen?«

»Sieht so aus«, sagte Deutschmann trocken.

Als am Ende auch noch russische Infanterie – Schwanecke kroch an den Waldrand, um die Lage zu erkunden – gegen den Wald zog, wurde auch er nervös. »Nichts wie ab!« sagte er. »Wir müssen tiefer 'rein, sonst erwischen sie uns – und das wäre nicht gut. Jetzt sind sie erst recht wütend, wo sie zurückgejagt werden. Wer hätte das gedacht –!«

Sie brachen auf.

Der Wald war still, tief verschneit, ab und zu polterte Schnee von den Zweigen und schlug dumpf zu Boden. Von weit her, wie aus einer anderen Welt, hörte man den Lärm der Schlacht. Der Atem dampfte vor ihren Gesichtern, als sie sich keuchend und vorsichtig, immer wieder verharrend und horchend, durch den Schnee und das Unterholz den Weg bahnten.

Es dämmerte.

»Halt –!« sagte Schwanecke plötzlich, der vorausging, und blieb wie angewurzelt stehen.

»Was gibt's?«

»Ein paar Hütten, glaub' ich«, gab Schwanecke flüsternd zurück und ging langsam in die Knie. Deutschmann tat es ihm gleich – und nun sah auch er durch die Zweige hindurch die dunklen Umrisse einiger, kaum aus dem Schnee ragender Hütten auf einer kleinen Lichtung.

»Ob sie bewohnt sind?«

»Wie soll ich das wissen. Man müßte nachsehen . . .«

»Na, denn los!« sagte Deutschmann, und Schwanecke sah ihn überrascht an. Aber er sagte nichts. Kriechend arbeiteten sie sich weiter vor, bis an den Rand der Lichtung. Jetzt konnten sie die drei oder vier Hütten gut übersehen.

Nichts rührte sich. Es war alles stumm, sie hörten nur ihr eigenes Atmen und die dumpfen, schnellen Herzschläge.

»Vielleicht gibt's was zu fressen dort?« sagte Schwanecke.

»Wir haben ja noch etwas.«

»Eine kleine Reserve würde nicht schaden.«

»Du glaubst doch selbst nicht . . . wie soll es hier was zu fressen geben –? Aber vielleicht –«

»Was?«

»Vielleicht – wenn die Hütten unbewohnt sind – könnten wir hier übernachten.«

»Na, ich weiß nicht . . .«, sagte Schwanecke zweifelnd.

»Warum nicht? Hier draußen können wir uns ganz schöne Erfrierungen holen.«

»Das stimmt.«

»Also los!«

Von Deutschmann war die Lethargie, die sich seiner gestern bemächtigt hatte, gewichen. Mit Gewalt versuchte er immer wieder, die Gedanken an Julia und ihren Tod zu verscheuchen. Und jetzt war es ihm gelungen. Er mußte am Leben bleiben. Er hatte eine Aufgabe. Er glaubte, den Weg vor sich zu sehen – oder zumindest ahnte er ihn: Julia ist gestorben, doch ihr Tod verpflichtete ihn mehr, als es alles andere zu tun vermochte. Man konnte sie nicht mehr zum Leben erwecken – aber man konnte diesem Tod wenigstens einen Sinn geben. Er mußte am Leben bleiben, koste es, was es wolle, und dann, später einmal, seine Arbeit dort fortsetzen, wo er aufgehört hatte. Der Weg über die Gefangenschaft war bitter und hart – und gefährlich. Aber er schien ihm mehr Chancen zu versprechen als eine Rückkehr hinter die deutschen Linien. Wie viele von den Kameraden waren gestorben? Es fröstelte ihn, wenn er daran dachte, wie sie fielen und als graue Haufen liegenblieben ...

Vorsichtig, darauf achtend, daß er keinen Zweig berührte, schlich er aus dem Wald auf die Lichtung, seine Tasche (eine hatte er bei der Flucht durch den Wald weggeworfen), hinter sich herschleppend. Schwanecke folgte ihm, die Maschinenpistole im Anschlag.

Die Hütten waren verlassen.

Als sie die Tür zu der ersten aufstießen, blieb Schwanecke wie angewurzelt stehen. »Hier war noch vor kurzem jemand«, sagte er, in die Luft schnuppernd. »Vor zwei, drei Stunden, vielleicht vor einer.«

»Wie ...?«

»Ich rieche es«, sagte Schwanecke bestimmt. »So was rieche ich immer.«

Die Dämmerung war jetzt tiefer geworden. Als sie aus der ersten Hütte traten, in der sie nichts Eßbares finden konnten, waren die Umrisse der drei anderen kaum noch zu erkennen. In der zweiten glühte noch ein Gluthäufchen unter der Asche, doch auch hier fanden sie weiter nichts als drei oder vier leere Kornsäcke.

Als sie um die Ecke der dritten und der größten bogen und an die Vorderseite kamen, fanden sie Tanja.

Schwanecke, der jetzt voranging, mit der Maschinenpistole unter dem Arm, wachsam, doch bereits etwas sorgloser geworden, stutzte.

»Mensch – da liegt jemand«, flüsterte Schwanecke über die Schulter und hob den Lauf der Maschinenpistole an. Deutschmann trat neben ihn, und jetzt sah auch er einen ausgestreckten menschlichen Körper, der mit dem Gesicht nach unten im schmutzigen Schnee vor der verschlossenen Tür der Hütte lag.

»Mensch . . .«, sagte Schwanecke, »Mensch, Doktor . . .«

Jetzt begannen beide zu laufen.

»Mensch, Doktor . . .«, sagte Schwanecke noch einmal, »Mensch, Doktor, eine Frau . . .«

Die langen schwarzen Haare der Toten lagen wie ein seidiger Kragen um ihren weißen Nacken. Ihre Arme waren entlang des Körpers ausgestreckt mit den Handflächen nach oben, die Finger gekrümmt, so als wollte sie sich in den letzten Sekunden ihres Lebens an irgend etwas festklammern. Quer über den Rücken der dicken Wattejacke lief die Spur des Todes: vier kleine, runde Löcher, die die Kugeln einer Maschinenpistole in den gesteppten Stoff gefetzt hatten.

Schwanecke hatte sich als erster gefaßt. Er beugte sich über die Tote, packte sie an der Schulter und drehte sie behutsam um, als glaubte er, jede Berührung könnte ihr noch wehtun.

Deutschmann schwankte. Er trat ganz nahe an das Mädchen heran und sah ihr ins Gesicht. Ihre Züge waren gelöst, und fast schien es, als ob sie lächelte. Die wächserne Blässe ihres hübschen Gesichts stand in einem eigenartigen Kontrast zu ihrem schwarzen Haar. Ihre vollen Lippen waren leicht geöffnet, so, als ob sie noch im Todesschmerz den Namen geflüstert hatte, an den sie in den letzten Stunden immer wieder gedacht hatte: Michael . . .

»Tanja . . . Tanjascha . . .«, keuchte Deutschmann.

»Wie? Kennst du sie?«

Deutschmann nickte.

»Ist das vielleicht –?«

»Ja.«

»Mensch«, sagte Schwanecke, »Mensch und so . . .«

Deutschmann stand wie angewurzelt. Dann wich er langsam, wie unter einem schrecklichen Zwang, zurück, mit leichenblassem Gesicht und weit offenen, entsetzten Augen. Sein Mund öffnete sich, doch er brachte keinen Laut heraus. Immer wieder starrte er auf die vier Ausschüsse, die die Watte wie aufgeplatzte Knospen eines Baumwollstrauches aus der Jacke getrieben hatten, und auf den Zettel, der mit einer verrosteten Nadel auf der Brust Tanjas befestigt war.

»Das sind vielleicht Schweine!« sagte Schwanecke böse und beugte sich nieder, um die Schrift auf dem Papier zu enträtseln. Auf russisch stand es dort »Deutsche Hure«, er verstand es nicht und fragte: »Was steht da, kannst du Russisch lesen . . .?« Er sah sich nach Deutschmann um. »He, Doktor, was ist los?«

Deutschmann riß sich zusammen. Seine Glieder waren steif und bleischwer. Sie schmerzten ihn bei jeder Bewegung, sein ganzer Körper schmerzte ihn, aber er durfte nicht . . . er durfte nicht zusammensacken, er mußte . . .

»Komm«, sagte er mit einer Stimme, bei deren Klang es Schwanecke kalt über den Rücken lief, »komm!« Nur das. Aber der andere wußte, was er meinte, und lehnte seine Maschinenpistole gegen die Wand.

Sie nahmen das Mädchen, das nicht lange tot sein konnte, denn ihr Körper war noch nicht steifgefroren, und trugen es behutsam in die Hütte.

»Ich kann das nicht mitansehen . . .«, murmelte er wütend. »Ich kann das nicht mitansehen – die Schweine! Die verfluchten Schweine!«

Sie begruben Tanja im Lehmboden der zweitgrößten Hütte. Eine alte, verrostete Schaufel, die sie gefunden hatten, war ihr einziges Gerät. Sie wechselten sich ab, und es dauerte fast drei Stunden, bis das Loch groß und tief genug war. Die ganze Zeit über sprachen sie kein Wort.

Berlin:

Es war wieder einmal Fliegeralarm, und die Kranken wurden in den Keller gebracht. Dr. Kukill saß an Julias Trage, tief über sie gebeugt, sie unverwandt ansehend.

»Haben Sie es ihm gesagt«, flüsterte Julia mit geschlossenen Augen.

»Nein, noch nicht«, sagte Dr. Kukill. »Ich habe es versucht, aber ich konnte keine Verbindung bekommen. Es ist sehr weit . . .« Irgend jemand stöhnte. Der Keller war überfüllt, es roch nach Medikamenten, Desinfektionsmitteln, kranken Körpern, zwischen den eng aufgestellten Behelfsbetten huschten lautlos die Schwestern, an den Wänden saßen zusammengepreßt die Gehfähigen. Ab und zu, wenn die Bombenabwürfe näher lagen, ging durch die dicken Mauern ein leichtes Zittern. Die Menschen starrten dumpf vor sich hin, jemand betete.

»Werden Sie's noch einmal versuchen?« fragte Julia und öffnete die Augen.

»Ja«, sagte Kukill. »Sprechen Sie nicht zuviel. Versuchen Sie zu schlafen.«

»Ich fühle mich schon viel wohler«, sagte Julia und sah ihm gerade ins Gesicht. »Schon viel, viel wohler. Wenn er kommt, bin ich wieder gesund. Er kommt doch bald, Herr Kukill?«

»Ja«, sagte Dr. Kukill, »er kommt bald.«

Sie saßen in der hintersten Hütte, der, die dem Wald am nächsten lag. Sie hatten kein Feuer angezündet aus Angst, sich zu verraten. Es war kalt, aber nicht so kalt wie draußen. Oder bildeten sie sich das nur ein?

Schwanecke hielt seine Maschinenpistole auf den Knien und polierte sie liebevoll mit einem Stück Tuch, obwohl die Dunkelheit so tief war, daß er nichts sah. Seine Finger tasteten geübt über den kalten Stahl, ab und zu sah er in die Richtung, wo Deutschmann saß.

»Wir müßten wenigstens ein bißchen pennen«, sagte er. »Wie lange geht das jetzt schon.«

»Es ist die zweite Nacht«, sagte Deutschmann mit seiner toten, leeren und seltsam wachen Stimme.

»Willst du nicht auch ein bißchen pennen?«

»Nein. Du kannst schlafen. Ich werde aufpassen.« Und

nach einer Weile, als Schwanecke die Augenlider schwer über die Augen fielen und sein Bewußtsein in eine weiche, bleierne Grundlosigkeit zu versinken begann: »Du wirst allein weitergehen müssen. Ich gehe zurück.«

»Was?« Schwanecke schreckte hoch.

»Ich gehe zurück.«

»Wegen . . .?«

»Auch.«

»Ja«, sagte Schwanecke müde. »Ich verstehe, Kumpel.«

»Schlaf jetzt«, sagte Deutschmann.

»Jaja. Ich bringe dich hin, Kumpel.«

»Wohin?«

»Die Schweine!« sagte Schwanecke murmelnd und zusammenhanglos. »Ich verstehe dich. Ich bring' dich so weit, daß du 'rüber kannst.«

»Das ist nicht notwendig.«

»Du kommst – nicht mal –«, murmelte Schwanecke schon halb im Schlaf, »– du kommst nicht – mal – bis zum Waldrand – allein. Ich bring' dich hin, und halt den – Mund! Halt den Mund, Kumpel, halt – – –«

Er schlief ein.

Sie verbrachten die ganze Nacht und den darauffolgenden Tag in der Hütte. Am Nachmittag schlief Deutschmann einige Stunden lang einen schweren Schlaf der Erschöpfung. In der größten Hütte hatten sie ein Säckchen Sonnenblumenkerne gefunden. Während Schwanecke an der Wand unter dem Fenster lehnte und mit der Maschinenpistole auf den Knien Wache hielt, kaute er an den Kernen herum und spuckte die Schalen auf den Boden. Ab und zu sah er hinüber zu Deutschmann, der wie ein Toter, mit zwei alten

Säcken zugedeckt, auf dem Dielenboden lag, und nickte vor sich hin. Einmal stand er auf und zog den verrutschten Sack bis unter das Kinn des Schlafenden. Er tat es seltsam verschämt, ungeschickt, doch seine großen, klobigen Hände waren zärtlich wie die eines Vaters, der sein Kind zudeckt.

»Ist 'n armes Schwein«, murmelte er, als er zurück zu seinem Platz unter dem Fenster ging, »ein verflucht armes, gescheites Schwein, ein Professor, aber ein armes Schwein . . .«

Kurz vor der Abenddämmerung brachen sie auf.

Die russische HKL war nur dünn besetzt. Es war bitter kalt und außer einigen weit auseinanderliegenden Posten saßen alle Soldaten in ihren Unterständen. Bei solcher Kälte griffen die Deutschen nie an. Nur die Russen. Und außerdem – wann hatten in den letzten Monaten die Deutschen schon von sich aus angegriffen? Wenn sie selbst angegriffen wurden, dann schlugen sie zurück, das stimmte, aber sonst? Dazu waren es auch zu wenige. Viel zu wenige! Wo sind eigentlich die großen Armeen, die großartig ausgerüsteten Menschenmassen aus dem ersten Kriegsjahr geblieben, wo es für sie nichts anderes gab, als immer weiter gegen Osten zu stürmen?

Jetzt waren die Germanskis glücklich, wenn man sie in Ruhe ließ . . .

Deutschmann und Schwanecke lagen eng aneinandergepreßt in einem Trichter.

»Siehst du dort – den Panzer?« fragte Schwanecke flüsternd.

»Ja. Du meinst den abgeschossenen?«

»Ja. Der liegt bereits im Niemandsland. Bis dahin bringe ich dich. Dann mußt du selbst weitersehen.«

»Ja.«

»Denn los. Immer robben – den Arsch am Boden lassen . . . weiter!«

Schlangengleich, unhörbar, aus einer Entfernung von wenigen Metern kaum sichtbar, krochen die beiden Männer gegen die russischen Gräben und gegen die dunkle Silhouette des abgeschossenen Panzers im Niemandsland.

Der Schnee war von vielen Schritten festgetreten, die Luft war eisig und still, das Hemd klebte schweißnaß an Deutschmanns Körper, und über sein Gesicht rannen Schweißtropfen und zogen die Haut wie steifes Papier zusammen.

Der russische Graben.

Sie hatten eine Stelle gefunden, wo die Grabenränder von den Panzern eingedrückt wurden. Nun schlängelten sie sich langsam, Zentimeter um Zentimeter auf die andere Seite. Etwa zwanzig Meter seitwärts sahen sie eine kleine, dunkle Kuppe – den Kopf eines russischen Postens, der über den Grabenrand ins Niemandsland sah. Ein roter Punkt glühte von Zeit zu Zeit auf. Er raucht, dachte Schwanecke abgerissen, er raucht, der Hundesohn . . . weiß von nichts . . . ich könnte hinkriechen und ihn . . . er würde nichts hören . . .

Hinter ihm schabte Deutschmanns Körper über den Boden, ein Geräusch, das man meilenweit hören konnte, wie es den beiden schien.

Aber der Posten seitwärts rührte sich nicht, und dann verschwand sein Kopf hinter dem Grabenrand; sie krochen weiter, langsam, langsam ... ich muß noch zurück, dachte Schwanecke kurz, noch einmal ... es ist nicht mehr weit.

Noch fünfzig Meter bis zum dunklen Schatten des abgeschossenen Panzers. Noch vierzig.

Schwanecke verharrte, bis Deutschmann an seiner Seite lag. Dann drehte er das Gesicht zur Seite und preßte den Mund gegen Deutschmanns Ohr.

»Vielleicht Minen. Wir müssen aufpassen. Bleib genau hinter mir. Kapiert?«

Deutschmann nickte. Sein Atem ging keuchend und schnell.

»Also los!«

Sie krochen weiter. Schwanecke tastete mit den Händen den Boden vor sich ab. Hier lagen keine Minen. Aber vielleicht einen Meter weiter. Vielleicht auf diesem Buckel. Er mußte 'rum um den Buckel. Immer in den Mulden bleiben. Er mußte sich den Weg merken. Er mußte sich jede Bodenerhebung ins Gedächtnis einprägen. Wenn er zurückging, hatte er vielleicht nicht soviel Zeit, um auf Minen achtzugeben. Da –!

Er wartete wieder, bis Deutschmann auf seine Höhe gekrochen kam, und flüsterte: »Da – eine Mine.« Mit der Hand strich er über eine kleine Erhebung im Schnee, die sich in nichts von den anderen unterschied. »Ich rieche sie, verstehst du? Und da – rechts, wieder eine. Paß auf! Zwischendurch ... weiter!«

Fünfundzwanzig Meter.

Wirre, zerschossene Reste eines sich nach links und rechts in die Nacht ziehenden Drahtverhaues. »Nicht berühren –!«

flüsterte Schwanecke nach hinten, während er weiterkroch. Aber Deutschmann hörte ihn nicht. Sein Herz schlug in schnellen, bis hoch in den Hals reichenden Stößen. Er sah auf die vor ihm pendelnden Stiefelsohlen Schwaneckes, die manchmal in einem vorbeiziehenden Nebel verschwanden und wieder auftauchten, wenn er die Augen für zwei, drei Sekunden fest schloß und schnell aufriß. Bei dem Panzer werde ich ausruhen können, dachte er, bei dem Panzer – wie weit ist es noch dorthin? Die wenigen Meter bis zu dieser Stelle erschienen ihm eine Ewigkeit weit zu sein, so als würde ihn von dem dunklen, langsam immer größer werdenden Schatten in der Dunkelheit ein unermeßlicher Abgrund trennen.

Mit dem Gesicht stieß er gegen den kalten Stacheldraht und zuckte zurück. Er hatte ihn nicht gesehen, und plötzlich wurde er sich bewußt, daß er bereits einige Sekunden, die ihm sehr lange erschienen, nichts mehr gesehen hatte und wie durch eine tiefe Finsternis kroch. Ich muß mich zusammennehmen, dachte er mit zusammengebissenen Zähnen, ich muß . . .

Schwaneckes schattengleicher Körper wand sich zwischen den Drähten. Deutschmann blieb genau hinter ihm, manchmal berührte sein Körper einen Pfahl oder den Draht, dann war Schwanecke durch, drehte sich zurück, grinste, seine Zähne leuchteten weiß, er kroch weiter, und dann war auch Deutschmann halb draußen, der Panzer war jetzt ganz nahe, nur noch zehn oder fünfzehn oder zwanzig Meter: Dort würde er sich ausruhen können.

Er blieb mit einem Bein hängen und zog ungeduldig an, um freizukommen. Das Klappern leerer Konservendosen, die im Drahtverhau hingen, war in der stillen Nacht laut wie plötzliche Gewehrschüsse. Schwanecke drehte sich erschrocken um: »Idiot –! Leise –!« Aber Deutschmann hörte ihn nicht; verzweifelt zerrte er an dem Draht, wo sich seine Hose verfangen hatte, die Konservendosen klapperten, er kam los, kroch weiter – und in diesem Augenblick erwachte die Front aus ihrem scheinbaren, sprungbereiten Schlaf.

Ein russisches MG begann zu rattern, in den Gräben wurde es lebendig, man hörte heisere, aufgeregte Rufe, trampelnde Schritte, das Schießen wurde dichter, es kam von allen Seiten auf sie zu. Ein Granatwerfer. Leuchtkugeln zischten empor und erhellten das Vorfeld mit einem weißen, gleißenden Licht. Und dann begann es auch auf der deutschen Seite, aus den Bunkern krochen Landser und eilten in die Gräben – Schwanecke sah dieses Bild so lebendig vor sich, als wäre er liegend mittendrin – deutsche Leuchtkugeln, das rasende Rattern eines MG 42, Gewehrgranaten – und mittendrin die beiden Männer, die sich, so tief es ging, in den Schnee drückten.

»Ruhe – nur Ruhe!« zischte Schwanecke nach hinten. »Es geht vorbei, die haben nichts gesehen – nur Ruhe – Ruhe!«

Leuchtspurmunition des deutschen MGs streute rasende Perlenschnüre über sie hinweg, zwei – drei – vier Minen schlugen ganz nahe ein, neue Leuchtkugeln, aber es war, als wäre das Feuer zögernder geworden, weniger wütend. »Nur Ruhe – Ruhe –!« zischte Schwanecke zu dem in einer Bodenmulde liegenden Deutschmann. »Der Feuerzauber geht vorbei . . .«

Hinter dem Panzer konnten sie ausgezeichnete Deckung finden. Es galt nur, bis dahin zu kommen und dort abzuwarten.

Jetzt belebte sich das Feuer wieder, wurde wütender, in der Ferne hörte man dumpfe Artillerieabschüsse. Und wahrscheinlich hatten die Russen doch etwas gesehen, denn das Feuer lag immer besser, es konzentrierte sich immer genauer dorthin, wo sie lagen, und es konnte nur noch Augenblicke dauern, bis es sie erwischte. Schwanecke drehte den Kopf zurück, schrie: »Auf – Panzer –!« sprang wie von einem Katapult abgeschossen auf und durchraste mit wenigen, großen Sätzen die Entfernung zum Panzer und warf sich dort nieder, wühlte sich in den Schnee unter dem Stahlkoloß, heftig atmend, doch sich bereits einigermaßen sicher wähnend. Es mußte schon ein Artillerievolltreffer kommen, wenn es ihn hier erwischen sollte!

Dann sah er zurück.

Jetzt sprang auch Deutschmann hoch. Tief gebückt, ein laufender, keuchender Schatten, Leuchtspurmunition zischte an ihm vorbei, zwei, drei Minenexplosionen, jetzt war er bereits ganz nahe, noch einige Schritte – und nun sah Schwanecke, er sah es richtig, er bildete sich das nicht nur ein, er sah, wie die rötliche Linie eines Phosphorgeschosses durch Deutschmanns Kopf schlug, in der Augenhöhe, er sah, wie es Deutschmann mitten im Satz zurück- und zugleich steil in die Höhe riß, wie immer bei Kopfschüssen, gleichzeitig schlug ganz in der Nähe eine Mine ein, umgab Deutschmann mit einer Schneewolke und schleuderte Schwanecke Schnee und Dreck ins Gesicht.

Er wischte sich die Augen aus, fuhr sich mit der Hand

verzweifelt über das Gesicht und rief: »Ernst – he – Professor – Professor!«

Und wieder: »Professor – Professor –!«

Nichts.

Schwanecke kroch zurück, schnell, auf Knien und Ellbogen, sich nicht mehr um die Hölle um sich kümmernd.

Deutschmann stöhnte. Lallend, kaum verständlich kamen heisere, glucksende Laute aus seinem weit aufgerissenen Mund: »Kopf – Karl – Karl –!« Und nun schrie er laut, gedehnt, schrill: »Karl – Karl –!«

»Ja – ich bin hier – ich bin hier – ich bin hier!« keuchte Schwanecke und sah entsetzt auf den Blutbrei oberhalb Deutschmanns Mund. Es gab keine Nase mehr, keine Augen, keine Augenbrauen, nur Fleischfetzen, Knochensplitter, und mitten daraus kamen pfeifende, gurgelnde Laute und lallende, unverständliche Worte.

Schwanecke sah sich verzweifelt um, richtete sich dann kurzentschlossen auf, packte Deutschmann unter den Armen und zog ihn gegen den Panzer auf die den russischen Gräben abgewandte Seite. Deutschmann schrie, und sein Schreien schnitt wie mit tausend Messern in Schwaneckes Gehirn, er sah auf Deutschmanns schleifende Beine und sagte sich: »Auch das – auch das –! Mein Gott!«

Deutschmanns linkes Bein schleifte ganz verdreht und viel länger als das rechte hinter dem Körper. Unter dem Knie war das Hosenbein zerfetzt und blutig.

Dann lagen sie halb unter dem Panzer.

»Ich bringe dich zurück, Doktor, Professor, ich bringe dich zurück«, keuchte Schwanecke, »keine Bange, ich bring' dich zurück!«

»Bein – was ist – mein Bein . . .!«

»Dich hat's ein bißchen erwischt, Professor, wart mal!«

»Bein – ich – ich – ich – – –«

Schwanecke schnallte mit fliegenden Händen Deutschmanns Koppel los und band das zerschmetterte Bein oberhalb des Knies ab. Dann riß er das zerfetzte Tuch der Hose auseinander und schloß für einen Augenblick die Augen, als er die schreckliche Wunde sah: Deutschmanns Bein hing nur noch an zwei, drei Hautfetzen. Seine Kopfwunde konnte warten. Aber dies hier – er konnte verbluten . . . Er sagte: »Ich bring' dich zurück, Professor, is' nicht so schlimm, Professor, is' halb so schlimm, ich bring' dich zurück, keine Bange!«

»– Ja – nicht du mußt – du mußt – 'rüber . . .«

»Halt jetzt, die Klappe!«

Verbandspäckchen! Wo war das Verbandspäckchen?

»Tut's weh, Professor?«

»Ja – die Augen . . .«

Das Feuer der russischen Schützen konzentrierte sich auf den Panzer. Aber Schwanecke kümmerte sich nicht darum. »Die Augen, bloß der Luftdruck«, log er, »is' bloß der Luftdruck, du kennst das, Professor, wir kennen das, is' doch klar!« und während er sprach, holte er aus der Tasche ein verstecktes Klappmesser, das er bei dem Zimmermannstrupp organisiert hatte, er wandte kein Auge ab von Deutschmanns Bein, als er das Messer aufklappte, er sagte: »Nur verbinden, Professor – keine Bange, is' gleich fertig, dann bring' ich dich zurück zu den unseren . . .«

»Die Augen – die Augen –«, wimmerte Deutschmann.

»Ja – gleich«, sagte Schwanecke, setzte das Messer an

und schnitt mit zwei, drei schnellen, starken Schnitten die Fleisch- und Hautfetzen durch, an denen Deutschmanns Bein hing.

Deutschmann schrie. Schwanecke glaubte, noch keinen Menschen so schreien gehört zu haben, aber es war schon vorbei, und er sagte beruhigend: »War bloß 'n Hautfetzen, Kumpel, bloß 'n Hautfetzen, mußte weg, verstehst du, verstehst du ... ich ... gleich ist's vorbei!«

»Ja – ja – die Augen ...«, stöhnte Deutschmann.

Schwanecke verband den Beinstumpf so gut er konnte, dann nahm er sein eigenes Verbandspäckchen und machte sich an Deutschmanns Kopfwunde, die fast aufgehört hatte zu bluten. Es war aus, ein Blinder konnte sehen, daß es mit Deutschmanns Augen vorbei war, weg, herausgerissen, die Nasenwurzel zerschmettert, der Stirnknochen, es war ein Wunder, daß kein Gehirn herauskam, aber vielleicht ging die Wunde nicht so tief, solche Sachen sahen im ersten Augenblick immer schlimmer aus, als sie waren, klar, vielleicht ...

Als er fertig war, richtete er sich halb auf und brüllte gegen die deutschen Linien: »Nicht schießen – nicht schießen! He – ihr Idioten – nicht schießen!« Er brüllte es immer wieder, bis das Feuer von den deutschen Gräben wirklich aufhörte, und dann schrie er: »Feuerschutz–! Hört ihr – F e u e r s c h u t z–!«

Sie gaben ihn.

Er lud den jetzt ohnmächtigen Deutschmann auf die Schulter, stand schwankend auf, beugte sich noch einmal herunter und hob auch Deutschmanns abgeschnittenes Bein auf und klemmte es unter den Arm.

Dann lief er gegen die deutschen Gräben.

Er war mitten auf dem Weg, der taghell erleuchtet war von immerfort aufsteigenden Leuchtkugeln, als ihm plötzlich schien, daß irgend etwas fehlte, und es dauerte eine Zeitlang, bis er wußte, was es war:

Das Feuer war verstummt. Die Front war totenstill, nur die hohlen, kurzen Abschüsse der Leuchtpistolen unterbrachen ab und zu das Schweigen.

Gut so –, dachte er grimmig. In Ordnung. Gut so.

Langsam, Schritt für Schritt, ging er weiter durch die taghell erleuchtete Nacht, hochaufgerichtet, und warf einen huschenden, unförmig-veränderlichen Schatten auf die weiße Schneefläche. Er kümmerte sich nicht um Minen. Vielleicht – vielleicht wünschte er sogar, auf eine zu treten. Es war aus. Er war auf dem Wege zurück. Er ging in seinen Tod, er wußte es. Aber er ging weiter. Er tat es, obwohl er glaubte, daß der Mann, den er trug, nicht am Leben bleiben würde. Vielleicht auch war er bereits tot – genauso tot wie dieses Bein, das er unter dem Arm geklemmt trug. Aber er hatte es ihm versprochen, ihn zurückzubringen, er hatte gesagt: Ich bringe dich zurück, Professor! Und nun tat er es – gleichgültig, ob er noch lebte oder schon tot war, gleichgültig, daß er damit so gut wie sicher in den Tod schritt.

Ein junger Leutnant nahm ihn in Empfang, als er über den Grabenaufwurf in die Stellung kletterte. Auch zwei Sanitäter mit einer Bahre warteten bereits. Langsam, vorsichtig, behutsam legte Schwanecke Deutschmanns Körper auf die Bahre und richtete sich wieder auf.

Ein Sanitäter beugte sich über Deutschmann.

»Lebt er noch?« fragte der Leutnant.

Schwanecke zuckte mit den Schultern.

»Was wollen Sie denn damit?« Der Leutnant zeigte schaudernd auf Deutschmanns Bein.

»Ach so – –.« Schwanecke legte das Bein auf die Bahre. »Ich hab' ihn zurückgebracht«, sagte er dann. »Verstehen Sie – ganz –!«

»Er lebt noch!« sagte ein Sanitäter.

»Beeilen Sie sich!« sagte der Leutnant. Und dann fragte er Schwanecke: »Wo kommen Sie eigentlich her?«

»Von drüben. Wir sind – Strafbataillon, kapiert? 999. Wir haben einen Ausflug gemacht.«

»Ja – ja, ich verstehe«, nickte der Leutnant. Er kannte die Tragödie der zweiten Kompanie dieses Bewährungsbataillons. War es nicht so, daß bloß einer mit erfrorenen Füßen zurückkam? Und jetzt noch diese beiden . . . es war eine verdammte Sache! Er sagte: »Ich lasse Sie zurückbringen, Sie können sich dann ausruhen. Ich glaube, Sie haben's verdient.«

Deutschmann wurde sofort über Babinitschi wegtransportiert. Der Arzt einer Reserveeinheit, die jetzt die Stellungen besetzt hielt, gab ihm eine Antitetanus- und Antigasbrandspritze und schüttelte zweifelnd den Kopf, als ihn ein Sanitäter fragend ansah.

»Beide Augen und das Bein . . .«, sagte er leise. »Ich glaube nicht . . . aber man kann nie wissen. Geben Sie mir bitte noch eine Morphiumampulle.«

Auch der Stabsarzt auf dem Hauptverbandsplatz reichte Deutschmann, der inzwischen zu sich gekommen war, sofort weiter. »Sie werden nach Orscha gebracht, Herr Kollege, ins Kriegslazarett. Dort wird man weitersehen.«

Deutschmann tastete nach seinen Augen und befühlte den dicken Verband, den man ihm angelegt hatte. »Was ist mit den Augen – und mit dem Bein – ich weiß nicht . . .«

»Was?«

»Ich erinnere mich . . .«

»Das Bein ist hin.« Die Stimme des Arztes bemühte sich, burschikos zu klingen. Er nahm Deutschmanns tastende Hand vom Verband und legte sie auf die Decke. »Und – mit den Augen, das ist halb so schlimm. Wir werden Sie zurechtflicken, dem Nerv ist offenbar nichts geschehen, und das ist ja die Hauptsache.«

»Früher einmal – habe ich – oft so gelogen . . .«, flüsterte Deutschmann. Der Stabsarzt schwieg bedrückt. »Und – was ist mit Schwanecke –?«

»Wer ist das?«

»Der Mann, mit dem ich –«

»Ach so. Der ist wohlauf, soviel mir bekannt ist.«

»Ist – ist er nicht – . . .«

»Was meinen Sie?«

»Wo ist er?«

»Ich glaube, er befindet sich bei einer der übriggebliebenen Kompanien.«

»Ja«, sagte Deutschmann. »Ich . . .« Er schwieg. Was sollte er auch noch sagen? Schwanecke hatte ihn zurückgebracht und sich damit selbst ausgeliefert. Wie viele Menschenleben hatte er, Deutschmann, auf dem Gewissen? Obwohl er nie geschossen hatte – wie viele hatte er umgebracht –? Julia – Tanja – Schwanecke . . .

Reglos, still lag er da und betete: Er betete zu Gott, daß

er ihn sterben ließe, und dann verfluchte er ihn, weil er immer noch lebte, er betete und bat, und seine Flüche waren eine einzige Bitte.

Schwanecke hatte man zu der nächsten Kompanie gebracht, die von dem Strafbataillon in der Gegend lag. Es war die erste Kompanie Oberleutnant Wernhers, die den russischen Stoß in die Flanke bekommen und sehr schwere Verluste hatte, aber nicht völlig aufgerieben worden war wie Obermeiers zweite Kompanie.

Wernher sah durch das Fenster seiner Hütte Schwanecke in Begleitung eines Unteroffiziers der Infanterie näher kommen. Er hatte bereits telefonisch die Meldung von dem Drama im Niemandsland erhalten und den Leutnant, in dessen Abschnitt sich das Ganze abgespielt hatte, gebeten, Schwanecke in Begleitung zu ihm bringen zu lassen.

»Wieso?« hatte der Leutnant gefragt. »Hat der Kerl etwas auf dem Kerbholz?«

»Ja.«

»Er hat sich großartig gehalten . . .«

»Das glaube ich.«

»Ihr seid schon eine komische Gesellschaft«, hatte der Leutnant am Telefon geseufzt. »Also gut – ich schicke ihn in Begleitung eines Unteroffiziers.«

Jetzt stand Wernher am Fenster und sah den langsam daherschlendernden und nach links und rechts grinsenden Schwanecke.

Drei Mann überlebten den Untergang der zweiten Kompanie, ein Blinder, ein Schwerverbrecher und ein Feigling, der sich, wie man erzählte, diebisch freute, daß er den Fuß verloren hatte und damit für ewige Zeiten von der Front erlöst war. Was ist schon ein Fuß – der Staat zahlt ja eine hübsche Rente, und überdies: Ein Spieß braucht keinen Fuß, er kann auch ohne ihn die Mutter der Kompanie sein. Gute Spieße wurden gebraucht, ob mit oder ohne Fuß . . . es war herrlich, ein Spieß zu sein – wenn's nicht zu nahe an der Front war.

Es klopfte. »Herein!« sagte Wernher.

Schwanecke trat langsam in den Raum. Als er Wernher sah, breitete sich über sein Gesicht das gleiche Grinsen wie vorher, als er durch die Straßen ging und alte Bekannte begrüßte. Er nahm keine Haltung an, er grüßte nicht . . . er stand einfach da und grinste Wernher an. Was er wohl dachte?

Wernher entließ den Unteroffizier, der Schwanecke hierhergebracht hatte. Er vermied es, Schwanecke anzusehen, dessen Tarnjacke blutbefleckt und dessen Hände braun vom geronnenen Blut waren. Selbst über sein Gesicht zogen sich einige Streifen Blut.

»Ich habe – ich habe gehört«, begann Wernher heiser, »daß Sie sich großartig gehalten haben – Sie haben Deutschmann gerettet . . .«

Schwanecke grinste nur.

»Es ist mir nicht leicht – aber ich habe Befehl aus Orscha, Sie festzusetzen und dorthin bringen zu lassen. Falls Sie auftauchen. Haben Sie dazu etwas zu sagen?«

Schwanecke sagte nichts. Er zuckte bloß mit den Schultern, legte den Kopf etwas schief und grinste weiter. Wernher ging einige Schritte auf und ab, drehte sich dann abrupt um und maß Schwanecke mit einem langen ernsten Blick.

»Warum sind Sie eigentlich zurückgekommen? Wußten Sie, daß ...?

»Klar«, sagte Schwanecke.

»Warum sind Sie gekommen?«

»Ich hatte Sehnsucht nach Ihnen, Herr Oberleutnant«, sagte Schwanecke.

Aber Wernher kümmerte sich nicht um seinen Spott. »Sie – Deutschmann und Krüll sind die einzigen, die übriggeblieben sind«, murmelte er. »Alle anderen ... Oberleutnant Obermeier ...«

»Krüll?« fragte Schwanecke. »Er ist –?« Jetzt war das Grinsen aus seinem Gesicht verschwunden.

»Ja. Er liegt in Orscha im Lazarett.«

»Solche Schweine haben immer Dusel –!«

»Sie sprechen von einem Oberfeldwebel, Schwanecke!«

»Na und? Wo steht's denn, daß ein Oberfeldwebel kein Schwein sein kann?«

Wernher schwieg. Was sollte er darauf antworten? Er konnte den Mann zurechtweisen, aber hatte das noch einen Sinn? Hatte er am Ende nicht recht? Ob recht oder nicht, sagte er sich, ich müßte ihn anbrüllen, dachte er, ich müßte ihn hinausjagen ... Aber er tat es nicht. Er wußte manches von Schwanecke, mit ihm konnte man nicht auf die gleiche Art fertigwerden wie mit den anderen.

»Was haben Sie eigentlich ausgefressen?« fragte er. »Ist es das – mit Oberleutnant Bevern?«

Schwanecke zuckte mit den Schultern.

»Oder das mit dem Gesetz über Schwerverbrecher ?«

Keine Antwort.

»Was wird man mit Ihnen anfangen?«

Schwanecke strich sich mit der Handfläche vor dem Hals, machte »Hrrk –«, blinzelte und grinste dann breit. Wernher war fassungslos. Dieser Mann machte sich offenbar lustig über seinen eigenen Tod, und dabei hatte er Deutschmann, seinen Kameraden, zurückgebracht, obwohl er hätte überlaufen können und am Leben bleiben und den Russen Märchen aufbinden vom politisch verfolgten Märtyrer – bitte, war ich nicht im Strafbataillon? Ich, ein Kommunist, Heil Stalin – ... Und trotzdem kam er zurück und ...

Es hatte keinen Sinn.

»Ich werde Sie über Nacht einsperren müssen«, sagte er. »Und morgen lasse ich Sie nach Orscha bringen. Dann ...«

Er zuckte mit den Schultern, als hätte er gesagt: Was kann ich dann weiter tun? Nichts. Es tut mir leid, aber da ist nichts zu machen –!

»Und wenn ich abhaue?« Schwanecke sagte es mit einem lauernden Unterton in der Stimme und zugleich so, als würde er sich über den Oberleutnant lustig machen.

»Abhauen? Wie meinen Sie das?«

»Ich meine – einfach ab durch die Mitte! Ich, wissen Sie, Herr Oberleutnant, ich war mal berühmt dafür. König der Ausbrecher! Keine Mauer hält ihn zurück, kein Gitter ist eng genug ... stand sogar mal in der Zeitung.«

»So?«

»Bestimmt. Ich könnte in einem Zirkus auftreten. Sie wissen Entfesselungskünstler und so ... ich hab' mal einen gesehen ... ich hätte es allemal fertiggebracht,

Ehrenwort. Hokuspokus – weg ist er ... der Schwanecke, der verfluchte –!«

Das letzte sagte er mit tiefer Stimme, es genußvoll in die Länge ziehend.

»Es dürfte Ihnen schlecht bekommen«, sagte Wernher, der zur Tür ging und den Posten rief. »Es wird scharf geschossen, mein Lieber! Machen Sie keine Dummheiten!«

»Mich trifft keiner«, grinste Schwanecke. »Hokuspokus, weg ist er, aufgelöst in der Luft, wie der Geist meines Onkels, den die Tante mal gerufen hatte. Spiritieren oder wie das heißt, spinitisieren ... er kam, sagte ›Guten Tag‹ und weg war er wieder, obwohl ich versucht habe, ihn zu erwischen, einfach weg, kein Wunder, wo er aus der Familie Schwanecke war, ich mach's nämlich ebenso ...«

Wernher ließ ihn reden. Er glaubte, den anderen zu durchschauen: Es war die Angst, die ihn so reden ließ, und die Worte versuchten sie zu verdecken. Er wußte nicht, wie überrascht und fassungslos er am nächsten Morgen in der Hütte stehen würde, in die er Schwanecke einsperren ließ – und sich an diese Worte erinnern, Wort für Wort, von denen er jetzt glaubte, ihnen nicht das geringste Gewicht beimessen zu brauchen ...

»Ab mit Ihnen!« sagte er, als zwei Posten kamen, um Schwanecke abzuführen. »Machen Sie sich zuerst sauber.«

»Mache ich«, nickte Schwanecke und blinzelte dann den Oberleutnant über die Schulter an, als würde zwischen ihnen eine Verschwörung bestehen, ein Geheimnis, um das nur sie beide wußten.

In der folgenden Nacht nach Schwaneckes Rückkehr zum Bataillon, beziehungsweise zu Wernhers erster Kompanie, waren zwei Dinge geschehen, die weder Oberleutnant Wernher noch sein Spieß, noch der Wachhabende erklären konnte, zwei Dinge, von denen man noch lange sprach und die die Legenden um Schwanecke angereichert und ausgeschmückt wieder aufleben ließen:

Schütze Karl Schwanecke war aus dem Schuppen, in den ihn Wernher einsperren ließ, verschwunden. Aber das war noch nicht alles: Mit ihm war aus der Schreibstube auch die Pistole des Spießes mit drei vollen Magazinen verschwunden und aus der Feldküche ein langes Schlachtmesser.

Wie konnte das geschehen?

Wernher hatte einen Doppelposten angeordnet, einen vor, den anderen hinter dem Schuppen. Er wollte sichergehen. Als um zwei Uhr morgens die Ablösung kam, fand sie beide Posten bewußtlos, schwer angeschlagen im Schuppen liegen – und den Karabiner des einen, mit der gesamten Munition der beiden, nahm Schwanecke gleichfalls mit.

»Vielleicht will er 'ne Offensive starten . . .« sagten die Soldaten augenzwinkernd, als sie die rätselhaften Geschehnisse dieser Nacht lang und breit kommentierten. Es gab keinen einzigen unter ihnen, der es Schwanecke nicht gegönnt hätte, für alle Zeiten auf Nimmerwiedersehen zu verschwinden.

Als man am nächsten Vormittag Schwaneckes Ausbruch rekonstruierte, fand man folgendes heraus:

Er mußte in stundenlanger, unendlich vorsichtiger Arbeit, die von den Posten unbemerkt geblieben war, zwei

Bretter an der Seitenwand des Schuppens gelockert und herausgerissen haben. Dann zwängte er sich durch den ziemlich schmalen Spalt und erledigte zuerst den einen und dann den anderen Posten (beide hatten noch einige Tage lang ziemlich starke Kopfschmerzen, aber sie nahmen es Schwanecke keineswegs übel, daß er sie so zugerichtet hatte). Dann schleppte er sie in den Schuppen und spazierte schließlich seelenruhig zu der Schreibstube, wo er das Fenster eingedrückt und die Pistole weggenommen hatte. Anschließend war er zu der Feldküche gegangen, wo er Lebensmittel holen wollte. Er fand aber keine, denn alle waren unter festem Verschluß, und der Koch schlief daneben. Auch das wäre sicherlich kein Hindernis für ihn gewesen – aber wahrscheinlich nahte die Ablösung, die seinen Ausbruch entdecken würde, und so mußte er schließlich verschwinden, ehe er noch Eßbares mitnehmen konnte.

»Haben Sie denn, in drei Teufels Namen, nichts gehört?« fragte Wernher seinen unglücklich schauenden Spieß aufgebracht.

»Nein, Herr Oberleutnant.«

»Sie schlafen doch neben der Schreibstube ... er kann doch nicht ... wo mag er wohl hin sein?«

Er überlegte. Zur Front konnte Schwanecke nicht. Dort würde er fast sicher entdeckt werden. Nach Orscha? Das wäre gleichbedeutend mit Selbstmord. Dafür ist er sicher nicht ausgebrochen. Es blieb ihm nur noch ein Weg: der zu den Partisanen.

Dies war es auch, was er später seinem Kommandeur, Hauptmann Barth, telefonisch mitteilte.

»So ein Mistvieh!« sagte Barth – und Wernher war es,

als hätte er in seiner Stimme einen bewundernden Unterton herausgehört und vielleicht auch ein Lächeln. Wenn man es recht besah – es war auch zum Lachen. Und zum Weinen: Was könnte man mit diesem Kerl alles anfangen!

»Und was wollen Sie machen, Wernher?«

»Was soll ich denn machen?«

»Nichts. Einen Bericht schreiben.«

»Nach ihm fahnden?«

»Hätte das denn einen Sinn? Glaube nicht.«

»Ich auch nicht, Herr Hauptmann. Er steckt todsicher im Wald – und wie sollen wir ihn dort finden? Wir sind ja sogar außerstande, ein ganzes Bataillon Partisanen aufzuspüren, das sich im Wald versteckt. Ich gehe jede Wette ein, daß er sich dort verbirgt.«

»Die Wette würden Sie wahrscheinlich gewinnen, Wernher. Ein toller Knabe, was?«

Und so war es auch: Schwanecke war im Wald von Gorki – in dem gleichen Wald, in dem sich auch sein Todfeind Tartuchin versteckte.

Im Wald von Gorki saß Mischa Serkonowitsch Starobin vor seiner Erdhöhle, rauchte Machorka und lauschte nach unten, wo Anna Petrowna Nikitewna mit einem Topf klapperte.

Oberleutnant Denkow war vor einer Stunde bei ihnen gewesen. »In drei Tagen geht's los, Genossen«, hatte er gesagt. »Wir werden jetzt die Deutschen endgültig wie Hunde vor uns herjagen. Wenn ihr wüßtet, was sich da hinten alles ansammelt ... zwei-, dreihundert Stalinorgeln, ein paar hundert Panzer, so viel Geschütze, wie ich sie noch nie beisammen gesehen habe –!«

Das war eine Wonne für Starobins Ohren gewesen. Das Abenteuer mit Tanja hatte er bereits vergessen – niemand sprach mehr von ihr, als wäre ihr Name tabu geworden – doch jeder wußte: So starb eine Verräterin. Wenn das Ganze vorbei war, so malte sich Starobin aus, wenn die Deutschen endgültig besiegt waren, dann wollte er endlich seine Anna Petrowna heiraten. Zugegeben, sie war nicht sehr schön, aber sie war verläßlich und auch sonst ...

In seine Gedanken und Träume versunken saß er vor dem Erdbunker und hörte und sah nicht, wie hinter ihm durch den Wald ein Mann kroch, mit heißen, glanzlosen Augen zu der Höhle und dem dick vermummten Mann starrend, über dessen Kopf blaue Rauchwölkchen aus der Pfeife kräuselten.

Schwanecke.

Hier war er richtig. Er hatte bereits eine Menge dieser Erdhöhlen gesehen, in denen Partisanen hausten, aber keine war so günstig gelegen wie diese hier. Alle anderen waren auf einem Haufen, zu zweit oder zu dritt, diese hier aber war weit und breit die einzige.

Er war in den Wald gekommen, um sich zu verbergen. Einmal würde die sowjetische Front die deutschen Linien eindrücken. Dann würden auch die Partisanen weiterrükken, und er konnte sich überrollen lassen und in die Gefangenschaft gehen. Bis dahin mußte er es aushalten. Er war gut bewaffnet, hatte Munition, vielleicht würde er sich so eine Erdhöhle bauen wie die Partisanen. Ernähren mußte er sich von Diebstählen und Raub, es blieb ihm nichts anderes übrig.

Der Hunger peinigte ihn. Es war schon der dritte Tag, ohne daß er etwas zwischen die Zähne bekam, und das konnte bei dieser Kälte nicht lange gutgehen. Dieser Erdbunker lag auf seinem Wege tiefer in dem Wald. Warum sollte er nicht versuchen . . .?

Micha Starobin drückte seinen dicken Daumen in die Pfeife, dann sog er wieder am Mundstück, nickte zufrieden – und in diesem Augenblick kam das Ende. Er fiel nach vorne in den Schnee, wollte schreien und um sich schlagen und hatte das Empfinden, irgend etwas würde seinen Körper in zwei Teile schneiden. »Oh – oh«, gurgelte er erstickt und starb.

Schwanecke hockte über ihm und blieb auf ihm sitzen, bis sich der Körper unter ihm streckte. Dann zog er das breite, lange Messer aus Starobins Rücken und untersuchte mit fliegenden Händen dessen Taschen. Ein Lederbeutel mit Machorka. Gut. Ein Blechdöschen mit grünem Tee . . . und nichts zu essen! Er verharrte und horchte gegen den Eingang in die Erdhöhle, in der eine heisere Frauenstimme plötzlich zu trällern begann. Also war es noch nicht zu Ende, er mußte auch noch eine Frau töten . . . im Bunker gab es sicher etwas Eßbares.

In diesem Augenblick betrat Pjotr Sabajew Tartuchin die kleine Lichtung.

Das Knacken eines Zweiges wirbelte Schwanecke herum.

Tartuchin!

Stumm standen sie sich gegenüber und sahen sich an.

»Ach – du bist . . .« flüsterte Tartuchin.

Schwanecke grinste.

»Ich hab' gewußt . . . ich werde dich finden, und ich werde

dich töten –«, sagte Tartuchin, immer noch flüsternd. »Ich hab' gewußt ...«

»Quatsch nicht so kariert – na, mach's schon! Versuch's doch!« Schwanecke hatte heute keine Lust, mit dem Messer zu kämpfen. Tartuchin war zu gefährlich. Aber er mußte es wohl tun, denn das Gewehr hatte er hinter dem Erdaufwurf des Bunkers liegenlassen, um beim Überfall auf Starobin nicht behindert zu werden. Und die Pistole steckte zu tief unter der Tarnjacke. Bevor er sie hervorholte, war der andere längst über ihm. So mußte es wohl mit dem Messer sein, das er in der Hand hielt – und dabei mußte er auch noch auf die Frau aufpassen, die in der Erdhöhle steckte. Man wußte ja, wie diese Partisaninnen waren!

»Ich habe geschworen, ich habe geschworen ...« murmelte Tartuchin, und in seiner Handfläche lag plötzlich, wie hingezaubert, ein langer Dolch.

»Na, denn –!« sagte Schwanecke.

»Ich werde dich töten ...«

»Daß ihr immer soviel quasseln müßt, du gelber Affe!«

Ihre Augen waren stumpf und leblos. Tartuchin schlich gebeugt nach vorne, bis er nur noch wenige Schritte vor Schwanecke stand. Die heisere Frauenstimme im Bunker sang. Sie kümmerten sich nicht darum. Sie umkreisten einander wie zwei riesige Katzen, weich, mit geschmeidigen, gleitenden Bewegungen, und Schwanecke mußte plötzlich an einen Wildwestfilm denken, den er irgendwann gesehen hatte und wo sich ein Indianer und ein Weißer genauso umkreisten, mit Messern in den Fäusten ... Damals erschien ihm das furchtbar albern, und in Erinnerung daran mußte er grinsen.

Natürlich siegte damals der Weiße.

Wer von ihnen beiden war der Weiße?

Das Ganze war'n Riesenblödsinn, das Ganze hatte gar keinen Sinn, es war verrückt und blöde, der Film und das da und alles andere, Tartuchin und der Wald und der Bunker und der Tote auf dem Boden und die singende Frauenstimme und er selbst und daß er hier war, das Ganze war idiotisch und unwahr, was hatte er hier zu suchen?

Es war zum Lachen!

Gleichzeitig, wie auf Verabredung, schnellten sie vom Boden ab, trafen sich in der Luft und stießen mit ihren Messern zu. Eng umklammert fielen sie zu Boden, rollten übereinander, knurrend, stöhnend – sterbend.

Tartuchin starb zuerst.

Schwanecke richtete sich auf, stemmte sich mit den zitternden Armen vom Boden auf und sah auf den zuckenden Körper des anderen, seinen nach Luft schnappenden Mund und auf das gräßliche Verdrehen der Augen, so lange, bis Tartuchin tot war.

So'n Riesenblödsinn!

Warum hatte er ihn eigentlich umgebracht?

Er hatte keine großen Schmerzen, nur 'n bißchen, er war bloß schwach, als seine Arme endlich nachgaben. Einige Sekunden lag er auf dem Gesicht und drehte sich dann ächzend, mit zusammengebissenen Zähnen um. Er wollte nicht auf dem Gesicht sterben. Auf dem Rücken, so war's richtig. Die Hände schön auf dem Bauch gekreuzt, so wie der Onkel nach einer Prügelei, wo er einen Stein auf den Kopf bekommen hatte. So wie es sein mußte, wenn ein Mann starb, obwohl auch das verdammt lächerlich war.

Jetzt lag er richtig.

Er hörte eine Tür schlagen und Schritte näherkommen, es war die Wohnungstür zu Hause in Hamburg, und seine Mutter kam endlich heim. Sicher war sie besoffen. Wenn sie einen Freier mitbrachte, mußte er vom Bett aufstehen und Platz machen, in die Küche gehen und warten, bis sie fertig waren. Dabei war er so verdammt müde!

Na, klar, es war die Mutter! Nein – das war eine andere Frau, die sich über ihn beugte, er hatte sie noch nie gesehen, und warum guckte sie so entsetzt? So 'n Blödsinn! Natürlich war es Mutter – warum schrie sie bloß so verrückt? Warum schrie sie bloß? Jetzt verschwand ihr Gesicht, aber das Schreien blieb, und dann tauchte das Gesicht wieder auf und dann eine Hand mit einem blutigen Messer ... was wollte sie bloß mit dem Messer?

So 'n Blödsinn!

Anna Petrowna schrie wie ein tödlich verletztes Tier. Sie schrie und schrie und stach mit dem Messer auf diesen fremden Mann, der ihren Micha getötet hatte und Tartuchin, und sie nun mit weit offenen, neugierigen und spöttischen Augen anstarrte, mit einem weiß-grinsenden spöttischen Gesicht, sie schrie und stach in dieses Gesicht, aber das Grinsen konnte sie nicht auslöschen, selbst dann noch nicht, als der Fremde bereits tot war und von seinem Gesicht nichts anderes mehr übriggeblieben war als eine blutige, unkenntliche Masse.

Deutschmann wurde mit einem rumänischen Lazarettzug durch Rußland und Polen nach Berlin gebracht. Er hörte nur die Namen der Stationen, die ihm die anderen Verwundeten zuriefen, er hörte die Stimmen der Rot-Kreuz-Schwestern, die an den Fenstern Kaffee und Tee verteilten, Butterbrote und Obst.

»Haste Durst?« fragte ihn hin und wieder einer der anderen, die er langsam an ihren Stimmen unterscheiden lernte. »Willste Tee?«

Dann nickte er. Sprechen konnte er nicht. Blind, dachte er, blind ... ein Bein weg ... was soll ich noch? Er trank.

»Morgen sind wir in Berlin!«

Was sollte er in Berlin?

»Freust du dich?«

Warum sollte er sich freuen? Aber er nickte. Er sprach kaum, meistens nickte er oder stellte sich schlafend.

Was werde ich tun, wenn ich wiederhergestellt bin, grübelte er unablässig. Eine kümmerliche Rente, in einem Rollstuhl sitzen, tagaus – tagein, ohne den Tag zu sehen und die hereinbrechende Nacht ... wenn Julia noch lebte, könnte er diktieren, denken, arbeiten, weiter, trotz allem! Nein! Könnte er ihr denn zumuten, neben einem dahinvegetierenden Krüppel zu leben?

Es war müßig, darüber nachzudenken. Sie war tot. Tanja war tot. Schwanecke war wahrscheinlich tot. Obermeier, Bartlitz, Wiedeck, alle ... Warum mußte er noch leben?

Berlin:

Er lag in irgendeinem Reservelazarett. Wie lange schon? Die Schwestern sagten: vier Wochen. In Wahrheit mußte es viel länger sein. Vier Jahre. Vier Jahrzehnte. Die Zeit stand still, er stand mitten in ihr und konnte sie fast greifbar vor und um sich vorbeifließen sehen wie einen unendlichen Strom. Er würde nun immer mitten in diesem Strom leben, dessen langsamer, gleichgültiger Fluß ihn wahnsinnig machte.

Heute war Donnerstag. Na, und? Was tat es, daß es Donnerstag war? Ob Donnerstag oder Freitag oder Sonntag oder Dienstag, was tat es? Es war – er hörte es – drei Uhr nachmittags. Draußen war es hell, aber nicht um ihn. Um ihn war es immer dunkel. Um drei Uhr nachmittags oder drei Uhr nachts, gleichgültig wann es war. Er hatte die Dunkelheit und seine Gedanken und Erinnerungen – oh, hätte er sie nicht!

Er hörte, wie die Tür aufging. Sie quietschte ein wenig. Wer war eigentlich ins Zimmer gekommen? Schwester Erna? Dr. Bolz – oder der alte Freund Wissek, der schon am andern Tag kam, nachdem Deutschmann hierhergebracht worden war?

Er lauschte. Kein Schritt war zu hören, auch nicht das Klappern von Instrumenten oder Gläsern, wie es bei Schwester Erna immer der Fall war, kein rauh-gutmütiges »Grüß Gott, wie geht's unserem Kranken?« wie Oberschwester Hyazintha – ein komischer Name – immer sagte, wenn sie das Zimmer betrat.

Stille.

»Wer ist da?« fragte er. »Ist jemand hier?«

An der Tür standen Dr. Wissek, Dr. Kukill – und Julia. Sie rührten sich nicht. Wie erstarrt sahen sie auf den bleichen, schmalen Mann in dem flachen Bett, mit dem dick verbundenen Kopf und dem kaum sichtbaren, blutleeren Mund über dem spitzen Kinn. Lange, schmale, totenbleiche Hände, deren Finger plötzlich Leben gewannen und wie suchend über die Decke tasteten ...

Dr. Kukill senkte den Kopf. Blind ... ein Krüppel, dachte er, sie – sie hat ihn wieder – einen blinden Krüppel ... mein Gott! Aber sie hat ihn wieder, nur wie, nur *wie!* Er drehte sich um und ging langsam, schlurfend, mit gebeugtem Rükken weg. Hier hatte er nichts mehr zu suchen. Aus. Endgültig aus. Er hatte Julias Augen und Gesicht gesehen, als sie auf den Mann im Bett blickte, und ganz klar und deutlich gefühlt, daß er überflüssig war.

»Wer ist da?« fragte Deutschmann wieder, mit einer ängstlichen, ahnungsvollen Stimme.

»Ich – ich –«, flüsterte Julia und stützte sich auf den Türpfosten. »Ich bin's, Ernst, ich bin's ...!«

Nun ging auch Dr. Wissek. Leise schloß er die Tür hinter sich, horchte – und hörte langsame und dann plötzlich sehr, sehr schnelle Schritte zu Deutschmanns Bett laufen.

Er lächelte.

Was stand diesen beiden Menschen bevor? Welches Leben? Konnte es nicht über ihre Kräfte gehen? Würden sie so stark sein, die Schrecken der Gegenwart, jeder Stunde, jeder Minute, immer wieder zu besiegen? Und die Schrekken der Vergangenheit? Und doch ... Welch ungeheure Opfer würde die Zukunft von ihnen verlangen – besonders von Julia! Und doch ...

Sie lebten. Wie leichtfertig war es zu sagen: Besser wäre es, wenn er stürbe. War nicht das Leben das Wichtigste, das es auf der Welt geben konnte? Konnte die Liebe nicht alles das überwinden, was zu überwinden fast unmöglich schien?

Ja. War sie nur stark und groß genug, war sie nur bereit zu geben, immer wieder zu geben und jede kleine Gegengabe als ein Geschenk zu betrachten. Dann ja.

Auch Dr. Wissek hatte in Julias Augen geblickt, bevor er sie verließ. Und in ihnen hatte er diese Liebe gesehen.

An einem der grauen, trostlosen Wintertage stand Hauptmann Barth vor Krülls Bett im Kriegslazarett in Orscha. In seiner Hand wog er einen kleinen Pappkarton mit dem Eisernen Kreuz erster und zweiter Klasse und den dazugehörigen Urkunden – blanko unterschrieben, mit dem später eingesetzten Namen Oberfeldwebel Krülls. Ein junger Leutnant, frisch von der Kriegsschule – Barths neuer Adjutant –, stand etwas verlegen hinter dem Hauptmann und sah respektvoll auf den Oberfeldwebel, der sich fein gemacht hatte und mit zugeknöpfter Uniformjacke, zitternden Backen und steif aufgerichtetem Körper in seinem Bett saß.

Viele bleiche, abgezehrte, ernste und grinsende Gesichter blickten von den anderen Betten herüber.

»Sie sind der Letzte der zweiten Kompanie«, sagte Hauptmann Barth – und es klang so, als wäre dies ein Vorwurf. Aber Krüll überhörte es. Sein Blick hing wie gebannt an dem Pappkarton, um ihn lag ein herrlicher, rosiger Nebel, durch den Barths Stimme nur leise, wie von ferne drang.

EK I!

»Für diesen Einsatz bekam die Kompanie das EK I«, fuhr Barth fort, »und nun muß ich es wohl verleihen. Sagen Sie, wie haben Sie das eigentlich gemacht?«

Krüll fuhr zusammen. »Was – was, Herr Hauptmann?« stammelte er.

»Na, daß Sie zurückkamen?«

»War er denn überhaupt fort?« fragte eine Stimme aus dem Hintergrund, und einige Verwundete kicherten unterdrückt.

»Ich hatte Glück, Herr Hauptmann«, sagte Krüll, »ich habe –«, er suchte nach einem richtigen, erhebenden Wort, »– ich habe einfach meine Pflicht erfüllt und bin dann eben zurückgekommen, nach dem erfüllten Auftrag. Es war bestimmt nicht leicht, Herr Hauptmann, die Russen haben nur so auf mich . . .«

Barth winkte ungeduldig ab. Ihn ekelte. Er starrte auf die Auszeichnung und dann auf die leere Uniformjacke des Oberfeldwebels mit dem einsamen Sportabzeichen auf der linken Seite. »Also«, sagte er schließlich, »ich verleihe Ihnen hiermit das Eiserne Kreuz erster und zweiter Klasse –«, er griff in den Karton und steckte das Kreuz an Krülls Jacke, »– für die Tapferkeit vor dem Feind, als dem letzten Mann der zweiten Kompanie . . .« Dann setzte er ganz leise und mehr spöttisch, immer noch über den zitternden Oberfeldwebel gebeugt, hinzu: »Sie – Held –!«

Dann richtete er sich brüsk auf und sagte zu dem erstaunten, verlegenen Leutnant, ohne sich um die Verwundeten zu kümmern, die ihn stumm ansahen:

»Versuchen Sie, ein Gespräch mit der Stammersatzabteilung in Posen zu bekommen. Und bestellen Sie, man soll mir Leute für eine neue zweite Kompanie schicken. Wir haben ja genug davon . . .«